TRANSFORNOMICS

Wirtschaftsforum der SPD e. V. (Hg.)

TRANS FOR NOMICS

Zur ökonomischen Zeitenwende

Bibliografische Information der Deutschen Nationalbibliothek

Die Deutsche Nationalbibliothek verzeichnet
diese Publikation in der Deutschen Nationalbibliografie;
detaillierte bibliografische Daten sind im Internet
über http://dnb.dnb.de abrufbar.

ISBN 978-3-8012-0643-7

Umschlag: Hermann Brandner, Köln
Umschlagbild: Efe Kurnaz on Unsplash
Satz: Rohtext, Bonn
Druck und Verarbeitung: CPI books, Leck

Besuchen Sie uns im Internet: **www.dietz-verlag.de**

DIETZ & DAS
Der Podcast zu Politik, Gesellschaft und Geschichte

Auf allen Podcast-Plattformen abrufbar.

Inhalt

Prof. Dr. Jochen Maas
Wir schaufeln unser eigenes Grab........403

8. Arbeit und Qualifizierung – Ein wichtiger Schlüssel für die Transformation........409

Dr. Ariane Reinhart
Qualifizierung in der Transformation – Wir brauchen einen Masterplan........411

Prof. Dr. Enzo Weber / Dr. Christian Hutter / Dr. Hermann Gartner
Große Rezession und Coronakrise: Wie der Arbeitsmarkt zwei sehr
unterschiedliche Krisen bewältigt........416

Dr. Holger Schmieding
Mehr Beitragszahler braucht das Land........423

Daniel Friedrich
Perspektiven für die junge Generation: gebt Jugendlichen eine Garantie
auf einen Ausbildungsplatz 427

Christiane Benner
Mehr Mitbestimmung wagen 429

Prof. Bernd Fitzenberger, PhD
Coronakrise, Demographie und Transformation: Wie lässt sich die
Erwerbstätigkeit steigern?........433

Dr. Karamba Diaby
MINT-Bildung als Chance für die Wirtschaft........439

Vorwort

Zur ökonomischen Zeitenwende

Der Tag des Überfalls auf die Ukraine, der 24.2.2022, wird als Zäsur in die europäische Geschichte eingehen. Europa war zwar seit 1945 nicht frei von kriegerischen Auseinandersetzungen, erstmals aber hat ein Staat einen anderen völkerrechtswidrig überfallen. Bundeskanzler Olaf Scholz hat darauf sicherheitspolitisch schon reagiert, in dem er im Deutschen Bundestag eine **Zeitenwende** angekündigt hat. **Zeitenwende** wurde seitdem zum geflügelten Wort dafür, was dieser fundamentale Einschnitt für die geo-, sicherheits- und wirtschaftspolitische Ordnung bedeutet.

Wir stehen vor einer Dekade der ständigen Veränderungen. Die Zeitenwende ist eine geopolitische und ökonomische besonders für Europa mit großen Auswirkungen auf Lieferketten, Handelsbeziehungen, aber auch zivilgesellschaftliche Zusammenarbeiten. Faktisch tritt eine dritte Transformation der Wirtschaft neben die digitale und klimapolitische Transformation. Ein System, in dem drei voneinander weitgehend unabhängige Transformationsprozesse zeitgleich ablaufen, erfährt aber immer wieder eruptive Momente oder muss sogar chaotische Phasen durchlaufen.

Die Ukraine-Krise hat aber grundsätzlich und endgültig die Verletzbarkeit des deutschen Exportmodells unter Beweis gestellt und die Abhängigkeit von einzelnen Ländern bei Rohstoffen sowie bei einigen Vorprodukten (z. B. Computerchips) offenbart. Deutschland hat in den letzten Jahrzehnten voll auf die Globalisierung und regelbasierten freien Welthandel vertraut, wo zu jeder Zeit Rohstoffe und Vorprodukte kostengünstig importiert werden konnten. Diese Phase der Globalisierung ist längst vorbei – spätestens jetzt. Es entstehen neue Machtblöcke und eine vermachtete Weltpolitik. Die technologische Souveränität ist in einigen Branchen nicht mehr gegeben. Die Abhängigkeit vom Ausland enorm. **Resilienz** ist dadurch zum Stichwort der Stunde geworden.

Dabei wird es nicht um den Aufbau von Nationalökonomien gehen, denn auch diese sind keineswegs resilient, sondern im besten Sinne muss Resilienz auf unterschiedliche Quellen und Verfahren setzen, muss Alternativen offenhalten und so eindimensionale Abhängigkeiten vermeiden. Dies gilt insbesondere in der Energiepolitik. Wer jetzt auf einzelne Technologie setzt und schon glaubt, er kenne die Ausgestaltung unseres Energiesystems in 25 Jahren, der wird mit hoher Wahrscheinlichkeit scheitern. Eine resiliente Strategie setzt jetzt auf alle technologischen und systemischen Pfade, auf grünen Strom und grüne Moleküle. Eine resiliente Strategie denkt auch an die Bestandsmärkte und verfolgt daher auch CO_2-Minderungsaktivitäten für Verbrennungsmotoren und bestehende Wärmetechnologien. Im umfassenden Sinne muss sie auch auf Klimaanpassungsmaßnahmen setzen, weil wir nicht wissen, ob Klimapolitik global in den nächsten Jahren schnell genug vorankommen wird.

Daher müssen wir den Prozess der Resilienz sehr konsequent verfolgen. So eine notwendige Resilienzstrategie ist aber nur möglich in einem breiten industriepolitischen Konsens. Vielstimmige und divergierende Interessen müssen integriert werden, auch weil sie im Sinne der Resilienz eine Chance bieten.

Diese Notwendigkeit zu mehr Kooperation wird eine andere Form der Politik erfordern. Politik muss die Menschen viel mehr als bisher mitnehmen, sie in Entscheidungen einbinden. Politische Entscheidungträger müssen ihre Entscheidungen erkennbar als Ergebnis von Konsultationen mit Experten, aber auch Betroffenen herausstellen. Die Corona Politik der Jahre 2020/21 mit den Ministerpräsidentenkonferenzen als dem Hochamt der politischen Entscheidung waren das genaue Gegenteil dessen. In Zukunft brauchen wir mehr Mut zur Transparenz und zur Benennung von Unsicherheiten in der Politik. Das alles erfordert ein neues Bündnis, eine neue Konzertierte Aktion. Dieses Bündnis gibt es bislang nicht – auch wenn mit der »Allianz für Transformation« und der »Konzertierten Aktion Inflation« die richtige Leitidee schon zum Regierungshandeln wurde.

Dieses Bündnis ist die politische Aufgabe für die nächsten Monate – und Jahre.

Das vorliegende Buch versucht Eindrücke für die bedeutenden Themenbereiche und erste Ansätze und Ideen für die angestrebte Resilienz zu unterbreiten. Es geht um eine konkrete Skizze und Roadmap zu der vielfach zitierten Zeitenwende. Das erste Kapitel startet daher unmittelbar mit publizistischen Antworten auf die »Zeitenwende nach Ukraine«. Die folgenden Kapitel versuchen dann die Roadmap für die **Transformation** zu definieren und zu beschreiben, die es auch ohne die Zeitenwende der Ukraine gegeben hätte – nur nicht so schnell und so fundamental. Entlang der allgemeinen Rahmenbedingungen der Transformation, der nachhaltigen Transformation und der Energiewende, der digitalen Transformation, der Lage am Wohnungsmarkt sowie im Gesundheitssektor und dem Arbeitsmarkt, entwirft dieser Sammelband mit namhaften Autorinnen und Autoren ein Bild der ökonomischen Zeitenwende.

In jedem Kapitel sind mehrere Texte prominenter Expertinnen und Experten zu finden. Die hier zusammengestellten Texte sind überwiegend zuvor auf dem »Blog politische Ökonomie« erschienen, den **das Wirtschaftsforum der SPD e.V.** betreibt. Auf der Website des Blogs (www.blog-bpoe.com) sind noch weitere Beiträge zu finden. Unabhängig von diesem Buch wird die Debatte dort weitergehen. »Transfornomics« ist bereits das zweite Buch in dieser Gestalt. Im Mai 2021 erschien bereits »Postcoronomics«. Niemand konnte ahnen, dass man nach dem bereits einschneidenden Ereignis der Corona-Krise innerhalb so kurzer Zeit eine zweite fundamentale Krise erleben würde – und wirtschaftlich gesehen, nach einem großen Nachfrageschock noch einen Angebotsschock erlebt. Wie im Vorgängerbuch beleuchten die hier abgedruckten Texte die Vielfalt und Komplexität der für diese Bereiche relevanten Aspekte und verbinden so Gegenwartsanalyse, Zukunftserwartung und Agenda-Notwendigkeiten.

Bereits das Vorgängerbuch betonte, dass nicht mehr alles so bleiben kann wie es ist und nichts mehr so bleiben darf wie es ist. Dies gilt nach Ukraine noch umso mehr. Vielmehr: Wandel ist notwendig.

Wir hoffen, dass dieser Band Anregungen für eine ökonomische Zeitenwende liefern kann. Dies war nur möglich, weil gut 80 Autorinnen und Autoren dazu einen Beitrag geleistet haben.

Wir möchten uns herzlich bei allen Autorinnen und Autoren für ihre Mitarbeit und die anregenden Texte bedanken.

Der Herausgeber, das Wirtschaftsforum der SPD e.V.

Juni 2022

Geleitwort von Lars Klingbeil

Eine berühmte Definition von Krise geht auf den italienischen Schriftsteller und Intellektuellen Antonio Gramsci zurück. Er fasst den spezifischen Charakter einer Krise so, dass das Alte nicht mehr ist, das Neue aber noch nicht begonnen hat. In diesen Tagen mag den einen oder die andere das Gefühl überkommen, dass wir uns als Gesellschaft in einer solchen, schwer fassbaren Zwischen-Zeit befinden. Im Europa des 21. Jahrhunderts tobt ein Krieg. Der russische Präsident Putin überzieht seit dem 24. Februar 2022 die Ukraine mit einem grausamen Angriffskrieg. Er lässt Zivilisten töten, Städte bombardieren, bricht hundertfach das Völkerrecht und zerstört die europäische und weltweite Friedensordnung.

Bundeskanzler Olaf Scholz hat als Reaktion auf diese historische Zäsur und ihre noch nicht abzusehenden Folgewirkungen den Begriff der Zeitenwende geprägt. Es liegt nun an uns allen, diese Zeitenwende anzunehmen und politisch auszufüllen. In der medialen Debatte dient diese Situation bisher manchem als Vorwand, um alte Konzepte aufzuwärmen und als neue Ideen zu verkaufen. Von diesem Handeln möchte ich dringend abraten. Wir sollten das Gegenteil tun: Diesen Moment nutzen, um alte Denkmuster über Bord zu werfen, die Bedingungen schaffen für Neues. Das vorliegende Buch will hierzu beitragen. Es möchte neue Ideen liefern, wie eine ökonomische Zeitenwende aussehen kann. Diese neuen Ideen werden gebraucht, denn wirtschaftspolitisch stehen wir vor enormen Herausforderungen: Energiepreisschock, Inflation, drohende De-Globalisierung. Zumal in den nächsten Jahren die Weichen gestellt werden müssen für eine umfassende Transformation unserer Art zu wirtschaften und zu leben. Ich möchte drei Fragen umreißen, die wir beantworten müssen, um diese Transformation zu meistern.

Erstens: Wie gelingt eine neue, globale Klimaökonomie und wie reagieren wir auf die drohende De-Globalisierung? Wir haben uns als Gesellschaft eine Jahrhunderaufgabe vorgenommen: eine soziale und ökologische Transformation, um in Deutschland spätestens 2045 klimaneutral zu wirtschaften. Diese Aufgabe ist durch den russischen Angriffskrieg noch dringlicher geworden ist. Erste Konzepte hierfür liegen auf dem Tisch, von der massiven

Förderung von grünem Wasserstoff über Innovationsagenturen hin zu Klimaverträgen (Carbon Contracts for Difference).

Dabei wird entscheidend sein, diese Konzepte einerseits klug zu verzahnen sowie andererseits diese neue Klimaökonomie konsequent global zu denken. Bis 2030 müssen wir die globalen CO_2-Emissionen um 45 Prozent gegenüber 2010 reduzieren. Bis zur Jahrhundertmitte müssen wir global »Netto Null« erreichen, das heißt CO_2-Neutralität. Das wird nicht klappen, wenn wir auf die Langsamsten warten. Wir werden neue, internationale Formate brauchen, die Standards setzen, klimafreundliches Verhalten konsequent belohnen und so vorangehen.

Zugleich müssen wir Globalisierung neu denken. Bereits die Coronapandemie hat uns schmerzlich gezeigt: Die Globalisierung, wie wir sie kennen und von der wir als Exportland so stark profitiert haben, steht auf wackeligen Pfeilern. Niemand bestreitet, dass Spezialisierung ökonomisch sinnvoll ist, dass sich Länder oder Regionen auf das konzentrieren, was sie im Vergleich zu anderen am besten können. Das macht Produkte besser und senkt Kosten. Aber genau dieselbe Spezialisierung und die immer tieferen Wertschöpfungsketten bringen große Abhängigkeiten mit sich. Dann gibt es für bestimmte Produkte auf dem globalen Markt nur noch eine Handvoll Anbieter. In sogenannten Normalzeiten mag das kein Problem sein. Aber während einer Pandemie? Oder eines Krieges?

Weder sollten wir die Globalisierung jetzt verdammen noch versuchen, sie zurückzudrehen. Wir sollten nur etwas weniger naiv auf ihre Vorbedingungen und Konsequenzen blicken. Wenn wir in Zukunft Brüche in kritischen Wertschöpfungsketten vermeiden wollen, brauchen wir eine andere, eine vorausschauende Politik. Wir benötigen auch eine Debatte darüber, welche Produkte für Deutschland und Europa strategisch so wichtig sind, dass die Versorgung auch in Notfällen gesichert sein muss.

Zweitens: Wie schaffen wir die Bedingungen für Innovationen und innovatives Denken? In den kommenden Jahren brauchen wir in Deutschland eine neue GründerInnenzeit. Hierfür kann auch Politik einiges tun. Zunächst aber sollten wir damit beginnen, einen alten, machtvollen Mythos zu entzaubern, wenn es um Innovationen geht. Wenn jemand Innovation sagt, dann denken vielen von uns vielleicht an folgende Szene: Eine einsame Garage irgendwo in den Weiten der USA; ein junger Mann mit großen Zielen und unbändigem Ehrgeiz; plötzlich hat er einen Geistesblitz, arbeitet über Wochen wie besessen, Zuschauerinnen und Zuschauer warten gebannt: Einige Wochen später wird der erste Computer geboren oder das erste Soziale Netzwerk erblickt das Licht der Welt.

Das ist eine schöne Geschichte. Aber nicht mehr als das: Eine Geschichte. Forscherinnen wie Mariana Mazzucato haben gezeigt: Innovationen, besonders jene, die auch der Gesellschaft helfen, funktionieren grundlegend anders. Beispielsweise hat in den USA die staatliche Defense Advanced Research Project Agency, kurz DARPA, durch Grundlagenforschung die Voraussetzungen geschafften für selbstfahrende Autos, für GPS und Spracherkennung. Für uns in Deutschland bedeutet das: Ohne staatliche Investitionen und kluge Regeln wird es kein Ladenetz für Stromer, keine Wasserstoffindustrie, keine Batteriefertigung, keine Grundlagenforschung, keine flächendeckende Versorgung mit schnellem Netz geben. Natürlich braucht es für Unternehmen zuallererst Gründerinnen und Gründer, mit Erfindergeist, Originalität und Bereitschaft zum Risiko. Aber es braucht auch die richtigen Regeln, Anreize und staatliche Investitionen. Auch der Staat sollte mal ins Risiko gehen können. Wir sollten den alten, überkommenen Widerspruch von Markt und Staat hinter uns lassen uns gemeinsam die Frage beantworten: Wie schaffen wir ein Innovationsregime, dass unsere Marktwirtschaft neu belebt? Welche Aufgaben müssen dafür Unternehmen, welche staatliche Stellen und Verwaltung übernehmen?

Drittens: Was sind die Konturen eines neuen, sozialen Gesellschaftsvertrags? Wir stehen in den entwickelten Industrienationen vor dem Problem, dass das alte Versprechen »Aufstieg durch Bildung« nicht mehr gilt. Viele Menschen, auch in Deutschland, kommen mit ihrem Lohn kaum oder gerade so über die Runden, selbst wenn sie gute Ausbildungen absolviert haben. Bei anderen reicht das Geld gar nicht bis zum Monatsende. Das sind Situationen, mit denen wir uns nicht abfinden dürfen—gerade meine Partei. Mit der Einführung des Mindestlohns und der Erhöhung auf 12 Euro haben wir wichtige Maßnahmen ergriffen, um die Arbeitssituation vieler Menschen in Deutschland merklich zu verbessern.

Und doch gibt es noch tieferliegende Probleme. Ungleiche Chancen vererben sich über Generationen, verfestigen sich in Verhalten und Habitus und geben irgendwann den Ausschlag im Bewerbungsgespräch oder bei der Wohnungssuche. Oder führen dazu, dass in Deutschland an zentralen Schaltstellen in Politik, Unternehmen und Verwaltung Menschen z. B. Arbeiterfamilien deutlich unterrepräsentiert sind. Diese Herausforderungen betreffen wirtschafts- und sozialpolitische Fragen und weisen zugleich über sie hinaus. Sie klug zu beantworten, wird die Voraussetzung für wirtschaftlichen Erfolg und gesellschaftlichen Zusammenhalt in der kommenden Zeit.

In den vergangenen Monaten, so scheint es, hat die öffentliche Debatte an Schärfe gewonnen. Es ist von Lagern die Rede, Freund-Feind-Zuschreibungen überlagern Argumente. Als Gesellschaft brauchen wir die demokratische Debatte, auch demokratischen Streit, um neue Argumente auszutauschen, abzulehnen oder aufzunehmen und unseren Denkhorizont zu erweitern. Aber diese Debatten sollten uns am Schluss zusammenbringen, nicht auseinanderführen. Ich habe mich deshalb gefreut, dass in diesem Band Autorinnen und Autoren unterschiedlicher »Lager« versammelt sind, verschiedene Perspektiven zusammengebracht, in Dialog gesetzt werden. Vielleicht gelingt es uns, diese schwer fassbare Zwischen-Zeit auch dafür zu nutzen, unsere Debattenkultur zu pflegen: Weniger darüber streiten, welche Absichten hinter Argumenten stecken, sondern die Argumente selbst zu sehen. Wer weiß, vielleicht finden Sie ja einen Beitrag, der Sie mit neuen Ideen überzeugt?

Ich wünsche Ihnen eine anregende Lektüre.

Lars Klingbeil

1.

Zeitenwende nach dem Ukrainekrieg

Prof. (em.) Dr. Herfried Münkler

Nach dem Ukrainekrieg

Mai 2022

Der Begriff der Zeitenwende oder gar der einer Zäsur, der unmittelbar nach dem russischen Angriff auf die Ukraine als Bezeichnung der veränderten Lage Verwendung fand, steht dafür, dass mit einem Mal nichts mehr so ist, wie es eben noch war. Üblicherweise meidet die Politik solche Begriffe – außer sie stehen für eine Wende zum Guten, zum Erhofften und doch Unerwarteten. Das war am 9. November 1989 der Fall, als die Berliner Mauer mit einem Mal durchlässig wurde. Auch damals war danach nichts mehr so, wie es zuvor gewesen war. Der Begriff der »Wende«, der sich schnell einbürgerte, stand für den Aufbruch in eine neue Zeit, die als besser angesehen wurde als das Vergangene. Genau das ist bei dem von Olaf Scholz in der Regierungserklärung vom 27. Februar 2022 verwendeten Begriff der Zeitenwende nicht der Fall: Auch wenn zunächst noch nicht klar war, wie tiefgreifend die Zäsur sein würde, so stand doch außer Frage, dass die Rückkehr des Angriffs- und Eroberungskriegs nach Europa für eine Wende zum Schlechteren, zum Schlimmen stand.

Die Vorstellung, dass der Krieg, zumal der Angriffskrieg, ein Auslaufmodell der Politik sei, jedenfalls in Europa, war mit einem Schlag dahin, ebenso wie die Vorstellung, dass man mit wirtschaftlichen Sanktionen militärische Gewalt aus dem Spiel nehmen könne, und erledigt war auch das für die europäische Ordnung der letzten Jahrzehnte zentrale Vorhaben, durch die wirtschaftliche Verflechtung der politischen Akteure und die daraus resultierenden wechselseitigen Abhängigkeiten über eine zuverlässige Garantie für den Frieden zu verfügen. Der russische Angriff auf die Ukraine steht dafür, dass keine dieser Vorstellungen gehalten hat, was man sich von ihr versprochen hat. Auch wenn die Behauptung überzogen ist, man habe sich die ganze Zeit in einem Zustand der Illusionen befunden, so ist das festzuhalten, dass auf das bisher für gewiss Gehaltene kein Verlass mehr ist und man nicht länger so agieren kann, als ob es die Grundlage einer stabilen Friedensordnung wäre.

Ein solches Eingeständnis fällt schwer, denn das auf die Zäsur folgende *Danach* lässt sich nicht länger mit der verbreiteten Redewendung von den »politischen Stellschrauben«, die man nur neu justieren müsse, an das *Davor* anschließen. Zeitenwende heißt, dass die gesamte Apparatur der Politik auf den Prüfstand gestellt und vieles daran grundlegend verändert werden muss. Wer sich dem verweigert, ist hartnäckig lernunwillig. Am Umgang mit dem Umlernbedarf einer Zeitenwende scheiden sich die Geister. Das bekommt die Friedensbewegung zurzeit besonders deutlich zu verspüren: Standen ihre Forderungen und Parolen bis vor kurzem noch für eine bessere und sicherere Zukunft, auch wenn vieles nicht sogleich realisierbar war, sondern eher für Ziele auf dem Weg in die Zukunft stand, so repräsentieren die Friedensbewegten mit einem Mal nur noch die Illusionen und Irrtümer der Vergangenheit, die ihnen nunmehr als Mitschuld am russischen Angriff auf die Ukraine vorgehalten werden. Zeitenwenden sind immer auch Akte der Umwertung und Löschung von Gewissheiten. Das ist einer der Gründe, warum Politik normalerweise ungern von Zeitenwenden oder gar Zäsuren spricht. Beides setzt sie unter den Zwang zu kognitiven und mentalen Kehrtwenden. Tut sie es doch und spricht von einer Zeitenwende, so läuft dies auf die Verordnung eines grundlegend neuen Denkens hinaus.

Dieses neue Denken beginnt damit, dass sich die Wahrscheinlichkeitskalküle für *Best-Case-* und *Worst-Case-*Szenarien grundlegend verändern. In den Kalkülen der europäischen Friedensordnung nach 1989/91 war eine gewisse Neigung zu *Best-Case-*Szenarien vorherrschend, und *Worst-Case-*Szenarien wurden eher marginal behandelt: Der schlimmste denkbare Fall werde schon nicht eintreten. Vor allem ging man davon aus, dass sich alle – im Großen und Ganzen – an die Spielregeln der Friedensordnung halten würden, denn alle profitierten ja davon. Dass einer die Regeltreue der Anderen zu deren Nachteil und zum (vermeintlich) eigenen Vorteil ausnutzen würde, wollte man sich nicht vorstellen. Sonst hätte man Putins Politik seit langem schon anders bewerten müssen: Vom zweiten Tschetschenienkrieg mit dem zerstörten Grosny als Symbol für die Brutalisierungsbereitschaft des Kremlherrn über den Georgienkrieg von 2008 mit der Bildung der Separatistengebiete von Abchasien und Süd-Ossetien bis zur Annexion der Krim und der politischen wie militärischen Unterstützung für die Separatisten in Donezk und Luhansk, von der militärischen Intervention in den syrischen Bürgerkrieg und den brutalen Luftangriffen auf die Wohnviertel syrischer Großstädte über den Einsatz der »Gruppe Wagner« in den nordafrikanischen

Kriegen zieht sich eine breite blutige Spur der Kriegführung bis hin zum Angriffskrieg auf die Ukraine. All das wäre eigentlich Grund genug gewesen wäre, Putin von Grund auf zu misstrauen und weitreichende Sicherungsmaßnahmen gegenüber Russland zu treffen.

Man hat es nicht getan, denn dann hätten die Europäer, zumal die Deutschen, den Konsum der Friedensdividende beenden und sehr viel stärker auf die Komplementierung der wirtschaftlichen durch militärische Macht setzen müssen. Aber das hätte sie von Neuem in das berüchtigte Sicherheitsparadox hineingeführt: Man erhöht das Rüstungsniveau, um gegenüber einem identifizierten potenziellen Bedroher besser gesichert zu sein; der wiederum nimmt die erhöhten Verteidigungsanstrengungen der anderen Seite als Bedrohung seiner Sicherheit wahr und rüstet seinerseits auf, was bei der Gegenseite zusätzliche Rüstungsanstrengungen erforderlich macht – *ad infinitum*. Das Sicherheitsparadox besagt, dass der Versuch zur Erhöhung der eigenen Sicherheit durch mehr militärische Macht regelmäßig in erhöhter Unsicherheit endet. Diesem Dilemma glaubte man nach 1989/91 entkommen zu sein und wollte sich nicht wieder hineinbringen. Deswegen schob man alles, was den Annahmen der nach dem Ende der Ost-West-Konfrontation entwickelten europäischen Friedensordnung widersprach, an den Rand der politischen Wahrnehmung, behandelte es als Ausnahme und maß ihm keine zentrale politische Bedeutung bei – von der Zerstörung Grosnys und der brutalen Tötung von Zivilisten über die Annexion der Krim bis zur systematischen Bombardierung von Wohngebieten durch russische Kampfflugzeuge im syrischen Bürgerkrieg.

Die Marginalisierung russischer Regelbrüche war freilich nicht auf die Europäer beschränkt, sondern betraf ebenso die USA, die damit beschäftigt waren, ihre geopolitische Hauptaufmerksamkeit vom atlantischen Raum auf den pazifischen Raum zu verschieben, also China als den gefährlichsten Herausforderer ihrer globalen Dominanz anzusehen. Das begann mit Obamas Bemerkung, Russland sei nur noch eine Regionalmacht und fand ihren Höhepunkt in Trumps undurchsichtiger Hofierung Putins als eines klugen und verlässlichen Politikers. Es ging darum, dass man alle Kräfte für die Auseinandersetzung mit China frei machte und nicht durch die Konfrontation mit Russland in einen »Zwei-Fronten-Konflikt« hineingezwungen wurde, von dem man befürchtete, dass er die Vormachtstellung der USA nachhaltig gefährden und zu einer Überdehnung der Kräfte führen würde. Für die Sicht Putins und seiner Entourage kam beides, die europäische Fixierung auf eine ökonomisch gesicherte Friedensordnung und die konfliktive Ausrichtung der USA auf China und den indopazifischen Raum, der Einladung gleich, das 1991 zerfallene russische Imperium wieder zu errichten.

Man hatte Putin und Russland als einen geostrategischen Akteur schlichtweg aus dem Blick verloren: Die Europäer, weil sie, von wenigen Ausnahmen abgesehen, weder Neigung noch Fähigkeit zu geopolitischem Denken hatten und überwiegend damit beschäftigt waren, die europäische Friedensordnung als Blaupause für eine neue Weltordnung zu positionieren. Damit sollte das rhetorische »Wir« der Menschheit in einen handlungsfähigen politischen Akteur verwandelt werden, der die großen Herausforderungen der Menschheit zu bearbeiten in der Lage war, Hunger und materielles Elend im Süden, die Migrationsbewegungen infolge von Dürrekatastrophen und Bürgerkriegen und vor allem den Klimawandel und das Artensterben. Und die US-Amerikaner, weil sie ihre globale Vormachtstellung verteidigen wollten und sich dabei, nachdem sie sich mehr als eine Dekade im Vergleich zu einer Transformation der muslimischen Welt verzettelt hatten, vor allem auf China konzentrieren wollten, das durch seine ständig wachsende wirtschaftliche Macht die USA herausforderte. Doch dann kam für beide Russland durch den Einsatz militärischer Gewalt dazwischen. Es war der von Putin angeordnete rücksichtslose Gebrauch militärischer Macht, der die politische Vorstellungswelt der Amerikaner und Europäer buchstäblich zertrümmerte und sie zu einem geopolitischen Paradigmenwechsel zwang. Der ist zu einer tiefen Zäsur im politischen Erwartungshorizont des »Westens« geworden.

Wo stehen wir jetzt? Womit müssen wir rechnen? Wie können wir uns darauf einstellen? Die Ära des Vertrauens auf die Geltung einer regelbasierten, wertegestützten und normgetriebenen Weltordnung ist zu Ende. Einige mögen ihr in trotziger Beharrlichkeit nach wie vor anhängen, aber das ist eher ein Akt verzweifelten Festhaltens von Vergangenheit als der eines zukunftsfähigen Erfassens realer Herausforderungen und Möglichkeiten. Normativ aufgeladene Ordnungen, wie etwa auch die europäische Friedensverordnung nach dem Ende des Ost-West-Konflikts, sind hochgradig verwundbar, und sobald es einen notorischen Regelbrecher und Werteverächter gibt, der nicht aus dem Spiel genommen werden kann, sind sie gescheitert. Das hat sich bereits im Zerfall der vom Genfer Völkerbund getragenen Zwischenkriegsordnung gezeigt. Solche Ordnungen bedürfen eines »Hüters«, der sehr viel mächtiger ist als alle Regelbrecher und der obendrein bereit ist, diese

Übermacht nicht in seinem Eigeninteresse, sondern in dem eines Gemeinwohls der gesamten Menschheit zu gebrauchen. Den gibt es indes nicht. Die Vereinten Nationen haben sich dafür als zu schwach erwiesen, und die USA haben diese Aufgabe eher schlecht als recht wahrgenommen. Unter Trump haben sie sich dann davon verabschiedet.

Seit längerem schon hat sich stattdessen ein System der fünf großen Akteure herausgebildet, das nach quasi-physikalischen Gesetzmäßigkeiten funktioniert. Diese Fünf haben Interessengebiete, Einflusszonen und Peripherien, auf die sie aus Gründen ihrer Rohstoff- und Energieversorgung angewiesen sind und über die sie aus Gründen ihrer Sicherheit die Kontrolle anstreben oder behalten wollen. Das führt zu Reibungen und Konflikten, die, wie im Fall der Ukraine, zu Kriegen werden können oder auch zur Entkoppelung von Wirtschaftskreisläufen, wie jetzt denen des »Westens« gegenüber denen Russlands. In dieser politischen Welt ist nicht Vertrauen, sondern Misstrauen vorherrschend; *Best-Case*-Szenarien gelten als unwahrscheinlich, und *Worst-Case*-Szenarien dominieren die politischen Kalküle. Frieden ist hier eher die permanente Vermeidung von Kriegen als die Verwirklichung einer verlässlichen Friedensordnung. In dieser Welt muss man ständig mit dem Schlimmsten rechnen, um seinen Eintritt nicht bloß zu vermeiden, sondern auch aktiv verhindern zu können. Es ist dies eine überaus anstrengende und an den Nerven zehrende Welt. Aber sie verschwindet nicht, wenn man vor ihr die Augen verschließt.

Bei den fünf großen Akteuren handelt es sich um die USA und China, Russland und die EU (wenn die wichtigsten Mitgliedstaaten zusammenbleiben und die bisherige Regelungspolitik auf eine gemeinsame Außen- und Sicherheitspolitik umstellen) und als Fünften schließlich Indien. Dabei werden die USA und die EU sowie einige andere eine Koalition der demokratischen Rechtsstaaten bilden, was freilich nur bei entsprechenden Anstrengungen nach innen gelingen kann. Ihnen wird die von Russland und China gebildete Koalition der autoritär-autokratischen Mächte gegenüberstehen. Die Europäer werden dabei die Juniorpartner der USA bleiben, ebenso wie Russland zum Juniorpartner Chinas werden wird. Und Indien wird das bewegliche »Zünglein an der Waage« darstellen und sich dabei an der Rolle der Briten orientieren, die diese im 18. und 19. Jahrhundert gegenüber Kontinentaleuropa gespielt haben. Die oben erwähnten Menschheitsaufgaben dürften zu einer zwischen den großen Fünfen von Fall zu Fall auszuhandelnden Agenda werden, bei der viele Kompromisse vonnöten sind. – Keine Frage:

es wird melancholische Nostalgiker geben, die dem Erwartungshorizont der europäischen Friedensordnung der letzten Jahrzehnte nachtrauern werden. Sie werden jedoch keinen Einfluss auf das Geschehen haben, sondern dieses nur in hilfloser Trauer diesen. Die Europäer werden aufpassen müssen, dass sie politisch nicht zu solchen Melancholikern gehören, die Objekt der Weltpolitik und nicht eines von deren Subjekten sind.

Prof. Dr. Daniela Schwarzer

Zeitenwende nach der Ukraine

Juni 2022

Von einer »Zeitenwende« sprach Bundeskanzler Olaf Scholz am 27. Februar 2022, als er in einer historischen Rede während einer Sondersitzung des Deutschen Bundestags eine politische Kehrtwende ankündigte. Der Begriff beschreibt dabei weniger die nicht noch nicht abgeschlossene Korrektur jahrzehntelanger Politik und ist an sich noch kein Programm. Er hilft indes bei der analytischen Einordnung der Folgen von Russlands Krieg in der Ukraine – für Deutschland, für Europa und weltweit und dies in sicherheitspolitischer, wirtschaftlicher, humanitärer und europapolitischer Hinsicht. Sie sind umfassend und werden weitere Veränderungen jahrzehntelanger Politiken nach sich ziehen.

Seit Beginn dieses Kriegs am 24. Februar 2022 haben die Bundesregierung, die Europäische Union und haben die transatlantischen Partner mit wichtigen Entscheidungen und eng koordiniert reagiert. Die Maßnahmen reichen von umfassenden Russland-Sanktionen über Waffenlieferungen für die Ukraine hin zu Maßnahmen, die Europas Energieabhängigkeit von Russland reduzieren.

Die Folgen des russischen Krieges und der daraufhin notwendig gewordenen Antworten lassen sich vier Monate nach Beginn des Angriffs noch nicht voll abschätzen. Doch auch wenn noch nicht klar ist, wann und wie der Krieg endet, lassen sich wichtige, weltweite Veränderungen identifizieren, die belegen, dass tatsächlich eine Ära zu Ende gegangen ist. Die neue Epoche ist dabei noch nicht voll konturiert und genau deswegen ist ihre politische Gestaltung jetzt so wichtig.

Zerstörung der europäischen Sicherheitsordnung

Russlands hat mit seinem Angriff auf die Ukraine Europas Sicherheitsordnung zerstört. Wie bereits die Annexion der Krim und der Beginn des Kriegs im Donbass seit 2014 bricht dieser Krieg das Völkerrecht, er verletzt die territoriale Integrität eines souveränen Staates und zwingt europäische Regierungen zu radikalen Anpassungen ihrer Politik. Moskau verstößt gegen grundlegende Prinzipien, neben der Achtung der Souveränität von Staaten sind dies deren freie Bündniswahl, das Verbot von Gewalt und Prinzipien der Rechtsstaatlichkeit. Für Europa und Deutschland, die über Jahrzehnte die europäische Sicherheitsordnung »mit Russland« gedacht haben, ist die (sicherheits-)politische Herausforderung enorm: Die europäische Sicherheitsordnung muss – solange Putin diese Maßstäbe verletzt – ohne und sogar gegen Russland gestaltet werden, wenn die westlichen Kernprinzipien weiterhin Bedeutung haben sollen. Denn das freie, demokratische Europa steht einem aggressiven und gewaltbereiten Russland gegenüber, dass die regel- und rechtsbasierte Ordnung bewusst untergräbt und unter der derzeitigen Führung durch Vladimir Putin weiter tun dürfte. Wollen die europäischen Regierungen, gemeinsame mit anderen demokratischen Regierungen, allen voran den USA, den Geltungsraum von Rechtsstaatlichkeit schützen, müssen sie dies militärisch stärker tun mit Hilfe einer glaubwürdigen Abschreckung und durch eine entschiedene Verteidigung dieser Prinzipien innerhalb der Europäischen Union.

Veränderung der militärischen Kräfteverhältnisse

Die NATO reagierte mit einer erhöhten Präsenz an ihrer Ostflanke, während Schweden und Finnland sich für einen Beitritt um Bündnis – mit starkem Rückhalt einer zuvor über Jahrzehnte skeptischen Bevölkerung – entschieden haben. Deutschland, andere europäische Staaten und sogar die EU liefern Waffen an die Ukraine, während Russland durch Sanktionen und den Rückzug von Unternehmen aus dem russischen Markt zunehmend in die Isolation getrieben wird.

Die Armee des Angreifers, Russlands, dürfte durch diesen Konflikt zunächst geschwächt werden. Andere europäische Regierungen, vor allem Mitglieder von EU und NATO, investieren bereits jetzt stärker: Deutschland gehört zu den Staaten, die besonders früh und umfassend mit einer Steigerung ihrer Verteidigungsausgaben reagiert haben, auch um Versäumnisse der Vergangenheit auszuräumen. Die Entscheidung, nun das im Rahmen der NATO 2014 vereinbarte Ausgabenziel von 2 Prozent des BIP sofort umzusetzen und ein Sondervermögen von 100 Milliarden Euro für Verteidigungsausgaben aufzusetzen, macht Deutschland zu dem europäischen Staat mit dem größten Verteidigungsetat. Das verschiebt Gewichte innerhalb der EU und der NATO und macht aus deutscher Sicht die Kooperation mit EU-Partnern sehr wichtig.

In Reaktion auf Russlands aggressiven Angriff auf die Ukraine und damit auf Europas Sicherheitsordnung ist derweil der Schulterschluss mit den USA so eng, wie schon lange nicht mehr. Washington hat größte Präsenz als Sicherheitsgarant Europas, obgleich in den Jahren zuvor immer deutlicher wurde, dass aus amerikanischer Sicht und ungeachtet, ob ein Demokrat oder Republikaner im Weißen Haus sitzt, von China die bei weitem größere strategische Herausforderung für die Weltmacht USA und den politischen Westen ausgeht.

Diese Orientierung auf China als langfristig wichtigste Herausforderung sagt allerdings nichts über den Zerstörungswillen und das Zerstörungspotenzial von Putins Angriffskrieg aus. Beide sind enorm. Putin hat die Zerstörung von Staat und Nation der Ukrainer als Ziel formuliert, weitere Gebietsansprüche auf ehemalige Sowjetrepubliken erhoben – auch auf NATO-Mitglieder wie etwa Litauen – und sieht den Westen als politischen Gegner und Gefährder Russlands. Für Europa bedeutet diese Gefahrenlage, dass es sich weit mehr für die Sicherheit auf dem eigenen Kontinent engagieren muss, da das sehr starke Engagement der Amerikaner für die Ukraine nachlassen dürfte, wenn Washington die strategische Herausforderung China wieder stärker ins Blickfeld nimmt.

Für die EU und für Deutschland, die größtes Interesse an einer stabilen, rechtsbasierten Sicherheitsordnung in der EU haben, ist die Herausforderung enorm, denn es muss angenommen werden, dass Russland als größtes Land der Erde die europäische Sicherheit langfristig herausfordern wird und nicht kooperativ eine neue Ordnung mitgestalten wird. Zwar werden etwa die aktuellen Maßnahmen zur Reduzierung der Energieabhängigkeit von Russland seinen Einfluss reduzieren. Doch bleibt das Land ein Unsicherheitsfaktor, nicht nur im Falle einer aggressiven politischen Führung wie Vladimir Putin sie ausübt, sondern auch im Falle von absehbaren politischen Instabilitäten.

Hybride Kriegsführung

Wenn Europa bemisst, wie stark es sich selbst in den kommenden Jahren und Jahrzehnten für Frieden und Stabilität auf unserem Kontinent engagieren muss, darf es die Dauer des Krieges nicht unterschätzen. Russlands Zielformulierung und seine nachvollziehbaren Aktivitäten in Nachbarstaaten, inklusive innerhalb der Europäischen Union, zeigen, dass der Krieg nicht mit dem Ende der offenen militärischen Konfrontation vorbei sein wird. Die

Auseinandersetzung wird auf anderen Ebenen begleitet und dort fortgesetzt, etwa im Cyberraum, durch die Instrumentalisierung von Energielieferungen und durch die Verbreitung von Propaganda und Fakenews, auch in anderen Weltregionen. Mit Cyberangriffen auf kritische Infrastrukturen weltweit muss gerechnet werden, gerade die ersten Tage des Krieges gaben einen Eindruck von möglichen Ausprägungen: Zu Beginn des Angriffs wurde der Internetdienst von ViaSat europaweit für mehrere Stunden unterbrochen, 30.000 Kunden – einschließlich der ukrainischen Militärkommunikation – waren betroffen. Die ukrainische Stromversorgung und Telekommunikation wurden lahmgelegt, ukrainische Regierungsorganisationen gehackt. Im Gegenzug wurden auch die Websites mehrerer russischer Ministerien lahmgelegt. Es ist zu erwarten, dass Cyberbedrohungen anhalten und neben Militär und Regierungseinrichtungen auch wirtschaftliche und zivilgesellschaftliche Akteure stark betroffen sein werden.

Neusortierung der Energieversorgung

Zu Beginn des Krieges und bereits seit Jahrzehnten ist Europa in hohem Maße von russischen Energiequellen abhängig gewesen. Obgleich bereits nach der Annexion der Krim innerhalb der EU intensiv über Maßnahmen zur Steigerung der Energieversorgungssicherheit diskutiert wurde, waren europäische Staaten auch Anfang 2022 noch in großem Maße vor allem von Erdgas, aber auch Kohle, Rohöl und Heizöl aus Russland anhängig. Nach Berechnungen von McKinsey importierten europäische Staaten im Jahr 2021 im Schnitt etwa 36 Prozent des verbrauchten Gases aus Russland, außerdem 30 Prozent der Kohle und 10 Prozent des Rohöls. Neben Deutschland, das zu Beginn des Krieges 65 Prozent seiner Gasimporte aus Russland bezog, gehört Italien mit einer Importquote von 43 Prozent zu den EU-Staaten, die in Reaktion auf den Krieg energiepolitisch massiv umsteuern müssen. Neben neuen Lieferbeziehungen stehen europäische Staaten unter Druck, ihren Energieverbrauch einzuschränken, was etwa die Beheizung von Häusern und Gebäuden betrifft, vor allem aber den industriellen Verbrauch und die Stromerzeugung.

Trotz dieser Fortschritte gilt vorerst: Mögliche Konsumbeschränkungen und vor allem die hohen Energiepreise sorgen für Druck innerhalb der Gesellschaft, der zum Herbst und Winter 2022/23 noch steigen dürfte. Gerade die schwächsten gesellschaftlichen Gruppen werden trozt staatlicher Kompensationsleistungen am stärksten betroffen sein und es muss damit gerechnet werden, dass der politische Druck in einigen EU-Staaten so zunimmt, dass es zunehmend schwieriger wird, eine gemeinsame europäische Linie in Sanktionspolitiken und vor allem bei Energieembargos zu halten. Die Einigungsfähigkeit innerhalb der EU und darüber hinaus, etwa in Bezug auf Großbritannien, ist dabei über die Sanktionspolitik hinaus höchst relevant: Europas Gestaltungskraft bei der Schaffung einer neuen Sicherheitsordnung wird sehr stark von seiner Geschlossenheit abhängen, die wiederum nur möglich sein wird, wenn eine relevante Anzahl von Staaten trotz der angespannten Situation der europäischen und der Weltwirtschaft und der gesellschaftlichen Folgen der aktuellen Krisen politisch stabil bleiben.

Wirtschaftlichen Abhängigkeiten, Klima, Technologie

Der Krieg hat nicht nur die Weltpolitik und die Sicherheitslage in Europa erschüttert, er hat auch maßgeblichen Einfluss auf die ohnehin im Fluss befindliche Ordnung der Wirtschaft, auf die Beziehungen und Kräfteverhältnisse der Wirtschaftsmächte und auf die Chancen der ökologischen Transformation.

Deutschlands und Europas Umsteuern in der Energiepolitik reduziert Russlands Einfluss auf dem europäischen Kontinent und lässt zumindest temporär die Beziehungen zu anderen öl- und gasexportierenden Staaten, wie etwa Saudi-Arabien und Qatar, an Bedeutung gewinnen. Die zunehmenden Importe von amerikanischem Flüssiggas LNG – ein Ziel, das US-Präsident Donald Trump jahrelang gegenüber den Europäern vertreten hat – stärkt derweil die transatlantischen Wirtschaftsbeziehungen, ebenso wie dies eine stärkere Kooperation etwa im Technologiebereich aufgrund einer Neubewertung der Risiken, die von China ausgehen, tun werden.

Ein Risiko bei der schnellen Neuausrichtung der Energiebeziehungen ist, dass der Kampf gegen den Klimawandel in den Hintergrund tritt, obwohl es sich auch hierbei um einen zentralen Faktor für die langfristige europäische und globale Sicherheit handelt. Zumindest kurzfristig dürfte etwa die Substitution russischen Erdgases durch andere Quellen zur ökologischen Belastung werden, insbesondere wenn Russland Gas abfackeln muss, während anderen Orts anderes Gas konsumiert wird und damit der kumulierte CO_2-Ausstoß steigt. Für Deutschlands und Europas ökologische Transformation ist es entscheidend, dass neben der kurzfristigen Versorgungssicherheit die Förderung erneuerbarer Energien und neuer Technologien nicht zurücksteht.

Das Nachdenken über Verwundbarkeit und Abhängigkeiten hat Auswirkungen deutlich über Russland hinaus. Viele europäische Staaten beschleunigen ihre Bemühungen, Risiken in globalen Lieferketten zu reduzieren, etwa in dem sie Produktion nach Europa verlagern oder ihre Anbieter diversifizieren. Seit einigen Jahren wird mit größerem Risikobewusstsein auf China als Lieferant, Produktionsstandort und Absatzmarkt geschaut. Die Bewertung politischer Risiken ist nach den jüngsten Erfahrungen mit Russland wichtiger geworden, und nicht nur die Politik, sondern auch Unternehmen bewerten Beziehungen zu und Abhängigkeiten von China als dem größten autoritären Staat der Welt neu.

Die neue Risikobewertung hat besondere Bedeutung im Technologiesektor, denn technologische Souveränität ist für die Sicherheit, den Wohlstand und den Schutz unserer Demokratie entscheidend. Zunehmend zeichnet sich ab, dass die Welt in zwei Technologiesphären, die der Demokratien und die der Autokratien zerfällt, zwischen Europa und den USA einerseits, und China und Russland andererseits. Wichtig ist auch in diesem Zusammenhang die Frage, auf welche Seite die »Unentschiedenen« gehen, wichtige Staaten wie etwa Indien oder Brasilien, zu denen Europa seine Beziehungen stärken sollte. Darüber hinaus ist angesichts der Entkopplung von Russland die Verfügbarkeit von Seltenen Erden und Rohstoffen ein entscheidender Faktor, um technologische Souveränität zu stärken. Auch hier bietet sich für die Europäer eine engere Zusammenarbeit mit den USA an. Politiken zur Abwehr von Risiken, Maßnahmen zur Erhaltung der Versorgungssicherheit und unterschiedliche Standards für die Regulierung von Technologien und insbesondere im Datenschutz, die die Interoperabilität zwischen den demokratischen und autoritären Technologiesphären immer schwieriger machen, dürften dazu führen, dass die sich demokratische und die autoritären Wirtschaftsräume stärker entkoppeln.

Hungersnöte und eine weltweite humanitäre Krise

Die Folgen des Krieges in der Ukraine gehen auch deshalb weit über die Ukraine hinaus, weil Russlands Angriff und die gezielte Blockade der Schwarzmeerhäfen das globale System der Nahrungsmittelproduktion durcheinandergebracht hat. Russland und die Ukraine liefern rund 30 Prozent der weltweiten Weizen- und Gestenexporte, 65 Prozent des Sonnenblumenöls und 15 Prozent des Mais. Sie produzieren zudem rund ein Drittel der weltweiten Ammoniak- und Kaliumexporte, wesentliche Bestandteile von Düngemitteln. Massive Preisanstiege von Nahrungsmitteln und Düngemitteln sind die Folge. Dies betrifft vor allem Länder in Zentral- und Westasien sowie im Nahen Osten und in Nordafrika. Auch Syrien und Jemen, die bereits mit langanhaltenden Flüchtlingskrisen und Problemen der Ernährungssicherheit zu kämpfen haben, sind aufgrund ihrer starken Weizenabhängigkeit betroffen, ebenso wie das Welternährungsprogramm der Vereinten Nationen wird betroffen sein, da Russland und die Ukraine fast 20 Prozent der gesamten Nahrungsmittelbeschaffung im Jahr 2020 ausmachten. Weltweite Hungersnöte sind die Folge, die neben der humanitären Katastrophe auch durch den wachsenden Druck von Flüchtlingsströmen Folgen für Europa haben werden. Die Verantwortung Europas, der USA und anderer Partner sich global für Maßnahmen zu engagieren, die die drohende Hungerkatastrophe mildern können, ist enorm.

Russlands Krieg in der Ukraine provoziert bereits eine humanitäre Krise auf unserem Kontinent. Seit dem Zweiten Weltkrieg waren in Europa nicht so viele Menschen auf der Flucht. Bis Anfang Juni 2022 haben 5,6 Millionen Flüchtlinge die Ukraine verlassen, weitere 7,7 Millionen haben ihr Zuhause aufgeben müssen und anderswo in der Ukraine Schutz gesucht. Ein knappes Drittel der Bevölkerung des Landes ist auf der Flucht.

Nicht nur in sicherheitspolitischer, auch in wirtschafts- und technologiepolitischer Hinsicht und vor allem mit Blick auf seine globale Verantwortung zur Verhinderung humanitärer Krisen stellt Russlands Krieg in der Ukraine Deutschland und die Europäische Union vor große Aufgaben. Auch im Inneren stellen sie sich: die Folgen des Krieges und die politischen Antworten haben höchste Relevanz für die sozialen und politische Stabilität im Inneren. Die Folgen der Zeitenwende stellen Europa im Inneren wie im Äußeren vor eine Bewährungsprobe.

Sigmar Gabriel

Eine neue Dialektik der Welt

Juni 2022

Wir leben im dritten Jahr hintereinander im Krisenmodus – Corona, Klima, Energie, Ukrainekrieg, Inflation. Berechtigte Sorgen machen sich breit und viele wollen wissen, wie viel Krisen wir noch aushalten können. Dahinter verbirgt sich schlicht die Frage: Wie steht es um unseren Wohlstand? Ist der noch gesichert?

Deutschland ist eines der wohlhabendsten Länder der Welt. Es ist Exportweltmeister. 36 Prozent unserer Wirtschaftsleistung stammen aus dem Export. Das garantierte, dass wir relativ unbeschadet durch die Großkrisen der letzten Jahrzehnte wie Finanz-, Euro- und Corona-Krise kamen. Im Gegensatz zu anderen Staaten konnten wir uns großzügige Stützungsprogramme leisten.

Wir müssen uns aber auch ehrlich machen. Diesen Wohlstand haben wir uns nicht nur durch fleißige Arbeit, Ideenreichtum und Ingenieurleistungen erarbeitet. Wir profitieren über Jahrzehnte auch von der weltweiten Ausbeutung der Natur, von billigen Arbeitskräften in aller Welt und der Jagd nach den stets günstigsten Rohstoffen. Wirtschaftsminister Ludwig Erhardt erkannte bereits in den 50er Jahren das Potenzial Asiens und Lateinamerikas als Wirtschaftsmärkte mit einer rosigen Zukunft für Deutschland. Dort Rohstoffe günstig erwerben, fertige Produkte liefern und so den heimischen Wohlstand mehren – das war das Diktum und auch Basis für das Wirtschaftswunder. In den 80er Jahren wurde dafür der Begriff der Globalisierung erfunden: Internationale Arbeitsteilung, weltweite Vernetzung von Lieferketten. Globaler Profit für alle.

Ob Demokrat, Despot oder Diktator, mit wem man handelte, war nicht von großer Bedeutung. Chinas später folgende Industrialisierung war für deutsche Unternehmen und den Staat ebenfalls ein lohnendes Milliardengeschäft. Letztlich hat auch billiges russisches Gas geholfen, uns zum Exportweltmeister zu machen, die Gewinne aus dem Geschäft haben zum Ausbau unseres Sozialstaates beigetragen. Wie wir jetzt wissen, uns aber auch verletzlich und erpressbar gemacht. Auch das gehört zur Wahrheit.

Mit dem barbarischen Überfall Russlands auf die Ukraine haben sich die Welt und bisher geltende Gewissheiten geändert. In einer durchweg friedlichen Welt die Globalisierungsgewinne einstreichen zu können und von äußeren Krisen verschont zu bleiben, das gilt nicht mehr. Es gilt eine neue Dialektik der Welt. Ja, wir alle werden durch den Krieg ärmer. Ohne Kosten für die gesamte Gesellschaft werden wir nicht durch diese Zeit kommen. Ja, diese bisher geltenden deutschen Dogmen werden zu Grabe getragen: Niemand muss verzichten, unser Wohlstand ist sicher, wir sind die Guten. Und ja, das wird uns einiges abverlangen. Zwar will eine große Mehrheit der Deutschen ein sofortiges Gas-Embargo, gleichzeitig aber lehnen ebenso viele erforderliche Einschränkungen ab. Putin soll sanktioniert werden, aber einen Preis dafür wollen nur wenige Unternehmen und nur eine Minderheit der Zivilgesellschaft zahlen. Selbst geringste Einschränkungen wie ein Sonntagsfahrverbot oder ein Tempolimit werden vehement abgelehnt. Duschen, aber mach mich nicht nass – das geht nicht!

Und es geht bei Weitem nicht nur um Gas und Öl. Im 21. Jahrhundert wird alles zur Waffe – Mobilfunk, Energieversorgung, seltene Erden. Je stärker die Nationen im globalen Handel aufeinander angewiesen sind, desto größer ist der Anreiz, diese Abhängigkeiten zu instrumentalisieren. Darauf müssen wir reagieren. Im Konflikt mit Russland, in unseren Beziehungen und bedenklichen Abhängigkeiten zu China. Aus Russland beziehen wir je ein Fünftel unseres Aluminiums, Kupfers und Eisenerzes, sowie 40 Prozent unseres Nickels. Aus China 93 Prozent des Magnesiums und Wismut, gar 98 Prozent seltener Erden. Ohne diese Rohstoffe keine Auto- und Handyproduktion, kein Hausbau, weder Computer noch Waschmaschinen würden laufen, kein Windrad sich drehen. Schon die Pandemie hat die Fragilität unserer Lieferketten gezeigt. Sollte China, aus welchen Gründen auch immer, mit einem Rohstoffembargo agieren, es wäre verheerend für unsere Wirtschaft. Die Chip- und Autoproduktion stände still, fehlendes Lithium würde die Produktion von Batterien und Solarpanels lahmlegen. Adieu Energiewende!

Das gleiche gilt selbstredend für die Exporte deutscher Unternehmen. Wenn jeder dritte Euro durch Warenlieferungen ins Ausland erwirtschaftet wird, beruhen Wachstum und Wohlstand auch auf dem Handel mit Despoten, Diktatoren und Autokraten. Und wie schnell ein Wechsel vom demokratischen EU-Fan zu einer Anti-EU, Anti-NATO und Anti-Deutschland Präsidentin gehen kann, hat uns die Wahl in Frankreich doch kürzlich vorgeführt. Es war knapp.

Weltwirtschaft ist kein Puppenspiel. Die globale Vernetzung von Arbeit und Handel kein Kindergarten. In diesem Spannungsfeld sucht die Regierung in einer Art täglichen Marathonlauf verantwortungsvoll nach Lösungen. Manchmal kurzatmig, nicht immer fehlerfrei. Dabei werden bisher geltende Prinzipien über Bord geworfen. Auf dem Weg aus der Abhängigkeit werden weltweit neue Lieferanten und Kunden ausfindig gemacht. Da ist schmutziges amerikanisches Fracking-Gas besser als gar keins. Auch wenn man bevorzugt mit Handelspartnern ins Geschäft kommen will, die auch Wertepartner sind, wird natürlich trotzdem auch mit Monarchien und Autokratien gesprochen und gehandelt. Weil es auf der Welt nicht genügend funktionierende Demokratien gibt. Und keine Garantien, dass sie es auf Dauer bleiben. Wie hätte sich ein Wahlerfolg von Marine Le Pen auf Frankreichs Handeln ausgewirkt? Was ist, wenn Donald Trump 2024 wieder zum Präsidenten der USA gewählt wird? In seiner Amtszeit als Präsident hat er mit Strafzöllen auf Stahl und Aluminium aus Europa gezeigt, dass er skrupellos die eigenen Wirtschaftsinteressen durchsetzt. Wir sind zurück in der Welt harter Interessenpolitik. Und wie wir bei Wladimir Putin bitter lernen müssen, ist die Währung nicht immer ökonomischer Natur. Das Streben nach Macht ist wichtiger als der ökonomische Erfolg. Nicht mehr die Geoökonomie bestimmt die Globalisierung, sondern die Geopolitik. Und in dieser Welt finden wir Europäer und vor allem wir Deutschen uns nur mühsam zurecht. Denn wo wir uns seit Jahrzehnten um uns selbst kümmern konnten, hatten wir bislang vor allem die USA, die sich für die Aufrechterhaltung einer globalen Ordnung verantwortlich fühlten. Genau das ist aber vorbei, denn egal wie der nächste US-Präsident heißt, Amerika wird sich immer mehr den Herausforderungen im Indo-Pazifik stellen und nicht mehr und in jedem Fall als »Risk-Taker« für uns Europäer zur Verfügung stehen.

Die Verschiebung der Machtachsen vom Atlantik in den Indo-Pazifik und die Auflösung der bisher weitgehend durch die Vereinigten Staaten von Amerika garantierten globalen Ordnung sind die eigentliche Zeitenwende, der wir uns gegenübersehen. Russlands Einmarsch in die Ukraine ist eher Folge als Ursache dieser Zeitenwende. In einer Welt ohne Ordnung, einer »G-Zero-World«, wie der amerikanische Publizist Ian Bremmer den Zustand unserer Welt bezeichnet, scheint der russische Präsident ein »Window of opportunity« gesehen zu haben, sein Land wieder als europäische Großmacht zu rekonstituieren. Die USA schienen zu gespalten und weit mehr an China als an Europa interessiert, Europa im Konflikt zwischen Ost und West und

Nord und Süd und ein französischer Präsident, der die NATO als »hirntot« bezeichnet: die Gelegenheit schien günstig. Russland, das über Jahrhunderte eine europäische Macht war, sank in den letzten 30 Jahren seit dem Zusammenbruch der Sowjetunion auf den Status einer großen Tankstelle herab – ohne politischen oder wirtschaftlichen Einfluss auf Europa. Und genau das will Russlands Führung wieder ändern. Dass dieser Versuch schon heute als gründlich gescheitert erklärt werden kann und die Russische Föderation nach diesem Krieg ein Schatten ihrer selbst sein wird, macht das Land nicht weniger gefährlich, sondern eher noch unkalkulierbarer. Ein neuer »eiserner Vorhang« wird auf absehbare Zeit die unvermeidbare Folge sein und Europa und Russland werden erstmals seit der Zeit Peters des Großen wieder vollständig voneinander getrennt sein. Allerdings mit dem Unterschied, dass dieser östliche Nachbar Europas weiterhin eine Atommacht bleibt und wir im Zeitalter von Cyberattacken und Missinformation in einer weitaus gefährlicheren Welt leben als im Kalten Krieg des letzten Jahrhunderts.

Trotz dieser neuen Trennlinie zwischen der Ostsee und dem Schwarzen Meer wird aus Russland kein zweites Nord-Korea und auch kein Paria der Weltpolitik. Zu viele Staaten sind an Russlands Rohstoffen ebenso interessiert wie an seinen militärischen Exportprodukten. Bei der UN-Vollversammlung stimmten zwar nur Belarus, Nordkorea, Eritrea und Syrien neben Russland gegen eine Verurteilung des Angriffskrieges. Doch 35 weitere Staaten enthielten sich wie China der Stimme, darunter 17 afrikanische Staaten sowie Indien und Südafrika. Sie repräsentieren die Hälfte der Weltbevölkerung! Auch das ist eine Realität. Nicht zuletzt deshalb dürfen wir die Auseinandersetzung mit Russland nicht selbst zu einem Konflikt zwischen »dem Westen« und Russland erklären. Viele, zu viele in der Welt würden das schnell als »Stellvertreterkrieg« zwischen den bei alten Imperien USA und Russland interpretieren. Der Angriffskrieg auf die Ukraine ist nichts anderes als der Bruch des Minimalstandards des Völkerrechts und der Versuch einer Re-Kolonialisierung eines Staates, der sich seinen Weg in die Freiheit erkämpft hatte und der nun erneut unter die Kontrolle seines alten Imperialherrn zurückgeholt werden soll.

Noch mehr als der Krieg in der Ukraine fordert die Rückkehr der Geopolitik Deutschland und Europa heraus. Wo Abschottung, Handelskonflikte, Unterbrechung der Lieferketten, der Mangel an Halbleitern und anderer Materialien und sogar Krieg auf der Tagesordnung stehen, ist das Geschäftsmodell einer vom möglichst ungehinderten Import von Rohstoffen und Export von

Waren und Dienstleistungen abhängigen Volkswirtschaft wie der deutschen hochgradig gefährdet. Die Bundesregierung setzt deshalb bei ihren Entscheidungen auf das möglichst schnelle Lösen der Abhängigkeiten. Diversifizierung und Regionalisierung sind angesagt. Die völlige Unabhängigkeit von russischem Gas wird etwa drei Jahre dauern, meint der E.ON-Chef Birnbaum. Wenn es schneller ginge, umso besser. Aber: Deutschland wird immer von Energie- und Rohstoffimporten abhängig bleiben, die muss von vielen Partnern geliefert werden. Autarkie ist nicht realistisch.

Bei allen Problemen, Sorgen und Fragezeichen in der jetzigen Situation liegt auch eine Chance für Deutschland. Die Energiewende wird nun nicht mehr als nur Klima- und Industrie-, sondern auch als Geo- und Sicherheitspolitik gesehen und deren Entwicklung vorangetrieben. Sie wird sich nicht mit Verboten, sondern mit Ideen durchsetzen. Ein Aktionsplan Energieeffizienz muss aufgesetzt werden. Energieintensive Unternehmen werden schneller nach Alternativen suchen, die Forschung beschleunigen. Konzerne intensivieren bereits ihre Vorhaben, eine Kreislaufwirtschaft mit Rohstoffen wie seltenen Erden, Silizium, Mangan, Gallium ins Leben zu rufen. Recycling wird zum Zauberwort. Wasserstoff wird noch schneller in den Fokus rücken. Afrikanische Staaten werden dafür vermehrt als Partner in Frage kommen, weil dort die für die Produktion notwendige Sonnenenergie in Fülle vorhanden ist. So erhält auch dieser Teil der Erde eine neue Chance – Hunger, Flüchtlingsströme könnten verhindert werden. Die Zeiten billiger Energie und Rohstoffe sind vorbei. Die Zeiten der Innovationen und neuer Technologien beginnen. Hier können wir zeigen, was wir können. Und da bin ich ganz bei Wirtschaftsnobelpreisträger Joseph Stieglitz: Dieser Weg wird uns Wachstum und Wohlstand zurückbringen. Umwelttechnologie-Weltmeister – das ist doch ein anstrebenswerter Titel für uns.

Dr. Patrick Graichen und Holger Lösch
im Interview mit Matthias Machnig

Mai 2022

Machnig: Herzlich Willkommen an Sie beide! Ich würde gern mit einer Frage beginnen, die ich zunächst an Herrn Lösch stelle. Der Bundeskanzler hat von der »Zeitenwende« gesprochen. Das bezog sich insbesondere auf eine geopolitische Zeitenwende. Erleben wir auch eine ökonomische Zeitenwende? Und was heißt das eigentlich für die deutsche Wirtschaft und den Standort Bundesrepublik?

Lösch: Zunächst mal ist es so, dass wir seit vielen Jahren immer wieder in Zeitenwenden sind. Wir hatten eine Zeitenwende nach dem Ende des Ost-West-Konflikts. Wir haben seit vielen Jahren eine Zeitenwende, die sehr global angelegt ist, hin zu mehr Klimaschutz – perspektivisch zur Klimaneutralität. Und wir erleben jetzt kurz hintereinander zwei Disruptionen, die all die Fragen, wohin die Zeitenwende auch ökonomisch geht, enorm zugespitzt haben. Das eine war Covid. Covid hat uns gezeigt, wie komplex die Welt eigentlich ist, die wir erschaffen haben. Diese Komplexität der Welt hat aber natürlich auch positive Effekte für all das, was sich die Vereinten Nationen mit ihren Sustainable Development Goals auch für die Entwicklung außerhalb der großen industrialisierten Nationen an Zielen gesetzt haben. Die Covid-Krise hat uns gezeigt, wie verletzlich Lieferketten sein können. Sie hat aber auch gezeigt wie anpassungsfähig flexibel und fähig wir sind, solche Krisen zu überwinden – durch Impfstoffe, durch intelligente Maßnahmen, um Ansteckungsketten möglichst zu vermeiden.

Jetzt ist eigentlich noch in der Covid-Krise eine zweite Krise dazugekommen. Diese stellt ganz ähnliche Fragen und sie stellt sie in einer Brutalität, wie wir sie nicht einmal während der Covid-Krise wahrgenommen haben. Nämlich zum einen die Frage: Wie sieht es eigentlich aus mit der Verlässlichkeit der globalen Gemeinschaft? Eine weitere Frage betrifft die wichtigsten Blutkreisläufe, die wir haben, nämlich zum einen Energie und zum anderen nicht-energetische Rohstoffe. Wenn diese zwei großen Disruptionen hintereinander nicht auch zu einer ökonomischen Zeitenwende führen, das heißt zu einem Nachdenken darüber, wie wir unsere Wirtschaft national, aber auch kontinental anpassen und weiterentwickeln müssen, dann wüsste ich nicht, was wirklich eine Zeitenwende hervorrufen kann. Wir sind mittendrin und wir werden viele, viele Fragen beantworten und viele Entscheidungen treffen müssen, die Veränderungen mit sich bringen.

Machnig: Herr Graichen, ich habe das Stichwort »ökonomische Zeitenwende« genannt. Ich denke das schlägt sich auch in der Arbeit des Bundesministeriums für Wirtschaft und Klimaschutz nieder – oder gibt es keine ökonomische Zeitenwende?

Graichen: Doch, ich würde sagen, dass es eine große Zeitenwende ist – in ökonomischer und in energiepolitischer Hinsicht. Bis zum Beginn des Krieges haben wir darauf gesetzt, dass wir billig Rohstoffe aus dem Ausland, insbesondere auch aus Russland, für unsere Wirtschaft zu Verfügung haben werden – und zwar ohne Probleme, ohne Lieferengpässe, ohne politische Turbulenzen. Das war für die deutsche Wirtschaft im Grunde eine gesetzte Basis. Diese Gewissheit ist vorbei und sie ist auf Dauer vorbei. Es wird nicht mehr die billigen Kohle-, Öl- und Gasimport aus Russland geben – auch nicht, wenn der Krieg zu Ende ist. Dieses Vertrauen ist endgültig erschüttert. Und das gilt für alle Rohstoffe. Es gibt ja auch jede Menge anderer Rohstoffe, die wir aus Russland importieren. Wenn wir den Blick aber weiten, müssen wir festhalten: Die Abhängigkeit von einem Land, die bei anderen Rohstoffen etwa gegenüber China oder anderen Ländern besteht, hat uns verletzbar gemacht. Insofern sind Diversifizierung, mehr heimische Produktion, sowie mehr Lieferketten nach Deutschland zurückholen, klare Konsequenzen, die wir aus der ökonomischen Zeitenwende, die der Krieg mit sich gebracht hat, ziehen müssen.

Machnig: Was heißt das in der Konsequenz? Heißt das, Abschied von der Globalisierung? Heißt das, Autarkie oder mehr Souveränität? Wie hat man sich das vorzustellen?

Graichen: Es heißt in erster Linie um Diversifizierung. Beim Thema Energie bedeutet es in zweiter Linie eine Beschleunigung der Energiewende, weil bei Erneuerbaren der Markt viel diverser und stärker von heimischer Produktion geprägt ist. Drittens heißt es vor allem, sich von der Naivität zu verabschieden, dass alles immer so bleibt, wie es ist. Das ist meines Erachtens die »Bottom Line« der letzten Jahre – wenn nicht der letzten Jahrzehnte, seit Beginn der 90er. Das bezieht sich vor allem auf die Annahme, dass der internationale Handel immer dafür sorgen wird, dass man die Produkte, die man braucht, auch kurzfristig bekommt. Diese Annahme hat schon während Covid zu bröckeln begonnen. Jetzt ist durch Chipengpässe aber auch durch Ressourcen- und Energieengpässe deutlich geworden, dass wir eine resilientere Wirtschaft brauchen, die auch mit monatelangen Ausfällen in den Lieferketten klarkommen muss.

Machnig: Herr Lösch, hat Deutschland, die deutsche Industrie, die deutschen Unternehmen eine naive Globalisierung betrieben? Das wäre ja die Konsequenz dessen, was Herr Graichen gerade ausgeführt hat.

Lösch: Wenn wir eine naive Globalisierung betrieben hätten, dann hätte die ganze Welt eine solche betrieben. Es ist eindeutig so gewesen, dass zumindest die G20-Staaten die Globalisierung massiv betrieben haben – China hat auch seinen Teil dazu beigetragen, mit den großen Interessen eines extrem großen Landes. Russland hätte diese Chancen zur Entwicklung auch gehabt, hat sich aber, wahrscheinlich aus Unfähigkeit oder aus einer inneren schwachen Governance heraus, auf die Rohstoffversorgung beschränkt. Aber naiv war das alles nicht, weil es zu enormen Wohlstandsniveaus geführt hat und weil es zu Entwicklung auch in Schwellen- und Entwicklungsländern geführt hat und dabei die Technologie weltweit enorm vorangebracht hat.

Wir dürfen nicht vergessen, dass es auch einen nicht-fossilen Treiber dieser gesamten Globalisierung gegeben hat: Das war die Digitalisierung. Manchmal habe ich das Gefühl, dass wir heute so über die Globalisierung sprechen, als gäbe es nur fossile Brennstoffe als Treiber der Globalisierung. Sie sind ein wichtiger Treiber, aber nicht minder wichtig ist die Digitalisierung. Das heißt, es war nicht naiv. Es ist aber ein Stück weit menschlich, sich Extremszenarien nicht permanent vor Augen zu führen. Das sehen wir an allen Sicherheitsregeln oder an allen Krisenmanagementregeln, die wir jetzt fast wie in einem verstaubten Museum beim Thema Gasmangellager besichtigen dürfen: Der Mensch ist doch letzten Endes nicht bereit, die allerletzten Konsequenzen des Handelns einzelner Akteure für sich miteinzubeziehen.

Graichen: Da würde ich widersprechen! Ja, die Globalisierung hat Deutschland viel Wohlstand gebracht, aber da war ein ordentlicher Schuss Naivität mit dabei. Wir haben im Gegensatz zu vielen unserer Nachbarländer keine strategische Gasreserve oder ein Gesetz, das dafür gesorgt hätte, dass die Gasspeicher zu Beginn des Winters gefüllt sind, gehabt. Das haben wir jetzt »hoppla-hopp« im März auf den Weg bringen müssen, weil nichts da war. Wir haben keine Rohstoffreserven, was andere Länder tatsächlich haben. LNG-Terminals wurden immer nur unter betriebswirtschaftlichen Aspekten beurteilt und deshalb nicht gebaut–

Machnig: – und unter umweltpolitischen Gesichtspunkten, auch von Grüner Seite. Das gehört zur Wahrheit.

Graichen: Die Diskussion rund um die LNG-Terminals war aber, wenn man nach Osteuropa guckt, im Grunde immer eine geopolitische Diskussion. Es ging um die Frage, ob wir unsere Abhängigkeit reduzieren. Muss ich diversifizieren? Muss ich mich unabhängig machen von einzelnen Exporteuren und dafür auch Ressourcen vorhalten, die sich *prima facie* nicht rechnen, sondern reine Versicherungswerte haben? Diese Diskussionen haben wir in Deutschland nicht geführt, beziehungsweise diese Fragen immer mit »nein« beantwortet.

Machnig: Man muss eines sagen: Die Debatte über europäische Souveränität hat auch schon vor dem Krieg begonnen – zumindest was die Fragen der Digitalisierung angeht.
Eine letzte Frage an Herrn Lösch zu diesem Komplex: Steht das deutsche Geschäftsmodell an sich nicht eigentlich zur Disposition? Hoher Exportanteil, tiefgreifende internationale Verflechtungen, wichtige Absatzmärkte auf internationalen Märkten, man denke hier nur an die Bedeutung Chinas für die Automobilindustrie – muss das deutsche Geschäftsmodell angepasst werden?

Lösch: Patrick Graichen hat da jetzt gerade [einige wichtige Sachen gesagt]. Und ich sehe da auch gar keinen Widerspruch. Wir alle haben uns ein Stück weit auf Energielieferungen aus Russland verlassen. Wenn der Gesetzgeber sich nicht auf die Lieferungen verlassen hätte, wäre ja schon vor vielen Jahren ein solches Speicherfüllstandsgesetz auf den Weg gebracht worden. Wir haben uns also kollektiv darauf verlassen. Ich will auch die Debatte, wer da was falsch gemacht hat, in diesem Kreis nicht aufmachen. Da hat jeder sein Päckchen zu tragen.

Ich finde aber wichtig, was Patrick Graichen zum Thema der Diversifizierung gesagt hat. Wir wissen natürlich alle nicht, wie sich die Dinge geopolitisch weiterentwickeln. Bezüglich Russlands sind wir uns aber alle einig: Die Russen haben sich – salopp formuliert – rausgeschossen. Es wird bezüglich der Fragen der Energie- und Rohstoffversorgung nahezu unmöglich sein, am Ende dieser Entwicklung mit Russland zu einem »back-to-normal« zurückzukehren. Das bedeutet auf der anderen Seite, dass wir uns hinsichtlich des deutschen Geschäftsmodells neu orientieren müssen. Wir haben vor drei Jahren schon eine Debatte zur Frage, wie wir eigentlich mit autokratischen Partnern umgehen, angestoßen. Es gab heiße Debatten über ein großes China-Papier des BDI: Darf man das so überhaut sagen, dass das ein schwieriger Partner ist? Das wurde damals ausgelöst durch Urumtschi (Hauptstadt des autonomen Gebiets Xinjiang in der Volkrepublik China d. Red.) und andere Geschichten.

Herr Machnig, sie haben eben die europäische Souveränitätsdebatte angesprochen. Das sind alles Entwicklungen, die in den letzten Jahren auch schon vorhanden werden. Sie wurden aber nicht in der Härte und so konsequent diskutiert, wie es in der aktuellen Krise geboten ist. Das Geschäftsmodell Deutschlands, große Systemtechnologien, hohe Ingenieurskunst und Technologielösungen in die ganze Welt zu exportieren, sollten wir von unserer Seite nicht in Frage stellen. Aber wir müssen natürlich schauen, wer künftig unsere Partner sein sollen. Wir müssen uns auch fragen, wie wir entlang der großen Transformationsagenda, die wir haben, dieses Geschäftsmodell weiterentwickeln können. Die Diskussion über das deutsche Geschäftsmodell ist unausweichlich, aber sie ist mir an dieser Stelle oft zu einfach. Die Frage ist doch: Wo, mit wem und wie können wir unser Geschäftsmodell weiterentwickeln? Ob das dann am Ende eine 1-zu-1-Handelsbilanz beinhaltet, wie wir sie heute haben, das wissen wir alle nicht. Aber ich glaube nicht, dass das Geschäftsmodell einer Industrienation wie Deutschland von heute auf morgen komplett umgeändert werden kann. Das wird nicht funktionieren.

Machnig: Das ist unstrittig. Herr Graichen, das große Thema, das sie und ihr Ministerium umtreibt, heißt Versorgungssicherheit – insbesondere vor dem Hintergrund, die Abhängigkeit von Russland zu redu-

zieren. Wie schnell können wir Versorgungssicherheit herstellen und Unabhängigkeit von Russland auf den Weg bringen? Und was sind die Schritte dahin?

Graichen: Wir sind vor Beginn des Krieges zu etwa 50 Prozent von russischem Gas, zu etwa 55 Prozent von russischer Kohle und zu etwa 35 Prozent von russischem Erdöl abhängig gewesen. Das lässt sich jeweils unterschiedlich schnell reduzieren. Beim Thema Kohle ist der entsprechende Beschluss als Sanktion der Europäischen Union schon erfolgt. Ab August werden keine russischen Kohlen mehr nach Europa geliefert werden. Das wird die deutsche Energiewirtschaft aber auch die Kohleverbraucher in der Stahlindustrie mit diesem Übergangszeitraum verkraften. Das wird dann teurer – da darf man sich nichts vormachen, aber es wird kein Mengenproblem, weil man die benötigten Mengen auch auf den globalen Märkten kriegen kann. Beim Thema Öl ist die Lage ein bisschen komplizierter. Zwar gibt es da auch einen globalen Markt, aber wir haben hier in Ostdeutschland ein paar regionale Besonderheiten. Ein Teil unseres Öls kommt über die Druschba-Pipeline aus Russland. Das ist nicht ohne weiteres durch Öl, das sonst normalerweise über die Häfen Rotterdam oder Wilhelmshaven reinkommt, ersetzbar. Das ist eine logistische Aufgabe, die wir im Kern gemeinsam mit den Polen haben. Die Frage ist, wie viel Öl dann über die Häfen Rostock und Danzig angeliefert werden kann, um das russische Öl zu ersetzen. Da arbeiten wir dran. Ich bin sehr zuversichtlich, dass man das, wenn nicht in ähnlicher Geschwindigkeit wie bei der Kohle, so doch bis spätestens Ende dieses Jahres, hinkriegen kann.

Gas ist schwieriger. Bei Gas ist es schlicht so, dass wir die Mengen über LNG (Liquified Natural Gas d. Red.), was ja die Alternative ist, so bisher nicht kriegen können. Darum arbeiten wir jetzt mit Hochdruck daran, dass wir jetzt auch in Deutschland LNG-Importe möglich machen können. Das dauert, bis man die entsprechenden Terminals gebaut hat. Und es ist auch so, dass der LNG-Markt viel kleiner ist als das, was wir in Europa insgesamt derzeit durch die Pipelines aus Russland importieren. Ich kann aber sagen: Von den 50 Prozent Abhängigkeit, die wir bisher hatten, sind wir durch die Aktivitäten der letzten Monate schon auf 40 Prozent runtergegangen – auch weil die Russen kein Gas mehr auf den Spotmarkt geliefert haben. Das kann man nochmal auf 30 Prozent bis Ende dieses Jahres reduzieren. Dann kann man nochmal 20 Prozentpunkte innerhalb der folgenden zwölf bis 18 Monate reduzieren, sodass ich davon ausgehe, dass wir die Abhängigkeit von russischem Erdgas innerhalb von zwei Jahren auf ein Niveau runterfahren können, auf dem uns Lieferausfälle nicht mehr in eine Wirtschaftskrise stürzen werden. Das ist mein Ziel: In 24 Monaten den Anteil von russischem Gas an unserem Verbrauch auf etwa zehn Prozent zu drücken und dann kämen wir auch ohne klar.

Machnig: Versorgungssicherheit mit Gas, Herr Lösch, ist auch für die Industrie von entscheidender Bedeutung – nicht nur als Energieträger, sondern auch als Ressource in der chemischen Industrie. Jetzt gibt es eine Debatte über Embargos, insbesondere darüber, dass man den Druck auf Russland erhöhen sollte, indem man ein Gasembargo verhängt. Wie ist da die Haltung des BDI und der Industrie? Dazu gibt es heftige Auseinandersetzungen: Unterschiedliche Ökonomen fordern Unterschiedliches und sehen auch unterschiedliche Konsequenzen für die wirtschaftliche Entwicklung in Deutschland.

Lösch: Die Haltung des BDI wird hier wenig überraschend sein. Wir haben eine klar ablehnende Meinung zu einem schnellen und umfassenden Gasembargo. Wir sind der Bundesregierung auch sehr dankbar für einen sehr offenen Dialog, aber auch für eine sehr klare Haltung in dieser Frage. Wir erleben eine Ökonomendebatte, die mich zum Teil an die Debatte erinnert, die wir unter »No-Covid« hatten: Es gibt einen weit über ökonomische Detailbetrachtungen hinausgehenden Wunsch, von einigen Ökonomen hier mit einem ganz harten, klaren Schnitt, Putin ganz schnell zum Einlenken zu bringen. Dafür [, dass das möglich ist] gibt es keinen Beleg. Gleichzeitig gibt es aber genügend Belege dafür, dass ein schnelles und umfassendes Gasembargo erhebliche Effekte auf die deutsche, auf die europäische und damit auch auf die Weltwirtschaft haben wird. Das ist moralisch und ethisch wahnsinnig schwierig zu verkraften. Wir diskutieren da intern viel drüber. Jeder sieht die Bilder und die machen unfassbar betroffen. Gleichzeitig müssen wir aber die Informations-Bits zusammensetzen und kommen zu dem Ergebnis, dass so ein Embargo aus unserer Sicht nicht geht. Alles andere, was Patrick Graichen beschrieben hat – die Kohle, auch das Öl – findet ja im engen Dialog mit den betroffenen Branchen auch statt. Es wird zu Knappheiten kommen, es wird zu Teuerungen kommen und damit wird es natürlich auch perspektivisch zu einem Verlust an BIP, an Wachstum, und zu einem Verlust an Beschäftigung kommen. Aber ein Gasembargo ist für uns heute nicht handhabbar – völlig unabhängig davon, was Ökonomen welcher Prominenz auch immer dazu meinen. Ich würde mir da ein bisschen mehr direkten Dialog wünschen. Ich glaube, es ist nicht gut, wenn Ökonomen sehr geopolitisch und sehr moralisch argumentieren und dann der Wirtschaft und auch der Bundesregierung den Schwarzen Peter zuschieben und ihnen vorwerfen, sie seien herzlos und es ginge ihnen nur um Profite.

Machnig: Herr Graichen, wir haben gerade zwei Jahre Covid erlebt und die Covid-Krise ist noch nicht vorbei. Wir erleben jetzt die Ukraine-Krise und damit rückt das Thema Energie- und Versorgungssicherheit, dazu wachsende Energiepreise, in den Vordergrund. Außerdem wollen wir in den 20er Jahren unsere Wirtschaft transformieren. Wie kann das gehen? Und wie soll es aus Sicht der Bundesregierung geschehen? Unstrittig ist sicherlich der Ausbau der erneuerbaren Energien, aber was heißt das für andere Teile der Industrie? Was muss getan werden, damit diese Transformation gerade im industriellen Sektor in den nächsten Jahren leistbar und auch umsetzbar ist?

Graichen: Die Energiepreiskrise, die wir jetzt als Ergebnis des Krieges sehen, wird die Transformation noch einmal beschleunigen – gerade auch in der Industrie. Denn solange man immer mit billigem russischem Gas kalkulieren konnte, war der Umstieg auf Elektrifizierung nicht wirklich attraktiv. Das ändert sich gerade massiv. Das heißt, überall da, wo Prozesse, die bisher mit Gas betrieben wurden, durch Elektrifizierung ersetzt werden können, ist jetzt das Kalkül sehr klar: Elektrifizierung lohnt sich. Das ist auch der Bereich, der auch preislich darstellbar ist, wenn Solar- und Windenergie schnell ausgebaut werden.
Der zweite Punkt ist dann: Wir müssen das Thema des Grünen Wasserstoffs beschleunigen. Der große Markthochlauf, der bisher immer in den 2030er Jahren gesehen wurde, gehört jetzt in die zweite Hälfte der 2020er, weil Grüner Wasserstoff ein Ersatz für Kohle und Gas sein kann – in der Stahlindustrie, in der Chemieindustrie, in den anderen Branchen, die jetzt nach vorne schauen müssen. Da liegen die Potenziale zur Kostenreduktion, während die Kosten bei fossilen Energieträgern von geopolitischen Schwankungen abhängig sind. Mit anderen Worten: Die Herausforderung besteht in der Frage: Wie können wir etwas, was immer strategisch richtig, aber bisher auf

20 Jahre angelegt war, so beschleunigen, dass wir es innerhalb der nächsten fünf bis zehn Jahre hochskalieren? Dies – Infrastruktur- auch Wasserstoffimportinfrastrukturaufbau – sehe ich als die Herausforderung, die jetzt hinzugekommen ist und bei der wir, wie das mein Minister so schön sagte, »in Tesla-Geschwindigkeit« die Dinge angehen müssen, bei denen wir bisher dachten, wir hätten mehr Zeit.

Machnig: Herr Lösch, das hört sich gut an, aber ist es nicht »wishful thinking«, dass man so intensiv beschleunigt, dass man diese Transformation schaffen kann und gleichzeitig wettbewerbsfähig bleibt? Das setzt schließlich enorme Investitionen in den nächsten Jahren voraus. Ist das also »wishful thinking« oder ist das ein realistischer Plan?

Lösch: Ich glaube, das ist das richtige »thinking«. Wie »wishful« es ist, wird sich natürlich noch herausstellen. Man muss nämlich eines in Rechnung stellen: Das Undenkbare denken heißt nicht automatisch, dass das Unmögliche möglich wird. Wir kommen in tausenderlei Problemlagen: Wir hatten etwa über China gesprochen. Ich möchte nicht wissen, wie viele zehntausende Solarpanelen auf den tausenden Schiffen, die in und vor dem Hafen von Shanghai liegen, lagern, die hier erwartet werden, um den Ausbau voranzutreiben. Wir haben Ressourcenprobleme, wir haben Personalressourcenprobleme, wir haben Investitionsprobleme bei Firmen, die unter ökonomischem Druck sind. Es gibt tausende von Detailproblemen. Und wenn ich eines kritisieren möchte – und ich möchte hier echt nicht als Ökonomen-Basher durchgehen – dann, dass wir allzu viel makroökonomische Szenarien durchgerechnet haben, bei denen Ende 2050 immer alles gut gegangen ist. Aber die Wahrheit liegt einfach auf dem Platz, wie man als Fußballfan sagen würde –

Machnig: – Adi Preißler!

Lösch: Genau! Sie liegt eben da, wo Unternehmen und auch Privatleute schnell aktiv werden müssen. Aber vom Grundsatz her, ist das natürlich völlig richtig, was Herr Graichen sagt.
Die deutsche Industrie hat doch zwei große Interessenlinien. Die eine ist: Wir möchten diesen Standort erhalten und weiterentwickeln in Richtung

Klimaneutralität. Dazu haben wir im BDI zwei große Studien gebracht. Die sind auch sehr positiv anerkannt worden. Ich glaube, da ist die Linie klar. Die zweite große Linie, die wir haben, ist: Wir wollen natürlich auch marktgetrieben unseren technologischen Beitrag weltweit leisten. Wir glauben, dass wir da erstens einen größeren Hebel für Transformation mitliefern können, aber zweitens natürlich auch das Geschäftsmodell Deutschlands weiterentwickeln können. Und da sind wir beim Thema Wasserstoff: Natürlich möchte ich, dass wir einen globalen, diversifizierten, möglichst gerechten Wasserstoffmarkt für alle möglichen Derivate bekommen und ich möchte, dass die Technologie dort weitgehend »Made in Germany« ist: Elektrolyse, Synthese, Integration von großen erneuerbaren Erzeugungsparks mit großen Elektrolyse- und Syntheseeinheiten für Ammoniak und all diese Dinge. Das sind die zwei Interessen: Wir wollen unseren Standort erhalten und weiterentwickeln. Und wir wollen weltweit neue, große, andere Wertschöpfungsstrukturen aufbauen.

Deswegen: Weiß ich, ob das bis 2030 alles auf den Punkt so kommt, wie es in vielen Studien beschrieben wird? Ich weiß es nicht. Niemand weiß es. Aber jetzt zu sagen, wir lassen es, nur weil es ein bisschen schwieriger geworden ist, das ergibt keinen Sinn. Wir müssen aber deutlich realistischer werden. Wenn ich das noch sagen darf: Das Thema der Versorgungssicherheit haben wir in einer gewissen Kommission zu einem gewissen schwarzen Brennstoff x-mal auf den Tisch gelegt und es wurde uns immer vorgerechnet, dass das alles kein Problem ist. Wir müssen also ein bisschen realistischer über die Dinge nachdenken – auch über die praktischen Umsetzungsprobleme.

Machnig: Herr Graichen, Kritiker meinen ja, die Antwort auf die Krise sei mal wieder die Anpassung der Ziele nach oben: 80 Prozent erneuerbarer Strom bis 2030, beschleunigter Ausbau der Wasserstoffkapazitäten, ein damit einhergehender Infrastrukturausbau, sowohl für Gasnetze als auch für Verteil- und Übertragungsnetze. Das alles geschieht in einer Situation, in der die Rahmenbedingungen für all das noch gar nicht vorhanden sind. Es gibt ja ein Problem: Es ist absehbar, dass wir in Deutschland in diesem Jahr einen Investitionsattentismus bekommen werden. Wir haben noch keine wirklichen Vorschläge zur Beschleunigung von Planungs- und Genehmigungsverfahren. Zusätzlich haben wir die Situation, aus einer Krise zu kommen, in der Eigenkapital und Investitionskraft reduziert worden sind. Das heißt, die Ziele sind richtig

und werden auch von niemandem in Frage gestellt. Aber fehlen uns nicht die Rahmenbedingungen? Fehlt uns nicht das Umfeld, damit – und das ist ja die Voraussetzung für die Transformation – die notwendigen Investitionen in den nächsten Jahren vorankommen und damit vor allen Dingen Projekte schneller realisiert werden können als bislang?

Graichen: Wir arbeiten ja im Grunde an nichts anderem seit Beginn dieser Koalition. Die 80 Prozent Erneuerbare, die da als Ziel stehen, die standen im Koalitionsvertrag und jetzt gehen wir sukzessive eines nach dem anderen an. Das Osterpaket ist eingangs kurz erwähnt worden. Da haben wir eine entsprechende Erneuerbare-Energien-Gesetz-Novelle auf den Weg gebracht. In der Mache ist jetzt eine entsprechende Gesetzesgrundlage, um bei Windkraft die entsprechenden Flächen und Genehmigungen bereitzustellen und zu beschleunigen. So gehen wir jetzt im Grunde jeden einzelnen Teilbereich, der da im Argen lag, an. Die Planungs- und Genehmigungsbeschleunigung steht dabei ganz oben auf der Agenda. Da werden wir noch vor der Sommerpause die entsprechenden Gesetzesentwürfe in den Bundestag einbringen. Mit anderen Worten: Die Tatsache, dass da in den letzten vier Jahren so wenig geschehen ist – das muss man ja nüchtern festhalten – ist jetzt unser Klotz am Bein. Wir arbeiten diese Themen jetzt aber mit einer nie dagewesenen Geschwindigkeit ab. Ende des Jahres haben wir dann alles durch. Dass das dann noch seine Zeit dauert, bis entsprechend gebaut wird und die Dinge »in place« sind, das ist mir sehr wohl bewusst.

Machnig: Aber hakt es nicht? Ich will nur ein Beispiel sagen: Ihr Minister hat gefordert, die 150 Milliarden Euro aus dem Wirtschafts- und Stabilisierungsfonds zu nutzen, um bestimmte Transformationsprojekte voranzubringen. So soll auch über öffentliche Finanzierung ein Beitrag geleistet werden, damit wir diversifizieren sowie Infrastruktur und Investitionen auf den Weg bringen können. Darauf kann sich diese Koalition bislang nicht verständigen. Aber ist das nicht eine conditio sine qua non, wenn man diesen Weg gehen will?

Graichen: Wir brauchen alles! Wir brauchen eine Beschleunigung der Verfahren. Wir brauchen die Anpassung der entsprechenden gesetzlichen Ziele und Rahmenbedingungen. Und natürlich brauchen wir auch mehr Haushaltsmittel. Das ist völlig klar. Gerade wenn wir jetzt darüber nachdenken, eine Wasserstoffinfrastruktur aufzubauen, wird die ja erstmal nicht durch die Netzentgelte refinanziert. Auch das ist klar. Dann müssen wir öffentliche Gelder in die Hand nehmen. Wir müssen eine solche Infrastruktur im Zweifel auch erstmal in öffentlicher Hand betreiben. Es ist eines unserer Probleme, dass unsere Infrastruktur nicht zumindest in Teilen staatliches Eigentum ist. Ich erinnere mich noch genau an die Netzgesellschaftsdiskussion beim Thema Strom, die wir jetzt im Grunde wieder führen, weil Investitionssummen anstehen, die von den privaten Geldgebern so nicht ohne weiteres gestemmt werden wollen. Insofern, ja, wir brauchen auf allen Ebenen eine deutlich schnellere und größere Denke – auch beim Thema Geld.

Machnig: Herr Lösch, die Frage auch an Sie. Brauchen wir nicht einen aktiveren Staat und brauchen wir nicht eine andere Kooperationskultur zwischen privaten und öffentlichen Investitionen? Heißt dann nicht auch, man müsste sich von bestimmten Dogmen – zum Beispiel der Schuldenbremse – zumindest für die kommenden beiden Jahre verabschieden, um das möglich zu machen, woran alle Interesse haben?

Lösch: Meine grundsätzliche Meinung dazu ist: Kein Staat wird sich aus diesen multiplen Transformationsnotwendigkeiten mit staatlichem Geld rauskaufen können. Das wird nicht funktionieren.

Machnig: Das behauptet aber auch niemand!

Lösch: Na ja, der Gedanke ist schon: »Wir brauchen staatliche Netze. Wir brauchen staatliche Wasserstoffinfrastruktur«. So würde das in dieser Logik zu Ende gedacht.

Machnig: Nein, ich meine, dass der Staat bei Projekten, die heute noch keine betriebswirtschaftliche Basis haben, eine Pionierfunktion einnimmt.

Lösch: Aber wir sehen hier sehr klar, dass oft zu sehr darüber nachgedacht wird, das dann komplett in die Hand zu nehmen. Wir müssen aber schauen, dass wir denen, die dort investieren, die Möglichkeiten schaffen, die sie benötigen. Sie brauchen Kunden. Sie brauchen auch ein Stück weit Unterstützung beim Take-Off-Risiko – insbesondere beim Thema Wasserstoff.

Natürlich braucht es dort eine gemeinschaftliche Anstrengung, aber mir ist es manchmal zu viel nach dem Motto: »Dann müssen wir, der Staat es eben machen.« Die Unternehmen sind da, sie sind auch schon bereit.

Die Banken und die Finanzwelt erzählen uns immer, wie viele Millionen sie rumliegen haben, die nur darauf warten, in tolle, grüne Sachen investiert zu werden. Man sieht es nur leider all zu selten. Hier müsste man schon versuchen, Marktkräfte in Verbindung mit einer vernünftigen staatlichen Unterstützung wirken zu lassen. Wir haben in der letzten BDI-Studie mal hochgerechnet, zu welchen fiskalischen Lasten es sonst kommt.

Noch ein letzter Punkt: Ich habe schon 2020 beim Ifo-Schnelldienst etwas über »ausgelaugte Investoren« geschrieben. Wir müssen uns klarmachen, dass nicht nur die Unternehmen, die zum Teil in nicht ganz einfachen Wassern sind – wobei das produzierende Gewerbe vergleichsweise gut durch die Covid-Krise gekommen ist –, sondern auch Privatleute, etwa angesichts der hohen Energiekosten, ganz schön ins Rudern kommen. Diesen Attentismus bei den Investitionen müssen wir mit einrechnen. Ich kann nur immer wieder warnen: Es gibt keine Ersatzinvestoren! Wenn Oma Krasupke ihr Haus nicht saniert, dann macht es auch kein anderer. Und bei thyssenkrupp wird niemand hingehen und sagen: »Ich baue jetzt mal einen grünen Hochofen«, wenn thyssenkrupp die Entscheidung selbst nicht trifft, weil es sich wirtschaftlich nicht rechnet. Das ist jetzt ein hypothetischer Fall. Aber wir müssen versuchen, möglichst viel Kombination aus staatlicher Anreizsetzung und eben dem Setzen der Rahmenbedingungen zu erreichen. Vielleicht könnten wir auch nochmal über die Rahmenbedingungen der Planungs- und Genehmigungsverfahren, aber auch diese vielen kleinen Regulierungen, die uns teilweise beim Handeln strangulieren, reden. Das müssen wir alles zusammenführen. Ich glaube, dass Deutschland ganz gut damit gefahren ist, dass wir eine sehr, sehr niedrige Staatsschuldenquote haben. Das würde ich auf keinen Fall leichtfertig aufgeben.

Machnig: Nun, niemand hat gefordert, dass wir eine Staatswirtschaft haben, sondern dass der Staat Rahmenbedingungen setzt und natürlich auch Unternehmen bei ihren Investitionsentscheidungen unterstützt. Das gilt bei OpEx-Kosten, bei CapPEx-Kosten und so weiter.

Letzte, abschließende Frage, mit der Bitte um eine kurze Antwort: Im Koalitionsvertrag steht etwas von einer Transformationsallianz. Die war schon immer richtig, wird sie jetzt nicht noch richtiger? Ich frage

das angesichts der Herausforderungen, vor denen das Land steht. Diese bestehen auch darin, mit der Industrie und den Unternehmen darüber zu sprechen, was denn eigentlich die Rahmenbedingungen sind, die wir brauchen, um die Investitionen und die Innovationen auf den Markt zu bringen, die notwendig sind, um die Ziele zu erreichen. Herr Graichen, kommt die Transformationsallianz? Und, wenn ja, wie? Und, wenn nein, warum nicht?

Graichen: Ich gehe fest davon aus, dass die Transformationsallianz kommt. Das Bundeskanzleramt will den entsprechenden Prozess selbst in die Hand nehmen. Da haben wir nur das Problem, dass all diejenigen, die das hätten machen sollen, gerade rund um die Uhr mit dem Russlandkrieg beschäftigt sind. Ich gehe aber trotzdem davon aus, dass wir bis zur Sommerpause das erste Treffen sehen werden.

Machnig: Spötter würden sagen, sie käme dann, wenn schon alle Gesetzgebung auf den Weg gebracht wurde, die dann nochmal von allen im Rahmen der Transformationsallianz diskutiert werden soll. Herr Lösch, unterstützt die Industrie eine Transformationsallianz? Ist sie nicht zwingend, um genau die Koordinierungsaufgabe, die Sie angesprochen haben, nämlich staatliches und privatwirtschaftliches Handeln noch besser aufeinander abzustimmen, zu erfüllen?

Lösch: Grundsätzlich haben wir ja in den letzten Jahren die Erfahrung gemacht, dass Transformationen dieser Größenordnung natürlich eine stabile gesellschaftliche Absicherung brauchen. Gerade in den heutigen Zeiten wird deutlich, wie Teile der Gesellschaft sich in diesem Kontext vom Rest der Gesellschaft entfernt haben. Umso wichtiger ist es, wenn die »vernunftbegabten« Kräfte der Gesellschaft miteinander einen Dialog über die Transformation führen. Wie das im Detail aussehen kann, da warten wir auch noch auf die Entscheidung des Bundeskanzleramts.

Auf der anderen Seite sehen wir momentan schon an vielen Stellen Versatzstücke von Transformationsallianzen. Die Anzahl der Gremien, in denen Unternehmen, Verbände und Politik derzeit, aus meiner Sicht sehr konstruktiv, miteinander daran arbeiten, aktuelle Probleme zu lösen, ist schon beeindruckend. Das ist auch ein Teil dessen, was momentan mit der Ampel positiv nach Hause geht. Ich persönlich kann aus der Sicht eines Spitzenverbandes nur sagen, dass in dieser Stunde auch klar wird, wie attraktiv die Aggregationsleistung von Verbänden tatsächlich ist. Deswegen kann ich mir gut vorstellen, dass wir perspektivisch zu so einer Transformationsallianz kommen. Letztlich ist sie aber eine Chiffre dafür, dass wirtschaftliche, gesellschaftliche und politische Kräfte miteinander und im Interesse und Sinne des Landes versuchen, gemeinsam Entscheidungen zu treffen und dann auch umzusetzen.

Machnig: Vielen Dank! Beide haben gesagt, wir warten auf das Kanzleramt. Dann warten wir auf das Kanzleramt. Ich war auch mal in der Regierung und wir haben nie auf das Kanzleramt gewartet, aber gut. Herzlichen Dank an beide für dieses interessante Gespräch. Es gäbe tausend weitere Fragen, die man weiter erörtern müsste und vertiefen sollte dennoch fand ich das ein interessantes Gespräch! Herzlichen Dank und als Westfale: Glück auf!

Lösch: Glück auf!

Graichen: Vielen Dank, ebenso!

Dr. Stefan Mair

Die außenpolitische Zeitenwende und das Geschäftsmodell Deutschland

Mai 2022

Die Invasion Russlands in die Ukraine am 24. Februar 2022 erschütterte die deutsche Außen- und Sicherheitspolitik in ihren Grundfesten und veranlasste Bundeskanzler Olaf Scholz im Bundestag von einer Zeitenwende zu sprechen. Aber die Rückkehr des Militärischen in die zwischenstaatliche Konfliktaustragung ist nur ein Merkmal der Zeitenwende. Zwei weitere kommen hinzu: zum einen die Instrumentalisierung von Abhängigkeitsverhältnissen und wirtschaftlicher Macht zur Ausübung von politischem Druck und Zwang. Hier hat sich in den vergangenen Jahren vor allem aber nicht nur China hervorgetan. Zum anderen der Einsatz von Desinformation und Manipulation, um auf öffentliche Meinungsbildung und Wahlergebnisse Einfluss zu nehmen.

Machtkämpfe und systemische Rivalität

Machtprojektion durch militärische Gewalt, wirtschaftliche Zwangsmaßnahmen und gesellschaftliche Destabilisierung – die Charakteristika der »neuen Zeit« – prägen schon seit Jahren das internationale Umfeld und werden dies auch in Zukunft tun. Zwischenstaatliche Konflikte werden nicht mit dem Ziel des Interessenausgleiches und der Kompromissfindung ausgetragen, sondern dienen der Durchsetzung des Rechts des Stärkeren und dem Brechen von Widerstand. Großmächte rivalisieren um Zugang zu Rohstoffen und Märkten, Kontrolle von Handelswegen, technologische Überlegenheit und Standards sowie um politischen Einfluss und Einflusssphären. Überlagert wird diese klassische Machtkonfiguration zunehmend durch eine systemische Rivalität zwischen Demokratien und Autokratien, Marktwirtschaft und Staatskapitalismus, individuellen Freiheitsrechten und kollektiven Pflichten. Dieses düstere Bild ist gewiss überzeichnet und simplifiziert, doch besitzt es hinreichend Realitätsgehalt und Gewicht, um grundlegende Anpassungen der deutschen Außen- und Sicherheitspolitik zu erfordern.

Dies einzusehen, ist der deutschen Politik, aber auch ihrer Wirtschaft und Gesellschaft außerordentlich schwergefallen. Noch bis vor kurzem überwog das Bewusstsein, mit militärischer Zurückhaltung, wirtschaftlichem Austausch, politischem Dialog und nachdrücklichem Eintreten für eine internationale regelbasierte Ordnung ließen sich die Werte und Interessen einer liberalen Gesellschaft am besten durchsetzen. Diese Einstellung ist nicht nur aufgrund der deutschen Geschichte nachvollziehbar, sondern wurde auch durch die Erfahrungen seit Anfang der 1990er Jahre gestützt: Kein anderes Land der Welt hat durch die Überwindung systemischer Unterschiede nach dem Ende des Ost-West-Konflikts und durch die sich rasant ausbreitende Globalisierung so profitiert wie Deutschland, nicht nur in Form von Wiedervereinigung, Verlust des Status eines Frontlinienstaates und Friedensdividende, sondern auch im Hinblick auf Exporterfolge auf immer größeren Märkten und Aufbau globaler Wertschöpfungsketten. Äußere Bedrohungen der Sicherheit schienen fern oder zumindest nicht existentiell zu sein.

Die deutsche Politik, Gesellschaft und Wirtschaft lernen seit Beginn des Jahres 2022 wieder schmerzhaft zu begreifen, dass eine freiheitlich-liberale Demokratie nicht nur gegen innere Feinde und Terrorismus wehrhaft sein muss, sondern auch gegenüber äußeren Bedrohungen, dass es nicht nur um den Schutz individueller Sicherheit, sondern auch um den eines Staats und seines Gesellschaftsmodells geht. Und sie müssen akzeptieren, dass diese Wehrhaftigkeit zusätzliche Kosten und Risiken bedeutet. Die Entscheidung der Bundesregierung, Waffen an eine Kriegspartei in einem zwischenstaatlichen Konflikt zu liefern, die Ankündigung, per Sondervermögen und Verteidigungsausgaben von mehr als 2 Prozent des BIP die Abschreckungs- und Schlagkraft der Bundeswehr zu erhöhen und die Bestätigung der nuklearen Teilhabe, verdeutlichen die Tragweite der Zeitenwende. Doch obwohl diese Wende lange überfällig war, ist sie noch lange nicht vollzogen, wie die seither immer wieder aufflackernden Debatten zeigen.

Zeitenwende in der deutschen Außen- und Sicherheitspolitik

Im Gegenteil: Sobald die Aufwallung über den Überfall Russlands auf die Ukraine und die damit verbundenen hohen menschlichen Verluste abgeklungen sein wird, werden sich die politischen Kontroversen um die erhöhten Verteidigungsausgaben und Waffenlieferungen zuspitzen. Sind erstere denn wirklich in dieser Höhe nötig? Provozieren sie nicht weitere Aufrüstung oder Ängste bei den europäischen Nachbarn? Sind denn das Einhalten der Schuldenbremse, Investitionen in Infrastruktur und Klimapolitik, Ausgaben für Sozial-, Bildungs- und Gesundheitspolitik nicht viel wichtiger? Bergen Waffenlieferungen nicht enorme Eskalationsrisiken? Verlängern sie nicht nur den Krieg und das Leiden der Zivilbevölkerung? Appelle und offene Briefe bieten bereits einen Vorgeschmack auf die Auseinandersetzungen, die folgen werden, wenn die Bilder vom Leiden der ukrainischen Bevölkerung nicht mehr die Medien dominieren oder der Krieg weiter eskaliert.

Deshalb müssen die eben genannten Fragen und Zielkonflikte von jenen frühzeitig und offensiv aufgegriffen werden, die für eine Wende in der Außenpolitik eintreten: Politikerinnen und Politikern, Mitgliedern der Think Tank-Community und Publizistinnen und Publizisten. Letztendlich ist die Botschaft unvermeidlich, dass eine Erhöhung der äußeren Wehrhaftigkeit der deutschen Demokratie ohne Wohlstandsverluste in Form von verteuerter Energie, höherer Steuerlast, Staatsverschuldung oder Einschränkungen staatlicher Ausgabenprogramme kaum möglich sein wird. Und dass dies ein angemessener Preis für den Schutz eines freiheitlichen Gesellschaftsmodells ist – so wie Wohlstandsverluste ein unvermeidbarer Preis für die Bekämpfung der Pandemie waren und partieller Verzicht ein Preis der Abbremsung des Klimawandels sein wird.

Eine weitere Schwachstelle der Zeitenwende in der deutschen Außenpolitik ist, dass sie bislang vor allem mit überzeugenden Reden im Bundestag und beeindruckenden Plädoyers in Talk Shows, aber noch nicht mit einer umfassenden Strategie unterlegt ist. Diese Schwachstelle verspricht die Nationale Sicherheitsstrategie bis Anfang des Jahres 2023 zu beheben. Zu hoffen ist, dass sie nicht nur Bedrohungen analysiert und das ganze Spektrum der Herausforderungen und Aufgaben entfaltet, sondern auch Prioritäten setzt, Risiken und Zielkonflikte benennt sowie die Stärken und Potentiale deutscher Außen- und Sicherheitspolitik herausarbeitet. Vor allem letzteres ist vordringlich. Deutsche Außenpolitik hat die Neigung, sich selbst klein zu reden und die eigenen Gestaltungsmöglichkeiten zu unterschätzen. Mit einem rein defensiven Ansatz, der sich allein an der Abwehr von Gefahren orientiert, wird es schwer sein, der Bevölkerung die notwendige Zuversicht auf eine bessere Welt zu vermitteln. Diese ist wiederum Voraussetzung für die breite Unterstützung einer aktiveren deutschen Außenpolitik.

Des Weiteren muss sich die Zeitenwende deutscher Außenpolitik auch in Strukturen und Arbeitsweisen – vor allem in der Überwindung ihrer funktionalen Versäulung niederschlagen. Eine aktive, gestaltende deutsche Außenpolitik wird in den kommenden Jahren mit einer Fülle politikfeldübergreifender Aufgaben konfrontiert sein, die nicht immer auf Ministerialebene im Sicherheitskabinett behandelt werden können. Ein gestärkter und regelmäßig tagender Bundessicherheitsrat wäre hierfür weitaus besser geeignet.

Die Zeitenwende und das Geschäftsmodell deutscher Unternehmen

Die Zeitenwende in der deutschen Außen- und Sicherheitspolitik wird auch deutsche Unternehmen zur Überprüfung ihres Geschäftsmodells zwingen, das sehr stark auf internationale Verflechtung, globalen Wertschöpfungsketten und großer Präsenz auf Auslandsmärkten beruht. Interdependenz erfährt gegenwärtig eine Neubewertung, vor allem wenn sie so asymmetrisch ist, dass sie einseitigen Abhängigkeitsverhältnissen gleicht. Das gilt nicht nur für Energielieferungen aus Russland, sondern auch für die Bedeutung des chinesischen Marktes für Umsatz und Gewinn einiger großer deutscher Unternehmen. Auch das Argument von Wirtschaftsvertreterinnen und Wirtschaftsvertretern, durch Handel Wandel zu betreiben, wurde in Russland und China – aber nicht nur dort – entwertet. Schließlich haben bereits die Auswirkungen der Coronapandemie auf Lieferbeziehungen deren Verwundbarkeit belegt – ein Faktum, das durch Lieferausfälle aus der Ukraine und die Wirkungen von Sanktionen gegenüber Russland erneut bestätigt wurde. Deutsche Unternehmen werden deshalb ihre Präsenz auf Auslandsmärkten und ihre Lieferketten, die bisher weitgehend auf economies of scale bzw. Effizienzmaximierung ausgerichtet waren, neu bewerten müssen. Es bedarf einer neuen Balance zwischen Effizienz und Resilienz, zwischen economies of scale und Diversifizierung. Darin liegen auch Chancen. Bisher vernachlässigte Märkte in Afrika und anderen Teilen des globalen Südens können ins Blickfeld geraten, die Pfadabhängigkeit deutscher Auslandsinvestitionen, die insbesondere zu massiven Konzentrationen in China führten, könnten einer neuen Aufmerksamkeit für Marktpotentiale andernorts weichen.
Deutsche Unternehmen müssen aber auch gewärtig sein, dass die Politik immer mehr unternehmerische Freiheiten beeinträchtigen wird – nicht nur durch Sanktionen und Lieferkettengesetze, sondern auch durch Vorschriften zur Vorratshaltung bei strategischen Rohstoffen, weiteren Einschränkungen bei Unternehmensübernahmen durch ausländische Investoren

und einigem anderen mehr. Für Unternehmen ist deshalb dreierlei wichtig: Erstens darauf zu verweisen, dass die außenpolitische Stärke Deutschlands nicht unwesentlich auf seiner Wirtschaftskraft beruht, die wiederum unternehmerische Verantwortung und eine zentrale Rolle der Außenwirtschaft zur Voraussetzung hat. Zweitens die notwendigen Rahmenbedingungen für mehr Resilienz und Diversifizierung einzufordern: Freihandelsabkommen, Investitionsschutzabkommen und –absicherungen, die Durchsetzung technologischer Standards. Und drittens die Beteiligung an außen- und sicherheitspolitischen Debatten ähnlich als unternehmerische Aufgabe zu verstehen, wie das bereits in Regulierungsfragen der Fall ist.

Petra Justenhoven

Szenarien-Denken fürs 21. Jahrhundert: Wie die deutsche Wirtschaft resilienter wird

Mai 2022

Mitte Februar 2022 blickte die deutsche Wirtschaft optimistisch auf das anstehende Frühjahr. Nach zwei Jahren Corona hatte sie auch gute Gründe dafür. Die letzte Variante, Omikron, verlief glimpflicher als befürchtet, die Impfstoffe standen flächendeckend zur Verfügung und das mildere Wetter würde in Kürze dafür sorgen, dass sich das Leben wieder nach draußen verlagert. Unternehmen, die unter der Pandemie gelitten hatten, hofften darauf, endlich durchatmen und sich erholen zu können.

Und dann, wenige Tage später, überfiel Wladimir Putin die Ukraine und die chinesische Null-Toleranzstrategie bei der Bekämpfung der Pandemie offenbarte deutliche Risse. Weil die Staatsführung sich wegen vergleichsweise weniger neuer Fälle gezwungen sah, ganze Großstädte abzuriegeln, stockten Lieferketten und sank das Wirtschaftswachstum. Die Folgen waren bei uns schnell zu spüren. Preise für Gas, Öl und Benzin stiegen sprunghaft an. Supermarktregale, in denen zuvor Mehl und Speiseöl im Überfluss standen, blieben leer, und Medien erklärten in aller Ausführlichkeit, wie wichtig die Ukraine und Russland bei der weltweiten Versorgung mit Lebensmitteln und Rohstoffen sind. Seitdem ist die Unsicherheit zurück – und sie wird uns über Jahre, vielleicht sogar Jahrzehnte begleiten.

Denn das Aufflammen des für überholt geglaubten Kalten Kriegs und die sich abzeichnende, neue bipolare Weltordnung werden ergänzt durch zeitgleiche, sich gegenseitig überlagernde Krisen und schwer zu kalkulierende Risiken. Vor allem die Eindämmung und Bewältigung der Folgen des Klimawandels, die Gefahr neuer Pandemien und die fortschreitende Digitalisierung, die uns anfällig für Cyberattacken macht, werden uns vor Herausforderungen stellen, auf die wir noch keine hinreichenden Antworten haben.

Um resilienter zu werden und bestehen zu können, wird die deutsche Wirtschaft alte Muster und Denkweisen über Bord werfen und sich neu erfinden müssen. Das ist nicht einfach, denn es erfordert neben Mut und Weitblick auch eine bisher selten gezeigte Agilität. Aber, und das ist die gute Nachricht: Deutschland hat in der Vergangenheit nicht nur bereits bewiesen, dass es enorme Probleme lösen und sich innerhalb kurzer Zeit vom »kranken Mann Europas« zum Vorzeigemodell wandeln kann. Deutschland hat auch Tugenden entwickelt und Know-how gesammelt, die wertvoll sind für die anstehende Transformation im 21. Jahrhundert.

Um sich derer bewusst zu werden, muss man sich Deutschlands Geschäftsmodell der letzten 20, 30 Jahre klarmachen. Aufgrund fehlender natürlicher Ressourcen haben sich insbesondere Industrie-Unternehmen hierzulande darauf verlagert, eine Art dirigierende Rolle in der globalen Wertschöpfung einzunehmen. Zusätzlich zur hochqualitativen Fertigung ist es ihnen gelungen, den Bezug von Rohstoffen, die Veredlung von Vorprodukten und den Verkauf von Waren so geschickt zu organisieren, dass sie auf dem Weltmarkt wichtige, wenn nicht gar führende Positionen einnehmen. Man kann das, in Anlehnung an das Label »Made in Germany«, als »Orchestrated in Germany« bezeichnen. Es ist die Fähigkeit, Chancen zu erkennen und Stärken von Handelspartnern unter eigener Führung so zusammenzubringen, dass sie ein stimmiges, bei Abnehmern und Endverbrauchern gefragtes Endergebnis erzielen.

Begünstigt wurde dieses Geschäftsmodell seit dem Fall der Mauer 1989 von der global weitgehend friedlichen Koexistenz der wirtschaftlich wichtigsten Nationen. Damit ist es vorerst vorbei. Der einseitig ausgelöste Angriffskrieg zwingt weltweit dazu, sich zu bekennen – zur ukrainisch-westlichen Allianz oder zur pro-russischen Seite, die in China ihren mächtigsten Unterstützer hat. Die neuerliche West-Ost-Blockbildung rückt die Geopolitik auch für Unternehmen ganz oben auf die Agenda, gerade für deutsche, wie PwC in einer Untersuchung gezeigt hat: Wir sind – neben Japan und Südkorea im Nationenvergleich am stärksten von der Zuspitzung des Konflikts betroffen, weil wir in hohem Maß abhängig sind von importierten Rohstoffen und Vorprodukten. Wenn Firmen ihre Geschäfte allerdings zu je 30 Prozent mit den USA und China machen, geraten sie jetzt zwischen die Fronten. Die Wahrscheinlichkeit, dass eine Seite – oder gar beide – von Handelspartnern die Abkehr vom jeweils entgegengesetzten Lager verlangt, bringt Unternehmen in eine schwer lösbare Zwickmühle.

Auf dieses Problem waren die meisten Akteure in der Wirtschaft bislang nicht vorbereitet. Sie haben sich, bestätigt durch den Erfolg ihrer bisherigen Orchestrierung, darauf verlassen, dass sich die globale wirtschaftliche Tektonik nicht grundlegend verschiebt. Ihr Augenmerk lag darauf, den Status quo weiter zu optimieren, die letzten Sandkörner eines ansonsten gut geschmierten Lieferkettengetriebes aufzuspüren und zu entfernen. Vernachlässigt wurde dabei, eine holistische Perspektive einzunehmen und potenzielle Krisen vorauszuahnen. Dass während der Pandemie und zu Beginn des Kriegs Alternativen zu den etablierten Konzepten fehlten und eilig Notfallpläne formuliert werden mussten, ist aber nicht bloß der unternehmerischen Fehleinschätzung einzelner Führungskräfte geschuldet. Anders als in den USA und Großbritannien existiert in Deutschlands Geopolitik keine ausgeprägte Think-Tank-Kultur. Wir verfügen nicht über ausreichend Analysten, die, unabhängig und losgelöst vom operativen Tagesgeschäft, Optionen erarbeiten und mit ihrer Expertise Wirtschaft und Politik unterstützen. Weil das 21. Jahrhundert aller Wahrscheinlichkeit nach aber nicht von Beständigkeit geprägt sein wird, sondern von enormen Umbrüchen, deren Folgen und Wechselwirkungen nicht absehbar sind, sollte die deutsche Wirtschaft künftig häufiger in Szenarien denken und sich so vor Überraschungen wappnen.

Wie das aussehen kann, haben wir bei PwC direkt nach Beginn des russischen Einmarschs in der Ukraine exemplarisch durchgespielt. Ziel war es, wahrscheinliche geopolitische Konsequenzen aus dem Krieg sowie deren Bedeutung für die Wirtschaft abzuleiten, um eine Basis für individuelle Reaktionen zur Verfügung zu haben. Es zeigte sich, dass die schnelle Lösung des Konflikts (durch Diplomatie oder Waffengewalt) sowie die globale militärische Eskalation (NATO und womöglich auch China werden zu Kriegsparteien) hierbei als sehr unwahrscheinlich eingestuft wurden. Am realistischsten erschien das Szenario eines anhaltenden, isolierten Kriegs – was in der Folge ökonomische Unsicherheit, geringeren Handel, Inflation und vielleicht Stagflation nach sich ziehen würde. Zudem müsste demnach mit Handelssanktionen und einer verschärften Rhetorik aus China gerechnet werden, der politische Fokus sollte demzufolge auf einer möglichst zügigen Energie-Unabhängigkeit liegen. Eher unwahrscheinlich, aber möglich, sind sowohl die Entstehung eines neuen eisernen Vorhangs als auch eine globale Polarisierung. Hierbei würde Russland mit Belarus und anderen befreundeten Staaten einen sich von Europa separierenden Block bilden, begleitet von einem Klima der Aufrüstung und Drohungen. Die globale Zweiteilung ginge noch einen Schritt weiter – in diesem Szenario stünden sich im Kern die liberal-westlichen Demokratien und die südlich und östlich gelegenen Autokratien gegenüber. Freier Handel wäre in dieser Welt deutlich erschwert, die ökonomische Erholung nach der Corona-Pandemie würde zu einer beschleunigten De-Globalisierung führen.

Welche Konsequenzen sollte man aus geopolitischen Skizzen wie diesen ziehen? Die Antworten werden immer individuell bleiben müssen. Klar ist aber, dass sich Unternehmen noch wesentlich schneller und substanzieller transformieren müssen als vor zwei, drei Jahren angenommen. Ratsam ist es deshalb, sowohl kurzfristig-taktisch als auch mittelfristig-strategisch zu denken. Zu den kurzfristigen Überlegungen gehört es, die Folgen der globalen Sanktionen gegenüber Russland einzuschätzen, die operativen Prozesse anzupassen und Kapazitäten in andere Regionen zu verlagern. Mittelfristig ist es wichtig, eine regelmäßige Analyse der Weltordnung vorzunehmen, Investitionen zu überdenken, ein Modell für eine resiliente Asset-Allokation zu entwerfen und ein Frühwarnsystem mit relevanten Indikatoren zu implementieren. Unerlässlich ist es zudem, die ESG-Transformation im Blick zu behalten, also die Ausrichtung des eigenen Handelns an den drei Kriterien für Ökologie (»Environmental«), Soziales (»Social«) und Unternehmensführung (»Governance«). Unternehmen, die ESG nicht zum Teil ihrer Strategie machen, werden früher oder später Schwierigkeiten bekommen – sowohl Kunden als auch Regulierungen fordern Nachhaltigkeit immer mehr ein. Helfen kann dabei die Digitalisierung. Tools wie die Blockchain erlauben es, Lieferketten transparenter für alle Beteiligten zu machen und zu erkennen, ob man produktionsrelevante Stoffe aus nur einer Region bezieht (»Mono-Sourcing«). Interne Dashboards ermöglichen es, die Treibhausemissionen innerhalb eines Betriebs in Echtzeit zu verfolgen und die größten Quellen von CO_2 und Methan zu identifizieren. Predictive Maintenance ist in der Lage, vorab zu erkennen, welche Maschine wann Ersatzteile benötigt; das führt zu kürzeren Ausfallzeiten und Ressourcenschonung.

Mit diesem Werkzeugkasten lässt sich eine kontinuierliche Planung gewährleisten, unter der Voraussetzung, dass man adaptiv und konsequent Kurskorrekturen vornimmt, wenn sie nötig werden. Wir Deutschen standen bislang nicht immer im Ruf, flexibel handeln zu können. »Made in Germany« bedeutete häufig, im kleinen Kreis nach der perfekten Lösung zu streben und diese anschließend der Öffentlichkeit zu präsentieren. Im 21. Jahrhundert müssen Entwicklung und Fertigung anders begriffen werden, iterativer, im Wechselspiel mit Partnern, Kunden und anderen Stakeholdern. Eine zukunftsfähige Orchestrierung muss beinhalten, sich zu öffnen, Ideen, Dienstleistungen und Produkte auch mal live zu testen und das erhaltene Feedback für Weiterentwicklungen zu nutzen. Manchen mag diese Neugestaltung von Prozessen fremd sein. Tatsächlich aber wäre diese Herangehensweise nicht weit entfernt von dem bewährten Modell, das deutsche Unternehmen bereits vielfach anwenden und in den letzten Jahrzehnten zum Erfolg geführt haben.

Im Übrigen wäre eine derart modernisierte, vorausschauende und in Szenarien denkende Geschäftspolitik nicht nur im Sinne des eigenen Unternehmens. Es wäre auch ein notwendiger Beitrag zur Gesellschaft. Nachdem der Staat die Bürgerinnen und Bürger und auch Firmen während der Pandemie und zu Beginn des Kriegs unterstützt und vielfach gerettet hat, darf man nicht zwangsläufig davon ausgehen, dass finanzielle Krisenpakete in diesen Größenordnungen regelmäßig möglich sind. Anders als viele andere Nationen war Deutschland zu diesen Kraftakten in der Lage, die ökonomischen Voraussetzungen dazu waren – unfreiwillig – in den Jahren davor gelegt worden. Sie halfen maßgeblich dabei, dass Unternehmen Mitte Februar optimistisch in die Zukunft blicken konnten.

Damit dies auch künftig wieder gelingt und die Wirtschaft und Gesellschaft nicht von der nächsten Krise vor unüberwindbare Hindernisse gestellt werden, sind jetzt alle gefordert, den Wandel einzuleiten.

Marc Saxer

Die Rückkehr der Geoökonomie

April 2022

Der Krieg in der Ukraine ist Teil des Ringens um eine neue Weltordnung. Russland und China fordern die Pax Americana offen heraus. Offen bleibt, wie die nächste Weltordnung aussehen wird. In Moskau und Peking, aber auch in Washington, findet das Modell eines multipolaren Großmächtekonzerts mit exklusiven Einflusszonen Anhänger. Die Mehrheit der Amerikaner hat sich aber trotz des wachsenden Unwillens, den »Weltpolizisten« zu spielen, noch nicht von der unipolaren, amerikanischen, liberalen Weltordnung verabschiedet. Und nicht nur viele Chinesen halten an einem westfälischen Modell souveräner Nationalstaaten fest, welches das Selbstbestimmungsrecht der Völker befürwortet und post-koloniale Einmischung in innere Angelegenheiten kritisiert.

Drei Ordnungsentwürfe mit radikal unterschiedlichen Spielregeln. Wer darf legitim Gewalt einsetzen: alle Staaten, nur die Stärksten, oder alleine der Hegemon? Gilt das Recht des Stärkeren, oder die Stärke des Rechts? Gibt es ein historisches Ideal (liberale Demokratie und Marktwirtschaft), zu dem sich alle entwickeln (sollen), oder multiple Modernen, konkurrierende politische Systeme und kulturelle Zivilisationen, die mehr oder minder friedlich koexistieren? Kommt es zum globalen Showdown zwischen einer Allianz der Demokratien und der »Achse der Autokraten«? Oder ist der Preis für Frieden der Verzicht auf die Durchsetzung der Menschenrechte?

Welches dieser Modelle sich durchsetzt – bzw. aus welcher Mischung zwischen alten und neuen Elementen die neue Weltordnung entsteht – entscheidet nicht nur über Krieg und Frieden, sondern auch darüber, wie die globalen Energie-, Produktions-, Distributions- und Finanzsysteme der Zukunft aussehen werden.

Das globale Energiesystem

In der deutschen Debatte geht es unter dem unmittelbaren Eindruck des Krieges meist darum, wie es gelingen kann, Russland die Einnahmen aus dem Öl- und Gashandel zu verwehren, ohne die von russischen Energielieferungen abhängigen Verbraucher zu überfordern. Langfristig soll diese Abhängigkeit durch eine Beschleunigung der Energiewende weg von fossilen Brennstoffen vermindert werden. Weniger im Fokus stehen die Bemühungen Chinas und Indiens, sich die möglichst günstig auf dem russischen Energiemarkt zu bedienen, ohne vom Bannstrahl westlicher Sanktionen getroffen zu werden. Und viel zu wenig Aufmerksamkeit gilt den Versuchen wichtiger Lieferanten und ihrer Kunden, den Energiehandel zu »ent-dollarfizieren«.

Es bedarf wenig Phantasie, um die größte Neuordnung des globalen Energiehandels seit den Ölpreisschocks der 1970er vorherzusehen. Weniger klar ist jedoch, in welche Richtung sich das globale Energiesystem bewegen wird. Angesichts der geopolitischen Konfrontation zeigen die Imperative des Klimaschutzes und der Energiesicherheit nun in dieselbe Richtung. Das dürfte einerseits den Exodus des globalen Kapitals aus den fossilen Industrien weiter beschleunigen. Andererseits sind die Industrieländer technologisch noch immer nicht so weit, sich von ihrer Sucht nach fossilen Brennstoffen zu befreien. Und ausgerechnet die Brückentechnologie Gas ist nun in eine geopolitische Sackgasse geraten. Kurzfristig wird man kaum vermeiden können, die drohende Versorgungslücke durch klimapolitische Sündenfälle bei Kohle und Kernkraft zu schließen. Langfristig sollten neben den Erneuerbaren Energien die internationalen Lieferketten für Wasserstoff mit Hochdruck ausgebaut werden.[1]

Das bedeutet aber mittelfristig, den Bedarf an Gas durch die Diversifizierung der Anbieter stillen zu müssen. Hier sind überraschende Pfadwechsel sowohl zwischen alten Feinden (z. B. die USA und Venezuela) oder Freunden (z. B. der Westen und die arabischen Monarchien; Russland und Kasachstan) nicht ausgeschlossen. Wie schnell in dieser kompetitiven Welt die Notwendigkeit der Sicherung der nationalen Energieversorgung mit den Prinzipien der wertegebundenen Außenpolitik kollidieren, musste die neue Bundesregierung schon in ihren ersten Tagen im Amt feststellen.

Globale Arbeitsteilung (Produktion und Lieferketten)

Seit der Finanzkrise geht es mit dem globalen Handel und grenzüberschreitenden Investitionen nicht mehr so richtig aufwärts. Die Coronakrise hat das Bewusstsein für die Verwundbarkeit globaler Lieferketten geschärft. Das Scheitern der chinesischen #nocovid Strategie und die drastischen Lockdowns in Shenzhen und Shanghai zeigen, dass auch zwei Jahre nach dem

Ausbruch der Pandemie die Gefahr von Unterbrechungen der globalen Lieferketten nicht gebannt ist.[2] Fehlen die Teile aus Fernost, stehen auch in Deutschland die Bänder still. Der Paradigmenwechsel weg von der Effizienz (»Just in Time«) hin zu mehr Resilienz (»Just in Case«) beschleunigt den seit längerem im Verborgenen wirkenden Trend der Deglobalisierung.

Aber auch geoökonomische wie geopolitische Motive sprechen für die Verkürzung und Entflechtung von Lieferketten und treiben die Abschottung von Märkten voran. Die USA versuchen den wirtschaftlichen Aufstieg ihres Rivalen China zu bremsen. Hinter den Kulissen steigt der Druck beider Seiten auf Verbündete und Drittstaaten, sich für eine Seite zu entscheiden. Noch wehren sich Europäer und Asiaten dagegen, in den neuen Kalten Krieg hineingezogen zu werden. Doch die Streitigkeiten um Gaspipelines, Chiphersteller und die 5G Kommunikationsinfrastruktur zeigen, wie schnell Unternehmen und ganze Staaten zwischen die Fronten geraten können. Am Ende dieser Entwicklung könnten rivalisierende Blöcke stehen, die den Zugang unliebsamer Konkurrenten zu ihren Märkten erschweren oder ganz unterbinden.

Kaum den Sanktionen Trump Amerikas entkommen, spüren die deutschen Unternehmen heute den Gegenwind auf dem chinesischen Markt. Dennoch widersetzt sich die Mehrheit der deutschen Unternehmen dem Druck, sich von China zu entkoppeln, und versuchen trotz immer schlechterer Bedingungen auf dem chinesischen Markt zu überwintern.[3] Angesichts der Bedeutung des chinesischen Marktes bleibt der Ruf der Indo-Pazifik Strategie nach dem Abbau einseitiger Abhängigkeiten durch Diversifizierung also oft unerhört.

Der russische Angriffskrieg gegen die Ukraine könnte diese Rechnung nun aber verändern. Kaum jemand hätten es für möglich gehalten, dass der Westen so schnell, so hart und so einig auf die russische Aggression regieren würde. Der Rauswurf Russlands aus dem SWIFT System, die Sanktionen gegen die russische Zentralbank, aber auch der freiwillige Rückzug westlicher Unternehmen vom russischen Markt, all das hat nicht zuletzt in China Eindruck gemacht. Und selbst in Deutschland war manch einer überrascht, wie schnell selbst vermeintlich heilige Kühe wie die Gaspipeline Nordstream II geschlachtet wurden. Diese Erfahrung mit dem enormen öffentlichen und politischen Druck dürfte in vielen deutschen Unternehmen zu einer Neubewertung ihrer Strategien für andere »problematische Märkte« führen. Sollten sich mittelfristig die Absatzchancen der deutschen Wirtschaft auf den globalen Märkten verschließen, wird Deutschland neu darüber nachdenken müssen, was es bereit ist zu tun, um den lebenswichtigen europäischen Heimatmarkt aus der Dauerkrise zu führen.

Denn die Neuorganisation der Weltwirtschaft entlang geopolitischer Interessen setzt Schlüsselindustrien wie die deutsche Autoindustrie unter Druck. Stottert der Wachstumsmotor, verschärfen sich Verteilungskonflikte innerhalb und zwischen den Gesellschaften. Bis in die Mittelschichten hinein wächst die Angst vor dem sozialen Absturz. Diese Abstiegsängste sind der Resonanzboden, den Populisten für ihre Agitation gegen die Erfolgsbedingungen des Exportmodells, den freien Fluss von Waren, Kapital, Menschen und Ideen, nutzen. Der weltweite Trend zum Protektionismus wird also nicht nur von äußeren Motiven, sondern auch durch inneren Druck angetrieben. In einer solchen Welt kann es keine Exportweltmeister mehr geben. Vor allem Deutschland wird daher sein exportorientiertes Wirtschaftsmodell überdenken müssen.

Der frühere Exportweltmeister Japan hat längst damit begonnen, sich den neuen geoökonomischen Realitäten anzupassen. Schon seit längeren diversifiziert die japanische Wirtschaft ihre Produktionsstandorte und Lieferketten. Tokio hat das Transpazifische Partnerschaftsabkommen am Leben gehalten, und ein Freihandelsabkommen mit der EU abgeschlossen. Die Regierung fördert die Entwicklung von Halbleitertechnologien und unterbietet mit Infrastrukturprojekten das chinesische Seidenstraßenprojekt. Nun soll ein Ministerium für wirtschaftliche Sicherheit ein Paket von Resilienzmaßnahmen auf den Weg bringen, die Japan vor wirtschaftlicher Erpressung etwa durch Lieferstopps von Schlüsselprodukten schützen soll.[4]

Infrastruktur

Wenn westliche Kritiker über das chinesische Seidenstraßenprojekt diskutieren, geht es meist um Schuldenfallen bzw. die Schaffung politischer Abhängigkeiten. Zurecht wird hinter dem Mammutprojekt der chinesische Versuch vermutet, zu einer dominanten Macht in Asien und in der Welt aufzusteigen. Weniger bekannt ist dagegen die geostrategische Motivation der *Belt and Road* Initiative.

Seit dem Ende des Zweiten Weltkrieges haben die Vereinigten Staaten Stützpunkte auf einer Kette von Inseln eingerichtet, die von Japan im Norden bis nach Indonesien im Süden verläuft. Seitdem die Obama Regierung ihren »Pivot to Asia« verkündet hat, ziehen die USA hier den Schwerpunkt ihrer

Streitkräfte zusammen. An den Meerengen (im Amerikanischen »choke points«, also »Würgegriffe« genannt) von Malacca bis Hormuz können die Vereinigten Staaten und ihre Verbündeten jederzeit die chinesischen Handels- und Nachschubwege blockieren. China fühlt sich eingekreist, und reagiert aggressiv defensiv. Ziel der Aufrüstung im ost- und südchinesischen Meer ist es, die »Erste Inselkette« zu durchbrechen, und die USA aus den chinesischen Küstengewässern zu vertreiben. Chinesische Falken gehen einen Schritt weiter und wollen die Wiedervereinigung des »unsinkbaren amerikanischen Flugzeugträgers« Taiwan mit dem Mutterland per Zwang forcieren. Während chinesische Bomber Taipeh überfliegen, wirft die chinesische Propaganda den USA vor, durch die Infragestellung der Ein-China-Politik den Status quo aufzukündigen und damit einen Konflikt zu provozieren. Das ist ein brandgefährliches Pokerspiel, denn aus Taiwan kommen nicht nur unverzichtbare Halbleiter-Chips, sondern an der Ersten Inselkette beginnt aus Sicht der Pearl Harbor traumatisierten Amerikaner die Verteidigung ihres Heimatlandes.[5] In der Straße von Taiwan liegt also eine Lunte zum Dritten Weltkrieg.

Durch das Seidenstraßenprojekt versucht China daher aus der amerikanischen Umklammerung nach Westen auszubrechen. Unmittelbares Ziel der Häfen, Korridore und Eisenbahnlinien ist, die Unterbrechung der chinesischen Nachschubwege zu verhindern. Die ursprüngliche Begeisterung der Binnenstaaten Zentralasiens zeigt, wie groß die Hoffnungen der BRI Partner sind, dass die Konnektivitätsstrategie entlang der alten Seidenstraße zu Wohlstandsgewinnen für alle führen könnte. Der eigentliche Hauptpreis liegt jedoch am anderen Ende Eurasiens: der europäische Markt, der langfristig den Absatz chinesischer Produkte sichern soll. Gelänge es Peking, Europa an sich zu binden, kommen China und Russland ihrem Ziel, den Einfluss der USA in Eurasien zu neutralisieren, einen großen Schritt näher. Mit dem Beginn eines neuen Kalten Krieges droht nun aber ein neuer Eiserner Vorhang die chinesische Seidenstraße zu durchtrennen. Aus Sicht Chinas eine geostrategische Katastrophe. Hier liegt einer der Gründe, warum China trotz der gerade erst ausgerufenen »grenzenlosen Freundschaft« seinem Juniorpartner Russland nicht wirklich substanziell unter die Arme greift (der zweite Grund ist die russische Anerkennung zweier abtrünniger Provinzen eines souveränen Staates; mit Blick auf Taiwan eine chinesische Horrorvorstellung). Peking hat also durchaus ein Interesse an einer schnellen Beendigung des Ukrainekrieges (möchte aber ungern die Verantwortung eines Vermittlers übernehmen). Gelingt das nicht, dürfte China den Ausbau der maritimen Seidenstraßen forcieren.

Geld und Finanzmärkte

Aus Sicht chinesischer Strategen ist nach dem Niedergang der amerikanischen Industrie das verbleibende Fundament – und damit die Achillesferse- der US-Hegemonie die Rolle des Dollars als Leitwährung auf den internationalen Güter- und Finanzmärkten. China bastelt daher seit einiger Zeit an einer Alternative zum SWIFT System (»CIPS«) sowie an einer digitalen Währung (Digital Yuan, e-CNY). Beide Instrumente sind aber noch nicht so weit, den Greenback tatsächlich in Gefahr zu bringen.

In den Russland-Sanktionen wittern chinesische Falken nun eine Chance für einen Angriff auf die Vormachtstellung des US-Dollars. Denn das Einfrieren der russischen Zentralbankreserven hat sämtliche Zentralbanken der Welt in Alarmbereitschaft versetzt. Um nicht selbst erpressbar zu sein, dürften nun in großem Stil Reserven umgeschichtet werden. Geht das zu Lasten von US-Anlagen, könnte das die Funktion des Dollars als globale Reservewährung ins Wanken bringen.

Auch die Rolle des US-Dollars als Transaktionswährung sorgt für Frust. Denn der Inflationsdruck aus der amerikanischen Notenpresse wird ja von allen Akteuren rund um den Globus geteilt, die auf den US-Dollar zur Abwicklung ihrer grenzüberschreitenden Geschäfte angewiesen sind. Russland, China, Indien und Iran versuchen daher seit schon seit längerem, ihre Volkswirtschaften zu »de-dollarisieren«, indem sie einen breiteren Währungskorb für ihren Außenhandel nutzen.[6] Es überrascht daher wenig, dass Russland nun seine Öl- und Gasgeschäfte nur noch in Rubel abrechnen will. Auch die chinesischen Versuche, den eigenen Außenhandels zu de-dollarisieren, passen zum strategischen Ziel Pekings, die globale Stellung der eigenen Währung aufzuwerten. Wenn nun aber ein US-Verbündeter wie Saudi-Arabien ernsthaft darüber verhandelt, seine Ölgeschäfte mit China in Yuan abzuwickeln, zeigt das, wie weit verbreitet die Frustration über den Hegemon ist. Das ist nicht ungefährlich, denn nach der Aufgabe der Goldpreisbindung wurde der US-Dollar durch die Abwicklung des globalen Ölhandels an den zentralen Rohstoff des fossilen Industriekapitalismus gebunden. Sollten andere OPEC Staaten dem Beispiel Saudi-Arabiens folgen und den Petrodollar aufgeben, dürfte sich kurzfristig durch die heimkehrenden Greenbacks der Inflationsdruck in den USA weiter erhöhen. Langfristig könnten sowohl der chinesische RMB als auch die Blockchain basierten Kryptowährungen zu stabilen Transaktionswährungen heranreifen. Erodieren die Funktionen des US-Dollar als Reserve-, Anlage– und Transaktionswährung tatsächlich weiter, so glauben amerika-skeptische Strategen, könnte die Stellung der amerikanischen Währung als globale Leitwährung tatsächlich ins Wanken geraten.[7]

Allerdings haben die Bemühungen um »De-Dollarisierung« auch nach anderthalb Jahrzehnten die Stellung des US-Dollar als globale Leitwährung nicht ernsthaft gefährdet. Noch im letzten Jahr wurden 90 Prozent aller Devisengeschäfte weiter in US-Dollar abgewickelt, und 60 Prozent aller Zentralbankreserven sind in Dollar angelegt.[8] Vor allem die Blockchain Kryptowährungen sind sehr weit davon entfernt, den Dollar ersetzen zu können.[9] Und ob eine chinesische (Digital-) Währung ohne offene chinesische Finanzmärkte tatsächlich die Funktionen einer Leitwährung übernehmen kann, ist zu bezweifeln. Amerikanische Experten glauben daher, dass die Stellung des Dollar heute sogar noch gefestigter ist, weil ausländische Zentralbanken wissen, dass die amerikanische Fed im Notfall alles tun wird, um den in Dollar denominierten Teil des Finanzsystems abzusichern.[10]

Wie die nächste Weltordnung aussehen wird, entscheidet sich in den globalen Kräfteverhältnissen. Russland hat seine eigene Stärke überschätzt. Selbst wenn es Moskau noch gelänge, den Krieg in der Ukraine militärisch zu gewinnen, fällt es als Juniorpartner Chinas geopolitisch in die zweite Reihe zurück. Die neue Instabilität auf dem europäischen Kontinent dürfte die wirtschaftlichen Aussichten allerdings auch in Westeuropa verdüstern. Die geopolitischen Träume von einem eigenständigen europäischen Pol werden nach dem ukrainischen Realitätsschock von den Mitgliedern der EU daher sicherlich noch einmal neu bewertet werden.

Bleiben als ordnungsgebende Mächte nur China und die Vereinigten Staaten. Das erklärt, warum sich Washington und Peking nicht in diesen »europäischen Konflikt« hineinziehen lassen wollen: die beiden Supermächte lesen den Konflikt vor allem durch die Brille ihrer Konkurrenz um die globale Hegemonie. Amerikanische Falken wollen dementsprechend »die Russen bluten lassen, um den Chinesen ein Signal zu senden, die Finger von Taiwan zu lassen«.[11] Auch wenn das in Washington nicht unumstritten ist, so gibt es doch seit längerem eine überparteiliche Allianz für einen Kalten Krieg gegen die »Allianz der Autokratien«.

In Peking ist man sich dagegen noch uneinig, ob es tatsächlich im chinesischen Interesse liegt, an der Seite eines schwächelnden russischen Parias hinter einem neuen Eisernen Vorhang zu verschwinden[12], oder ob China langfristig nicht viel mehr von einer offenen Weltordnung profitieren würde.[13] Geopolitisch wäre es also ein fataler Fehler, Chinesen und Russen vorschnell zu einer »Achse der Autokratien« zusammenzuwerfen. Vielmehr sollte man nun gemeinsam ausloten, wie eine regelbasierte, multilaterale Ordnung aussehen könnte, in deren Rahmen die Kerninteressen und Sicherheitsbedenken aller Mächte friedlich ausgehandelt werden können. Wer das für unrealistisch hält, sollte sich an den letzten Kalten Krieg erinnern: auch damals hat die Kooperation zwischen Systemrivalen im Rahmen vereinbarter Spielregeln funktioniert.

Dr. Stormy-Annika Mildner

Friend-Shoring und das Ende des Multilateralismus? Große Herausforderungen für die Handelsnation Deutschland

Juni 2022

»Die wirtschaftlichen Auswirkungen der russischen Invasion in der Ukraine könnten ein entscheidender Moment für die Globalisierung im 21. Jahrhundert sein,« warnte jüngst die Chefin der Europäischen Zentralbank, EZB, Christine Lagarde.[14] Der 24. Februar 2022 stellt eine Zäsur in den internationalen Beziehungen und der Weltwirtschaft dar. Nach Russlands Einmarsch in die Ukraine ist nichts mehr wie zuvor. Eine Rückkehr zum Status quo wird es nicht geben. Mitte März 2022 warnte der Internationale Währungsfonds (IWF): »Längerfristig könnte der Krieg die globale wirtschaftliche und geopolitische Ordnung grundlegend verändern, wenn sich der Energiehandel verlagert, die Versorgungsketten umgestaltet werden, die Zahlungsnetze zersplittern und die Länder ihre Währungsreserven überdenken. Wachsende geopolitische Spannungen erhöhen das Risiko einer wirtschaftlichen Fragmentierung, insbesondere in den Bereichen Handel und Technologie.«[15] Der Handel und die multilaterale Handelsordnung befinden sich in einer entscheidenden Phase.

Seit Jahrzehnten ist der Handel ein wichtiger Motor für Wirtschaftswachstum und Wohlstand sowie für die Schaffung von Arbeitsplätzen. In den vergangenen Jahrzehnten hat er dazu beigetragen, Millionen von Menschen weltweit aus der Armut zu befreien, und in vielen Fällen hat er neben der wirtschaftlichen auch die politische Freiheit gefördert. Handel ermöglichte die Verbreitung von Wissen und Ideen und schuf Interdependenzen, die zwar nicht immer Konflikte und Kriege verhinderten, wie der Krieg in der Ukraine schmerzlich zeigt, aber zur internationalen Stabilität beitrugen. Das multilaterale Handelssystem mit der Welthandelsorganisation (WTO) in seinem Zentrum hielt Machtpolitik in Schach und ermöglichte die Beilegung von Handelsstreitigkeiten auf der Grundlage von Regeln in einem weitgehend fairen Verfahren.

Doch diese Zeiten scheinen vorbei zu sein. Großmachtpolitik, ein Wettbewerb der Ideen und Systeme, kalte und heiße Konflikte sowie Kriege drohen die Welt in neue Blöcke zu spalten – große Autokratien auf der einen und liberale Demokratien auf der anderen Seite. Die Nichtregierungsorganisation (NGO) Freedom House stellte in ihrem jüngsten Bericht von Ende Februar 2022 fest, dass die Freiheit weltweit im 16. Jahr in Folge abgenommen hat.[16] Darüber hinaus bemerkte es eine wachsende Zusammenarbeit zwischen Autokratien weltweit, »um ihre Macht zu konsolidieren und ihre Angriffe auf Demokratie und Menschenrechte zu beschleunigen«.[17] Der Präsident von Freedom House, Michael J. Abramowitz, warnte: »Die Demokratie ist überall auf der Welt in echter Gefahr. [...] Autoritäre Herrscher werden immer mutiger, während sich die Demokratien zurückziehen.«[18]

Internationaler Handel wird mehr und mehr unter dem Aspekt der Sicherheit gesehen: als Quelle nationaler Schwachstellen einerseits und als strategisches Zwangsinstrument andererseits. Dies wird sich massiv auf die Handelsströme auswirken und die Re-Regionalisierung und Re-Nationalisierung von Wertschöpfungsketten beschleunigen, die vor einigen Jahren begonnen hat. Gleichzeitig droht die ohnehin schon schwache WTO noch weiter geschwächt zu werden – und das zu einem Zeitpunkt, an dem eine starke Institution wichtiger denn je ist.

Schlechte Aussichten für die Weltwirtschaft

Der Ausblick für die Weltwirtschaft ist alles andere als rosig. Die Welt steht vor einer dreifachen Krise: einer Energiepreiskrise, einer Nahrungsmittelkrise und einer Finanzkrise. Diese dreifache Krise kommt zusätzlich zur Gesundheitskrise und Klimakrise. Sie alle verstärken sich gegenseitig. Die Weltbank erwartet, dass die Energiepreise im Jahr 2022 um mehr als 50 Prozent steigen werden. Der Nahrungsmittelpreisindex der Ernährungs- und Landwirtschaftsorganisation (FAO) erreichte im März seinen höchsten Stand seit seiner Einführung.[19] Die Düngemittelpreise sind seit Anfang 2022 um fast 30 Prozent gestiegen, nachdem sie im letzten Jahr um 80 Prozent zugelegt hatten.[20] Besonders betroffen sind die armen Länder und die ärmeren Bevölkerungsschichten. Schon bevor Russland die Ukraine angegriffen hat, war die Zahl der hungernden Menschen weltweit aufgrund von Klimawandel, Kriegen und den Folgen der Corona-Pandemie stetig gestiegen. UN-Generalsekretär Antonio Guterres warnte, dass der Konflikt einen »Wirbelsturm des Hungers und einen Zusammenbruch des globalen Nah-

rungsmittelsystems« verursachen könnte.[21] Nach Angaben der Ernährungs-
und Landwirtschaftsorganisation (FAO) könnte die Zahl der unterernährten
Menschen im Laufe dieses und des nächsten Jahres um acht bis 13 Millionen
Menschen ansteigen.[22] In vielen, von der Covid-19-Pandemie besonders ge-
beutelten Ländern, ist der Spielraum für fiskalpolitische Stützmaßnahmen
eng. Aufgrund der hohen Inflation müssen zudem viele Zentralbanken die
geldpolitische Bremse ziehen. Dies dämpft die Konjunktur weiter.

Vor Russlands Angriff auf die Ukraine und dem Lockdown in China hatte
der World Economic Outlook des IWF vom Januar 2022 noch ein Wachstum
des globalen BIP von 4,4 Prozent im Jahr 2022 und von 3,8 Prozent im Jahr
2023 prognostiziert.[23] In seiner Prognose vom April 2022 senkte der IWF
das erwartete Wachstum auf 3,6 Prozent für sowohl 2022 als auch 2023.[24]
Im Januar 2022 hatte die deutsche Bundesregierung im Jahreswirtschafts-
bericht noch mit einem Plus des BIP von 3,6 Prozent 2022 gerechnet.[25] In der
aktuellen Frühjahrsprojektion von April 2022 erwartete sie nur noch einen
Anstieg des BIP um 2,2 Prozent im Jahr 2022 und 2,5 Prozent 2023.[26] Die
WTO hat ihre Wachstumsprognose für den Welthandel für 2022 deutlich
nach unten revidiert, von 4,7 Prozent auf 3 Prozent.[27] Neben Russlands Krieg
gegen die Ukraine tun Covid-Lockdowns in China, Engpässe gerade bei der
Container-Schifffahrt, hohe Transportkosten und ein Arbeitskräftemangel
ihr Übriges, um den Welthandel zu bremsen.

Hinzu kommt – wie schon zu Beginn der Covid-19-Pandemie – ein weiteres
Problem: Seit dem russischen Einmarsch in der Ukraine ist die Zahl der
Länder, die Ausfuhrbeschränkungen für Lebensmittel verhängen, von 3 auf
16 gestiegen (Anfang April 2022).[28] Die Gesamtmenge der von den Beschränkungen betroffenen Ausfuhren entspricht laut dem International Food Policy Research Institute etwa 17 Prozent der weltweit gehandelten Kalorien-
menge.[29] Zu den Ländern, die Ausfuhrbeschränkungen verhängen, gehören
Russland (Weizen), Indonesien (Palmöl), Argentinien (Rindfleisch) sowie
die Türkei, Kirgisistan und Kasachstan (Getreideprodukte).[30] Mitte Mai verbot Indien die Ausfuhr von Weizen, nachdem die Preise gestiegen waren und
eine Hitzewelle die Ernte beschädigt hatte.

Ein weiterer Trend wird immer sichtbarer, der den Welthandel mittel- bis
langfristig deutlich verändern könnte. Die jüngsten Ereignisse haben westlichen Ländern – Regierungen und Unternehmen – schmerzvoll vor Augen
geführt, wie problematisch hohe, einseitige Abhängigkeiten bei kritischen
Waren sein können. Das neue Risikobewusstsein wird drei Trends im Welt-

handel befeuern und zentrale Veränderungen in den Wertschöpfungsketten nach sich ziehen:

1. von Abhängigkeit zu Diversifizierung,
2. von Effizienz zu Sicherheit und
3. von Globalisierung zu Regionalisierung.

Was treibt die Re-Regionalisierung der Wertschöpfungsketten?

Die Neustrukturierung der globalen Wertschöpfungsketten ist kein ganz neues Phänomen. Während die 1990er und frühen 2000er Jahre durch eine stetige und schnelle Globalisierung der Wertschöpfungsketten gekennzeichnet waren, hatte dieser Trend im zweiten Jahrzehnt der 2000er Jahre – bereits vor der Covid-Pandemie – an Schwung verloren. Hierfür gibt es mehrere Gründe. Erstens verändert die Digitalisierung die industrielle Produktion in einer Weise, die den internationalen Warenhandel zumindest in Teilen überflüssig macht. Neue Technologien wie der 3D-Druck oder auch das Selektives Laserschmelzen (SLM) erleichtern die Produktion vor Ort. Ein zweiter Faktor ist der technologische Aufholprozess der großen Schwellenländer. Vor allem China ist technologisch unabhängiger geworden und stellt zunehmend selbst Hightech-Produkte her, anstatt sie zu importieren. Drittens ist seit der Finanz- und Wirtschaftskrise von 2007-2010 eine stetige Zunahme protektionistischer Barrieren zu verzeichnen. Zwischen 2012 und 2019 registrierte die WTO im Jahresdurchschnitt 138 neue Maßnahmen. Im Zeitraum von Mitte Oktober 2019 bis Mitte Oktober 2020 führten die WTO-Mitglieder 89 neue handelsbeschränkende Maßnahmen ein; im Zeitraum von Mitte Oktober 2020 bis Mitte Oktober 2021 stieg die Zahl der restriktiven Maßnahmen noch einmal an.[31] Während sich die WTO-Mitglieder im weiteren Verlauf der Covid-19-Krise mit neuen protektionistischen Maßnahmen zurückhielten und sogar eine höhere Zahl handelserleichternder Maßnahmen umsetzten, ist der Appetit, den eigenen Markt weiter zu öffnen, gering. Darüber hinaus waren die Jahre 2017 bis 2020 durch eine wachsende Zahl an Handelskonflikten gekennzeichnet, von denen viele auf die US-Regierung von Präsident Donald Trump zurückgingen. Einige prominente Beispiele waren die US-Zölle auf Stahl und Aluminium sowie die Zolleskalation zwischen den USA und China. Neue und strengere Gesetze in Bezug auf Exportkontrollen für Produkte mit doppeltem Verwendungszweck sowie Investitionsprüfungen in beiden Ländern veranlassten Unternehmen in einer Vielzahl von Branchen – darunter Halbleiter, Autos und medizinische Geräte – ihre Lieferketten neu zu denken.

Viertens steht die Anfälligkeit für angebotsseitige Schocks und wirtschaftlichen Zwang sowie die Frage, wie Abhängigkeiten verringert werden können, seit einigen Jahren ganz oben auf der Agenda vieler westlicher Regierungen. Viele Regierungen erhöhen ihre Investitionen in Häfen, Flughäfen und andere Infrastruktur und unterstützen Forschung und Entwicklung sowie die Produktion kritischer Materialien. Die Vereinigten Staaten, die EU und Japan streben eine größere technologische Souveränität an. Beispiele hierfür sind der U.S. CHIPS Act und der European Chips Act. Beide zielen darauf ab, die Abhängigkeit von Taiwan und Südkorea bei Halbleitern zu verringern. Die US-Regierung drängt seit einigen Jahren darauf, die Abhängigkeit von China zu verringern (ein weiteres Beispiel ist die Entity List), aber die EU holt schnell auf. Das Motto der neuen Handelsstrategie der EU lautet »offene strategische Autonomie«. Die EU will selbstbewusster gegen unfaire Handelspraktiken im Ausland vorgehen, indem sie bestehende und neue handelspolitische Schutzinstrumente wie das Anti-Coercion-Instrument (Instrument gegen wirtschaftlichen Zwang) stärkt.

Schließlich werden der Einmarsch Russlands in die Ukraine und die Sanktionen gegen Russland die Re-Regionalisierung der Wertschöpfungsketten beschleunigen. Die Produktionskapazitäten der Ukraine sind stark beeinträchtigt.[32] Die westlichen Länder haben sich auf eine Reihe von Sanktionen gegen Russland geeinigt. Westliche Unternehmen ziehen sich wegen der Sanktionen aus Russland zurück. Viele weitere boykottieren das Land, auch wenn sie nicht gesetzlich dazu gezwungen sind. Unternehmen auf der ganzen Welt modernisieren ihre Beschaffungsstrategien, um die Abhängigkeit von Russland bei Transport und Rohstoffen und von China bei Komponenten und Fertigwaren zu verringern.[33] Hohe Transportkosten sind ein weiterer Motivationsfaktor.

Was bedeutet dies für Deutschland?

Deutschland ist wie kaum eine andere Industrienation abhängig von der Weltwirtschaft. Mit einer Außenhandelsquote von 89,4 Prozent (2021) ist Deutschlands Volkswirtschaft die ›offenste‹ und somit am stärksten in den Welthandel eingebundene unter den G7-Staaten.[34] Gerade in den letzten Jahren wurde Deutschland seinem Ruf als Exportnation gerecht. 2020 behauptete Deutschland seine Position als drittgrößter Warenexporteur der

Welt nach den USA und China.[35] Die enorme Bedeutung der Exporte für Deutschland spiegelt sich auch in der Außenbeitragsquote wider (Differenz zwischen Exporten und Importen von Waren und Dienstleistungen am BIP). Hatte Deutschland im Jahr 2000 eine Außenbeitragsquote von 0,2 Prozent, lag diese 2021 bei 5,5 Prozent.[36] Deutschland hat einen massiven Leistungsbilanzüberschuss. Dieser betrug 2021 7,5 Prozent des BIP.[37] Auch der deutsche Arbeitsmarkt ist stark von Deutschlands Exporten abhängig. Etwa 28 Prozent der Arbeitsplätze in Deutschland sind direkt oder indirekt vom Export abhängig, im verarbeitenden Gewerbe sind es sogar 56 Prozent.[38] Wichtigster Handelspartner für Deutschland war dabei 2021 abermals China.[39] Nun bereits zum sechsten Mal in Folge. Nach vorläufigen Ergebnissen des Statistischen Bundesamtes wurden zwischen Deutschland und China im Jahr 2021 Waren im Wert von 245,7 Milliarden Euro gehandelt.[40] Auf den Plätzen zwei und drei folgen die Niederlande und die USA mit 206 beziehungsweise 194,1 Milliarden Euro.[41] Nichtsdestotrotz bleibt die EU Deutschlands wichtigster Markt. So lag der Anteil der Exporte beziehungsweise Importe von Waren und Dienstleistungen in die EU 2021 bei 51,0 Prozent beziehungsweise 53,5 Prozent.[42]

Handel und die Verflechtung in die Weltwirtschaft sind wichtig für Deutschland – für Wirtschaftswachstum, Wohlstand und Arbeitsplätze – und werden es auch in Zukunft bleiben. Der europäische Markt ist zu klein, um allein das derzeitige Wohlstandsniveau zu halten. Das globale Wirtschaftswachstum wird vor allem in Asien stattfinden. Darauf wird auch die EU angewiesen sein. Die hohe Abhängigkeit macht Deutschland jedoch auch verwundbar. Deshalb ist es wichtig, dass Politik und Wirtschaft an einem Strang ziehen. Dabei muss eine gute Balance zwischen internationaler Verflechtung und Stärkung der heimischen und europäischen Produktion gefunden werden.

Die Sicherheit der Lieferketten liegt in erster Linie in der Verantwortung der Unternehmen. Dazu gehören: ein deutlich besseres Risikomanagement und ein neues Kosten-Nutzen-Kalkül; Diversifizierung von Bezugsquellen und Materialeinsatz; mehr Investitionen in Forschung und Entwicklung; verbesserte Lagerhaltung (Just-In Time Lieferungen sind nicht mehr zeitgemäß); sowie eine Verbesserung der Nachhaltigkeit und Transparenz in Lieferketten. Doch auch der Regierung kommen wichtige Aufgaben zu. Auf der To-Do Liste der Bundesregierung stehen unter anderem folgende Punkte:

1. Investitionen: Dazu gehören Investitionen in Infrastruktur und Bildung in Deutschland und der EU. Ein weiteres wichtiges Element ist die Förderung von Forschung und Entwicklung gerade für alternative Materialien sowie Recycling. Dies würde nicht nur die Wettbewerbsfähigkeit stärken, sondern auch die heimische Nachfrage stärken und so den hohen Leistungsbilanzüberschuss abbauen.

2. Erschließung neuer Bezugsquellen: Gerade beim Thema Rohstoffe – Energie, Metalle und Mineralien – kann die Bundesregierung helfen, neue Bezugsquellen zu öffnen. Dies zeigt sich aktuell besonders bei Gas und Öl. Rohstoffpartnerschaften können dabei ein hilfreiches Instrument sein, um längerfristig stabile Lieferbeziehungen aufzubauen. Wichtig ist, dass die Bundesregierung dies nicht im Alleingang versucht, sondern im Verbund mit den europäischen Partnern. Dies würde auch die Verhandlungsposition der EU-Mitglieder deutlich stärken.

3. Vollendung des EU-Binnenmarktes: Der Binnenmarkt ist eine der großen Stärken der EU. Allerdings gibt es noch viele Bereiche, in denen Barrieren die europäische Wirtschaft behindern. Dies gilt besonders für die Gesundheitswirtschaft aber auch die Energiemärkte und viele Bereiche des Dienstleistungssektors. Um wettbewerbsfähig und ein attraktiver Produktionsstandort zu bleiben, muss der Binnenmarkt vollendet werden. Die Bundesregierung sollte hier eine Vorreiterrolle einnehmen.

4. Unterstützung der EU-Handelspolitik: Mit der neuen Handelsstrategie ist die EU auf dem richtigen Weg, sich besser aufzustellen und so unfairen Handelspraktiken im Ausland selbstbewusster entgegentreten zu können. Erfolgreich wird sie jedoch nur sein, wenn es der EU gelingt, neue Handelsabkommen abzuschließen und diese auch zu ratifizieren. Auch hier sollte die Bundesregierung mit gutem Beispiel vorangehen und endlich das Handelsabkommen zwischen der EU und Kanada, das bereits in der vorläufigen Anwendung ist, ratifizieren. Dies hätte eine positive Signalwirkung für die laufenden Verhandlungen, unter anderem mit Australien und Neuseeland.

5. Beitrag zur Sicherheit und Nachhaltigkeit von Lieferketten: Mit dem Lieferkettengesetz von 2021 will die Bundesregierung den Schutz der Menschenrechte in globalen Lieferketten verbessern. Dabei nimmt sie die Wirtschaft noch mehr als in der Vergangenheit in die Pflicht. Nun muss es darum gehen, gerade kleine und mittelständische Unternehmen in der Umsetzung zu unterstützen. Sie sind nicht nur eine tragende Säule der deutschen Wirtschaft. Zudem muss verhindert werden, dass Unternehmen aus Angst vor

Rechtsverletzungen und aus »overcompliance« ganze Märkte verlassen. Aus entwicklungspolitischer Perspektive wäre dies kontraproduktiv. Zudem sollte sich die Bundesregierung noch stärker für ein gemeinsames Vorgehen in der EU zu nachhaltigen Lieferketten einsetzen.

6. Gemeinsam international mit Partnern: Weder Deutschland noch die EU werden sich im neuen geopolitischen Umfeld allein behaupten können. Sie brauchen verlässliche Partner. Umso wichtiger ist es, die Verhandlungen mit den USA im neuen Handels- und Technologierat (TTC) weiter voranzutreiben. Der Blick sollte jedoch auch noch stärker auf die Region Indo-Pazifik geworfen werden. Dort liegen viele Chancen aber auch viele Risiken. Die neue »Nationale Sicherheitsstrategie«, an der die Bundesregierung zurzeit arbeitet, ist eine Chance, den Blick zu schärfen und Strategien für und mit alten und neuen Partnern zu entwickeln.

Vieles davon ist bereits auf einem guten Weg – und steht auch auf der Agenda der deutschen G7-Präsidentschaft. Doch die Zeit drängt. Umso wichtiger ist es, dass die Transformation der Wertschöpfungsketten nicht ins Stocken gerät. Es wäre nicht das erste Mal, dass nach einer Krise schnell wieder Selbstgefälligkeit eintritt und wichtige Reformen ausblieben.

Matthias Machnig

Die politische Zeitenwende ist auch eine ökonomische Zeitenwende – Deutschland und Europa brauchen jetzt eine ökonomische und soziale Resilienzstrategie

Mai 2022

Der 24.02.2022 hat die Welt fundamental verändert. Politisch und geopolitisch, denn mit dem völkerrechtswidrigen Angriff Russlands auf die Ukraine kommt die lange Zeit stabile Nachkriegsordnung und postkommunistische Friedens- und Sicherheitsordnung in Europa zu einem Ende. Wie eine neue Ordnung in Europa aussehen kann, ist derzeit mitten in diesem Krieg, dessen Ende nicht absehbar ist, nicht zu prognostizieren. Nur eines ist sicher: Einen Status quo ante wird es nicht geben. Auf absehbare Zeit lautet die Frage nicht mehr, wie kann in Europa Sicherheit mit Russland gewährleistet werden, sondern wie sieht eine neue Politik der Sicherheit vor Russland aus. Diese politische Zeitenwende hat nicht nur eine geopolitische Dimension, sondern sie leitet auch eine ökonomische Zeitenwende ein. Diese ökonomische Zeitenwende wird geprägt sein von einer Kumulation unterschiedlicher Krisen und Krisensymptomen. Wir erleben krisenhafte Entwicklungen, die das Potential haben, sich wechselseitig zu verstärken und die zu Neujustierungen im Bereich der Wirtschafts-, Finanz-, Handels-, Energie- und Industriepolitik führen müssen und werden.

Am offensichtlichsten und dominierend ist die gegenwärtige Energiekrise verbunden mit der Sorge um Versorgungssicherheit, steigenden Preisen und der Suche nach neuen Energiepartnerschaften und Energiequellen, um die Abhängigkeit von russischem Gas und Erdöl zu reduzieren, mit dem Ziel sich von russischen Importen gänzlich unabhängig zu machen.

Die Energiekrise ist gleichzeitig Katalysator und Brennglas weiterer Krisenphänomene. Unsichere Ressourcenversorgung, unsichere Lieferketten, massive Preissteigerungen und eine global inflationäre Entwicklung und eine sich weltweit abzeichnende Nahrungsmittelknappheit mit verheerenden Konsequenzen für Entwicklungs- und Schwellenländer.

Gleichzeitig ist die Wirtschaft und die Welt mit der Notwendigkeit und der Herausforderung der Transformation zu mehr Nachhaltigkeit und einer umfassenden Notwendigkeit zur Dekarbonisierung energetischer, industrieller Prozesse konfrontiert. Und das in einer Situation, in der die ökonomischen Folgen des Corona-Schocks noch nicht einmal überwunden sind. Die Corona-Krise war ein Nachfrageschock für die globale Wirtschaft. Heute stehen Wirtschaft und Unternehmen vor einem in dieser Form nicht gekannten Angebotsschock.

Dieses Krisenszenario hat zudem weitreichende soziale Konsequenzen. Wir erleben nicht nur einen kräftigen Energiepreisschock, sondern auch steigende Preise bei Nahrungsmitteln und anderen Produkten des täglichen Bedarfs. Dies betrifft insbesondere untere und mittlere Einkommen, die am stärksten von der inflationären Preisentwicklung betroffen sind. Und das in einer Situation, in der die Armutsquote in Deutschland mit 16,1 Prozent in 2020 einen neuen Höchststand erreicht hat[43], legt man die Armutsdefinition von 60 Prozent des mittleren Einkommens zu Grunde.

Auf der anderen Seite erleben wir eine Refeudalisierung der Einkommens- und Reichtumsentwicklung. Trotz Corona-Krise sind Vermögen und Einkommen der ökonomischen Eliten weiter gestiegen. 2668 Milliardäre besitzen zwölf Billionen Dollar. Addiert man dazu alle Millionäre ergibt sich ein Vermögen von 165 Billionen Dollar und damit das 50-fache des deutschen Bruttoinlandsproduktes.[44] In Deutschland besitzt das reichste Prozent von Personen 35,3 Prozent des gesamten Nettovermögens von 7,8 Billionen Euro (2017) und die zehn Prozent der Reichsten 67,3 Prozent, während die unteren 50 Prozent gerade einmal 1,3 Prozent am gesamten Nettovermögen besitzen.[45] Gleichzeitig sind die Steuersätze auf Gewinne von Kapitalgesellschaften in Deutschland seit der Jahrtausendwende um ca. 20 Prozentpunkte zurückgegangen.[46]

Die ökonomische Zeitenwende zeigt bereits erhebliche Konsequenzen. Die ökonomischen Bremsspuren sind überall erkennbar. Die Weltwirtschaft wird nach Berechnungen des IWF 2022 zwar noch um 3,6 Prozent wachsen. Allerdings bei einer deutlichen Verlangsamung der Wachstumsdynamik in der Weltwirtschaft. Gleiches gilt für Deutschland und Europa. Die Wachstumsprognosen haben sich deutlich eingetrübt und liegen für 2022 bei 2,1 Prozent in Deutschland und in der Eurozone bei 2,8 Prozent.[47] Eine Reihe von Ökonomen warnen bereits vor einer drohenden Dekade der Stagflation, also schwaches Wachstum bei gleichzeitig inflationärer Entwicklung. Am

Finanzmarkt scheint es nach einer Dekade Wachstums und großen Renditen auch erstmal zu einer Kurskorrektur zu kommen.

Mit der politischen Zeitenwende hat auch eine Diskussion über die bisherige Form der Globalisierung und der internationalen Arbeitsteilung begonnen. Auf der diesjährigen Tagung des World Economic Forum, also einer Institution, die immer zu den Verfechtern der Globalisierung gehört hat, waren skeptische Töne bis hin zu einer Notwendigkeit der Deglobalisierung zu hören. NATO-Generalsekretär Jens Stoltenberg formulierte auf dem Jahrestreffen: »Freiheit ist wichtiger als Freihandel.« Wer wollte dem widersprechen.

In der Konsequenz allerdings heißt dies: Die bisherige Form der unternehmens- und kapitalgetriebenen Globalisierung muss zumindest eingehegt werden. Denn die bisherige Form der Globalisierung orientierte sich nicht an geo-, demokratie- oder menschenrechtspolitischen Grundsätzen, sondern ausschließlich an der Frage von Wachstums- und Kostenindikatoren und der Präsenz auf strategischen Schlüssel- und Wachstumsmärkten. Wie eine neue Form des Multilateralismus, der ökonomischen Kooperation und der internationalen Arbeitsteilung angesichts des Ukraine-Schocks aussehen kann, bleibt damit unklar und vage. Werte sind wichtig, sie sind aber schon häufig an ökonomischen Paradigmen und Realitäten zerschellt. Zudem stellt sich die Frage: Wie schnell lassen sich internationale Arbeitsteilung, globaler Handel und globale Ressourcennutzung überhaupt zurückführen oder gar substituieren?

Vor diesem Hintergrund beginnt ein neues Paradigma Einzug in die politische Debatte einzuhalten. Resilienz wird zunehmend zu einem Thema, nicht nur von Regierungen, sondern auch von Unternehmen, die in der aktuellen Situation mit der Fragilität von Energie- und Ressourcenversorgung und der in den letzten Jahrzehnten entstandenen globalen Lieferketten konfrontiert sind. Überall laufen die Planungen für mehr Diversifizierung der Energie- und Ressourcenversorgung auf Hochtouren, bestehende Lieferketten müssen angepasst, neue Handels- und Kooperationspartner gefunden werden und ein Prozess des Reshorings wird überall diskutiert und entsprechende Projekte entwickelt und geplant.

Bislang verläuft dieser Prozess allerdings krisengetrieben und aktionistisch, jeder ist sich selbst der Nächste. Über eine wirkliche Resilienzstrategie verfügen weder Unternehmen noch Regierungen.

Dafür notwendig wäre eine breit angelegte Resilienzevaluation, die Ressourcen, Handel, Branchen und Technologien und die jeweiligen Abhängigkeiten, Klumpenrisiken und notwendige technologische Souveränitätscluster und Produktionsstrukturen in den Blick nimmt. Eine solche integrierte Resilienzevaluation ist eine entscheidende Voraussetzung dafür, um eine Resilienzstrategie und einen entsprechenden Transformationsprozess für mehr Standortresilienz einzuleiten.

Dies gilt gerade für Deutschland und Europa, denn die Abhängigkeit beim Thema Energieversorgung ist nur die Spitze des Eisberges. Europa und Deutschland sind ressourcenarm, zulieferabhängig bei bestimmten Vorprodukten, technologieabhängig in wichtigen Feldern, absatz-, umsatz- und profitabhängig von bestimmten Märkten.

Wer über europäische Souveränität redet, muss eine Resilienzstrategie entwickeln und ein entsprechendes Transformationsprogramm auf den Weg bringen. Das ist kein Plädoyer für das Ende der Globalisierung, sondern ein Plädoyer für mehr Sicherheit in der Globalisierung und damit die Voraussetzung dafür, eine werteorientierte Außen- und Sicherheitspolitik und einer damit verbundenen Wirtschafts-, Handels- und Industriepolitik zu entwickeln. Der bisherige Status quo bildet das allerdings nicht ab. Das ist eine besondere Herausforderung für das deutsche Geschäftsmodell.

Wie komplex diese Aufgabe ist, verdeutlicht ein kleines Beispiel. Dass es in Deutschland zu einem beschleunigten massiven Ausbau der Erneuerbaren Energie kommen muss, um zum Beispiel Energieabhängigkeit zu reduzieren, darüber besteht ein breiter gesellschaftlicher politischer und ökonomischer Konsens. Die Neue Zürcher Zeitung verweist in einem Artikel unter der Überschrift »Deutschland stolpert in die nächste Falle« darauf hin, dass dieser Ausbau massiv abhängig ist von chinesischen Windrotoren und Solarmodulproduzenten. Und dies ist nur ein Beispiel von vielen. So kann Europa nur sechs Prozent seiner notwendigen Chip-Versorgung aus europäischer Produktion sicherstellen. Diese Liste ließe sich leicht verlängern.

Eine Resilienzstrategie kann in Europa niemand allein entwickeln oder aber realisieren. Neben einer geopolitischen Neupositionierung brauchen Deutschland und Europa eine abgestimmte, ambitionierte kohärente Resilienzstrategie in deren Zentrum eine neue Investitions-, Industrie- und Handelspolitik stehen muss. Um dies erfolgreich zu bewältigen, müssen staatliche und private Initiativen, Investitionen und Transformationsmaßnahmen aufeinander abgestimmt werden.

Was es braucht, ist ein koordiniertes und kooperatives Bündnis aller politischen und wirtschaftlichen Akteure, die sich über umfassende Maßnahmen zur Resilienz verständigen. Diese dürfen aber keine reinen Ziel- und Wunschkataloge sein, die ähnlich wie die Klimaziele als freischwebende Ziele eine Debatte ohne konkrete Maßnahmen bestimmen. Es muss zeitnah zu konkreten Maßnahmen und politischer Umsetzung dieser Resilienz kommen – inklusive möglicher Neugründung von staatlichen oder halbstaatlichen Institutionen. Eine Resilienzstrategie darf keine Absicht sein, sondern muss zeitnah ein Programm werden.

Dazu sind folgende Maßnahmen dringlich:

Erstens: Ein Programm zur umfassenden Resilienzevaluation mit einem integrierten Ansatz mit dem Blick auf Handelsschwerpunkte, Branchen-, Umsatz- und Investitionsschwerpunkte und Technologiefelder und -schwerpunkte.

Zweitens: Der Staat muss eine Pionierfunktion in der Transformation einnehmen. Dazu ist eine aktive Investitions- und Industriepolitik erforderlich, die private Investitionen anreizt und unterstützt und gemeinsam mit den Unternehmen ein industriepolitisches Kernprogramm für mehr Wettbewerbsfähigkeit, Resilienz und Souveränität definiert.

Drittens: Es ist richtig, dass die Europäische Kommission die Stabilitätskriterien auch für das Jahr 2023 ausgesetzt hat. Eine deutsche Antwort auf diese Frage steht aus und ist überfällig.

Viertens: In Deutschland und Europa brauchen wir eine Qualifizierungsoffensive. Allein in Deutschland sind ca. 1,8 Millionen Jobs im Bereich qualifizierter Fachkräfte unbesetzt. Eine Resilienz- und Transformationsstrategie kann ohne ausreichenden Fachkräftebedarf nicht aufgehen.

Fünftens: Die Geldpolitik muss das Inflationsrisiko im Auge behalten, eine Zinswende wäre jedoch sowohl konjunkturell wie investitionspolitisch der falsche Weg.

Sechstens: Einen Transformationsimpuls für Wirtschaft und Industrie auf den Weg bringen. Zum Beispiel durch verbesserte Verlustrückträge, die Möglichkeit zu Sofortabschreibungen und die Umwidmung von Mitteln aus dem Wirtschafts- und Stabilisierungsfonds.

Siebtens: Die ökonomische Zeitenwende muss auch ein Programm für den sozialen Ausgleich beinhalten, eine ökonomische Resilienzstrategie muss um eine soziale Resilienzstrategie ergänzt werden. Bisherige Maßnahmen waren weder zielgenau noch verteilungsgerecht. Untere Einkommen brauchen gezielte Transfers- und Kompensationsleistungen, vordringlich ist dabei, die schnelle Anpassung von Regelleistungen an die reale Preisentwicklung und gezielte Familien- und Kinderkomponenten.

Achtens: Joe Biden hat in den USA eine Billionaire Mininum Income Tax auf den Weg gebracht. Wer über 100 Millionen Dollar besitzt, soll verpflichtet werden, auf den jährlichen Wertzuwachs seiner Finanzen und Unternehmenswerte Steuern zu zahlen. Und die britische Regierung will die Einführung der Abschöpfung von Windfall Profits in der Krise auf den Weg bringen. Entsprechende Maßnahmen müssen auch für Deutschland umsetzungsorientiert geprüft werden.

Herausforderungen der ökonomischen Zeitenwende – Eine Zukunft mit Wohlstand, Resilienz und Nachhaltigkeit kommt nicht von allein

April 2022

Russlands Angriffskrieg in der Ukraine hat neben der damit verbundenen Veränderung der geopolitischen Gesamtlage – denn Russland hat sich damit von geltenden internationalen Standards wie der Unverletzlichkeit bestehender Grenzen verabschiedet – auch zu einer massiven Veränderung der Bedingungen und der Perspektiven der Weltwirtschaft mit entsprechenden ökonomischen Konsequenzen für Deutschland und Europa geführt. Bundeskanzler Olaf Scholz hat von einer politischen Zeitenwende gesprochen. Diese politische Zeitenwende wird auch zu einer ökonomischen Zeitenwende in der Weltwirtschaft und für Deutschland und Europa führen. Unser Land muss sich auf eine veränderte ökonomische Zukunft einstellen. Das betrifft nicht nur das Thema Energieversorgung, auch wenn dies im Moment im Mittelpunkt steht, sondern wird Auswirkungen auf die gesamte Wirtschaft, bestehende Logistik- und Wertschöpfungsketten, und insgesamt für das Thema Wettbewerbsfähigkeit mit sich bringen.

Mehr als 140 Länder haben auf der UN-Generalversammlung den russischen Einmarsch in die Ukraine verurteilt. Präsident Putin hat sein Land in die politische Isolation geführt. Gegen Russland wurden von Seiten der EU und den USA die härtesten Sanktionen verhängt, die jemals gegen einen G20-Staat ausgesprochen wurden. Der Waren- und Dienstleistungshandel von Russland mit den westlichen Industrienationen wurde erheblich eingeschränkt und zum Teil komplett eingestellt. Die Sanktionen sind richtig und notwendig gewesen, um der russischen Aggression zu begegnen. Russland steht heute vor einer tiefgreifenden Rezession, wird auf lange Zeit in den Strukturen der Weltwirtschaft isoliert und wird nicht in der Lage sein, die notwendige Modernisierung und Diversifizierung der eigenen Wirtschaft voranzutreiben.

Die russischen Privatunternehmen sind gezwungen, 80 Prozent ihrer Euros und US-Dollar gegen den Rubel einzutauschen, um so den Wechselkurs zu stabilisieren und die Preise für Importgüter, gemessen in russischer Währung, nicht ins Unermessliche steigen zu lassen. Der Vorstoß des russischen Präsidenten, Wladimir Putin, die europäischen Energieimporteure ihre Rechnung in Rubel begleichen zu lassen, war der Versuch, eine Antwort auf die westlichen Sanktionen zu geben und der Versuch, die Einigkeit der westlichen Staaten zu torpedieren und zu unterlaufen. Diesen Vorstoß der russischen Seite haben sowohl die Bundesregierung als auch die übrigen G7-Staaten abgelehnt. Er verstößt gegen geltende Verträge. Dieses taktische Verhalten der russischen Seite ist zurecht zurückgewiesen worden. Die EU und auch die Bundesrepublik haben Maßnahmen auf den Weg gebracht, sich unabhängiger von russischen Energieimporten zu machen. Für bestimmte Energieträger wird dies zu unterschiedlichen Zeitpunkten gelingen. Das schwierigste Thema ist der Ersatz des russischen Gases sowohl für die Wärmeversorgung der Privathaushalte als auch für die gesamte Energieversorgung und als Rohstoff für die Industrie.

Ein Gas-Energie-Embargo, von wem auch immer ausgesprochen, hätte weitreichende energiepolitische und wirtschaftliche Konsequenzen. Wirtschaftsminister Habeck hat eine Notfallplanung angekündigt, die Bundesregierung prüft unterschiedliche Optionen für eine Reduzierung der Abhängigkeit von russischen Energieimporten. Das ist richtig und notwendig. Eines ist klar erkennbar: Das wirtschaftliche Wachstum, sowohl der Weltwirtschaft als auch in der EU, wird sich deutlich reduzieren. Der Sachverständigenrat hat gerade seine Wachstumsprognose von 4,6 Prozent im Jahre 2022 auf 1,8 Prozentpunkte gesenkt. Andere Institute kommen zu ähnlichen Ergebnissen. Der ifo-Geschäftsklimaindex ist deutlich von 98,9 Punkten im Februar auf 90,8 Punkte im März gesunken. Dabei ist zudem zu berücksichtigen, dass die deutsche Wirtschaft beim Bruttoinlandsprodukt noch nicht einmal das Corona-Vorkrisenniveau erreicht hat. All diese Prognosen gehen dabei nicht davon aus, dass es zu einem Energieembargo kommt. Ein solches Embargo dürfte zu einer Rezession in Deutschland führen und den deutschen Arbeitsmarkt hart treffen und würde zu einer nochmals ungünstigeren ökonomischen und beschäftigungspolitischen Situation führen als in der Prognose zum Beispiel des Sachverständigenrates angelegt. Insbesondere der industrielle Sektor in Deutschland wäre von einer solchen Entwicklung betroffen, nicht allein energieintensive Unternehmen im Bereich Stahl oder

Chemie, sondern auch das verarbeitende Gewerbe, das in hohem Maße von Vorprodukten aus diesen Bereichen abhängig ist.

Diese Entwicklungen haben bereits heute massive Konsequenzen für das Investitionsverhalten von Unternehmen, es kann zu einem Investitionsattentismus in erheblichem Umfang kommen. Und dies in einer Phase, in der private Investitionen, zum Beispiel für die Diversifizierung unserer Energieversorgung, Energieeffizienz, Energieinfrastruktur, die Digitalisierung und die Transformation der Wirtschaft insgesamt gebraucht werden. In einer solchen Situation ist die Wirtschafts- und Finanzpolitik gefordert. Sie hat erheblichen Einfluss auf die Sicherheit der Energieversorgung, die Sicherung der industriellen Basis in Deutschland, für Investitionen in Deutschland und nicht zuletzt auf die private Nachfrage der Konsumenten. Auf diese Herausforderungen muss die Politik der Bundesregierung reagieren. Dabei muss es um kurz-, mittel- und langfristige Maßnahmen gehen. Unternehmen und Verbraucher müssen entlastet werden, energieintensive Unternehmen brauchen wirtschaftliche Unterstützung, Investitionen in die nachhaltige Entwicklung und die Stärkung der ökonomischen Resilienz müssen auf den Weg gebracht werden. Wir schlagen vor, die Anstrengungen, Vorbereitungen und Planungen auf drei strategische Bereiche zu fokussieren.

Maßnahme # 1: Diversifizierung der Energieversorgung – Europäische Energiestrategie entwickeln und umsetzen

Die erste und wichtigste Aufgabe ist die rasche Diversifizierung der Energieversorgung durch die schnellstmögliche Unabhängigkeit von russischen Energieimporten und Maßnahmen für einen schnelleren und gezielten Ausbau der Erneuerbaren Energien, der Energieinfrastruktur und der Kapazitäten für grünen Wasserstoff. Die Planungs- und Genehmigungsverfahren müssen daher deutlich beschleunigt werden. Die Bundesregierung muss dazu schnellstmöglich ein entsprechendes Maßnahmenpaket vorlegen. Wir brauchen bei Planungs- und Genehmigungsverfahren ein Ermöglichungsrecht, damit Projekte beschleunigt realisiert werden können.

Dazu gehören auch neue Partnerschaften und Verträge mit Drittstaaten, um die Versorgung mit fossilen Energieträgern sicherzustellen und den zukünftigen Bedarf an grünem Wasserstoff in Europa und Deutschland zu decken. Diese Maßnahmen sollten europäisch abgestimmt und koordiniert sein und, wo möglich, auch der Einkauf europäisiert werden. Zudem müssen die Energieeffizienz erhöht und Energiesparmaßnahmen auf den Weg gebracht werden. Auch dazu bedarf es unterstützender finanzieller und rechtlicher Maßnahmen. Notwendig ist eine europäische Energiestrategie für die Erzeugung Erneuerbarer Energien, für leistungsfähige europäische Leitungsnetze, für den Bezug fossiler Energien und die Speicherung von Energieträgern. Fachkräfte werden bei der Transformation zum Engpass. Deshalb müssen die Anstrengungen in der Ausbildungs-, Qualifizierungs-, Zuwanderungs- und Integrationspolitik intensiviert werden.

Maßnahme # 2: Entlastungen für Verbraucherinnen und Verbraucher

Wegen der hohen Energiepreise und der Inflation muss es eine Entlastungsoffensive geben. Zwei Aspekte sind dabei zu berücksichtigen: Bedürftigkeit und Verteilungsgerechtigkeit. Das Mobilitätsgeld geht in die richtige Richtung, ebenso Pauschalzahlungen für Grundsicherung und Kinderbonus, sowie vergünstigte Tickets für den ÖPNV, die die Bevölkerung spürbar entlasten werden – vor allem am unteren Ende und in der Mittelschicht. Das Maßnahmenpaket der Ampelkoalition vom 24.3 kann jedoch nur ein erster Schritt sein.

Maßnahme # 3: Schutzschirm für Wirtschaft und Industrie

Die deutsche Wertschöpfung beruht noch immer in relativ hohem Maße auf industriellen Strukturen. Hier gilt es, einen abrupten Produktionsstopp im Falle eines Lieferstopps russischer Energie zu verhindern. Dort wo die Industrie ihre Produktion kurzfristig aussetzen muss, müssen Liquiditätshilfen bereitgestellt werden, denn viele Firmen leiden bereits heute unter Margin-Zahlungen und Liquiditätsengpässen und einem Abschmelzen des Eigenkapitals als Folge der Coronakrise. Auch Staatsbeteiligungen sollten kein Tabu sein. Mit dem Kurzarbeitergeld steht ein wichtiges Kriseninstrument zur Verfügung.

Die Möglichkeit für Verlustrückträge sollte um ein Jahr verlängert werden, die Obergrenze nach oben angepasst. Investitionen für Energieeffizienz, Dekarbonisierung, und Digitalisierung sollten auch durch die Möglichkeit eines 100 Prozent Sofortabschreibungsprogramms angeregt werden. Der Steuerungsanreiz hoher Energiepreise soll bei den unterstützenden Maßnahmen für die Industrie jedoch nicht außer Kraft gesetzt werden.

Bundeswirtschaftsminister Robert Habeck will den Wirtschaftsstabilisierungsfonds (WSF) aus der Coronakrise in Höhe von 150 Milliarden Euro umwidmen, um die Wirtschaft in dieser schwierigen Situation zu unterstützen. Das begrüßen wir. Damit könnten sowohl Schutzmaßnahmen als auch konjunkturelle und investitionspolitische Maßnahmen unterstützt und auf den Weg gebracht werden.

Die durch den nun nochmal beschleunigten Strukturwandel notwendigen Investitionen machen es nötig, dass der Staat in den Jahren 2022 und 2023 die wirtschaftliche Dynamik fördert und insbesondere öffentliche und privatwirtschaftliche Investitionen mobilisiert werden. Priorität müssen dabei Investitionen in die Resilienz unserer Wirtschaft, in zukunftsträchtige Sektoren und Technologien haben, die die digitale und nachhaltige Transformation unterstützen. Ob die Schuldenbremse angesichts der enormen Herausforderungen von Krisenbewältigung und Transformationsnotwendigkeiten in 2023 eingehalten werden kann, ist unsicher. Die weitere Nutzung der Ausnahmeregelung der Schuldenbremse kann dem Rechnung tragen. Auch eine Reform der europäischen Schuldenregeln, die gegenwärtig diskutiert wird, muss auf den Weg gebracht werden, insbesondere im Hinblick auf staatlich unterstützte Zukunftsinvestitionen. Die langfristige Schuldentragfähigkeit der Mitgliedstaaten muss dabei berücksichtigt werden.

Eine Zukunft mit Wohlstand, Resilienz und Nachhaltigkeit kommt nicht von allein!

Für uns ist eines klar: Die skizzierte ökonomische Zeitenwende braucht neue, innovative Antworten bei Fragen der Finanzierung, der Investitions- und Innovationsförderung, der staatlichen Schwerpunktsetzung, der rechtlichen Rahmenbedingungen, der Qualifizierungs- und Beschäftigungspolitik und der Zuwanderung vor dem Hintergrund des erheblichen Fachkräftebedarfs in Deutschland.

Folgende Mitglieder des Wissenschaftlichen Beirates des Wirtschaftsforums der SPD e. V. unterstützen dieses Papier: Prof. Dr. Almut Balleer, Prof. Dr. Salvatore Barbaro, Prof. Dr. Christian Bayer, Prof. Dr. Peter Bofinger, Prof. Dr. Gerhard Bosch, Dr. Felix Butzlaff, Prof. Dr. Lena Dräger, Prof. Dr. Sebastian Dullien, Jana Faus, Prof. Dr. Ferdinand Fichtner, Dr. Andrä Gärber, Prof. Dr. Britta Gehrke, Prof. Dr. Veronika Grimm, Prof. Dr. Anke Hassel, Dr. Till Patrik Holterhus, Prof. Dr. Gustav Horn, Prof. Tom Krebs, PhD, Prof. Dr. Carsten Kühl, Prof. Dr. Fabian Lindner, Prof. Dr. Andreas Löschel, StS a. D. Matthias Machnig, Dr. Claus Michelsen, Dr. rer. Pol. Gero Neugebauer, Prof. Dr. Dennis Ostwald, Sandra Parthie, Prof. Dr. Barbara Praetorius, Prof. Dr. Mario Stoffels, Prof. Dr. Jens Südekum, Prof. Dr. Alexander Thiele, Prof. Dr. Achim Truger, Prof. Dr. Enzo Weber

Dr. Frank Wilhelmy

Brauchen wir eine »Wirtschafts-NATO«?

Mai 2022

Kein Mangel an Militanz – aber an Gewissheiten und Alternativen

Der kleine CSU-Parteitag hat im April 2022 eine Resolution verabschiedet, in der als Reaktion auf den russischen Angriffskrieg auf die Ukraine (aber auch im Blick auf die Politik Chinas) die Gründung einer »Wirtschafts-NATO« gefordert wird:

»Eine Wirtschafts-NATO begründen. Die Stärke der westlichen Welt in der engen Partnerschaft zwischen Europa und den USA ist unser Gesellschaftsmodell. Unsere Werte der Demokratie und der Sozialen Marktwirtschaft sind auch Voraussetzung für ökonomische Leistungsfähigkeit. (...) Mit der Gründung eines Wirtschaftsverbundes zwischen der Europäischen Union, den USA und weiteren NATO-Staaten plus globalen Playern wie Kanada, Australien, Japan, Südkorea und Israel können wir den freien Welthandel an neue Realitäten anpassen und in strategischen Bereichen die Kooperation intensivieren. Wir legen dafür ökologische, soziale und ethische Standards fest, die das Wirtschaftstreiben der Mitgliedsländer normieren und somit zum internationalen Goldstandard werden.«

Auch wenn die Forderung nach einer Wirtschafts-NATO begrifflich kaum Widerhall gefunden hat, offenbart sie doch paradigmatisch ein Setting von drei zusammenhängenden Vorstellungen, wie Deutschland und der Westen auf den Schock des Ukrainekrieges und die »Systemkonkurrenz« zwischen Demokratien und Autokratien/Diktaturen reagieren sollten:

- Im Hintergrund steht eine Grundüberzeugung der »wehrhaften Demokratie«, die nicht nur ihre militärische, sondern auch die ökonomische »Gefechtsfähigkeit« ausbauen solle.
- Die CSU plädiert für eine starke westliche Blockbildung zwischen den USA und der EU, unklar bleibt, ob innerhalb der Perspektive einer globalisierten Freihandelswirtschaft oder in der Perspektive einer Post- bzw. Deglobalisierung. In welche Richtung es wahrscheinlich eher gehen soll, beschrieb der Vorsitzende der EVP-Fraktion im europäischen Parlament

Manfred Weber (CSU) im »Cicero« (Nr. 26/2022, S. 29) »Übrigens, der heutige Inbegriff für unsere Naivität ist das Investitionsschutzabkommen mit China. Es ist ein Symbol für mich, für ein Einfach-weiter-so mit dem Geldverdienen, anstatt zu reflektieren, worauf es heute ankommt.«

- Westliche Wertestandards sollen einerseits der »strategischen Kooperation« dienen, andererseits die Regeln des Welthandels beeinflussen bzw. »an neue Realitäten anpassen«.

Wie steht es nun tatsächlich um Wehrhaftigkeit, Globalisierungsperspektive und westliche Werte? Stehen wir am Beginn weiterer Eskalationsspiralen? Kommt nach Russland nun auch China als potenzieller Hauptfeind in den Blick?

Wussten Sie, dass in Artikel 12a (4) des deutschen Grundgesetzes folgende Regel zu finden ist?

»Kann im Verteidigungsfalle der Bedarf an zivilen Dienstleistungen im zivilen Sanitäts- und Heilwesen sowie in der ortsfesten militärischen Lazarettorganisation nicht auf freiwilliger Grundlage gedeckt werden, so können Frauen vom vollendeten achtzehnten bis zum vollendeten fünfundfünfzigsten Lebensjahr durch Gesetz oder auf Grund eines Gesetzes zu derartigen Dienstleistungen herangezogen werden.«

Dies sei ein Dinosaurier-Paragraf, der bei den diversen Ergänzungen und Veränderungen des Grundgesetzes irgendwie vergessen wurde, könnte man meinen. Das Gegenteil ist der Fall. Artikel 14 GG (zur Wehrpflicht, die aktuell lediglich ausgesetzt ist) ist Teil eines umfassenden Komplexes einer »wehrhaften Demokratie«, die, wenn es hart auf hart kommt, auch massive (und sehr hässliche) Maßnahmen ergreifen kann. Die Zwangsarbeit für Frauen ist nur eine (wenngleich weithin unbekannte) Konsequenz von vielerlei Zwangsmaßnahmen (von denen in Form von Zwangsverpflichtungen auch Männer betroffen sind – im Arbeitssicherstellungsgesetz von 1968 z. B.).

Im Grundgesetz aber auch in einem größeren Gesetzeskomplex (der sich aus den sog. »Notstandsgesetzen« entwickelt hat, und in den 70er Jahren unter dem Eindruck der Ölkrise angepasst wurde) angelegt sind ein Katalog von verschiedenen sogenannten Sicherstellungs- und Vorsorgegesetzen. Diese sind abgestuft aktivierbar im Falle eines äußeren Notstandes (»Verteidigungsfall«), im »Spannungsfall« aber auch bei massiven Versorgungskrisen. Als »Zustimmungsfall« ist sogar theoretisch jederzeit die dosierte und parlamentarisch kontrollierte Freigabe einzelner Bestimmungen des Notstandsrechts mit Zweidrittelmehrheit möglich.

Im Mai 2022 hat das novellierte Energiesicherungsgesetzes aus dem Jahr 1975 (1973) den Bundesrat im Schnelldurchgang passiert, der Staat kann nun noch leichter auf Energiefirmen zugreifen, wenn die Energieversorgung gefährdet ist.

Umfangreiche zwangswirtschaftliche Regelungen enthält auch das Wirtschaftssicherstellungsgesetz (WiSiG) aus dem Jahr 1965, mit dem faktisch die gesamte Volkswirtschaft – auf Zeit – in eine Kommandowirtschaft verwandelt werden könnte.

An Wehrhaftigkeit in rechtlicher Hinsicht herrscht also prinzipiell kein Mangel. Aber wo wollen wir hin mit anschwellenden Rufen nach Militanz und Gegeneskalation?

Die tiefe Zäsur, die durch das Verbrechen des russischen Angriffskrieges auf die Ukraine ausgelöst und als »Zeitenwende« beschrieben wurde, hat als erstes das Verhältnis von Politik und Ökonomie neu aufgestellt. Ein neuer Primat der Politik tritt fulminant hervor. Der Staat entscheidet im Krisenfall über das Überleben ganzer Branchen, er schafft Entscheidungsmaßstäbe (oder auch nicht) zur Verteilung von Mangelressourcen, er beschließt über Sanktions- und Hilfsmaßnahmen nach politischen, nicht betriebswirtschaftlichen Kriterien.

Dies ist die erste Erschütterung ökonomischer Glaubenssätze. Die Erzielung von Gewinn, Wachstum und freier Warentausch müssen hinter politische Konfliktlogiken zurücktreten.

Die zweite Erschütterung betrifft den Glauben, dass Handel und Frieden verschwistert sind. Mehr noch, auch die (nicht nur sozialdemokratisch formulierte) Entspannungspolitik soll als grundsätzlich gescheitert markiert werden. Die nahezu tägliche Suche nach Schuldigen in Boulevard- und auch Qualitätsmedien könnte irgendwann dazu führen, dass »Entspannungspolitik« generell aus dem Horizont legitimer Konzepte ausgeschlossen wird.

Die spannende Frage nach historisch und aktuell sinnvollen Alternativen zur »Entspannungspolitik« umgehen diejenigen gerne, die sich moralisch als einzig integer empfinden und in Eskalationsforderungen überbieten: Darunter auch Forderungen, die im Blick auf ein sofort gewünschtes vollständiges Gasembargo selbst eine Teil-Deindustrialisierung Deutschlands in Kauf nehmen würden. Ohne dass dies übrigens am Kriegsverlauf etwas ändern würde (möglicherweise sogar zu einer Verschärfung beitragen könnte) und die ökonomischen Ressourcen, die auch einem Wiederaufbau der Ukraine zufließen müssten, reduzieren würde.

Dritte Erschütterung: Die Wohlstandsversprechen der Sozialen Marktwirtschaft und der Globalisierung werden zwar nicht generell suspendiert, aber stark relativiert und aktuell außer Kraft gesetzt. Nicht nur die immensen Kriegskosten, Sanktionskosten, Inflationskosten und die gigantischen künftigen Aufrüstungs- und Rüstungswettlaufkosten schlagen dabei zu Buche. Auch die Umbaukosten der nachhaltigen Transformation und die Kosten einer Umstellung auf neue Liefer- und Wertschöpfungsketten steigen und türmen sich düster auf.

Von IWF-Chefin Kristalina Georgiewa stammen bemerkenswerte Sätze (Spiegel 26.05.22): »*Wir haben bei den Coronalockdowns und im Ukrainekrieg gelernt, dass unsere Lieferketten robuster werden müssen, was steigende Kosten nach sich zieht. Die Zeiten, in denen die Globalisierung für günstigere Produkte und niedrigere Inflation gesorgt hat, könnte also vorbei sein. Aber das heißt nicht, dass wir die Welt in getrennte Blocks aufteilen sollten. Das wäre eine Extremlösung, die uns alle ärmer macht. Wir dürfen nicht in die Zeiten des Kalten Kriegs zurückfallen, in denen Menschen ihre Freiheiten verwehrt wurden. Ich habe selbst erlebt, was das bedeutet – und ich möchte nicht in diese Zeit zurück.*«

Historisch gingen über Jahrtausende Handel und Überfälle, Raubzüge und Mordbrennerei gleichzeitig bzw. im permanenten Wechsel von statten. Zivilisatorisch erwies sich langfristig jedoch der Handel, militärisch abgesichert (durch sich herausbildende Gewaltmonopole), als überlegene Form des Warenaustausches. Dazu gibt es eine erdrückende empirische Evidenz, zahlreiche wissenschaftliche Untersuchungen der letzten Jahrzehnte in Wirtschafts- und Politikwissenschaften haben das beschrieben. Sie weisen nicht zuletzt auf die Erfolge bei der Wohlstandsentwicklung und der Bekämpfung von Hunger und Krankheiten für Milliarden Menschen hin. Heute leben über eine Milliarde Menschen weniger in Armut als noch vor 30 Jahren. Und auch die Perspektive der Menschenrechte sieht tatsächlich historisch und empirisch nicht nach einem »Immer schlechter« aus – ungeachtet der vorhandenen unerträglichen Zustände in vielen Regionen der Welt (um nur zwei Beispiele zu nennen – von der Unterdrückung der Frauen in Afghanistan bis zu den Kriegen der Warlords in den failed states in Afrika und Asien, wo Kindersoldaten töten und getötet werden.).

Der Überfall Russlands auf die Ukraine hat zwei grundsätzliche internationale Haltungen zu den Perspektiven der Globalisierung aufgeworfen. Falken und Tauben sind dabei neu gemischt. Konservative und grün-moralische Autorinnen und Autoren finden sich überwiegend auf der Seite der

Falken, liberale, sozialdemokratische und (rechts-) populistische Stimmen eher im Taubenlager.

Ob diese Lagermischungen so erhalten bleiben und welche Seite den Sieg im Diskurs (und zu welchem Preis) erlangen kann, kann hier nicht prognostiziert werden. Eine Hoffnung ist, dass sich eine vernünftige Mischung aus Pragmatismus und Ideologie, Kooperation und Konflikt entwickelt.

Wahrscheinlich bedeutet die »Zeitenwende« eine neue Etappe der Globalisierung, in der gleichzeitig unterschiedliche Prozesse der bipolaren Blockbildung (zwischen den sich jeweils um die USA und China gruppierenden Ländern), pentalaterale Machtpolbildungen (USA, China, Indien, Russland, EU), multilaterale Prozesse (getrieben durch viele aufstrebende Akteure und mittlere Wirtschaftsmächte) und Abkopplungsentwicklungen sowie Neuverkopplungen (z. B. im Rohstoff- und Primärenergiebereich) überlagern.

Bundeskanzler Olaf Scholz hat Ende Mai 2022 in seiner Rede auf dem Davoser Weltwirtschaftsforum eine Richtung vorgegeben:

»Die Kernfrage lautet: Wie gelingt es uns, dass die multipolare Welt auch eine multilaterale Welt sein wird? Oder anders ausgedrückt: Wie schaffen wir eine Ordnung, in der ganz unterschiedliche Machtzentren im Interesse aller verlässlich zusammenwirken? Es geht um Fortschritt in Zukunftsfragen, und zugleich geht es immer auch darum, zu zeigen: Internationale Kooperation liefert Antworten. Der Multilateralismus funktioniert! Das ist übrigens die Voraussetzung dafür, die Deglobalisierung zu stoppen, die wir erleben.«

Das ist dreifach zugleich Ausdruck einer persönlichen Haltung, ein politisches Programm und die Formulierung des nationalen deutschen Interesses. Blockbildung und Deglobalisierung würden uns alle ärmer machen, wie Georgiewa sagt. Der Krieg in der Ukraine muss nicht nur schnell beendet werden – und Russland darf diesen Krieg nicht gewinnen – sondern er muss ein monströser aber einmaliger Rückfall bleiben. Internationale Regeln und Rechte müssen wieder die Richtschnur von Politik und globalem Wirtschaftsaustausch sein. Zweifellos müssen Demokratinnen und Demokraten weltweit um die Sicherung der Menschenrechte kämpfen. Ob dies mit einer Strategie der Boykotte und Embargos sinnvoll zu erreichen ist, kann auch im Blick auf empirische Erfahrungen in der Vergangenheit bezweifelt werden (hier fehlt leider der Raum für eine angemessene argumentative Bewertung).

Ein Weg, der mit einiger Evidenz wirkungsvoll sein kann, ist die erfolgreiche Umsetzung der Transformationsaufgaben. Dies ist sowohl der Prüfpunkt für die Leistungsfähigkeit der politischen und ökonomischen Modelle als auch ein Weg aus Abhängigkeiten und Ressourcen-Konflikten, die nicht friedensfördernd sind.

Auf die in diesem Band aufgeworfene Frage der »Transfornomics« bezogen, ergibt sich eine neue Liste der Dimensionen der Transformationsaufgaben – national, europäisch und global – keine davon lässt sich in oder mit einer »Wirtschafts-NATO« besser lösen.

Acht Dimensionen der Transfornomics

- Dekarbonisierung und Aufbau einer Wind-, Solar- und Wasserstoffwirtschaft (das ist auch sicherheitspolitisch höchst relevant)
- Digitalisierung und Ankopplung an die digitale Spitzentechnologieentwicklung
- Beschleunigung der Planungsprozesse und Entscheidungen
- Resilienz (Diversifizierung) als neue relevante Dimension: Rohstoffsicherung und Alternativen, Stärkung von Recycling und Kreislaufwirtschaft, Vorratshaltung und Rückgewinnung systemrelevanter Produktion (von Pharma bis Chip)
- Soziale Verantwortung und Ausgleich – ohne die es keine tragfähige Basis des Transformationsprojektes geben kann
- Ausbildung, Weiterbildung und Fachkräftesicherung (auch durch Migration)
- Stärkung der EU: Binnenmarkt als zentrales level playing field der Transformation und Resilienzfaktor statt nationaler Autarkiebestrebungen.
- Etablierung neuer und Stärkung vorhandener globaler Regime (weitere Handelsabkommen und Stärkung der Institutionen OECD, IWF, Weltbank, UN).

Die Frage ist, ob nicht bei einigen dieser Punkte weitere 100-Milliarden-Programme aufgelegt werden müssten – mit besseren als den bekannten auf rüstungspolitische Notwendigkeiten bezogenen Argumenten. Da dies eher unwahrscheinlich erscheint, muss die Finanzierung über kluge und zugleich gewaltig dimensionierte, staatlich abgesicherte öffentlich-private Fonds laufen. Die schnelle Konstruktion solcher Fonds (übrigens auch unter Einbeziehung der Erfordernisse aller drei Säulen der Altersvorsorge (staatlich, privat, betrieblich) ist eine politische Schwerpunktnotwendigkeit allerhöchster Ordnung.

Heiko Kretschmer

Die Krise erfordert mehr Transparenz

Juni 2022

Wir stehen vor einer Dekade der ständigen Veränderungen und Verunsicherungen. Krisenhafte Situationen werden an der Tagesordnung sein. Die letzten drei Jahre weisen den Weg: Es gibt kein neues Normal mehr, sondern nur noch Erschütterungen und Veränderungen.

Warum? Die Zeitenwende ist vor allem auch eine geopolitische Neuordnung für Europa mit großen Auswirkungen auf Lieferketten, Handelsbeziehungen, aber auch zivilgesellschaftliche Zusammenarbeiten. Faktisch tritt eine dritte Transformation der Wirtschaft neben die digitale und klimapolitische Transformation. Ein System, in dem drei voneinander weitgehend unabhängige Transformationsprozesse zeitgleich ablaufen, erfährt aber immer wieder eruptive Momente und Instabilitäten oder muss sogar chaotische Phasen durchlaufen.

Dies wird eine andere Form der Politik erfordern. Politik muss die Menschen viel mehr als bisher mitnehmen, sie in Entscheidungen einbinden. Politische Entscheidungsträger müssen ihre Entscheidungen erkennbar als Ergebnis von Konsultationen mit Experten, aber auch Betroffenen darlegen. Die Corona-Politik der Jahre 2020/21 mit den Ministerpräsidentenkonferenzen als dem Hochamt der politischen Entscheidung waren das genaue Gegenteil dessen. In Zukunft brauchen wir mehr Mut zur Transparenz und zur Benennung von Unsicherheiten in der Politik. Darum ist es auch wichtig und richtig, dass die Bundesregierung aktuell bei den zwingend erforderlichen Maßnahmen zur Beschleunigung von Planung und Bau von Infrastrukturen nicht die frühe Bürgerbeteiligung aushebelt. Ihre systematische Stärkung sowie die Einführung einer Mitwirkungspflicht für Behörden sind vielmehr die Voraussetzung dafür, dass der immense Schub beim Ausbau Erneuerbarer Energien und der Energie- und Verkehrsinfrastrukturen nicht gesellschaftliche Gräben vertieft, sondern auf Akzeptanz stößt.

Wir werden auch nach diesem Krieg globale Politik und Kooperationen brauchen. Die Staaten, die der Verurteilung des russischen Angriffskrieges gegen die Ukraine in der UN Vollversammlung ihre Zustimmung verweigert haben, erzeugen gemeinsam rund 50 Prozent der CO_2 Emissionen der Welt. Die Vorstellung, dass wir künftig überhaupt eine sinnvolle Klimapolitik machen können, ohne Russland, China und Indien einzubinden, ist absurd. Vielmehr werden wir lernen müssen, dass es einerseits enge Alliierte, Freunde oder auch Partner und andererseits schwierige Akteure gibt, die trotzdem eingebunden werden müssen. Mit den einen teilt man Werte und bildet darum auch eine wehrhafte Gemeinschaft. Mit den Anderen muss man einen Modus Operandi finden, der Konflikten nicht aus dem Weg geht, aber trotzdem die Bereitschaft zur Zusammenarbeit ausstrahlt.

Dies gilt es abzustufen und neu einzuschätzen, neue strategische Partnerschaften aufzumachen. Dabei sind Freihandel und entsprechende Abkommen nicht als Signal beliebiger Globalisierung, sondern als ein Baustein solcher abgestuften Partnerschaften zu verstehen. Auch globale Arbeitsteilung wird weiterhin sinnvoll sein. Was bisher meist als Instrument der globalen Wohlstandsentwicklung galt, muss hinsichtlich seiner friedenschaffenden Dimension genauer beleuchtet werden. Einige Analysen der letzten Wochen zeigen auf, dass die These vom »Wandel durch Handel« eventuell doch präziser im Sinne von »Frieden durch Arbeitsteilung« gefasst werden muss.

Der entscheidende Fehler der deutschen Russlandpolitik im Besonderen, lag aber nicht in der Zusammenarbeit und der unermüdlichen Diplomatie Deutschlands und Europas, um eine Ausdehnung des Kriegs gegen die Ukraine seit 2014 zu verhindern. Welche Fehler wurden also gemacht?

Vier Punkte lassen sich aus heutiger Sicht aufzeigen:

1. Politik muss Szenarien denken und zulassen. Dazu gehört auch das Worst-Case-Szenario, das sich seit dem 24. Februar als neue Realität in Europa erweist. Seit der nationalen Katastrophenschutzübung LÜKEX 2018 war klar, wie massiv unsere Abhängigkeiten von russischem Erdgas sind und welche dramatischen Folgen dies hat. Seit dem Überfall auf die Krim 2014 musste der deutschen Politik aber auch gewahr sein, dass Russland Krieg als Instrument in Europa nicht ausschließt. Daraus hätte die deutsche Wirtschaft und die deutsche Politik eine klare Strategie ableiten und eine Wende in Richtung eines Energie-resilienten Deutschlands einleiten müssen. Dies nicht gemacht zu haben, hat jetzt eine dramatische Konsequenz für die deutsche Wirtschaft, denn eine echte Gasmangellage würde wohl einen

Zusammenbruch industrieller Wertschöpfungsketten und massive Asset-Verluste zur Folge haben. Eine solche Situation würde die deutsche Wirtschaft so massiv schwächen, dass ganz Europa in Mitleidenschaft gezogen und der Wiederaufbau nach dem Krieg kaum finanzierbar wäre, weshalb es auch notwendig war, dass die Bundesregierung ein Gasembargo durch die EU verhindert hat.

2.   Wirtschaftliche Sanktionen haben bislang in quasi keinem Fall kurzfristige politische Folgen gehabt oder sogar einen Regimechange nach sich gezogen. Oftmals mussten dafür Jahre oder Jahrzehnte durchgehalten werden. Das geschlossene Handeln der Kriegsgegner ist aktuell wichtig, dennoch bleibt eine ernste Bewertung der nach dem Überfall auf die Krim eingeleiteten Sanktionen. Diese scheinen ihre Wirkung verfehlt zu haben, eher zum sozialen Abstieg der Mittelschichten in Russland und zur Verfestigung der Macht von Wladimir Putin beigetragen zu haben. Das gilt es dringend zu analysieren, um in anderen Fällen künftig zielgerichteter agieren zu können.

3.   Für die Wirtschaft muss die Erkenntnis stehen, dass sie nicht in einer politikfreien Welt agiert. Wer die Ereignisse von Georgien, Syrien, aber auch die Tiergartenmorde richtig interpretierte, musste Erkenntnisse auch für das Risiko im Umgang mit Russland ziehen. Wirtschaft wird sich in Zukunft nicht mehr auf die Position eines freien Handels zurückziehen können, sondern sehr wohl politische Risiken erörtern müssen, Abhängigkeiten vermeiden und Resilienzen aufbauen helfen.

4.   Seit rund zehn Jahren haben wir Erkenntnisse darüber, dass russische Medien und russische Social Media Söldnertruppen in Deutschland die Zivilgesellschaft infiltrieren und mit Fake News zersetzen. Sie nutzen Twitter, Facebook und Telegram, um in Filterblasen gezielt ihre Sicht der Welt, vielfach aber auch einfach nur Misstrauen und Desinformation abzusetzen. Viele wussten davon, beobachteten diese Entwicklung, aber selbst gegen RT Deutschland wurde erst in diesem Jahr konsequent vorgegangen. Natürlich ist dies zunächst Aufgabe staatlicher Institutionen. Aber es ist auch Aufgabe zivilgesellschaftlicher und wirtschaftlicher Akteure, diesem entschlossener entgegenzutreten, in Freiheitstechnologien und DemTech zu investieren, Strukturen der Interaktion zu stärken und nicht nur Zuschauer einer problematischen Entwicklung zu sein.

Fazit

Wirtschaft und Wirtschaftspolitik werden »politischer«: Global Geschäfte machen, und darauf vertrauen, dass am Ende die Regeln der WTO gelten, Partner sich an das internationale Recht halten und sich zu fairem Wettbewerb bekennen – das ist in Zukunft unter den Vorzeichen einer vermachteten Geopolitik naiv. Wirtschaft und Politik müssen ihre Strategien neu bewerten und justieren. Dabei müssen sie transparent vorgehen, um gegenüber der Gesellschaft und Partnern in der Welt erklärungsfähig zu sein. Nichts ist gefährlicher, als auf diese neue Lage auf unkommunikative und intransparente Weise zu reagieren. Innenpolitisch müssen Menschen mitgenommen werden, genauso müssen die Unternehmen gegen über ihren eigenen Stakeholdern und Shareholdern kommunikationsfähig sein. Die Außenpolitik Deutschlands, die bislang einen guten Ruf genoss, muss kommunikativ klar sein, um nicht in Intransparenz und Undurchsichtigkeit das Vertrauen der Welt auf Deutschland zu verspielen.

Prof. Dr. Jens Südekum

Die Wirtschaftsbeziehungen zu Russland nach Kriegsende

Mai 2022

Der Tag kann noch in weiter Ferne liegen – der Tag, an dem der Krieg in der Ukraine an sein Ende kommt oder zumindest die Waffen vorläufig schweigen. Fürs Erste haben wir mit der Gegenwart zu tun. Mit der Verarbeitung der aufwühlenden Bilder von Gräueltaten und Kriegsverbrechen des russischen Aggressors direkt vor unserer Haustür und der Frage, welche kurzfristigen (militärischen oder wirtschaftlichen) Antworten wir darauf zu geben bereit sind. Aber unser Handeln im Hier und Heute wird durch unsere Annahmen über die Zukunft bestimmt. Deshalb wagt dieser Text einen Blick über den Tag hinaus.

Wie geht der Krieg zu Ende?

Niemand kann heute wissen, wie genau der Krieg zu Ende gehen wird. Aber grundsätzlich gibt es zwei Möglichkeiten. Erstens ein »Sieg« Russlands. Selbst in diesem Fall ist wohl nicht mehr mit einem Ende der Staatlichkeit der Ukraine oder der Installation einer Marionettenregierung in Kiew zu rechnen. Das hatte Putin zwar gehofft, aber seine Blitzkriegspläne sind rundheraus gescheitert. Ein russischer Sieg entspräche eher einem Diktatfrieden, wo Moskau die Krim plus Landbrücke für sich reklamiert, den Donbass annektiert und die Ukraine auf eine Neutralität außerhalb von NATO und EU festlegt, im Gegenzug für wertlose Sicherheitsgarantien.

Im zweiten Fall geht die Ukraine als Siegerin hervor. Sie verteidigt den Donbass, erobert ihn gar zurück und zwingt den russischen Aggressor – möglicherweise nach einer langen Hängepartie – zu einem vollständigen Rückzug, quasi zu einem Afghanistan 2.0.

Es ist unklar, welches der Extreme näher an der Wirklichkeit liegt. Zu Beginn des Krieges schien die russische Armee übermächtig. Doch die Zahl der Experten, die einen militärischen Erfolg der Ukraine mittlerweile für möglich halten, ist stetig gestiegen.

Wir sind noch nicht am Ende Eskalationsspirale. Vielleicht schafft es Putin, durch den Aufbau einer atomaren Drohkulisse den Westen so weit einzuschüchtern, dass er seine Ziele doch noch umsetzen kann. Offene Briefe von friedensbewegten Intellektuellen, die ein Einlenken der Ukraine als einzig rationale Option betrachten, fordern im Grunde genau das. Doch vielleicht zeigt die militärisch weit überlegene NATO Putin auch geschlossen die Grenzen seines Himmelfahrtskommandos auf. Auf Rationalität könnte sie sich allemal berufen. Denn wiche der Westen heute zurück, stünde Putin alsbald auch in Georgien, Moldawien oder im Baltikum.

Der Ausstieg aus russischer Energie

Deutschland muss aus diesen Szenarien Rückschlüsse für den weiteren Umgang mit Russland ziehen, insbesondere im wirtschaftlichen Bereich. Seit Beginn des Krieges wurden in beispiellosem Ausmaß Wirtschaftssanktionen verhängt. Kernstück waren die Maßnahmen gegen die russische Zentralbank, weitere Restriktionen bei Handels- und Finanzmarktströmen kamen hinzu.

Der Energiesektor blieb erstmal außen vor. Vor allem Deutschland drängte darauf, den Import von russischem Gas, Öl und Steinkohle und deren Bezahlung über nicht sanktionierte Banken weiterhin zu ermöglichen. Grund dafür ist die hohe Abhängigkeit der deutschen Industrie, die in den Jahrzehnten davor – von den allermeisten Akteuren in Wirtschaft und Politik – systematisch herbeigeführt oder zumindest in Kauf genommen wurde. Doch spätestens seit Februar 2022 liegt offen zutage, dass das dahinterstehende Leitmotiv (»Wandel durch Handel«) im Fall von Putin grundlegend gescheitert ist.

Angesichts dieser Zeitenwende verabschiedete die Bundesregierung bereits im März 2022 den Fortschrittsbericht Energiesicherheit und formulierte darin schnellstmögliche Abbaupfade für die Energieimporte aus Russland.[48] Danach soll der Bezug von Steinkohle bis Mitte 2022, der von Erdöl bis Ende 2022 eingestellt sein. Beides wurde bereits übererfüllt. Das fünfte EU Sanktionspaket beinhaltet ein vollständiges Kohleembargo und schon Ende April 2022 kündigte Wirtschaftsminister Robert Habeck an, dass ein Ende der Ölimporte nur noch eine Frage von Tagen sei.[49]

Bei Gas ist die Entkopplung aus technischen Gründen am schwierigsten. Es konnten aber bereits wichtige Zwischenziele erreicht werden. Betrug der Anteil Russlands an allen deutschen Gaseinfuhren zu Jahresbeginn noch rund 55 Prozent, ist er bis Ende April bereits auf 35 Prozent gesunken. Bis Sommer 2024 soll eine fast vollständige Unabhängigkeit erreicht sein, insbesondere durch die Inbetriebnahme mehrerer Flüssiggasterminals (LNG) in Norddeutschland.

Bisher scheint die Strategie der Bundesregierung also gut aufzugehen. Einerseits trat sie lautstarken aber unrealistischen Forderungen nach einem sofortigen Energieembargo immer entschieden entgegen. Gleichzeitig hat sie die Zeit genutzt, um alternative Lieferquellen zu erschließen und die technischen Voraussetzungen für eine Substitution zu schaffen.

Ein Abschied für immer?

Die langfristig entscheidende Frage lautet nun: ist dieser Abschied von den russischen Energieimporten endgültig? Vordergründig scheint die Antwort klar. »Sobald wir einmal draußen sind, bleiben wir draußen«, betonte Minister Habeck mehrfach. Dezidiert bezog er sich dabei aber bloß auf den Fall eines einseitigen Lieferstopps durch Putin, nicht auf ein selbst initiiertes Ende.

Zudem mehren sich die Stimmen, wonach Deutschland langfristig nicht gänzlich auf russische Energieimporte verzichten solle. So schreibt Clemens Fuest, dass die Forderung, auch nach dem Ukrainekrieg nie wieder Gas aus Russland zu importieren, kurzsichtig und nicht im strategischen Interesse Deutschland sei.[50] Zwar wirbt auch Fuest für eine stärkere Diversifizierung der Bezugsquellen. Aber allein auf Flüssiggasterminals und flexible Lieferverträge mit anderen Gasproduzenten (wie den USA oder Katar) zu setzen, sei zu teuer. Zudem schafften die Importe auch eine gewisse Abhängigkeit Russlands von Europa, die für uns günstig sei.

Nun kann die Entscheidung über eine langfristige Energiepartnerschaft mit Russland nicht unabhängig vom Kriegsausgang getroffen werden. Deshalb ist eine genauere Analyse erforderlich, wie stichhaltig die Argumentation von Fuest in den oben skizzierten Szenarien ist.

Für den Fall eines russischen »Sieges« verbietet sich eine Wiederaufnahme von Handelsbeziehungen geradezu von selbst. Bei einem Kriegserfolg, der nach Lage der Dinge nur durch massive atomare Drohungen zu erzielen ist, wäre Putins Position in Russland zwar gestärkt. Doch die NATO müsste dann alles tun, um sein revisionistisches Expansionsstreben einzudämmen und weitere Kriege zu verhindern. Eine Wiederaufnahme der Gasimporte liefe dem komplett zuwider. Sie würden Putins Angriffskrieg im Nachhinein legitimieren und ihn stärken, statt ihn zu isolieren. Auch das Argument, man könne Putin über Handelsbeziehungen implizit kontrollieren, wäre ad absurdum geführt. Denn offenbar hat der massive Energiehandel der letzten 30 Jahre ihn nicht daran gehindert, seine politischen Ziele zu verfolgen. Also würden es reduzierte Gasimporte schon gar nicht.

Anders stellt sich die Situation bei einer russischen Niederlage dar. Es bliebe dann eine nicht bloß wirtschaftlich, sondern auch militärisch gedemütigte (frühere) Großmacht zurück. Die Zukunft Putins wäre vielleicht besiegelt, doch was kommt nach ihm? Eine proeuropäisch gesinnte demokratische Regierung oder eine noch schlimmere Spielart des russischen Faschismus? Wir wissen es nicht.

Samuel Charap weist zurecht darauf hin, dass der Westen kein Interesse an einem Pariah-Staat in Europa haben kann, der zu einem permanenten Unruheherd würde. Folglich müsste in diesem Szenario über eine Wiederaufnahme der Wirtschaftsbeziehungen nachgedacht werden, um – im Sinne eines Marshall-Plans – ein noch tieferes Abgleiten Russlands zu verhindern.[51] Solche Gespräche dürften freilich erst nach dem Abgang Putins geführt werden, vorher machen sie keinerlei Sinn.

Ein Marshall-Plan für Russland

Doch selbst dann muss Europa aufpassen, seine eigenen strategischen Ziele nicht zu konterkarieren. Die EU will bis 2045 unabhängig von allen fossilen Brennstoffen sein. Auf dem Weg zu »net zero« waren russische Gasimporte zwar als Brücke eingeplant, aber langfristig sollten sie wegfallen. Eine stärkere Annäherung Moskaus an Peking wäre somit ohnehin ein Beiprodukt der Energiewende gewesen. Dies könnte sich nun beschleunigen, bis auch China seine Klimaschutzpläne ernster nimmt.

Die Brückenrolle in Europa muss einstweilen LNG-Gas einnehmen. Das macht die Energiewende zwar erstmal teurer, aber auch dringlicher. Denn je schneller der Ausbau der Erneuerbaren gelingt, desto eher haben wir die teure Brücke überwunden und sind in einer Welt mit »Freiheitsenergien« angekommen, die nicht bloß klimafreundlicher, sondern heute schon billiger sind.

Das Ziel Europas muss deshalb sein, den Ausbau von Wind- und Solarenergie und die Wasserstoffwirtschaft als oberste strategische Prioritäten zu definieren. Beim Weg über die LNG-Brücke braucht die europäische Industrie

Unterstützung. Aber ihr muss klar sein, dass es keinen Weg zurück in die alte Welt mit (scheinbar) billigem russischem Gas mehr gibt.

Diese süße Versuchung würde nicht nur die Investitionsbereitschaft bei Wind- und Solarstrom dämpfen. Auch die Brücke würde schwieriger. Denn die Betreiber der LNG-Terminals wollen eine stabile und langfristige Geschäftsgrundlage. Wenn die Rückkehr zu billigem Pipeline-Gas als Möglichkeit im Raum steht, werden sie entsprechende Aufschläge verlangen oder ganz aussteigen. Der Fokus sollte deshalb darauf liegen, die Terminals mittelfristig für den Bezug von Wasserstoff auszurichten. Aber das Damoklesschwert über ihnen muss verschwinden.

Wenn es nach Kriegsende zu einer langfristigen Kooperation mit Russland kommt, darf das aus ureigenstem europäischen Interesse kein fossiler Marshall-Plan für Gazprom sein. Andere Dimensionen müssen im Vordergrund stehen: Technologietransfer, Wissenschaft, Landwirtschaft oder essenzielle Rohstoffe wie Nickel oder Palladium, die Russland im Überfluss hat und die in der EU für die Transformation dringend gebraucht werden.

Mit einer sinnvollen Kooperation verhindern wir nicht nur den Pariah an der EU-Ostgrenze. Wir hülfen Russland auch bei der Überwindung seiner »holländischen Krankheit«. Denn um eine Zukunft zu haben, muss sich auch das russische Wirtschaftsmodell aus dem Fluch der fossilen Brennstoffe befreien und neue Quellen des Wohlstands finden.

Michael Vassiliadis

Wie viele Brüche verträgt die Transformation?

Mai 2022

Der russische Angriffskrieg auf die Ukraine hat eine Zeitenwende in der geopolitischen Ausrichtung Deutschlands eingeläutet. Zugleich stehen wir erst am Anfang eines Jahrzehnts der Umbrüche für die Politik aber auch für die deutsche Wirtschaft. Es ist grundsätzlich richtig, die russische Führung jetzt mit harten Sanktionen zu treffen. Wir dürfen jedoch nicht unterschätzen, wie wichtig die russischen Gasimporte für die deutsche Industrie sind. Gerade kurzfristig können wir nicht auf sie verzichten, wenn wir unsere volkswirtschaftliche Wettbewerbsfähigkeit erhalten wollen. Eine sofortige Diversifizierung und Substitution vom russischen Gas wird mangels Alternativen nicht nur mit deutlich höheren Einkaufspreisen erkauft, sondern absehbar auch mit einer geringeren industriellen Leistungsfähigkeit und Beschäftigung. Dadurch wäre niemanden geholfen, zumal nur ein wirtschaftlich starkes Deutschland nach dem Krieg auch seinen Beitrag beim Wiederaufbau der Ukraine leisten kann.

Unbestreitbar wurde uns durch die russische Aggression drastisch vor Augen geführt, wie abhängig unsere Wirtschaft vom Import fossiler Energieträger, besonders von russischem Erdgas, tatsächlich ist. Im Zeichen der Zeitenwende werden wir langfristig eine weitgehende Neustrukturierung der weltweiten Handelsströme erfahren. Auf lange Sicht wird die Neuordnung der Lieferbeziehungen folgenschwere, unumkehrbare Auswirkungen unmittelbar auf den Industriestandort Deutschland haben. Es ist unsere Aufgabe, die Härten abzufedern und einen schonenden Übergang zu sichern. Aus einem industriepolitischen Blickwinkel heißt das, die Energiequellen müssen diversifiziert und die Erneuerbaren Energien ausgebaut werden. Die Diversifizierung weg von russischem Erdgas wird jedoch in den kommenden Jahren zu knappem Angebot führen und die Gaspreise in die Höhe treiben. Dies wird sich stark auf die verschiedenen Branchen der IGBCE auswirken, die nahezu alle eine hohe Gasintensität ausweisen. Alle von ihnen würde ein Embargo empfindlich schädigen. Der Ernst der Lage lässt sich an drei Organisationsbereichen der IGBCE verdeutlichen.

Die Chemieindustrie

Die Chemie setzt rund 73 Prozent des Erdgases für die Erzeugung von Dampf und Strom ein. Das sind über 99 Terawattstunden im Jahr und macht Erdgas mit Abstand zum wichtigsten Energieträger in der chemischen Industrie. Zudem werden rund 2,8 Millionen Tonnen Erdgas, also 27 Prozent des Gesamtverbrauchs, als Rohstoff zur Herstellung von Basischemikalien benötigt. Aus Ammoniak werden beispielsweise Düngemittel, Lösemittel und medizinische Produkte hergestellt. Acetyle sind vielseitige chemische Bausteine unter anderem für Kunststoffe, Arzneimittel oder hochelastische Textilfasern. Die gesamte Verwendung von Gütern des Wirtschaftszweigs Chemische Industrie lag im Jahr 2019 bei 258.758 Millionen Euro. Davon entfielen 41,7 Prozent auf Vorleistungen für andere Wirtschaftsbereiche. Die chemische Industrie stellt die Grundstoffe für viele Produktionszweige her und Erdgas ist ihr Treibstoff. Unsicherheit und Knappheit haben somit direkte, schwerwiegende Folgen für die chemische Produktion. Ein Erliegen der Produktion kann Kaskadeneffekte in der industriellen Wertschöpfungskette auslösen, die die gesamte Wirtschaft bedrohen. Bundesweit sind in der Chemieindustrie 466 000 Menschen in guten, tarifgebunden Arbeitsplätzen beschäftigt. Diese stünden im Falle eines Runterfahrens der Produktion auf dem Spiel. Hinzu kommt, dass es erhebliche Unterschiede bei der regionalen Betroffenheit gibt. Da Gasnetze nicht so dicht verbunden und verzweigt sind wie Stromnetze wäre ein Wechsel auf andere Lieferanten an den meisten Stellen nicht möglich. Der Schaden wäre im Süden und Osten Deutschlands erheblich größer – und das kurz nachdem gerade den östlichen Bundesländern ein Neu-Industrialisierungsprozess versprochen wurde, als soziale und wirtschaftliche Kompensation für den schnelleren Kohleausstieg.

Die Papierindustrie

Deutschland ist die Papierfabrik Europas. In der Papierindustrie werden Papiererzeugnisse unter Einsatz von Kraftwärmekopplungsanlagen getrocknet, die größtenteils mit Erdgas betrieben werden. Schon in den letzten Jahren wurde die Industrie von Preissteigerungen auf dem Rohstoffmarkt, beispielsweise für Zellstoffe, belastet. Druckereien berichten von Knappheit vor allem von grafischen Papieren. Steigende Energiepreise setzen die Industrie zusätzlich unter Druck. Für die Papierindustrie hieße die Verknappung von Gas, dass die Produktion drastisch reduziert werden müsste, weil Gas für die Industrie zumindest kurzfristig kaum zu substituieren ist.

Der BDEW geht davon aus, dass gerade mal 2,6 Prozent des Erdgases kurzfristig durch andere Energieträger substituierbar sind.[52] Das Runterfahren der Papierproduktion würden private wie gewerbliche Verbraucher*innen beispielsweise durch die drastische Verteuerung von Hygienepapieren und Verpackungen schnell spüren. Knappheiten und Rationierung beim Toilettenpapier, wie wir sie im Corona-Lockdown erlebt haben, wären nicht ausgeschlossen. Und was nicht verpackt werden kann, wird auch nicht verschickt. Bundesweit sind in der Papierindustrie rund 120 000 Beschäftigte in tarifgebundenen, guten Arbeitsplätzen beschäftigt. Ein Importstopp für russisches Erdgas könnte für sie Kurzarbeit und sogar Jobverluste bedeuten.

Die Glasindustrie

Die Glasindustrie braucht für ihre Produktion Temperaturen von 1500 bis 1600 Grad Celsius, die zum größten Teil durch das Anheizen mit Gas erreicht werden. Jeder Cent, den Gas teurer wird, schlägt sich auf die Wirtschaftlichkeit der Produktion nieder. Schon jetzt schreiben viele Hersteller aufgrund der Energiepreise rote Zahlen. Zugleich drohen aufgrund erhöhter Angebotspreise im Winter 2022/23 bereits lieferantenseitige Kündigungen von langfristigen Gas-Lieferverträgen mit Berufung auf Force Majeure-Klauseln, denn die steigenden Bezugspreise bei einem anhaltenden Gasmangel wirken sich neben der Glasindustrie selbst auch für viele Lieferanten existenzbedrohend aus.

Das Schreckensszenario im Falle von Gasmangel oder extrem ansteigenden Preisen ist das Erstarren der Schmelzwannen. Hier könnten in Einzelfällen Schäden in Höhe von bis zu 50 Millionen Euro entstehen. Sind die Glasschmelzwannen einmal zu schnell erkaltet, lassen sie sich nicht per Schalter einfach wieder anknipsen. Die Wannen müssten kontrolliert abgelassen und wieder neu mit speziellen Materialien ausgekleidet werden. Eine Wiederinbetriebnahme könnte mehrere Jahre dauern. Wirtschaftlich wäre das für die Betriebe ein Totalschaden und hätte Rückwirkungen auf systemrelevante Wertschöpfungsketten in Deutschland und den EU-Nachbarstaaten zur Folge. Ein Großteil der 54 000 Beschäftigten müsste in der Folge in Kurzarbeit gehen oder würde seinen Job verlieren – mit dramatischen, auch regionalen

Folgen für beispielsweise Thüringen und Nordbayern, wo sehr viele Glas produzierende Betriebe angesiedelt sind.

Diese drei Beispiele machen deutlich, wie sehr Deutschlands energieintensiven Industriezweige noch immer von den russischen Gasimporten abhängt. Sie zeigen aber auch, wie überfällig die sozialökologische Transformation ist – und das nicht nur im Hinblick auf den Klimawandel, sondern auch auf die politische und wirtschaftliche Resilienz unseres Landes.

Die Herausforderung, die sich uns nun industriepolitisch stellt, ist es, marktfähige Produktionsstrukturen zu stützen, ohne die Transformation aufzuhalten. Hunderttausende von gut bezahlten Industriearbeitsplätzen hängen daran, dass wir diese Branchen und Unternehmen nicht auf dem Weg zur Dekarbonisierung kaputt machen, sondern durch die schwierigen Zeiten unterstützen. Dies kann indes nur gelingen, wenn wir einen langen Atem haben und die richtigen strategischen Entscheidungen zur richtigen Zeit treffen. Der Fokus der Politik muss deshalb in den nächsten Monaten und Jahren auf drei Schlüsselprojekten liegen:

1. Ausbau der Erzeugung und Transport-Infrastruktur für Erneuerbare Energien in Deutschland und Europa. Die Gaskrise hat den Fokus auf die Rolle von Gas für die gesamte industrielle Wertschöpfungskette gelenkt und dabei die Achillesferse der deutschen Industrie offengelegt. Jede Kette ist nur so stark, wie ihr schwächstes Glied. Wenn die Rohstoffe am Anfang der Kette ausbleiben, steht die gesamte industrielle Wertschöpfung auf dem Spiel. Ein zentraler Bestandteil für industrielle Wertschöpfung bildet die Energie. Die Erneuerbaren müssen die fossilen Energieträger, die wir größtenteils importieren müssen, ablösen. Aber das ist ein schrittweiser Prozess, die Jahre dauern wird.

2. Der Wasserstoffmarkthochlauf muss forciert werden. Es braucht dringend eine deutsche Wasserstoff-Offensive. Wir müssen die Voraussetzungen für die Herstellung und den Einsatz von H2 entlang der gesamten Wertschöpfungsketten schaffen. Zentral werden dabei in Zukunft auch Diversifizierung und Nachhaltigkeit der Handelsbeziehungen werden. Wenn wir Flüssiggas aus anderen Staaten importieren, müssen wir sicherstellen, dass die Lieferketten mittelfristig auch auf Wasserstoffderivate umgestellt werden können – jede zukunftsfähige Handelsbeziehung muss auch H2-Ready sein. Zugleich müssen wir stärker als bislang die regionalen Potenziale und Synergien für die Wasserstofferzeugung nutzen auch mit Blick auf die Versorgungssicherheit.

3. Technische Innovationen und Investitionen in der Industrie müssen stärker finanziell und regulatorisch unterstützt werden. Wir brauchen daher die richtigen finanziellen Förderinstrumente, unter anderen Differenzkontrakte und öffentlich-private Partnerschaften. Eine Auslagerung weiterer Teile der Wertschöpfungskette und Verlust an Fertigungstiefe muss unbedingt verhindert werden. Wenn wir die Verlagerung in andere Länder zulassen, verlieren wir den Einfluss auf die Produktionsbedingungen, den wir dringend benötigen, um unsere hohen sozialen und ökologischen Standards umzusetzen. Zusätzlich werden wir dadurch noch abhängiger von Importen aus anderen Ländern. Wo diese Abhängigkeit hinführt, hat die russische Invasion gezeigt.

Es ist uns allen klar, dass jede industriepolitische Strategie in dieser schwierigen Zeit einerseits die Resilienz unserer Lieferketten und andererseits die sozialökologische Transformation fest im Blick haben muss.

Um jedoch Brüche in der Transformation vorzubeugen, muss die Politik jetzt verantwortlich handeln und auch vor ungemütlichen Entscheidungen nicht zurückschrecken. Schaffen wir es aber jetzt die Transformation zu beschleunigen, haben wir die Chance, robuster und unabhängiger aus dieser Krise herauszukommen.

Dr. Thieß Petersen

Folgen des Ukrainekrieges für die internationale Arbeitsteilung

April 2022

Während vor dem Ausbruch der weltweiten Finanz- und Wirtschaftskrise 2008/09 über längere Zeit Handelshemmnisse abgebaut wurden, stagniert die ökonomische Globalisierung seither und Strafzölle sowie Handelskonflikte prägen die internationale Arbeitsteilung. Zusätzlichen Druck auf den grenzüberschreitenden Handel üben seit 2020 die Lieferkettenunterbrechungen durch die immer noch anhaltende Coronapandemie aus. Und nun kommt noch eine weitere erhebliche Störung hinzu: Nach dem Angriff Russlands auf die Ukraine sind weitere dauerhafte Einschränkungen des Außenhandels zu erwarten. Die Konsequenz dieser Entwicklungen: ein Rückgang der internationalen Arbeitsteilung – und damit ein teilweiser Verzicht auf deren Spezialisierungsgewinne, der auch zu realen Einkommensverlusten für die Menschen führt.

Protektionismus auf dem Vormarsch

Seit dem Ausbruch der durch die Lehman-Pleite ausgelösten Finanz- und Wirtschaftskrise 2008/09 lässt sich weltweit ein Trend feststellen: Handelsbeschränkungen nehmen zu.[53] Zunächst diente dieser Schutz vor ausländischer Konkurrenz der Stabilisierung von Produktion und Beschäftigung im eigenen Land. Zudem setzten vor allem hoch entwickelte Industrienationen verstärkt protektionistische Instrumente ein, um sich vor der Konkurrenz mit Niedriglohnländern abzuschirmen.

Dabei spielt Chinas wirtschaftlicher Aufstieg eine zentrale Rolle. Seit dem Beitritt des bevölkerungsreichsten Staates der Welt zur Welthandelsorganisation (WTO) im Jahr 2001 haben dessen Exporte den Strukturwandel in den entwickelten Volkswirtschaften spürbar beschleunigt. In den westlichen Industrienationen gerieten traditionelle Industriebranchen und die dort Beschäftigten erheblich unter Druck. Dies gilt besonders für Amerikas »Rust

Belt«, die größte Industrieregion des Landes.[54] Um weitere Arbeitsplatzverluste zu reduzieren, reagierten die USA mit Handelshemmnissen, die sich primär gegen China richteten.

Völlig unvermittelt verlieh der Ausbruch der Coronapandemie dem weltweiten Protektionismus einen weiteren Schub. Viele Staaten ergriffen erneut Maßnahmen zum Schutz der einheimischen Unternehmen. Eine zusätzliche Belastung des internationalen Handels war, dass Regierungen Exportbeschränkungen für lebenswichtige Medikamente, Beatmungsgeräte und Nahrungsmittel einführten, um Versorgungsengpässe im eigenen Land zu verhindern.[55]

Geopolitische Erwägungen prägen die Außenwirtschaftspolitik immer mehr

Der zunehmende Protektionismus der letzten Jahre ist auch darauf zurückzuführen, dass einzelne Länder damit ihre außenpolitischen Ziele durchsetzen wollen. Ein markantes Beispiel: Bei den Handelsstreitigkeiten zwischen den USA unter Donald Trump und China ging es nur zum Teil um das amerikanische Handelsbilanzdefizit. Mindestens ebenso wichtig war – und ist es immer noch – die Frage der weltweiten Technologieführerschaft: Technologische Überlegenheit ist die Basis für wirtschaftliche Stärke – und wirtschaftliche Stärke ist wiederum die Basis für politische und militärische Macht.[56]

Es ist daher zu befürchten, dass eine wachsende Zahl von Volkswirtschaften in der Zukunft verstärkt handelspolitische Instrumente einsetzen wird, um so ihre politischen Ziele zu erreichen. Neben Zöllen und nicht tarifären Handelshemmnissen geht es dabei auch um Sanktionen, Exportbeschränkungen oder sogar -verbote und viele weitere Werkzeuge.[57]

Der Ukrainekrieg bewirkt einen zusätzlichen Sanktionsschub, der mit Blick auf die Stärke der Maßnahmen und die Geschlossenheit der sanktionsverhängenden Nationen ein einmaliges Ereignis ist. Verstärkend wirkt hierbei, dass sich neben den staatlich verhängten Sanktionen viele Unternehmen freiwillig von ihren Russlandgeschäften zurückziehen.

Droht eine weltwirtschaftliche Blockbildung?

Der Ukrainekrieg stellt nicht nur wegen der mit ihm verbundenen erheblichen Lieferkettenunterbrechungen und Wirtschaftssanktionen eine Zäsur für die Weltwirtschaft dar. Er könnte zudem der Auslöser für eine erneute Blockbildung sein.

Als Reaktion auf Russlands Angriff auf die Ukraine haben viele Länder umfangreiche Wirtschaftssanktionen verhängt. Erdgas und andere fossile Energien, die Russland deshalb nicht mehr in Europa und in den USA absetzen kann, könnten nun an China verkauft werden. China hat einen hohen Energiebedarf, es gibt also eine entsprechende Nachfrage. Das würde die Wirtschaftsbeziehungen beider Länder intensivieren.

Hieraus kann sich eine zweigeteilte Welthandelsordnung entwickeln. Ein Block bestünde da-bei aus demokratischen, marktwirtschaftlich organisierten Ländern wie den USA und Kanada, Europa, Japan, Südkorea, Ozeanien sowie Teilen Südamerikas. Den zweiten Block würden autokratische Staaten bilden, allen voran China, Russland und deren wichtigste Handels-partner. Zusätzlich ist eine dritte Ländergruppe denkbar, die versucht, sich nicht klar zuzuordnen, um mit beiden Blöcken wirtschaftliche Beziehungen pflegen zu können.

Ob es tatsächlich so weit kommt, hängt maßgeblich vom Verhalten Chinas ab. Im Falle der skizzierten Blockbildung würde das Land seine Exportchancen nach Europa und in die USA gefährden. Allerdings ist das für China wenig attraktiv, denn diese Regionen sind wegen ihrer hohen Wirtschaftskraft viel wichtigere Handelspartner als Russland.

Klimawandel als weiterer Risikofaktor für den internationalen Handel

Zusätzlich zu den politischen Entscheidungen, die De-Globalisierungstendenzen hervorrufen, wirkt sich auch der Klimawandel negativ auf die internationale Arbeitsteilung aus. So beeinträchtigen die durch die globale Erwärmung und den Klimawandel verursachten Schäden an Produktions- und Infrastrukturanlagen den internationalen Handel über mindestens zwei Kanäle.

Zum einen besteht die Gefahr, dass Produktionsanlagen von Zulieferbetrieben im Ausland durch klimabedingte Wetterextreme, Überschwemmungen etc. beschädigt werden. Das kann den Ausfall von Vorleistungsimporten bedeuten, der dann den Produktionsprozess im Inland unterbricht.

Zum anderen ist der grenzüberschreitende Austausch von Gütern auf eine leistungsfähige Transportinfrastruktur angewiesen. Kommt es allerdings klimabedingt zu einer Unterbrechung der Transportwege, z. B. durch Niedrigwasser in Flüssen oder eine hitzebedingte Verformung von Eisenbahnschienen, ist die Durchführung von Exporten und Importen gefährdet.

Unternehmen müssen sich mit geeigneten Vorsorgemaßnahmen gegen beide Risiken wappnen, z. B. mit größeren Lagerbeständen arbeiten oder zusätzliche Versicherungen abschließen. Das bringt zwangsläufig einen Kostenanstieg für die internationale Arbeitsteilung mit sich – der auch so hoch ausfallen kann, dass sich einzelne grenzüberschreitende Handelsbeziehungen betriebswirtschaftlich nicht mehr lohnen und damit die Exporte und Importe der betroffenen Länder sinken.

Abkehr vom Globalisierungsmodell der letzten drei Jahrzehnte

Mit dem Fall des Eisernen Vorhangs 1989 und dem Betritt Chinas zur WTO 2001 gab es einen Globalisierungsschub, der den grenzüberschreitenden Handel stark ansteigen ließ. Das Ergebnis war eine an maximaler betriebswirtschaftlicher Effizienz ausgerichtete internationale Arbeitsteilung mit einer Just-in-time-Produktion und der Suche nach dem weltweit günstigsten Zulieferbetrieb.[58]

Von diesem Globalisierungsmodell werden wir uns perspektivisch verabschieden müssen. Selbst wenn es nicht zu der skizzierten Blockbildung in der Weltwirtschaft kommt, werden die Lieferkettenunterbrechungen und protektionistischen Maßnahmen der letzten Jahre das erreichte Ausmaß der internationalen Arbeitsteilung zurückschrauben.[59]

Verstärkt wird dieser Trend dadurch, dass zukünftig immer mehr Länder zur Reduzierung von Treibhausgasemissionen ihre CO_2-Preise erhöhen und gleichzeitig klimaschädliche Subventionen abbauen werden. Das lässt die Kosten des Gütertransports steigen und macht die betriebswirtschaftlichen Vorteile einzelner Formen der internationalen Arbeitsteilung zunichte.

Der teilweise Verzicht auf die Vorteile der Globalisierung hat also einen Preis: Wenn preiswerte Produkte aus dem Ausland durch teurere inländische Endprodukte und Vorleistungen ersetzt werden, erhöht das die Preise für Konsumgüter. Handelt es sich dabei um lebenswichtige Güter, auf die die Menschen schwer oder gar nicht verzichten können, kommt es zu Kaufkraftverlusten – und einer Situation, die wirtschaftspolitische Reaktionen verlangt.

Fünf wirtschaftspolitische Handlungsoptionen für Deutschland und Europa

Erstens: Kurzfristig gibt es bei einer Reihe von Vorleistungen und Rohstoffen nur sehr begrenzte Ausweichmöglichkeiten. Dies gilt beispielsweise für russisches Gas. Die daraus resultierende Angebotsverknappung bewirkt starke

Preisanstiege – und für einkommensschwache Haushalte möglicherweise erhebliche Kaufkraftverluste, die eine sozialpolitische Flankierung erfordern. Staatliche Preisbremsen in Form von Höchstpreisen sind hierbei wenig sinnvoll, vor allem, weil sie auch für einkommensstarke Personen gelten, die höhere Preise wirtschaftlich leichter verkraften können. Bedarfsgerechte Transferzahlungen ermöglichen hier eine zielgenauere Unterstützung.

Zweitens: Zur Reduzierung der Abhängigkeit von importierten Vorleistungen und Endprodukten kann auf Angebote aus der näheren Umgebung zurückgegriffen werden, womit aber höhere Produktionskosten und entsprechend auch höhere Preise verbunden sind. Um die Produktionskosten zu senken, bietet sich die Forcierung technologischer Fortschritte an, vor allem der verstärkte Einsatz digitaler Technologien. Allerdings brauchen technologische Fortschritte ihre Zeit und wirken daher erst mit einiger Verzögerung.

Drittens: Die Abhängigkeit von importierten fossilen Energien lässt sich verringern, indem die Dekarbonisierung der Wirtschaft vorangetrieben wird. Die Förderung erneuerbarer Energien und die Steigerung der Energieeffizienz dienen dann nicht nur dem Klimaschutz, sondern auch einer geringeren Abhängigkeit von Importen. Jedoch ist auch dies ein Vorgehen, das erst mittel- und langfristig wirkt.

Viertens: Sowohl bei der Substitution russischer Energielieferungen als auch im Kontext der ökologischen Transformation kommen neue Handelspartnerschaften in Betracht. So kann Deutschland z. B. auch kurzfristig auf Gaslieferungen aus Norwegen und den USA ausweichen. Mittelfristig bietet sich der Import von erneuerbaren Energien aus sonnen-, wind- und wasserreichen Regionen an, die bei der Herstellung dieser Energien einen Kostenvorteil haben. Aus deutscher bzw. europäischer Sicht sind das vor allem Skandinavien und Nordafrika.

Fünftens: Wenn die Handelsbeziehungen zu Russland und möglicherweise auch zu China zukünftig zurückgehen, können diese durch die Stärkung bestehender Handelspartnerschaften kompensiert werden. Überlegenswert ist z. B. ein Handelsabkommen zwischen der EU und den USA. Idealerweise sollte dieses Abkommen auch einen gemeinsam festgelegten höheren CO_2-Preis beinhalten. So ließe sich ein Klimaclub gründen, der einen wirksamen Beitrag zur Reduzierung der globalen Treibhausgasemissionen leisten könnte.

Prof. Dr. Claudia Kemfert

Zeitenwende:
Ein Booster für die Energiewende schafft Frieden

Mai 2022

Die Nachrichten aus der Ukraine, die Bilder von unzähligen toten Zivilisten sind ein Albtraum. Täglich mehren sich die Horrormeldungen aus der Ukraine. Russland führt unter fadenscheinigen Vorwänden einen Angriffskrieg, der Tausenden das Leben kostet. Und Deutschland hat nichts Besseres zu tun, als über Spritpreise und zu hohe Kosten eines möglichen Importstopps zu debattieren. Das allein ist schon absurd genug. Absurd muten aber auch einige Argumente gegen einen sofortigen Importstopp von russischen Energieträgern wie Gas, Öl und Kohle.

Das gewichtigste ist derzeit, dass diese Energieimporte aus Russland nicht ersetzt werden können. Dies ist aber nur bedingt richtig. Sicherlich wird es nicht reichen, nur die Einfuhren aus anderen Ländern zu erhöhen, um den Wegfall russischer Energieimporte zu kompensieren. An zwei weiteren Stellschrauben muss dringend gedreht werden: unserem Verbrauch und einer effizienteren Pipeline- und Speicherinfrastruktur. Aktuelle Berechnungen zeigen aber, dass ein Wegfall russischer Energieimporte verkraftbar wäre. Und fest steht: Ein von Deutschland verhängter Importstopp russischer Energielieferungen wäre ein souveräner Akt der Selbstverteidigung – und ein Booster für die Energiewende.

Richtig ist, dass Deutschland sehr abhängig von fossilen Energieimporten ist, vor allem beim Gas. 95 Prozent unseres Erdgasverbrauchs müssen wir importieren, mehr als die Hälfte davon kommt aus Russland. Von dort stammen auch über 30 Prozent des Öls und über 50 Prozent der Steinkohle. Aber diese Importe sind nicht alternativlos; Russland hat kein Monopol. Für Steinkohle gibt es leicht verfügbare, alternative Lieferanten, etwa Südafrika oder Kolumbien.[60] Auch Öl ist derzeit auf dem Weltmarkt nicht knapp. Die OPEC kann ihre Förderquoten erhöhen, die USA werden das sicher auch tun.

Nur beim Gas ist es komplizierter, aber auch hier ist russisches Erdgas nicht alternativlos. Viele Förderländer wie die Niederlande und Norwegen könnten ihre Fördermengen erhöhen. Aktuelle Berechnungen zeigen, dass diese Fördermengen zwischen 35 Prozent in einem Maximalszenario und 20 Prozent in einem realistischen Szenario für das Gesamtjahr 2022 erhöht werden könnten.[61] Zusätzlich kann ein Teil des Gases über existierende Pipelinerouten beispielsweise aus Nordafrika importiert werden.[62] Und ein anderer Teil kann mittels Flüssigerdgas (LNG) beispielsweise aus Katar oder den USA nach Europa transportiert werden. Die damit verbundenen Umweltschäden sind unter diesen Umständen das geringere Übel.

Ja, es ist richtig: ein Importstopp kostet Geld. Doch die steigenden Preise an der Tanksäule oder auf der Heizungsrechnung sind vor allem eine Folge des Krieges. Aber: erinnern wir uns daran, dass die Energiepreise schon seit Sommer des letzten Jahres stark steigen.[63] Diese Teuerung ist der Preis der verschleppten Energiewende, den wir nun zahlen.[64] Wir könnten nun also zwei Fliegen mit einer Klappe schlagen: Putin in die Schranken weisen und die verschleppte Energiewende entschlossen vorantreiben.

Teil einer entschlossenen Energiewende – und das ist tausendfach in Publikationen nachzulesen – hätte nämlich ein Fokus auf dem konsequentem Energiesparen sein müssen. Seit Jahrzehnten verschwenden wir Energie, indem wir sie ineffizient verbrennen. Ob in der Industrie, im Gebäudesektor oder im Verkehr – es gäbe tausende Möglichkeiten, Energie zu sparen, ohne auf irgendeine Leistung zu verzichten. In puncto Energieeffizienz sind erneuerbare Energien unschlagbar. Weil wir versäumt haben, rechtzeitig auf sie umzusteigen, sind wir nun von stetig teureren fossilen Energien abhängig. Aber: wir können auch jetzt die Energiekosten reduzieren, indem wir endlich unseren Verbrauch drosseln. Das muss nicht mal unsere Lebensqualität mindern. Vielleicht wäre mancher sogar bereit, im Kampf für Freiheit und Demokratie den einen oder anderen Verzicht zu üben.

Statt »Spritpreisbremsen« brauchen wir »Verschwendungsbremsen«. Der autofreie Sonntag aus den 70ern zur Bewältigung der Ölkrise ist der älteren Generation sehr positiv im Gedächtnis. Und im Netz kursieren bereits Slogans wie »Tempo 100 für eine freie Ukraine!« oder »1 Grad weniger ist Feuer unter Putins Hintern!« Gespart werden müsste vor allem beim Erdgas. Bei den Haushalten kann dies durch ein Absenken der Raumtemperatur, der Warmwassernutzung sowie den kurzfristig stärkeren Verbau von Wärmepumpen erreicht werden. Doch auch in der Industrie kann kräftig gespart werden. Unsere aktuellen Berechnungen basieren beispielsweise auf einer vollständigen Substitution von Erdgas in der Stromerzeugung (ohne Wärmeerzeugung). Insgesamt könnten Industrie und private Haushalte so 18 bis 26 Prozent (je nach Szenario) an Erdgasverbrauch einsparen. Wenn wir also davon ausgehen, dass das Angebot über andere Länder erhöht wird und gleichzeitig die Nachfrage durch Einsparungen sinkt, ist in einem realistischen Szenario lediglich mit einer Deckungslücke von zehn Prozent zu rechnen.

Um die Energieversorgung im kommenden Winter zu sichern, ist es notwendig, die vorhandenen Speicher rechtzeitig vor Beginn der Heizperiode im Winter 2022/23 auf 80 bis 90 Prozent aufzufüllen. Eine effizientere Nutzung des deutschen und europäischen Erdgaspipelinesystems auch zur Verbindung Deutschlands mit Südeuropa könnte die Situation weiter entspannen. Zwar reicht das zusätzliche Angebot nicht aus, um die gesamten bisherigen russischen Erdgasimporte zu ersetzen. In Kombination mit einem rückläufigen Erdgasverbrauch kann die deutsche Energieversorgung aber gesichert werden. Auch die Stromversorgung kann ohne russisches Gas und Kohle und mit Atomausstieg und geplanten Kohleausstieg bis 2030 sichergestellt werden.[65]

Sicher, wenn wir jetzt Putin für sein aggressives und menschenverachtendes Verhalten durch einen Stopp möglichst aller Geschäftsbeziehungen aus der Weltgemeinschaft und unserer globalen Wirtschaft ausschließen, steigen die Öl- und Gaspreise zusätzlich. Die Preis-Explosion bei fossilen Energien belastet die gesamte Wirtschaft schon jetzt und sie belastet auch die privaten Haushalte.[66] Derzeit noch durch steigende Energiepreise, zunehmend auch durch allgemeine Preissteigerungen. Denn ob Zahnpasta oder Mountainbike – überall steckt teure Energie drin. Vor allem Menschen mit niedrigen Einkommen und wenig Vermögen werden die steigenden Preise schmerzlich spüren. Wir müssen einkommensschwachen Haushalten helfen, ihre Heizkosten zu bezahlen, den ÖPNV billiger machen, ein Mobilitätsgeld bezahlen. Auch dafür gibt es Studien und wissenschaftliche Modelle, wie sich dergleichen gezielt, gerecht und wirkungsvoll organisieren ließe.

Einkommensschwachen Haushalten kann man im Übergang durch gezielte Heizkostenzuschüsse helfen.[67] Eine einkommensunabhängige und auf Umweltschutz ausgerichtete Mobilitätsprämie für alle statt einer Erhöhung der Pendlerpauschale hilft allen, nicht nur einkommensstarken Vielfahrern. Eine E-Autoquote samt Ausbau der Ladeinfrastruktur ist überfällig.[68]

Angesichts der immer bedrohlicheren Klimakrise – der jüngste IPCC-Bericht war doch wie ein Donnerschlag inmitten des fossilen Blitzkriegs – müssen wir ohnehin alles dafür tun, so schnell wie möglich von den klimazerstörenden fossilen Energien wegzukommen.[69]

Sollte es einen Importstopp geben, das zeigen jüngste Studien, dann könnte das drei und sechs Prozent des deutschen Bruttoinlandsprodukts kosten.[70] Das tut weh, keine Frage. Aber selbst, wenn wir – aus Sorge um die wirtschaftlichen Folgen – einen Importstopp unsererseits ausschließen, wäre es umso wahrscheinlicher, dass Putin seinerseits die Gas- und Öllieferungen stoppt. Schließlich weiß er spätestens dann, wie sehr er uns damit trifft. Angedroht hat er es ja schon. Wir müssen uns also ohnehin darauf vorbereiten. Ein proaktives Embargo wäre ein sehr souveräner Akt der Selbstverteidigung, bei dem wir die Handlungshoheit über den Zeitpunkt bewahren.

Der Ausbau erneuerbarer Energien muss Priorität haben und Versorgungssicherheit erste Priorität. Planungs- und Ausbauverfahren sollten und können mit der Begründung der Sicherstellung der Versorgungssicherheit beschleunigt werden. Wir brauchen einen Booster für erneuerbare Energien und Energiesparen insbesondere im Gebäudebereich aber auch in der Industrie. Schon einmal gab es einen Kampf zwischen Freiheit und Tyrannei auf der ganzen Welt, der am 25. Mai 1961 zu der legendären Kennedy-Rede führte, mit der er das Apollo-»Man-on-the-moon«-Programm startete. Der Überfall auf die Ukraine ist der Sputnik-Moment der Energiegeschichte.

In Anlehnung an Kennedy könnte man heute sagen: »Jetzt ist es an der Zeit, größere Schritte zu machen, Zeit für diese Nation, eine eindeutig führende Rolle bei der Errungenschaft erneuerbarer Energien zu übernehmen, die in vielerlei Hinsicht der Schlüssel zu unserer Zukunft auf der Erde sein kann.« Zuallererst müssen wir jegliche Investitionen fördern, die zu einer Einsparung von Energie führen. Zugleich müssen wir dafür sorgen, dass möglichst schnell möglichst viele Gebäude energetisch saniert werden. Studien zeigen: Die Sanierungsrate aller Gebäude ließe sich in kürzester Zeit verdoppeln.

In zehn Jahren können zwei Drittel der Gebäude mit Wärmepumpen ausgestattet sein. Ein Viertel kann im Rahmen der Nah- und Fernwärme aus erneuerbaren Energien und ein Drittel mit solarthermischen Solaranlagen beheizt werden. Und auch im Industriebereich ist vieles sehr schnell möglich: Grüner Wasserstoff wird seine Zeit brauchen, aber industrielle Wärmepumpen und der Einsatz von Biogas ließen sich in wenigen Jahren flächendeckend realisieren. Eine Abwrackprämie für fossile Heizung und Fahrzeuge könnte den notwendigen Anschub bringen.

Der Ausbau der erneuerbaren Energien könnte vervierfacht werden. Es gibt viele geeignete Flächen, die für Windanlagen ausgewiesen werden können. Man muss die Genehmigungsverfahren massiv erleichtern und aus Gründen der Versorgungssicherheit beschleunigen. Indem finanzielle Beteiligungsmöglichkeiten verbessert werden, gäbe es nicht nur größere finanzielle Mittel, sondern auch höhere Akzeptanz in der von möglichen Nachteilen betroffenen Bevölkerung.

Auf jedes Dach gehören Solaranlagen. Die Produktion von Solarenergieanlagen könnte wieder nach Deutschland und Europa zurückgeholt werden, damit wir keine Lieferengpässe für Solarmodule aus China fürchten müssen. Der Ausbau erneuerbarer Energien muss Priorität haben und die Versorgungssicherheit ebenfalls. Planungs- und Ausbauverfahren sollten und können mit der Begründung der Sicherstellung der Versorgungssicherheit beschleunigt werden.

Eine vollständige Vollversorgung aller Energiebereiche ist bis 2035 machbar und auch möglich sowie dringend geboten – politisch, wirtschaftlich und auch für den Frieden!

Achim Post

Zeitenwende in und für Europa – mit starkem Zusammenhalt und starken Zukunftsinvestitionen

Mai 2022

Der völkerrechtswidrige Angriffskrieg Putins gegen die Ukraine markiert einen Bruch: Über Jahrzehnte hinweg wurde eine europäische Ordnung errichtet, deren Ziel es stets war – auch durch eine Einbindung Russlands – Wohlstand und Frieden auf dem europäischen Kontinent zu sichern. Unvorstellbar erschien es uns allen, dass diese menschenverachtende Grausamkeit und ein solcher Krieg noch einmal auf diesem Kontinent stattfinden würden.

Zurecht sprechen wir dabei von einer historischen Zäsur. Bundeskanzler Olaf Scholz hat diese Ereignisse bereits am 27. Februar 2022 – drei Tage nach dem erneuten Ausbruch des Krieges in der Ukraine – in einer Rede vor dem Deutschen Bundestag eingeordnet und mit dem Begriff ›Zeitenwende‹ die Leitplanken gesetzt, wie wir über die Auswirkungen dieses Angriffskrieges in Europa vor den Toren der Europäischen Union denken und sprechen. Neben der Ankündigung einer Kursänderung in der deutschen Verteidigungs- und Sicherheitspolitik, hat der Bundeskanzler in seiner Rede die Umrisse einer mehrdimensionalen Zeitenwende auf nationaler, europäischer und internationaler Ebene umschrieben.

Der Begriff Zeitenwende beinhaltet dabei per Definition ein Faktum, welches in der öffentlichen Debatte noch zu selten vom Ende her gedacht wird: Eine Rückkehr zum status quo ante kann und wird es nicht geben. Weder in der Sicherheitspolitik noch in anderen Politikfeldern. Zu ebendiesen Politikfeldern zählt die Energiepolitik, in der ein Wandel in einem für Wirtschaft und Gesellschaft elementar wichtigem Politikfeld in einer noch nie dagewesen Geschwindigkeit umgesetzt wird. Ziel ist dabei, die Abhängigkeit von Russland zu beenden – und zwar jene Deutschlands sowie jene der Europäischen

Union – und dabei zugleich mit der nachhaltigen Transformation eine der zentralen Zukunftsaufgaben beschleunigt anzupacken.

Um diese Zeitenwende, um eine gute Zukunft unter elementar neuen Rahmenbedingungen zu gestalten, bedarf es insbesondere auch einer Zeitenwende für eine noch weiter gestärkte Europäischen Union. Nicht nur um die Auswirkungen für Ökonomie und Gesellschaft in einem großen Wirtschaftsraum gestaltbar zu halten, sondern auch um nach außen eine regelbasierte, internationale Ordnung, offene und faire globale Wirtschaftsbeziehungen, letztlich Freiheit, Demokratie und Gerechtigkeit zu verteidigen, braucht es eine kraftvolle und handlungsfähige europäische Stimme.

Dies kann dann gelingen, wenn die Europäische Union von innen heraus geschlossen, handlungsfähig und stark ist. Dafür benötigt es Weichenstellungen für ein souveränes Europa.

Die EU ist eine Schicksalsgemeinschaft, gebaut auf einem Fundament gemeinsamer Grundwerte von Demokratie, Freiheit und Rechtsstaatlichkeit sowie einem gemeinsamen Verständnis eines sozialen und gesellschaftlichen Miteinanders, das mit seinem Wohlstand allen Bürgerinnen und Bürgern ein gutes Leben ermöglicht.

Zur Erreichung dieser Ziele, das zeigen uns die jüngsten Ereignisse, ist ein eigenständiges, unabhängiges Handeln unablässig. Die Stärkung der europäischen Souveränität ist das Gebot der Stunde. Doch machen wir uns nichts vor, auch in den vergangenen Jahren wurde bereits zunehmend klarer, dass sich nur ein souveränes Europa in der von Geopolitik geprägten globalen Ökonomie behaupten kann und seine eigene Wirtschaft sowie die Resilienz der sozialstaatlichen Systeme schützen und stärken kann: Durch die Entwicklung von globalen Standards, durch den Schutz von Schlüsselindustrien und kritischer Infrastruktur und durch den Ausbau eigener, insbesondere digitaler Kapazitäten.

Für mich ist eines klar: Die Europäische Union ist und bleibt eine offene Volkswirtschaft! Daran wird Putin mit seinem Angriffskrieg nichts verändern. Im Gegenteil: Fester denn je stehen wir zusammen mit unseren Partnern, unser Wohlstand hängt in erheblichem Maße vom globalen Austausch von Gütern, Dienstleistungen, Kapital, Wissen und Technologien ab – das wird auch so bleiben. Und diese offene Handelsordnung müssen wir auch weiterhin mit einer aktiven, auf Fairness und Partnerschaft gerichteten gemeinsamen Handelspolitik der EU gestalten.

Die kluge Antwort der Europäischen Union auf den Angriffskrieg ist es, die multilaterale Ordnung zu stärken und das internationale Recht zu achten und zu verteidigen. Die Aufgabe der Politik ist es nun, ein Rahmenwerk zu schaffen, welches unsere soziale Marktwirtschaft einbettet in ein System mit fairem Wettbewerb, hohen sozialen Standards, geschützt vor negativen ökonomischen Einflussnahmen und Abhängigkeiten.

Es ist wichtig zu betonen, dass daran auch die veränderte internationale Lage nichts ändern wird. Es liegt weiterhin in unserem wirtschaftlichen Interesse, offen und mit internationalen Partnern in einer multilateralen Ordnung eng verbunden zu sein, in der das internationale Recht geachtet und verteidigt wird und die sich für fairen Wettbewerb und soziale Standards einsetzt. Indem wir parallel die Diversität, Robustheit und Leistungsfähigkeit der sozialen europäischen Marktwirtschaft steigern, stärken wir die ökonomische Souveränität Europas. Auf diese Weise können wir gleichzeitig globales Gestaltungspotenzial entfalten und unsere soziale Marktwirtschaft vor negativen ökonomischen Einflussnahmen und Abhängigkeiten von anderen Ländern schützen. Technologieführerschaft ermöglicht wirtschaftliche und soziale Gestaltung nach eigenen Regeln und das Aushandeln von fairen globalen Regeln auf Augenhöhe. Aus einer resilienten, starken Europäischen Union im inneren erwächst auch ein starke Europäische Union im Äußeren.

Um eines der vorderdringlichsten Ziele – die Unabhängigkeit von Russland in Fragen der Energieversorgung – zu erreichen, wird sich der Ausbau erneuerbarer Energien, wie im Kontext des EU Green Deal bereits angelegt, stark beschleunigen. Wir werden in diesen und vielen anderen Bereichen eine wirtschaftliche Transformation hin zu einer nachhaltigen und digitalen EU erleben. Dafür braucht es massive Investitionen von privater und öffentlicher Seite. Nach diesem Ziel werden die Rahmenbedingungen der EU, und hierzu zählt auch der Stabilitäts- und Wachstumspakt, auszurichten sein. In der Coronapandemie hat die EU durch die Schaffung des Wiederaufbauprogramms NextGenerationEU bewiesen, dass solidarische Wirtschafts- und Finanzinstrumente keine utopische Idee, sondern wirksame Mittel sind, um Europa zusammenzuhalten und insbesondere den von der Pandemie am stärksten betroffenen Mitgliedsstaaten wichtige Impulse für die Zukunft zu geben. Diese positive Erfahrung sollten wir als Modell auch für die Zukunft weiterentwickeln und Schritt für Schritt in eine starke dauerhafte Investitionskapazität überführen, finanziert auch durch neue EU-Eigenmittel. Diesen Kurs hat die Europäische Kommission durch Legislativvorschläge bereits eingeschlagen und sollte diesen weiterverfolgen. Denn: Die Handlungsfähigkeit eines souveränen Europas der Zukunft setzt dauerhaft starke und europäisch abgestimmte Zukunftsinvestitionen voraus.

Um diese und weitere Weichen hin zu einem souveränen Europa stellen zu können, braucht es zudem neue politische Rahmenbedingungen mit dem Ziel der Schaffung einer sozialen, transparenten und entscheidungsfreudigen Europäischen Union.

Nur wenn die Europäische Union es schafft, die ökonomischen Auswirkungen dieser massiven wirtschaftspolitischen Transformation für die Bürgerinnen und Bürger politisch mit gemeinsamen Regeln sozial zu gestalten, wird sie die nötige innere Geschlossenheit erzeugen können. Existenzsichernde Mindestlöhne in der EU, ein europaweites Sicherungsnetz für Arbeitnehmerinnen und Arbeitnehmer, ein Rahmen für Systeme der nationalen Grundsicherung sowie das Prinzip des gleichen Lohns für gleiche Arbeit am gleichen Ort sind nur einige Beispiele dafür. Die europäische Reaktion auf die Coronapandemie hat gezeigt, dass dies keine Tagträume sind. Mit dem Hilfsprogramm SURE wurde in einem gemeinsamen Kraftakt aller Mitgliedsstaaten einer 100 Milliarden Euro schwerer Topf geschaffen, der auf nationaler Ebene arbeitspolitische Maßnahmen zur Sicherung von Beschäftigung ermöglicht und somit unzählige Arbeitsplätze innerhalb der gesamten Europäische Union während der Coronapandemie erhalten hat. Darauf sollte die EU aufbauen. Zentral ist, dass die nationalen Sozial- und Bildungssysteme vor allem wegen ihrer stabilisierenden Funktion in Krisen und Transformationszeiten funktionieren und gefördert werden. Das soziale Europa ist gerade in dieser Zeit der Zeitenwende ein mit neuem Leben zu füllendes Zukunftsprojekt.

Hinzutreten müssen zugleich neue politische und institutionelle Weichenstellungen für die EU. Besonders verdeutlicht haben dies auch die Ergebnisse der Konferenz zur Zukunft der Europäischen Union. Die Ideen, die Bürgerinnen und Bürger gemeinsam mit EU-Parlamentariern und den Mitgliedsstaaten über ein Jahr lang entwickelt und ausgearbeitet haben, bieten viele gute, fortschrittliche Anknüpfungspunkte. Nicht nur deshalb, da sie Impulse für eine transparentere EU-Politik setzen, die durch Nähe eine neue Chance zur Weiterentwicklung des grenzübergreifenden Gemeinschaftsgefühls gibt, sondern auch, da es gerade jetzt eine kluge Erweiterungs- und Integrationspolitik bedarf, die die Europäische Union im Lichte neuer Herausforderungen handlungsfähig hält. Konkret bedeutet dies, dass es neben mehr Transparenz in der Entscheidungsfindung, auch institutioneller Veränderungen bedarf, für die der Wegfall des Einstimmigkeitsprinzips in der Außen- und Sicherheitspolitik oder auch der Steuerpolitik Beispiele sind. Mit dieser Forderung wird auch klar: Die Europäische Union steht erst am Anfang einer neuen Zeit.

Die EU hat in den Krisen der vergangenen Jahre alles in allem gezeigt, dass sie geschlossen und handlungsfähig agieren kann: etwa durch das Wiederaufbauprogramm NextGenerationEU, durch scharfe gemeinsame Sanktionen gegenüber Russland, durch gemeinsame Impulse für nachhaltige Transformation und den massiven Ausbau der erneuerbaren Energien. Darauf gilt es nun aufzubauen, um die Zeitenwende und die neuen großen Herausforderungen dafür zu nutzen, die europäische Integration zukunftsgerichtet weiter zu vertiefen – in Richtung eines nach außen souveränen und nach innen wirtschaftlich innovativen und sozial gerechten Europas. Das ist eine Aufgabe, die mehr denn je sozialdemokratische Impulse und eine aktive Europapolitik Deutschlands in den kommenden Jahren verlangen wird. Wir dürfen es gerade jetzt nicht zulassen, dass neue und alte Nationalisten, Verschwörungstheoretiker und Demokratiefeinde die Krisen und ihre wirtschaftlichen und sozialen Folgewirkungen dazu ausnutzen, um Freiheit, Demokratie und Zusammenhalt in Europa zu untergraben. Die Zeitwende birgt auch die Gefahr eines Scheiterns von notwendiger Transformation und politischem Fortschritt. Umso mehr gilt es mit Mut, Umsicht und einem klaren Fokus auf die Stärkung Europas und seiner Souveränität die Herausforderungen der Zeitenwende zu gestalten.

Dr. Rainer Dulger

Starke Unternehmen – sicheres Deutschland

Mai 2022

Die Welt ist seit dem russischen Angriffskrieg gegen die Ukraine eine andere geworden. Es ist nicht nur ein völkerrechtswidriger, brutaler Krieg. Putin und seine Schergen führen auch einen Angriff auf die Freiheit und unsere westlichen Werte – ja gegen unsere Art zu leben. Neben der menschlichen Betroffenheit entwickelt sich ebenso eine wirtschaftliche Betroffenheit, die von Tag zu Tag stärker spürbar wird.

Unser Respekt und unsere Unterstützung gelten den Menschen in der Ukraine, die ihre Freiheit verteidigen – und auch den Menschen in Russland, die sich kritisch zur Politik des Präsidenten äußern.

Die Wirtschaft unterstützt die Bundesregierung ausdrücklich in den Maßnahmen, die ergriffen worden sind. Es ist richtig, dieser Aggression gegenüberzutreten. Im Zuge dessen werden auf Deutschland große wirtschaftliche und soziale Herausforderungen zukommen. Doch das sollte uns nicht verunsichern, sondern in unserem Kurs bestärken: Freiheit und Demokratie gibt es nun einmal nicht umsonst.

Unsere Unterstützung gilt auch für die Bewältigung der humanitären Folgen des Krieges. Wir Arbeitgeber helfen den Menschen aus der Ukraine ganz konkret, etwa mit Unterkunft, Nahrung und Kleidung. Viele Unternehmer leisten zudem ihren Beitrag zur Integration in den Arbeitsmarkt und in Ausbildung. Es gilt nun, bestehende und bewährte Verfahren zur Aufnahme zu nutzen, damit diese unbürokratisch, aber rechtssicher organisiert und vorbereitet werden können. Dazu brauchen wir eine enge Abstimmung aller Akteure. Insbesondere die Kommunen, die die Unterbringung organisieren, stehen vor einer großen Herausforderung.

Mit unserem Portal #WirtschaftHilft haben wir zusammen mit BDI, DIHK und ZDH eine Anlaufstelle im Internet geschaffen. Unternehmen bekommen hier Unterstützung bei Fragen wie:

- Wo und wie kann ich spenden?
- Welche Unterstützung bekommen Betriebe und ihre Beschäftigten?

- Wie kann ich Geflüchtete in Ausbildung und Beschäftigung integrieren? Der Krieg in der Ukraine ist eine sicherheitspolitische Zäsur. Viele von uns lebten im festen Glauben, dass diese Art von Krieg in Europa für immer der Vergangenheit angehört. Putin hat das geopolitische Schachbrett umgeworfen. Wir spüren eine tiefe Unsicherheit, wenn wir in die Zukunft blicken. Gleichzeitig sind wir mit unseren Bündnispartnern und den Nationen, die unsere Werte von westlicher Demokratie und Freiheit teilen, wieder enger zusammengerückt.

Dennoch müssen wir erkennen: Das Fundament, auf dem wir die Zukunft geplant haben, ist über Nacht umgekippt. Das gilt für unsere international stark vernetzten Unternehmen, die in diesen Tagen mit Energie-, Rohstoff- und Lieferkettenfragen zu kämpfen haben. Das gilt aber auch für die Politik. Diese Ampelkoalition ist beeindruckend geräuschlos und dynamisch in die neue Legislatur gestartet. Ausgangspunkt der Zusammenarbeit war der Koalitionsvertrag. Dieser Koalitionsvertrag hat jetzt allerdings maßgebliche Teile seiner Grundlage verloren. Ein Abarbeiten der Kapitel des Vertrages – wie wir es in den zurückliegenden Legislaturperioden erlebt haben – ist nicht mehr möglich. Wir müssen unser Handeln der Situation anpassen. Wir müssen neu denken. In der Außen- und Energiepolitik ist das schon passiert. Eine starke, global vernetzte Wirtschaft ist ein geopolitisches Machtinstrument. Das können wir in diesen Tagen sehen. Wirtschafts- und finanzmarktpolitische Sanktionen haben die russische Wirtschaft hart getroffen. Im Gegenzug werden auch unsere Unternehmen und ihre Beschäftigten getroffen. Die Stärke und die Resilienz der Wirtschaft werden damit zum entscheidenden Faktor in Krisen. Daher brauchen wir jetzt eine entschiedene Prioritätensetzung.

Kurzfristig müssen wir unsere Wirtschaft stabilisieren. Die Arbeitgeber und ihre Beschäftigten werden in den kommenden Monaten viel schultern müssen – und das nach einer für viele Unternehmen zehrenden Phase der Pandemie. Wir brauchen jetzt ein Belastungsmoratorium. Unnötige neue Regulierungen und Belastungen sollten unterbleiben.

Erinnern wir uns an Worte von Helmut Schmidt, der in seiner ersten Regierungserklärung 1974 gesagt hat: »In einer Zeit weltweit wachsender Probleme konzentrieren wir uns in Realismus und Nüchternheit auf das Wesentliche, auf das, was jetzt notwendig ist, und lassen anderes beiseite.« Ich ermutige die politisch Verantwortlichen dazu, auch jetzt nach diesem Satz zu handeln.

Um Unternehmen Luft zum Atmen zu verschaffen, werden wir – ähnlich wie während der Coronapandemie – Wirtschaftshilfen und staatliche Kreditlinien für die Betriebe benötigen. Anschließend müssen wir uns dem Strukturwandel unserer Wirtschaft zuwenden. Vieles von dem, was wir uns für die kommenden Jahre vorgenommen hatten, etwa mit Blick auf Nachhaltigkeit und Klimaschutz, muss jetzt sehr viel schneller gehen – und das unter erschwerten Bedingungen.

In dieser Zeit brauchen die Unternehmen eine klare Perspektive. Nur ein Unternehmer, der einen positiven Ausblick hat, wird in Zukunftstechniken investieren und neue Arbeitsplätze schaffen. Kurz: Die Wirtschaft braucht ein klares Aufbruchssignal. Die Ampel hat sich mit ihrem Koalitionsvertrag die Überschrift »Mehr Fortschritt wagen« gegeben. Jetzt ist die Zeit, damit beherzt anzufangen.

Außerdem brauchen wir zwingend eine vorausschauende Vorbereitung auf die nächste Pandemie. Das kann gelingen durch ein verlässliche, nach bundeseinheitlichen Kriterien ausgerichtete Prävention und einen Gesundheits- und Arbeitsschutz, der Betrieben Planungssicherheit gibt. Wir müssen weiterhin gemeinsam engagiert für eine Verbesserung des Impfschutzes der Bevölkerung werben. Die Coronapandemie ist noch nicht überwunden.

Es gibt viel anzupacken: Die Schulden, die wir aufnehmen, müssen zurückgezahlt, die Sozialversicherungssysteme stabilisiert und Arbeitsplätze gesichert werden. Die Bürgerinnen und Bürgern in unserem Land wissen, dass sich die Prioritäten in unserem Land verschieben. In einer aktuellen repräsentativen Forsa-Umfrage für die BDA sagen sie uns mit breiter Mehrheit, was sie von der Ampel in der Sozial- und Wirtschaftspolitik erwarten. Und das ist:

- mehr Digitalisierung,
- mehr Bildung,
- weniger Bürokratie,
- Entlastungen für Bürger und Unternehmen – auch um die Sozialsysteme resilient zu machen.

Und besonders wichtig: Deutschland braucht starke Eigentümer. Sie geben den Beschäftigten die Sicherheit, die sie zu Recht erwarten. Respekt für die Risikoübernahme durch Eigentum ist die Grundvoraussetzung für eine nachhaltige und generationenübergreifende Unternehmensführung. Daran mangelt es in Deutschland, gerade auch von Seiten der Politik. Wir brauchen wieder eine Gründer- und Eigentumskultur statt einer Neid- und Vollkaskokultur. Eine allumfassende Staatsgläubigkeit führt nirgendwo hin, außer in den wirtschaftlichen Abgrund.

Wenn wir Wachstum, Wohlstand und Beschäftigung in Deutschland weiterhin auf einem guten Niveau halten wollen, dann führt an einer Politik, die die Wirtschaft stärkt, kein Weg vorbei. Und das ist auch die Voraussetzung für eine außenpolitische Resilienz: Eine starke Wirtschaft ist die Grundlage für Sicherheit in unserem Land.

Christoph P. Mohr

Zentralasien im geopolitischen Spannungsfeld

Mai 2022

»Die Welt ist aus den Fugen geraten«, so beschrieb der damalige Bundesau-
ßenminister Frank-Walter Steinmeier die Weltlage im Jahr 2015. Die gewalt-
samen Konflikte, die die Welt umtrieben, seien ein Ausdruck »tektonischer
Verschiebungen in der Weltpolitik« – eine Beschreibung, die heute kaum
aktueller sein könnte. Die russische Invasion in der Ukraine hat eine Vielzahl an Krisen ausgelöst – eine humanitäre, eine wirtschaftliche und eben
auch eine geopolitische: so kann der Krieg durch das Prisma des Ringens
um eine neue Weltordnung gesehen werden[71] und diese Weltordnung, rund
sechzig Tage nach dem russischen Angriff, scheint tatsächlich aus den Fugen
geraten zu sein.

Wladimir Putin ist eine Art symbolischer Overlord einer globalen Bestre-
bung gegen Multilateralismus, die westlich-liberale Demokratie, Meinungs-
pluralität und einer kosmopolitischeren Zukunft geworden. Er hat unter
dem Banner dieser Ideologie einen anachronistischen Angriffskrieg gegen
die Ukraine begonnen. Dieser Systemgegensatz, bedroht, wie Tobias Fella in
der NZZ schreibt, das »auf ewig angelegte, traditionalistisch-autokratische
Russland«.[72] Putin möchte die, in seinen Augen vorliegenden, historischen
Ungerechtigkeiten beseitigen. Der Krieg in der Ukraine – die nach russischer
Betrachtung keinen eigenen Staat darstellt – ist demnach der erste Schritt
des Austarierens dieser Weltordnung, die, mag man den russischen Vorstellungen folgen, eine der Großreiche und Einflusssphären einschließlich
gegenseitiger Interventionsverbote sein wird.

Die Länder Zentralasiens sind per Geografie, Historie, Entwicklungsmodelle und institutioneller Architektur im Sturmzentrum dieses geopolitischen
Spannungsfeldes. Sie gehören zu den Regionen, die am meisten vom russischen Einmarsch in die Ukraine betroffen sind. Ein Blick in die Ferne lohnt
sich, um einige der Reibungskonflikte der anstehenden globalen Konfliktlinien zu verstehen.

Betroffen per proxy –
Institutionelle Bindungen und ihre Konsequenzen

Die beispiellosen Sanktionen des Westens wirken sich erheblich auf die russische Wirtschaft aus: über 750 Firmen – hauptsächlich westliche – haben ihre Aktivitäten in Russland entweder ausgesetzt oder gar eingestellt. Der Rubel hatte zu Beginn dramatisch an Wert verloren und die russische Wirtschaft erwartet für dieses Jahr einen signifikanten Rückgang der Wirtschaftstätigkeit. Analog dazu sind auch die Wirtschaften Zentralasiens betroffen, die bis heute stark von Russland abhängig sind. Sichtbar wurde das vor allem bei den Währungen, die mit dem Rubel steigen und fallen, aber auch bei den ganz praktischen Problemen der vielen Arbeitsmigranten aus Zentralasien, die keine Auslandsüberweisungen aus Russland in ihre Heimatländer in Zentralasien tätigen können. In Kasachstan übersetzt sich der Währungsverfall zudem in eine starke Verteuerung der Güter des täglichen Lebens. Auch die kasachischen Standardwerte spüren bereits die Folgen: die Halyk-Bank, das größte Finanzinstitut des Landes, verlor etwa 40 Prozent ihres Wertes an der Londoner Börse. Die nationale Urangesellschaft Kazatomprom verzeichnete einen Rückgang von nahezu eines Viertels ihres Wertes.

Die Gründe für die hohe Empfänglichkeit der ökonomischen Schocks aus Russland sind – neben der Vernetzung der globalen Lieferketten und starken Ressourcenabhängigkeit – simpel: in Zentralasien existiert bis heute kein regionales Integrationsprojekt und selbst ein homogenisierter zentralasiatischer Binnenmarkt wäre in seiner Kaufkraft zu klein, um eine autonomere Wirtschaftspolitik zu gewährleisten, während sich zeitgleich geographische Hemmnisse und die schwache Konnektivität negativ auf die Ökonomien Zentralasiens auswirken. Kasachstan und Kirgisistan traten, wissentlich dieser Defizite, der russisch-dominierten Eurasischen Wirtschaftsunion (EAWU) bei und auch die anderen Länder sind historisch stark an Russland gebunden. Die EAWU verfolgt zwar das erklärte Ziel, einen gemeinsamen Binnenmarkt zwischen den Mitgliedsstaaten zu schaffen, weist aber institutionelle und politische Hemmnisse auf. Bereits in den Anfangszeiten der Gründung waren deren wirtschaftliche Perspektiven in den jeweiligen Ländern stark umstritten: während die Regierungen die möglichen Synergieeffekte und das damit verbundene hohe Modernisierungspotential priesen, verwiesen Kritiker auf die hohe Abhängigkeit von Rohstoffexporten in Drittländer und mangelndes Innovationspotential. Im wirtschaftlich stärksten Land der Region, in Kasachstan, wurden ein Souveränitätsverlust und eine erneute Abhängigkeit von Russland befürchtet.

Multi-vektorale Außenpolitik und der Balanceakt der zentralasiatischen Länder

Hier versuchte man als Gegendynamik gezielt zwischen den Interessen der Großmächte – hier vor allem Russland und China, aber auch gegenüber Iran oder der Türkei – zu manövrieren. Auch deshalb unterhält Nur-Sultan eigenständige Projekte ohne Beteiligung Russlands oder der EAWU: so stärkten die Europäische Kommission und Kasachstan im Jahr 2019 das Bekenntnis zur Zusammenarbeit mit der Veröffentlichung einer gemeinsamen Strategie zur Vertiefung der Arbeit, später auch durch die neue EU-Zentralasienstrategie sowie der Unterzeichnung des erweiterten Partnerschafts- und Kooperationsabkommen. Auch Usbekistan orientiert sich wirtschaftlich stark gen Europa: seit Anfang 2021 ist Tashkent u.a. Teil des GSP+ Regimes. Dennoch geht der Kooperationstrend nicht unbedingt Richtung Europa, sondern gen Asien, wovon die Freihandelsabkommen der EAWU u.a. mit Vietnam, Iran, China und Singapur zeugen – denen bisher nur ein einzelnes Freihandelsabkommen mit Serbien als europäischem Land gegenübersteht.

Usbekistan hat enge Handels- und Wirtschaftsbeziehungen mit China aufgebaut. China ist seit mehreren Jahren der größte Handelspartner des Landes, sodass der Anteil Chinas am Außenhandelsumsatz Usbekistans im Jahr 2021 rund 18 Prozent umfasste – das ist etwas mehr als der Anteil Russlands. Auch China und Kasachstan haben eine bedeutende Wirtschaftspartnerschaft: China bezieht rund 20 Prozent seiner Gasimporte aus oder über Kasachstan. Das zentralasiatische Land ist zudem ein Dreh- und Angelpunkt in der Belt and Road Initiative und das, zumal es in der Lage war, Größe und Umfang der chinesischen Wirtschaftätigkeit im eigenen Land so zu gestalten, dass sie mit der nationalen Entwicklungsstrategie kompatibel waren: das nationale Investitionsprogramm Nurly Zhol soll die Modernisierung der Infrastruktur – unter anderem durch die Modernisierung von Straßen, Eisenbahnen und Häfen – vorantreiben und Kasachstan so zu einem wichtigen eurasischen Transport- und Logistikzentrum machen. Es steht so in Einklang mit den chinesischen Bestrebungen zum Auf- und Ausbau interkontinentaler Handels- und Infrastruktur-Netze.

Die institutionellen Verstrebungen, wie die Mitgliedschaft in der Eurasischen Wirtschaftsunion, ziehen Effekte nach sich, die Kasachstan nicht oder nur schwer eigenständig gestalten kann, allerdings versucht das Land erfolgreich einen eigenen Handlungsrahmen aufrechtzuerhalten. Diese Bereitschaft wurde auch im Nachgang des Kriegsbeginns erneuert und ist auch im Kontext der aktuellen politischen Reformen zu sehen. Der stellvertretender Außenminister Kasachstans, Timur Suleimenov, hat in einem Interview sehr deutlich gemacht, dass Kasachstan sich nicht »im selben Korb wie Russland« sehen wolle, eine Diversifizierung der Exportrouten anstrebe und die territoriale Integrität der Ukraine anerkenne.[73] Die Entwicklungsmodelle, ökonomischen Ressourcen und sozialen Realitäten in den Ländern Zentralasiens weisen einen unterschiedlichen Status-quo sowie unterschiedliche Dynamiken auf. Am Beispiel Kasachstans wird jedoch exemplarisch der Balanceakt deutlich, den die Staaten zwischen ihren wirtschaftlichen und historischen Verstrebungen mit Russland, der chinesischen Neuen Seidenstraße und der Kooperation mit der EU nehmen müssen.

Die aktuelle Konfliktsituation leitet im eurasischen Raum eine Phase der Hinterfragung und der Neuordnung der Sicherheits- und Wirtschaftsarchitektur ein. Die Eurasische Wirtschaftsunion ist durch die Sanktionen stark beschädigt. Ihr Sinn wird erneut infrage gestellt. Sicherheitspolitisch bindet die Organisation des Vertrags über kollektive Sicherheit (OVKS) einige Länder Zentralasiens an Russland – dessen Interessen man in der aktuellen Lage zu großen Teilen jedoch nicht teilt. Die Länder müssen ihre institutionellen Bindungen in den Bereichen Sicherheit und Wirtschaft neu sortieren. Das bietet auch Chancen für Deutschland und Europa, um entlang der globalen Konfliktlinien Partner zu stärken, die im Kontext der eingangs gezeichneten »neuen Weltordnung« ansonsten Gefahr laufen als Teil einer historisch begründeten Einflusssphäre betrachtet zu werden.

Die Einbindung der Länder Zentralasiens und die Schaffung von Anreizsystemen

Die Optionen hin zu mehr Unabhängigkeit liegen auf dem Tisch: bereits an anderer Stelle argumentierte ich, dass die Länder Zentralasiens ihre bisherigen institutionellen Verflechtungen – allen voran jene mit Russland – überdenken müssen.[74] Hierbei sind die weitere Vertiefung der regionalen Integration sowie die verstärkte Zusammenarbeit mit den Nachbarländern in Zentralasien erste Schritte. Gleichzeitig gilt es, den Blick nach innen zu richten: in nahezu allen Ländern Zentralasiens – wenn auch auf unterschiedlichen Niveaustufen – schwelt in der Bevölkerung Unmut gegenüber weitverbreiteter Korruption, sozialer Ungleichheit und politische Systeme, die über Jahrzehnte Verteilungskartelle im Staats- und Privatsektor, sowie eine institutionelle Architektur der Selbstbereicherung und den Machterhalt der Eliten ermöglichte.

In Kasachstan wird deutlich, dass die von der damaligen Regierung geförderte, auf Fossilextraktion basierte Trickle-Down-Ökonomie in der Folge immer weniger funktioniert und die hieraus resultierenden sozio-ökonomischen Missstände die Demonstrationen im Januar angestoßen haben – so also die Stabilität des Landes direkt gefährdeten. Es ist also auch im Eigeninteresse dieser Länder, ihre Wirtschaftsarchitektur anders aufzustellen und eine einseitige außenpolitische Anbindung weiterhin abzulehnen.

Wie die Länder Zentralasiens sich in die globalen Energie-, Produktions-, Distributions- und Finanzsysteme der Zukunft eingliedern werden, hängt aber auch von Anreizsystemen der Partner ab und ob jene eine Loslösung von Russland ermöglichen. Die notwendigen politischen Reformen sowie die wirtschaftliche Transformation lassen sich nur erfolgreich gestalten, wenn außenpolitische Anreize der europäischen Partner zu ebd. Initiativen beitragen, denn: die Reformrückstände der politischen Systeme und wirtschaftlichen Diversifizierungsprobleme der Länder Zentralasiens und ihre außen- und wirtschaftspolitischen Abhängigkeiten sind eng verknüpft. Ansonsten ist es vorstellbar, dass China mittelfristig die Eurasische Wirtschaftsunion – und somit auch Teile Zentralasiens – in die chinesische geo-ökonomische Ordnung eingliedern wird, was Peking helfen wird seinen Einflussbereich auf das kontinentale Eurasien auszudehnen, für die Länder Zentralasiens aber ein klarer Verlust der eigenen Gestaltungsfähigkeit bedeuten würde. Die Vorboten hiervon sind bereits heute in Bischkek sichtbar.

Das Ringen um eine neue Weltordnung hat begonnen. Um im Sinne der »Zeitenwende« in der Zukunft geopolitische Interessen durchsetzen zu können, muss ein souveränes Europa eine gemeinsame politische Linie entwickeln, die außenpolitisch die aktive Unterstützung von Partnern priorisiert. Die Länder Zentralasiens könnten hier, obwohl aus dem Erbe der Sowjetunion geboren, eine wichtige Rolle spielen.

Dr. Ana Helena Palermo Kuss / Prof. Achim Wambach, PhD

Suche nach robusten Brücken zu China

Juni 2022

Der russische Krieg gegen die Ukraine hat einige vermeintliche Gewissheiten in Europa erschüttert. Manches, was früher als selbstverständlich empfunden wurde, steht jetzt auf dem Prüfstand, unsere wirtschaftlichen und politischen Beziehungen zu China inklusive. Das Verhältnis Deutschland-China steht vor einer Zäsur: Lösen von Abhängigkeiten, nicht von China.

Der rasante Aufstieg von Chinas Wirtschaft mit durchschnittlichen jährlichen Wachstumsraten von über acht Prozent zwischen 2001 und 2020 kam vielen europäischen Unternehmen zugute, die dort einen nicht unbedeutenden Teil ihrer Geschäfte realisieren konnten. Besonders markant zeigt sich dies in der deutschen Automobilindustrie – im Jahr 2021 betrug der Anteil der in China verkauften PKW am Gesamtabsatz deutscher Automobilhersteller 37 Prozent.

Auch für die Elektro- und Chemieindustrie ist der chinesische Markt von zentraler Bedeutung: 2019 waren 237 Tochtergesellschaften deutscher Chemieunternehmen in China tätig und erzielten einen Umsatz von rund 27 Milliarden Euro - etwa 15 Prozent des Gesamtumsatzes der deutschen Chemieindustrie. Die deutsche Elektroindustrie hat 2020 bei einen Gesamtumsatz von 182 Milliarden Euro Waren in Wert von 23 Milliarden Euro nach China exportiert.

Der Slogan »Wandel durch Handel« erleichterte es, erfolgreich Geschäfte zu machen und gleichzeitig die vermeintliche Gewissheit zu haben, einen Beitrag zum politischen Fortschritt zu leisten. Die Gewissheit ist dahin. So mahnte bereits 2019 der Bundesverband der Deutschen Industrie in einem viel beachteten Grundsatzpapier eine strategische Neuausrichtung gegenüber dem Systemwettbewerber China an.

Eine verschärfte Investitionsprüfung ist eine Konsequenz dieser Neuausrichtung: Wenn ein Unternehmen aus einem Drittstaat ein deutsches Unternehmen erwerben will, prüft das Bundesministerium für Wirtschaft und Klimaschutz (BMWK), ob durch den Kauf die Sicherheitsinteressen der

Bundesrepublik gefährdet wären. 2021 wurden 306 nationale Prüfverfahren durchgeführt, in 37 Fällen kam der Käufer aus China.

Die Investitionsprüfung ist auch eine Antwort auf die Auflagen, denen sich europäische Unternehmen bei Unternehmenskäufen in China gegenüberstehen. Doch sollte man die Relationen im Auge behalten: Der Bestand deutscher Direktinvestitionen in China ist mit 96 Milliarden Euro zehnmal so groß wie der Bestand chinesischer Direktinvestitionen in Deutschland mit nur neun Milliarden Euro.

Nicht nur der Erwerb deutscher Unternehmen durch Käufer aus Drittstaaten gehört auf den Prüfstand. Die gesamten Geschäftsbeziehungen deutscher Unternehmen mit chinesischen Unternehmen und Kunden müssen neu betrachtet werden. Die Größenordnungen sind gewaltig. China war 2021 zum sechsten Mal in Folge Deutschlands wichtigster Handelspartner. Im- und Exporte von und nach China sind in 2021 wieder gestiegen und betragen mittlerweile 246 Milliarden Euro.

Die wirtschaftliche Vernetzung mit China ist damit etwa viermal so groß wie die mit Russland. Das Volumen der deutschen Im- und Exporte mit Russland betrug 2021 60 Milliarden Euro, die deutschen Direktinvestitionen in Russland 25 Milliarden Euro (Stand 2019).

Ein Rückführen dieser Vernetzung hätte entsprechende wirtschaftliche Auswirkungen: So würde eine Verdoppelung der nichttarifären Handelshemmnisse im bilateralen Handel zwischen der EU und China nach einer Studie des IfW bereits zu einem Rückgang des deutschen BIPs um 1,4 Prozent führen. Allerdings wurden in dieser Studie die Konsequenzen von Abhängigkeiten bei spezifischen Produkten und Rohstoffen nicht erfasst. Engpässe dort können zu erheblichen Störungen in der gesamten Lieferkette führen. Eine solche Verletzbarkeit zeigte sich zu Beginn der Corona-Pandemie und jetzt erneut, wo aufgrund des Lockdowns in China dortige Häfen weniger bedient werden und Lieferketten stocken. Die Bedeutung der chinesischen Häfen für den Welthandel ist enorm: Sieben der zehn größten Containerhäfen der Welt befinden sich in China.

Doch die Bedrohung geht über pandemiebedingte Ausfälle hinaus: In Krisenfällen eingesetzte Sanktionen gegenüber China würden in vielen Sektoren Im- und Exporte zum Erliegen bringen. So sind die deutschen Exporte nach Russland seit Beginn des Kriegs um über 60 Prozent zurückgegangen.

Die Importe aus Russland, hauptsächlich Energierohstoffe, wurden allerdings wegen ihrer Bedeutung für die deutschen Unternehmen und Haus-

Dr. Ana Helena Palermo Kuss / Prof. Achim Wambach, PhD

halte nicht eingeschränkt, und sind wegen des Anstiegs der Energiepreise sogar im Wert gestiegen. Hier ist Deutschland besonders verletzbar und Russland versteht sehr wohl, die (Nicht-)Lieferung von Gas als strategisches Instrument einzusetzen.

Solche Abhängigkeiten sind problematisch. In einer Studie des ifo Instituts werden Abhängigkeiten in der Lieferkette so definiert, dass (i) nur einzelne Zulieferer das jeweilige Produkt liefern, (ii) dieses nicht in Deutschland produziert wird und (iii) ihre Nichtverfügbarkeit ein großes Problem darstellt. Die Studie kommt zu dem Ergebnis, dass bei fünf Prozent aller deutschen Importe im Jahr 2019 eine solche Abhängigkeit bestand. Diese abhängigen Produkte, die hauptsächlich im industriellen Bereich zu finden sind, kommen zu knapp 75 Prozent aus EU-Ländern - aus China lediglich drei Prozent. Die größten Abhängigkeiten von China bestehen bei chemischen Erzeugnissen gefolgt von elektrischen Ausrüstungen und Transportausrüstungen. Eine besondere Verwundbarkeit gegenüber China besteht bei Mineralien. Seltene Erden, Kobalt, Lithium oder Magnesium, die für die Produktion von Batterien und Solaranlagen benötigt werden, werden aktuell hauptsächlich von dort bezogen. Alternativen für einen guten Anteil dieser Mineralien wären vorhanden, etwa in Kanada. Mit Ländern wie Kanada stärker Handel zu treiben bedeutet allerdings auch, dass man angesichts besser etablierter und ausgebauter Umweltgesetze und Arbeitsschutzregelungen einen höheren Preis bezahlt.

Die deutsche Wirtschaft wird sich von diesen Abhängigkeiten lösen müssen. Eine Form dazu ist das Reshoring, d. h. die Verlagerung der Produktion zurück in den eigenen Wirtschaftsraum. In der Chipindustrie wird dieser Weg in Europa mit hohen Fördermitteln eingeschlagen. Mit dem »Chips Act« will die EU 43 Milliarden Euro an öffentlichen und privaten Investitionen mobilisieren, um die Halbleiterproduktion in Europa zu stärken – mit Erfolg: Im März kündigte der weltweit zweitgrößte Halbleiterhersteller Intel den Bau einer großen Chipfabrik in Magdeburg an und plant weitere Investitionen in Europa.

Rückverlagerung für eine Volkswirtschaft in Zeiten von Fachkräftemangel bedeutet aber gleichzeitig, auf andere Produktionen zu verzichten. Außerdem geht die globale Aufteilung der Wertschöpfung mit komparativen Vorteilen einher, die durch Rückverlagerung wegfallen würden. Daher ist es nicht überraschend, dass Deutschland laut einer Studie bei vollständiger Rückverlagerung seiner internationalen Produktionsprozesse ins Inland knapp zehn Prozent seines BIPs verlieren würde – über 350 Milliarden Euro jährlich.

Eine Alternative zum Reshoring ist eine konsequentere Diversifizierung der Lieferketten, primär aber nicht nur mit befreundeten Ländern – die amerikanische Finanzministerin spricht in diesem Zusammenhang vom »friendshoring«. Die öffentliche Hand kann eine stärkere Diversifizierung von Lieferanten und Kunden der Unternehmen dadurch unterstützen, dass sie mehr Handelsverträge schließt, die es den Firmen leichter machen, zum Beispiel nach Südamerika oder Indien zu gehen. Es ist daher gut und war überfällig, dass sich die Ampelkoalition auf die Ratifizierung des EU-Handelsabkommens mit Kanada (CETA) geeignet hat und nun einen Gesetzentwurf noch vor der Sommerpause verabschieden möchte.

Auch China ist dabei, sich von wirtschaftlichen Abhängigkeiten zu lösen. Die Importe Chinas relativ zum BIP sanken von 28 Prozent in 2006 auf 16 Prozent in 2020. Um seinen Handel zu diversifizieren, fördert China Beziehungen mit anderen Partnern. So trat Anfang des Jahres Chinas erstes regionales Freihandelsabkommen RCEP (Regional Comprehensive Economic Partnership) in Kraft, an dem 15 Länder der Region Asien-Pazifik – u. a. Japan, Singapur und Australien – beteiligt sind, und das rund ein Drittel des globalen Welthandels umfasst.

Die Aufgabe der Unternehmen und der Regierung in den nächsten Jahren wird es sein, ein besseres Verständnis dafür zu bekommen: (i) welche Abhängigkeiten problematisch sind, (ii) welche Geschäftsbeziehungen tolerierbar sind, (iii) wer für die Reduktion bestimmter Abhängigkeiten verantwortlich ist und (iv) welche Maßnahmen ergriffen werden sollten.

Der Kauf eines Hafens durch chinesische Unternehmen wie in Piräus, der im Zweifelsfall unter nationale Treuhand gestellt werden kann, ist vermutlich weniger sicherheitsgefährdend als die Installation eines Telekommunikationsnetzes, das abgehört und im Konfliktfall lahmgelegt werden kann.

Wie schwer es allerdings ist, gute von schlechten Beziehungen abzugrenzen, zeigt sich im Hochschulsektor. Deutsche und chinesische Universitäten sind stark vernetzt. Vor der Corona-Pandemie, im Wintersemester 2019/20 kamen über 40.000 chinesische Studenten nach Deutschland, umgekehrt gingen über 8.000 deutsche Studenten nach China. Ein wichtiger Beitrag zum Aufbau einer Chinakompetenz, wie er von der Bundesregierung explizit gefördert wird. So unterstützt das BMBF 13 Forschungsprojekte mit bis zu 450.000 Euro pro Vorhaben, um das Verständnis von den vielfältigen und komplexen Zusammenhängen und Wirkungsketten in China sowie deren Bedeutung für Deutschland und Europa zu erweitern. Das ZEW ist daran beteiligt.

Gleichzeitig hat aber, wie jüngst eine Recherche mehrerer europäischer Medien ergab, die problematische Zusammenarbeit europäischer Universitäten mit chinesischen Militärinstitutionen bis zum Ausbruch der Corona-Pandemie stetig zugenommen.

Deutschland und die EU müssen die leitenden Paradigmen ihrer internationalen Partnerschaften überdenken. Die Abmilderung von Abhängigkeiten durch stärkere Diversifizierung kann zu einer neuen Vielfalt in den Handelsbeziehungen führen. Deutschlands exportorientierte Wirtschaft könnte dazu ihre erfolgreichen Erfahrungen einbringen.

2.

Rahmenbedingungen für die Transformation schaffen

Dr. Jörg Zeuner

Großmachtwettbewerb: Deutschland zwischen den Stühlen

März 2022

Das Verhältnis zwischen China und den USA hat sich innerhalb kürzester Zeit grundlegend verändert. Die Kulisse ist nicht länger die Globalisierung mit ökonomischen Renditen, sondern knallharter politischer Großmachtwettbewerb. Im Fokus des wirtschaftlichen Wettstreits steht nicht mehr der Handel. Vielmehr erhebt China Anspruch auf technologische Führung und untermauert dies mit einer Reihe erfolgreicher strategischer Initiativen. Ein Beispiel: *China Standards 2035* verpflichtet das Land zu einer aktiven Rolle bei der internationalen Definition von Industriestandards, vor allem im Technologiesektor. Eine effizientere, langfristig angelegte Industriepolitik gibt es kaum.

Zu solchen industriepolitischen Maßnahmen gesellen sich auf beiden Seiten des Pazifiks Beschränkungen von Technologie- und Datentransfers. Inländische Unternehmen kehren an die heimischen Kapitalmärkte zurück, um den Informationsanforderungen ausländischer Regulierungsbehörden zu entgehen. Umgekehrt werden ausländische Unternehmen im eigenen Land härter reguliert.

Auf Seiten Chinas ist das Großmachtstreben kein demokratisches Projekt. Die Interessen vieler Arbeitnehmer und Konsumenten und zuweilen auch der Internetriesen im Reich der Mitte stehen hinten an. In den USA genießt die Chinapolitik zwar eine breite Zustimmung, liberal und marktwirtschaftlich sind viele der wirtschaftspolitischen Maßnahmen allerdings nicht.

Europa, allen voran Deutschland, muss in diesem Umfeld seine Position neu bestimmen – nicht nur politisch, sondern auch wirtschaftlich. Ein global vernetzter Industriestandort zu sein, reicht als Wettbewerbsvorteil nicht mehr aus, denn der Konflikt wird tiefgreifende Folgen für die Weltwirtschaft haben. Lieferketten werden sich verändern, zudem wird der Zugang zu strategischen Komponenten wie Halbleitern neu organisiert – um nur zwei Beispiele zu nennen. Als exportierende Industrienation ist Deutschland aber abhängig von funktionierenden Lieferketten, dem Zugang zu Absatzmärkten und wichtigen Rohstoffen. Die Folge: Wir sitzen zunehmend zwischen den Stühlen, denn die USA und China sind außerhalb der Europäischen Union unsere beiden wichtigsten Handelspartner.

Der Großmachtwettbewerb wird die Wirtschaftspolitik des nächsten Jahrzehnts auch auf eine andere Art prägen. Insbesondere die USA schicken sich an, ihre Ausgaben für Forschung und Entwicklung, Digitalisierung und Infrastruktur auf ein deutlich höheres Niveau zu heben. Europa und Deutschland dürfen nicht den Anschluss verlieren, denn sonst entstehen die Wachstumspotenziale erneut vor allem außerhalb Europas.

Lange bestand die wirtschaftspolitische Strategie Deutschlands im Kern aus zwei Elementen: Finanzpolitische Stabilität auf der einen Seite und Sicherung offener Märkte für deutsche Produkte auf der anderen. Die sich verändernden globalen Rahmenbedingungen lassen Zweifel wachsen, ob diese Strategie zukunftsfähig ist. Gerade vor dem Hintergrund der demographischen Entwicklung muss Deutschland an seiner Innovationskraft arbeiten, um die in vielen Bereichen gute internationale Wettbewerbsposition nicht aufs Spiel zu setzen. Deshalb sind höhere Investitionen als in der jüngeren Vergangenheit notwendig, sowohl auf nationaler als auch auf europäischer Ebene.

Eine Chance für Europa liegt darin, dass Chinas Jahre des zweistelligen Wachstums vorbei sind. Der eher mengenorientierte Export- und Investitionsboom der vergangenen zwanzig Jahre fordert seinen Tribut. Die Wirtschaft soll innovativer werden, muss aber gleichzeitig umgebaut werden. Unter anderem muss der Staat Wohlstand stärker umverteilen, um die wirtschaftlichen Verhältnisse in China besser in Einklang mit der kommunistischen Ideologie zu bringen. Das kostet Ressourcen. Anders ausgedrückt: Chinas Potenzial, hohe Wachstumserträge dafür zu nutzen, europäische Unternehmen zu überrollen, sinkt. Erhalten wir unsere Innovationskraft – wie das jüngste Beispiel Corona-Impfstoffe zeigt, bleiben uns frustrierende Erfahrungen der Vergangenheit erspart – wie etwa in der Solarenergie.

Was also sollte Deutschland tun? Eine überzeugende Strategie der EU-Staaten einschließlich Deutschlands steht noch aus. In vielen Bereichen wie etwa Künstlicher Intelligenz, Quanten-Computing oder Halbleitertechnik ist Deutschland bereits heute abgeschlagen. Das ist auch eine Frage der Prioritätensetzung: Ein Drittel der deutschen Forschungsausgaben fließt in den Automobilsektor, in den USA sind es nur 5 Prozent. Anders im Bereich der Informations- und Kommunikationstechnologie: In den USA beträgt der Anteil 22 Prozent, in Deutschland liegt er bei nur 6 Prozent.

Deutschland sollte den Anfang bei seinen Stärken machen, etwa im Maschinen- und Anlagenbau als Basis für die vernetzte Industrie 4.0. Ein Hindernis ist die vielerorts schlecht ausgebaute digitale Infrastruktur. Dabei ist der sichere Netzwerkausbau die Voraussetzung schlechthin für künftige Innovationen. Deutschland sollte deshalb die Digitalisierung mit aller Kraft vorantreiben. Daneben bietet auch die Umwelttechnologie Chancen. Entscheidend ist die politische Unterstützung, um einen europäischen Markt mit heimischen Liefernetzwerken zu entwickeln. Positive Beispiele dafür sind die *European Battery Alliance* oder die *European Clean Hydrogen Alliance*. China setzt einen Fokus auf heimische Innovation, also Forschung und Entwicklung vor Ort. Dies könnte zum Risiko für den deutschen Mittelstand werden. Denn das Reich der Mitte verknüpft zunehmend den Marktzugang mit der Forderung, auch Entwicklungsabteilungen nach China zu verlagern. Damit gerät eine der großen Stärken der deutschen Industrie ins Visier: das einzigartige Innovationsnetzwerk zwischen Konzernen und Mittelstand. Bewegen deutsche Konzerne Forschungsabteilungen nach China, könnte diese Stärke beschädigt werden. Deutschland sollte daher besonnen mit Technologietransfers und der Verlagerung von Entwicklungsabteilungen umgehen. Besser wäre, die eigene Innovationsfähigkeit zu stärken, zum Beispiel bei der Finanzierung von Start-ups.

Die Vergangenheit hat gezeigt, dass chinesische Unternehmen zu einer ernstzunehmenden Konkurrenz auf dem Weltmarkt werden können. Das Land bringt beste Voraussetzungen mit: Der geschützte Heimatmarkt bietet Unternehmen geringen Wettbewerbsdruck, Größenvorteile sowie günstige Finanzierungsbedingungen. Dies ermöglicht überdurchschnittliche Gewinne, die die Unternehmen in Forschung und Entwicklung investieren können, um Produktivität und Qualität der Produkte zu steigern. Außerdem schützt China weiterhin junge Industrien durch Zugangsbeschränkungen vor ausländischer Konkurrenz.

Dies könnte auch deutschen Domänen wie dem Automobil- und dem Maschinenbau langfristig gefährlich werden. Deshalb ist Selbstschutz angebracht. Die EU ist gefordert. Das Ziel muss sein, auf europäischer Ebene den Binnenmarkt deutlich strategischer zu gestalten, also mit politischer Rückendeckung attraktive Märkte mit größeren Skalenvorteilen zu schaffen. Deutschland sollte darauf hinwirken, etwa im Dienstleistungsbereich. Gelingt uns das, müssen sich in Deutschland weniger Unternehmen für eine Seite – China oder USA – entscheiden.

Eine mutmaßliche Folge des Großmachtwettbewerbs werden zwei unabhängige Einfluss- und Technologiesphären mit unterschiedlichen Normen und Standards sein. Im direkten Vergleich hat Deutschland dann eindeutig mehr politische Übereinstimmungen mit den USA als mit China. Eine enge Abstimmung mit den Vereinigten Staaten ist deshalb in vielen Bereichen sinnvoll. In jedem Fall erhöhen zwei getrennte Einflusssphären den operativen Aufwand deutlich. Größere Unternehmen können diese Mehrbelastung vielleicht noch stemmen. Für viele kleinere Unternehmen dürfte das schwierig sein. Sie werden sich entscheiden müssen.

Eine enge Zusammenarbeit mit den USA sollte aber keinesfalls bedingungslos sein. Sich von China einseitig komplett abzuwenden wäre ein Fehler, denn Asien und das Reich der Mitte sind und werden auch auf Sicht attraktive Wachstumschancen für deutsche Unternehmen bieten. Der Platz zwischen den Stühlen wird immer unbequemer – umso wichtiger ist es für Deutschland und Europa, besonnen eigene Interessen zu formulieren und eine klare Vorstellung unserer Zukunft zu entwickeln.

Joe Kaeser

Versorgungssicherheit hat jetzt Priorität – Der Klimawandel darf jedoch nicht vergessen werden

März 2022

Seit dem 24. Februar ist die Welt für uns eine andere. Der Einmarsch der russischen Streitkräfte in die Ukraine und der brutale Krieg in dem Land auch gegen die Zivilbevölkerung verändern nicht nur die geopolitische Lage. Sie verändern auch Weltbilder und Prioritäten. Das Regime des größten Flächenstaats der Erde und Hauptlieferant für Energie in Deutschland ist isoliert. Auch wenn wir immer vor Augen haben müssen, dass das russische Volk für diese Akte von Terror und Gewalt nicht verantwortlich ist und damit selbst zum Opfer wird, kann es lange dauern, bis sich Beziehungen normalisieren.

Seit dem 24. Februar stellen sich deshalb unvermittelt dringlich und sehr verschärft Fragen für die Energiepolitik in Deutschland. Was längst hätte ganzheitlich adressiert werden müssen, wird dringlich. Auch deshalb, weil es das Volk unmittelbar trifft: an den Zapfsäulen, unter der Dusche und im Wohnzimmer. Und das Volk ist das Fundament der Demokratie. Auf den Punkt gebracht geht es um folgendes: Welche Bedeutung sollten die einzelnen Aspekte des »Energiepolitischen Dreiecks« – Versorgungssicherheit, Wirtschaftlichkeit, Umweltverträglichkeit – kurz-, mittel- und langfristig haben? Kurzfristig wird die Versorgungssicherheit höchste Priorität haben müssen, wenn wir nicht unsere Lebensgewohnheiten drastisch einschränken oder die Wettbewerbsfähigkeit unserer Wirtschaft und damit Arbeitsplätze riskieren wollen.

Dennoch stellt sich zwangsläufig die Frage nach Alternativen und damit einer Diversifizierung: Der schnelle Bau von LNG-Terminals kann hier einen wichtigen Beitrag leisten. Ebenso hohes Tempo beim Aufbau einer Wasserstoffwirtschaft – internationale »Grüne-Energie-Partnerschaften« sind essenziell. Genauso Investitionen in Energieeffizienz – auch bei industriellen Prozessen. Ob die Laufzeit von Atomkraftwerken verlängert werden sollte,

sollte sorgfältig geprüft werden – zumindest wird dies schon evaluiert. Dasselbe gilt – wenn wirklich nötig – für Kohlekraftwerke. Es gilt nun, klug und vorausschauend die Situation zu analysieren. Daraus muss ein auf Nachhaltigkeit und Langfristigkeit ausgerichteter Plan resultieren, der unvergleichlich schneller umgesetzt werden muss, als das heute je die öffentliche Hand bewerkstelligt hat. Aber hier kann die Wirtschaft in konzertierter Aktion helfen. Sie weiß, wie das geht.

»Net-Zero« sollte trotz der schrecklichen Ereignisse der letzten Monate nicht aus dem Blickwinkel geraten. »There is no Planet B« – das gilt nicht nur für nukleare Bedrohung, sondern auch für den Klimawandel. Wir müssen an drei Stellen im Energiesystem ansetzen: bei der Stromerzeugung mit niedrigen oder Nullemissionen, beim Transport und der Speicherung von Energie. Und, wie wir weniger CO_2-Emissionen und einen geringeren Energieverbrauch bei industriellen Prozessen erreichen. Wir brauchen dabei erheblich mehr Geschwindigkeit und Verwaltungsinnovation. Die Industrie trägt Mitverantwortung. Es braucht neue, innovative Technologien und die Fähigkeit, diese in Produkte und Anlagen umzusetzen. Bis erneuerbare Energien im ausreichenden Maß verfügbar sind, werden wir auch Brückentechnologien wie Erdgas für noch mindestens einen Investitionszyklus benötigen.

Energiesysteme werden grün und hybrid

Der Trend in der Energiewelt ist unumkehrbar: Unsere Energiesysteme werden zunehmend grün und hybrid: zentral, man denke an große Offshore-Windparks; und dezentral, die Photovoltaik ist hier das ideale Beispiel. Die fossile Welt wird von der Welt der Erneuerbaren ersetzt. Dabei ist die Transformationsgeschwindigkeit je nach Land und Region unterschiedlich. McKinsey rechnet mit zusätzlichen 275 Billionen US-Dollar für den Zeitraum 2021 bis 2050 für Net-Zero global. Dabei ist die *Finanzierung* nur ein Faktor.

Andere Faktoren sind: *CO2-Intensität* – in allen Bereichen von der Erzeugung über den Transport bis zum Verbrauch. *Versorgungssicherheit* – also Schutz vor Cyberattacken wie auch die Sicherheit von Energietransport-Routen und die Diversifizierung der Lieferanten. *Kosten* – Energie muss bezahlbar sein. *Gerechtigkeit* – sowohl Klimagerechtigkeit als auch Zugang zu Strom für die fast 800 Millionen Menschen, die ihn heute noch nicht haben.

Klimapolitik ist Weltpolitik – Umwelttechnologien made in Germany müssen ein Schlüssel zum Gelingen sein

Der Energiesektor (Elektrizität und Wärme) ist für 30 Prozent der CO_2-Emissionen verantwortlich. Wir müssen Emissionen aus dem System nehmen. Und das geht, indem wir hierzulande Umwelttechnologien entwickeln und herstellen, die weltweit zum Einsatz kommen. So können wir auch hochqualifizierte Arbeitsplätze im Land halten und neue aufbauen. Eines ist klar: Mit einem weltweiten Anteil von nicht einmal zwei Prozent an den globalen Treibhausgas-Emissionen reicht es nicht, wenn wir Klassenprimus in Deutschland sind. Natürlich müssen wir die Klimaziele erreichen, dennoch ist Klimapolitik Weltpolitik. Erst der globale Einsatz von emissionsarmen und emissionsfreien Technologien führt uns – hoffentlich noch – auf den 1,5 Grad-Pfad.

Vier Aspekte für einen Kurswechsel

Aus meiner Sicht sollten wir vier Aspekte für einen Kurswechsel in der Energiewirtschaft berücksichtigen. Alle haben mit Innovation zu tun.

Erstens, das Umsetzen von bekannten und bewährten Lösungen – und das Weglassen von nicht mehr zukunftsfähigen Lösungen. Der Kohle-Ausstieg 2038 hierzulande ist richtig und sollte idealerweise früher kommen. Bei Siemens Energy haben wir uns bereits 2020 auf ein Nein zu Kohle-Neuprojekten festgelegt. Atomkraft in der heutigen Form halte ich nicht für eine nachhaltige Lösung: Wir übergeben nachfolgenden Generationen für viele Hundert Jahre radioaktive Abfälle. Wenn man dies in die Rechnung miteinbezieht, wird man weltweit kaum ein Atomkraftwerk finden, das sich wirtschaftlich rechnen würde.

Es gibt bewährte Technologien, mit denen wir Schritt für Schritt in Richtung Net-Zero kommen können: etwa hocheffiziente Gaskraftwerke, die Kohle ersetzen (»Coal-to-Gas-Shift«) und die Emissionen um etwa 50 Prozent bis zwei Drittel senken. Nicht die Gasturbine ist klimaschädlich, sondern der Brennstoff »Erdgas«. Wenn wir Gasturbinen wasserstofffähig machen, man sie also zunehmend mit grünem Wasserstoff antreiben kann, dann sorgen wir auch dafür, dass diese Technologie zukunftsfähig ist. Die Industrie jedenfalls wird technologisch bereit sein, wenn 100-Prozent-Wasserstofffähigkeit notwendig ist. Die Politik muss dafür sorgen, dass der Hochlauf der Wasserstoffproduktion entsprechend wirtschaftlich stattfinden kann.

Bewährte Lösungen ergeben sich auch aus der Energiegewinnung aus Wind und Sonne. Gerade bei der Windkraft haben wir Nachholbedarf. Es sollte in unser aller Interesse sein, dass wir die Flaute beim Bau neuer Anlagen hinter uns lassen. Heute baut Siemens Gamesa Offshore-Turbinen mit einem Durchmesser von 222 Metern und einer Kapazität von bis zu 15 MW. Windkraft auf See wird durch diese leistungsfähigen Anlagen ein Schlüsselelement der Energiewende sein. Was vielfach noch unterschätzt wird, ist die Bedeutung des Transports der großen Strommengen beispielsweise von den deutschen Küstenstandorten in die Lastschwerpunkte. Hier setzen wir zunehmend auch auf die Gleichstromübertragung – insbesondere, da diese auch längere Distanzen mit Hochspannungskabeln überbrücken kann.

Zweitens, das Hochskalieren von neuen Lösungen, Stichwort Wasserstoffwirtschaft. Ohne eine ausgeprägte Wasserstoffwirtschaft wird die zweite Stufe der Energiewende, die Dekarbonisierung, nicht zünden! Und zwar allein schon deshalb nicht, weil etwa die Hälfte des globalen Endenergiebedarfs gar nicht oder nur schwer direkt zu elektrifizieren ist. Daher muss der Zugang zu Wasserstoff für Unternehmen so selbstverständlich werden wie ein Stromanschluss, Wasser aus der Leitung und schnelles Internet. Entscheidend ist, dass wir mit hohem Tempo industriell skalieren und damit die Herstellungskosten für Wasserstoffprodukte erheblich senken. Grüner Wasserstoff und seine Derivate müssen vom Luxus- zum »Commodity«-Produkt werden. Eines ist allerdings auch klar: Wir müssen uns auf höhere Energiepreise einstellen und die Besteuerung anpassen.

Für einen erfolgreichen Markthochlauf und eine effektive Sektorenkopplung sollte es in der Startphase nicht maßgeblich sein, ob der Wasserstoff grün oder blau ist; selbst grün hat ja farbliche Nuancen. Die CO_2-Intensität sollte entscheidend sein. Die EU und insbesondere auch Deutschland werden große Importeure von grüner Energie werden. Wir müssen alles daran setzen, über Energiepartnerschaften die Versorgungssicherheit zu niedrigen Kosten zu sichern. Dazu gehört jetzt die Schaffung eines Markts für Wasserstoff, beziehungsweise für dessen Derivate wie Methanol oder Ammoniak. Aber auch synthetische Kraftstoffe müssen Einzug in unseren Energieverbrauch finden, zusätzlich zur e-Mobilität. Wie sonst wollen wir weltweit die über 1,3 Milliarden Fahrzeuge weltweit mit Verbrennungsmotoren zur Reduktion der CO_2-Emissionen einbinden?

Drittens, Nachdenken über zukunftsfähige Ansätze. In einigen Jahrzehnten, wenn der Anteil erneuerbarer Energien schließlich 100 Prozent der Energiebereitstellung erreicht, werden Versorger, Übertragungsunternehmen und die Industrie in der Lage sein, eine CO_2-freie Wirtschaft zu schaffen. Aus Kraftwerken, wie wir sie kennen, werden Hybridkraftwerke: Dazu gehören 100 Prozent »grüne« Gasturbinen, die für einen zuverlässigen Energiefluss sorgen, Wärmespeicher, Wärmepumpen für Fernwärme und Elektrolyseure zur Herstellung von Wasserstoff. Auch Batterien und thermomechanische Speicher zur Erzeugung von grünem Strom werden Teil des Mix sein. Und insbesondere Wasserstoff wird eine langfristige Energiespeicherung ermöglichen. Die Integration der Wasserstofferzeugung in Offshore-Windturbinen wird bereits in Forschungs- und Entwicklungsprojekten umgesetzt. Und da es möglich wäre, Energie in alle verbrauchenden Wirtschaftssektoren mit integrierten Energiespeichersystemen zu übertragen, seien es Gebäude, Mobilität, Industrie oder Landwirtschaft, wäre die gesamte Wirtschaft dekarbonisiert. In diesem System müssten alle Rädchen ineinandergreifen. Die größte Herausforderung besteht darin, die Integrationsfähigkeit und Resilienz eines solchen Systems sicherzustellen.

Viertens, Circular Economy und Kernfusion: Auf der Suche nach einer umfassenden Vision für die Energieversorgung für das 22. Jahrhundert. Energiepolitik ist nur dann erfolgreich, wenn sie die Zukunft unseres Planeten sichert. Dabei kommt man an zwei Aspekten nicht vorbei: Zum einen an eine umfassende Vorstellung von Nachhaltigkeit, Stichwort *Circular Economy*. Der »Kreislauf« muss geschlossen werden. Netto-Null heißt für mich auch, dass Anlagen etwa zur Erzeugung von Wind- und Sonnenenergie, für die Stahl, Kunststoffkomponenten, seltene Erden und andere Rohstoffe zum Einsatz kommen, recycelbar sind. Ansätze dafür gibt es schon, beispielsweise mit recycelbaren Rotorblättern. Der Weg zu 100 Prozent Recycling-Quote ist aber noch weit und wirtschaftlich beschwerlich.

Ein weiterer Aspekt ist die Suche nach einer unerschöpflichen Energiequelle, die manche mit der Suche nach dem heiligen Gral vergleichen: Ob die Kernfusion diese Quelle ist, entscheidet sich in der Forschung. Der Traum, eine Energiequelle wie die Sonne auf der Erde zu erschaffen, lebt jedenfalls. Und wir tun gut daran, solche visionären Projekte weiterzuverfolgen – auch auf die Gefahr hin zu scheitern und wieder Neues zu wagen.

Mit Hilfe unserer Innovationskraft können wir dem Klimawandel wirksam begegnen. Wir sollten dabei nicht auf **DEN** großen Wurf warten, sondern einen Maßnahmen-Mix aus Evolutionärem und Revolutionärem wählen und konsequent umsetzen. Wichtig: Wir können beim »Energiepolitischen Dreieck« zeitweilig, weil es einfach zwingend nötig ist, eines der Ziele stärker betonen. Wir sollten aber darüber nicht vergessen, die beiden anderen Ziele mit Nachdruck zu verfolgen. Eine Energiewende muss eine sichere Versorgung gewährleisten, sie muss umweltverträglich und wirtschaftlich sein. Das erfordert von allen Beteiligten Mut, Entschlossenheit und Weitsicht – auch und gerade in einer Zeitenwende, wie wir sie im Zeitraffertempo erleben. Auch wenn unsere Gedanken und Emotionen beim ukrainischen Volk sind und unsere Hoffnungen bei denen, die in Russland gegen diese Gewalt aufstehen, so müssen wir doch auch klug, überlegt, weitsichtig und konsequent unser Land und seine Rolle in Europa und in der Welt neu denken und ausrichten.

Prof. Tom Krebs, PhD

Klimaschutz und der moderne Staat

Juli 2021

Nach Jahren des politischen Stillstands bewegt sich etwas in der Klimapolitik. Die EU-Staaten haben bereits letztes Jahr die Klimaneutralität bis 2050 als gemeinsames Ziel ausgerufen. Zudem haben die USA und China während des Klimagipfels am 22. April 2021 relativ ambitionierte Klimaziele formuliert. Damit haben sich die drei größten Volkswirtschaften der Welt zur Klimaneutralität als langfristiges Ziel bekannt. Der Kampf gegen den Klimawandel ist zum Konsens der Weltpolitik geworden.

1. Traditionelle Klimapolitik

Das Ziel ist also gesteckt, aber wie soll es erreicht werden? In der öffentlichen Debatte in Deutschland dominiert ein einfacher Ansatz – die traditionelle Klimapolitik. Dieser Ansatz besagt, dass sich die Politik auf ein Instrument konzentrieren sollte: Eine einheitliche CO_2-Bepreisung, die entweder über eine CO_2-Steuer oder den Handel von CO_2-Zertifikaten implementiert wird.[75] Darüber hinaus wird der einheitliche CO_2-Preis durch zusätzliche Maßnahmen flankiert: Forschungsförderung und gesetzliche Vorgaben (Ordnungsrecht).

Die traditionelle Klimapolitik ist im Prinzip richtig, aber sie greift zu kurz und läuft deshalb Gefahr zu scheitern. Sie greift zu kurz, weil sie die Lenkungswirkung einer CO_2-Bepreisung überschätzt und die politischen Handlungsmöglichkeiten unnötig einengt. Konkret hat die wissenschaftliche Literatur gezeigt, dass die Lenkungswirkung eines CO_2-Preises genau in dem Bereich gering ist, der besonders wichtig für eine erfolgreiche Transformation ist: Investitionen in klimafreundliche Zukunftstechnologien, um klimaneutralen technologischen Fortschritt zu schaffen.[76] Zudem kann dieser Nachteil eines CO_2-Preises nicht durch Forschungsförderung allein ausgeglichen werden.[77] Die traditionelle Klimapolitik läuft Gefahr zu scheitern, weil sie in der Realität einen Widerspruch zwischen Klimaschutz und Wohlstand erzeugt. Wir können zwar die Klimaziele mit einer traditionellen Klimapolitik erreichen, aber der notwendige CO2-Preis wird so hoch sein, dass es zu Unternehmenspleiten und Arbeitsplatzverlusten kommen wird. Dieser Widerspruch wird die Gesellschaft spalten und die Politik wird letztlich zurückrudern müssen. Das Ergebnis einer solchen Politik ist am Ende für alle enttäuschend: Die Klimaziele werden verfehlt und die Industrie wandert ins nichteuropäische Ausland ab.

2. Moderne Klimapolitik

Eine moderne Klimapolitik löst den vermeintlichen Widerspruch zwischen Klimaschutz und Wohlstand auf, indem sie den politischen Tunnelblick ablegt und die politischen Handlungsmöglichkeiten erweitert. Eine solche Politik setzt nicht auf die Bestrafung klimaschädlichen Verhaltens durch einen CO2-Preis als zentrales Instrument, sondern unterstützt Menschen und Unternehmen dabei, sich klimafreundlich zu verhalten bzw. auf klimafreundliche Technologien umzusteigen.

Verbleibt die zentrale Frage: Wie sieht eine moderne Klimapolitik aus, die das Erreichen der gesetzten Klimaziele gewährleistet? Eine solche Klimapolitik rückt zwei wirtschaftspolitische Instrumente in den Mittelunkt, die in der öffentlichen Debatte häufig nur eine Nebenrolle spielen: Moderne Infrastruktur- und Industriepolitik. Eine moderne Klimapolitik kann nur mithilfe eines modernen Staates umgesetzt werden, dessen Handeln durch die folgenden zwei wirtschaftspolitischen Prinzipien bestimmt wird.

Zum Ersten schafft der moderne Staat die notwendige Infrastruktur, damit die klimafreundlichen Zukunftsprodukte von den Produktionsstätten zu den Abnehmern transportiert werden können. Beispielsweise erfordert der Aufbau einer wettbewerbsfähigen Wasserstoffwirtschaft in Deutschland neben dem Ausbau der Erneuerbaren Energien den Aufbau eines Netzwerks von Wasserstoffleitungen. Eine solche Infrastrukturpolitik ist eine originäre Aufgabe des modernen Staates, die von der öffentlichen Hand übernommen werden muss und nicht privatisiert werden sollte.

Zum Zweiten betreibt der moderne Staat strategische Industriepolitik, um Planungssicherheit zu schaffen und gezielt die Investitionen in klimafreundliche Zukunftstechnologien anzuschieben. Zum Beispiel kann der Staat durch entsprechende Differenz- bzw. Klimaschutzverträge die Transformation der Industrie beschleunigen und gleichzeitig die Nachfrage nach Wasserstoff stärken. Zudem stimuliert der moderne Staat die Nachfrage nach den klimafreundlichen Zukunftstechnologien, indem er seine eigenen Aktivitäten nach ökologischen Kriterien ausrichtet und bei öffentlichen Ausschreibungen solche Kriterien verwendet. Beispielsweise können staatliche Bahnunternehmen die ökologische Transformation beschleunigen, indem sie klimaschädliche Dieselzüge durch klimafreundliche Alternativen ersetzen.

3. Ein Wasserstoffpaket für Deutschland

In einer Studie für das Forum New Economy wird eine Wasserstoffstrategie für Deutschland entwickelt, die auf diesem modernen Staatsverständnis basiert (Krebs, 2021). Zwei Gründe sprechen dafür, den Aufbau einer Wasserstoffwirtschaft in den Mittelpunkt einer zukunftsorientierten Klimapolitik zu rücken.

Erstens ist grüner Wasserstoff – also Wasserstoff produziert auf Basis erneuerbarer Energien (Windenergie, Solarenergie) – neben der Elektrifizierung eine der wesentlichen Säulen einer erfolgreichen Klimastrategie.[78] Besonders die Dekarbonisierung der Industrie (Stahl, Chemie, Zement) erfordert die Verwendung großer Mengen Wasserstoffs. Dazu kommt noch der Bedarf an Wasserstoff in der Energiewirtschaft und im Schwertransport. Kurz gesagt: Wasserstoff ist eine klimapolitische Notwendigkeit, weil Deutschland ohne den zügigen Aufbau einer Wasserstoffwirtschaft die gesetzten Klimaziele verfehlen wird.

Zweitens ist der Aufbau einer international wettbewerbsfähigen Wasserstoffwirtschaft ein geeignetes Mittel, um gut bezahlte Arbeitsplätze in Deutschland zu schaffen und den Wohlstand in Deutschland zu steigern. In der Wasserstofftechnologie liegt ein großes Innovationspotenzial, das die Grundlage für einen ökologisch nachhaltigen Wirtschaftsboom bilden kann. Darüber hinaus ist Deutschland zurzeit noch ein Technologieführer im Wasserstoffbereich und diese gute Ausgangsposition sollte im wirtschaftlichen Wettbewerb mit den USA und China genutzt werden.

Der Kern der entwickelten Wasserstoffstrategie ist ein öffentliches Wasserstoffpaket, das weit über die aktuellen Pläne der Bundesregierung hinausgeht. Die skizzierte Wasserstoffstrategie ist – zusammen mit der Elektrifizierung der Wirtschaft – ein »Jahrhundertprojekt« vergleichbar mit dem Ausbau des Eisenbahnnetzes in Deutschland im 19. Jahrhundert und dem Raumfahrtprogramm in den USA im 20 Jahrhundert. Ein solches Wasserstoffpaket würde die Wachstumspotenziale der deutschen Wirtschaft erheblich stärken und sich in der langen Frist auch fiskalisch lohnen.

Das vorgeschlagene Wasserstoffpaket besteht aus sechs Maßnahmen und hat ein **Finanzvolumen** von insgesamt **100 Milliarden Euro bis 2030** (jährlich 10 Milliarden Euro). Dabei betreffen die ersten drei Maßnahmen die Infrastrukturpolitik und die anderen drei Maßnahmen können der Industriepolitik zugeordnet werden. Die sechs Maßnahmen sind:

Maßnahme 1 (insgesamt 25 Milliarden Euro bis 2030): Aufbau eines leistungsfähigen Leitungsnetzwerks zum Transport von Wasserstoff in Deutschland und Europa.

Maßnahme 2 (insgesamt 30 Milliarden Euro bis 2030): Ausbau der Transportinfrastruktur für Offshore-Windenergie mit angeschlossener Wasserstoffproduktion.

Maßnahme 3 (insgesamt 5 Milliarden Euro bis 2030): Stärkung der kommunalen Planungskapazitäten durch Aufstockung der Personaldecke.

Maßnahmen 4 (insgesamt 10 Milliarden Euro bis 2030): Klimaschädliche Dieselzüge durch klimafreundliche Alternativen ersetzen und bei öffentlichen Ausschreibungen ökologische Kriterien verwenden.

Maßnahme 5 (insgesamt 25 Milliarden Euro bis 2030): Die Investitionen der transformierenden Industrien (Stahl, Chemie) in klimafreundliche Anlagen durch innovative Förderkonzepte unterstützen.

Maßnahme 6 (insgesamt 5 Milliarden Euro bis 2030): Forschung und Entwicklung im Wasserstoffbereich durch zielgenaue Förderprogramme unterstützen.

4. Umsetzung

Die Maßnahmen 1, 2 und 5 erfordern unternehmerisches Handeln und sollten daher mittels öffentlicher Unternehmen durchgeführt werden. Als öffentliche Förderbank ist die KfW in einer ausgezeichneten Position, die Maßnahme 5 mit der damit verbundenen Investitionsförderung umzusetzen. Die Infrastrukturmaßnahmen 1 und 2 könnten von einer neu zu gründenden Wasserstoffgesellschaft des Bundes oder von dem Übertragungsnetzbetreiber TenneT übernommen werden, wobei für die zweite Option der deutsche Staat zuerst eine Mehrheitsbeteiligung an dem niederländischen Staatsunternehmen TenneT erwerben sollte.

Die Umsetzung der Maßnahmen 1, 2 und 5 durch eigenständige öffentliche Unternehmen ist nicht nur ökonomisch sinnvoll, sondern auch finanzpolitisch nützlich. Konkret erfordern diese Maßnahmen aus finanzpolitischer Sicht hauptsächlich die Bereitstellung von zusätzlichem Eigenkapital für die betroffenen öffentlichen Unternehmen (KfW, TenneT oder Wasserstoffgesellschaft). Damit erhöhen sich zwar die Ausgaben im Bundeshaushalt, aber diese Ausgaben werden als finanzielle Transaktionen gebucht und beeinflussen somit nicht die Obergrenze der gemäß Schuldenbremse zulässigen Nettokreditaufnahme. Dementsprechend könnten zusätzliche öffentliche Investitionen im Umfang von circa 80 Milliarden Euro in den Bereichen Wasserstoff und Erneuerbare Energien ohne merkliche Einschränkungen der finanzpolitischen Spielräume umgesetzt werden.

Dr. Dierk Hirschel

Fortschritt gestalten

Dezember 2021

Keine Atempause! Geschichte wird gemacht. Es geht voran. Eine selbst ernannte Fortschrittsregierung lenkt jetzt das Land. Die Ampel kann das Land voranbringen, wenn der sozial-ökologischen Umbau unserer Wirtschaft und Gesellschaft gelingt. Die Scholz-Regierung hat sich sehr ehrgeizige Ziele gesetzt: Löhne und Renten, die zum Leben reichen, mehr Strom aus Wind und Sonne, schneller Kohleausstieg, bessere Bildung und Pflege sowie mehr bezahlbare Wohnungen.

Die Fortschrittskoalition kann, wenn es gut läuft, einen Blitzstart hinlegen. Der wirtschaftliche Ausblick ist trotz Pandemie immer noch rosig. Nächstes Jahr brummt wahrscheinlich die Wirtschaft, neue Jobs entstehen und die Steuern sprudeln. Das sind gute Zeiten, um den Mindestlohn zu erhöhen, Tarifverträge zu stärken sowie öffentliche Investitionen und Ausgaben zu erhöhen.

Arbeitsmarkt neu ordnen

Die Ampelregierung kann die Arbeits- und Lebensverhältnisse von Millionen Menschen durch eine Neuordnung des Arbeitsmarktes verbessern. Die Erhöhung des gesetzlichen Mindestlohns auf 12 Euro ist eine der wichtigsten und wirksamsten arbeitsmarktpolitischen Maßnahmen der Koalitionäre. Sie muss zeitnah und ohne Ausnahmen umgesetzt werden. Der aktuelle Mindestlohn – 9,82 Euro ab Januar 2022 – ist nicht existenzsichernd und dichtet den Niedriglohnsektor lediglich nach unten ab. Ein Mindestlohn von 12 Euro erhöht die Löhne von rund zehn Millionen Beschäftigten, sorgt für zusätzliche Kaufkraft und belebt die Wirtschaft. Ein höherer Mindestlohn würde zudem Branchen aufwerten, die in den letzten Jahrzehnten von der allgemeinen Lohnentwicklung abgekoppelt wurden. Gleichzeitig würden so geschlechtsspezifische Lohnunterschiede abgebaut.

Darüber hinaus will die Scholz-Regierung das Tarifsystem politisch stärken. Das, was Gewerkschaften aushandeln, kommt heute nur noch bei jedem zweiten Beschäftigten an – Tendenz fallend! Scholz, Habeck und Lindner haben nun vereinbart, dass öffentliche Aufträge nur noch an tarifgebundene Unternehmen vergeben werden sollen (Bundestariftreuegesetz). Des Weiteren sollen Tarifverträge bei Betriebsausgliederungen mit gleichem Eigentümer nachwirken. Das ist gut so, reicht aber nicht aus. So sollte die Allgemeinverbindlichkeit von Tarifverträgen (AVE) erleichtert werden. Denn allgemeinverbindliche Tarifverträge gelten auch für nicht verbandsgebundene Unternehmen. Dafür müsste das Vetorecht der Arbeitgeber in den Tarifausschüssen abgeschafft werden. Auch OT-Mitgliedschaften in den Arbeitgeberverbänden sollten nicht mehr ermöglicht werden. Diese politischen Maßnahmen würden das Tarifsystem stabilisieren.

Gift für Beschäftigte ist hingegen die geplante Ausweitung der Einkommensgrenzen für Mini-Jobs auf 520 Euro. Minijobs verdrängen bereits heute rund 500.000 sozialversicherungspflichtige Arbeitsplätze. Millionen arbeitende Frauen stecken in der Minijobfalle. Diese Arbeitnehmerinnen können ihre Arbeitszeit nicht erhöhen und sind sozial nicht hinreichend abgesichert. Eine Fortschrittsregierung, die ihren Namen verdient, darf keine unsicheren Beschäftigungsverhältnisse fördern, sondern muss sie begrenzen und abschaffen. Deswegen sollten Minijobs ab dem ersten Euro sozialversicherungspflichtig werden. Ferner sollte bei Leiharbeit endlich das Prinzip gleicher Lohn für gleiche Arbeit gelten, der Missbrauch von Werksverträgen unterbunden und sachgrundlose Befristungen abgeschafft werden.

Zu einer Neuordnung des Arbeitsmarktes gehört auch die Überwindung des Hartz-IV-Systems. Letzteres soll nach dem Willen der Koalitionäre durch ein Bürgergeld ersetzt werden. Entscheidend ist jedoch nicht das Namensschild, sondern der Inhalt. SPD, Grüne und FDP wollen Bedürftigkeitsprüfung und Sanktionen entschärfen sowie die arbeitsmarktpolitische Förderung ausbauen. Das geht in die richtige Richtung. Das Sanktionsregime, die verschärften Zumutbarkeitsregeln und die niedrigen Regelsätze machten Hartz IV zu einer Stütze des Niedriglohnsektors. Damit muss Schluss sein. Erwerbslose dürfen nicht mehr in tariflose Arbeitsverhältnisse vermittelt und der Qualifikationsschutz sollte wiederhergestellt werden. Darüber hinaus muss der Regelsatz auf ein Niveau angehoben werden, das vor Armut schützt. Dazu schweigt sich jedoch der Koalitionsvertrag aus.

Ausbau und Modernisierung des Sozialstaats

Ein moderner Sozialstaat stärkt den sozialen Zusammenhalt, fördert die wirtschaftliche Entwicklung und festigt unsere Demokratie. Die physische

und soziale Infrastruktur unseres Landes muss modernisiert, die Daseinsvorsorge gestärkt und die soziale Sicherung verbessert werden. Deutschland
steht im Gesundheits- und Bildungswesen, in der Pflege, beim Wohnungsbau, in der öffentlichen Verwaltung, bei Digitalisierung, bei Energie und
Verkehr, sowie Sport und Kultur vor großen Herausforderungen.

Bund, Länder, Kommunen und öffentliche Unternehmen müssen mehr
Kitaplätze und ganztägige Betreuungsangebote für Schüler schaffen, mehr
Sozialwohnungen bauen, den Pflegenotstand beseitigen, mehr Personal in
Kitas, Schulen und Krankenhäusern einstellen sowie die Bahninfrastruktur,
Straßen, Brücken, Jugendzentren und Sportstätten sanieren.

Die Ampelregierung hat angekündigt, zukünftig mehr Geld in Bildung,
Gesundheit, Pflege, Digitalisierung, Energie und Verkehr zu stecken. SPD,
Bündnis90/Die Grünen und FDP haben jedoch nur wenige Investitions- und
Ausgabenvorhaben – beispielsweise Wohnen und Bildung – konkretisiert.
Das hat einen einfachen Grund: In Zeiten knapper Kassen stehen alle zu-
sätzlichen Ausgaben unter Finanzierungsvorbehalt.

Eine Gesellschaft im Wandel braucht soziale Sicherheit. Die sozialen Sicherungssysteme sollten die großen Lebensrisiken absichern, Armut vorbeugen
und den Lebensstandard sichern. Die Sozialversicherungen müssen gleichzeitig aber auch vor neuen Risiken (atypische und prekäre Beschäftigung,
Niedriglöhne, Alleinerziehende), die durch eine veränderte Arbeits- und
Lebenswelt entstanden sind, schützen. Die Coronapandemie hat die Defizite unserer sozialen Sicherungssysteme schonungslos offengelegt. Viele
Soloselbstständige, Alleinerziehende, Niedriglöhner und prekär Beschäftigte fielen durch das soziale Netz.

Ein zentrales Thema im Wahlkampf war die Zukunft der Altersvorsorge. Die
Ampel will das Rentenniveau bei 48 Prozent stabilisieren und das Rentenein-
trittsalter nicht erhöhen. Für eine zukunftsfeste gesetzliche Rente reicht der
Verzicht auf Rentenkürzungen aber nicht aus. Beschäftigten mit Niedriglöh-
nen und unterbrochenen Erwerbsbiografien droht heute trotz Grundrente
Altersarmut. Hier muss politisch gehandelt werden.

Die Öffnung der gesetzlichen Rente für eine Kapitaldeckung – wie im Koalitionsvertrag vereinbart – ist ein politischer Irrweg. Die Scholz-Regierung
will die gesetzliche Rente ab 2022 mit einem aus Haushaltsmitteln finanzierten Kapitalstock ausstatten. Der Umfang dieser Kapitalsäule ist zwar
mit 10 Milliarden Euro begrenzt. Für zukünftige Regierungen werden aber
die rechtlichen und institutionellen Voraussetzungen geschaffen, um das

Umlageverfahren zugunsten einer stärkeren Kapitalmarktdeckung zurückzudrängen. Im schlimmsten Fall könnten dann Beiträge nicht mehr für Rentenzahlungen zur Verfügung stehen.

Kapitaldeckung macht die gesetzliche Rente aber weder stabiler noch sicherer. Im Gegenteil: Die gesetzliche Rente ist auf den Finanzmärkten dem Risiko starker Kursschwankungen ausgesetzt. Zudem bietet eine Aktienrente keinen besseren Schutz vor der Alterung der Gesellschaft als das bewährte Umlagesystem. Eine kapitalgedeckte Altersvorsorge muss bei Renteneintritt geburtenstarker Jahrgänge im großen Umfang Kapitalanlagen auflösen, um deren Rentenansprüche bedienen zu können. Deswegen sollte die Politik mit ganzer Kraft die umlagegestützte gesetzliche Rente stärken.

Sozial-ökologischer Umbau

Die rot-grün-gelbe Koalition will den menschengemachten Klimawandel stoppen. Die Koalitionäre setzen dabei auf eine Strategie grünen Wachstums. Eine Welle grüner Innovationen soll durch das Land rollen. Ein grüner Kapitalismus erfordert zunächst die ökologische Modernisierung unserer Industrie. Die energieintensiven Schlüsselsektoren müssen umgebaut werden. So sollen die heimischen Autobauer zukünftig nur noch Elektroautos herstellen. Zu Beginn des nächsten Jahrzehnts sollen 15 Millionen Elektroautos über die heimischen Straßen rollen. Stahlwerke und Chemieindustrie sollen verstärkt Wasserstoff nutzen. Folglich wird der Stromverbrauch in den nächsten Jahren kräftig steigen. Mehr Strom ist aber nur dann klimaverträglich, wenn er durch Windräder, Solarpanelen und Biogasanlagen erzeugt wird.

Deswegen möchte die Scholz-Regierung den Ausbau erneuerbarer Energien beschleunigen. In einem Jahrzehnt sollen Wind und Sonne 80 Prozent des Stroms liefern. Bisher waren 65 Prozent an klimafreundlicher Energie eingeplant. Der Kohleausstieg soll idealerweise auf 2030 vorgezogen werden. Währenddessen sollen neue Gaskraftwerke die Energieversorgung sichern. Die Umweltverbände bezweifeln, dass mit grünem Wachstum das 1,5-Grad-Ziel erreicht werden kann. Dafür müssten das Wirtschaftswachstum und der absolute Verbrauch von Ressourcen, Energie und Flächen entkoppelt werden. Effizienzgewinne dürfen nicht durch Mehrproduktion aufgefressen werden. Das geht aber nicht ohne systematische Einsparungen beim Verbrauch.

Grüne Märkte und umfangreiche Klimainvestitionen sollen die ökologische Energiewende möglich machen. Tatsächlich kann ein ökologisches Preissystem die Unternehmen motivieren mittels umweltschonender Produkte und Produktionsverfahren ihren Energie- und Ressourcenverbrauch zu senken. Die Ampel setzt dabei auf einen steigenden CO_2-Preis. Deswegen wollen SPD, Bündnis90/Die Grünen und FDP den CO_2-Preis nicht unter 60 Euro/ Tonne fallen lassen. Die Schwankungen des CO_2-Preises erschweren jedoch, im Gegensatz zu einer CO_2-Steuer, die Planbarkeit. Der Schlüssel für eine erfolgreiche Energiewende ist der schnelle Ausbau erneuerbarer Energien durch Photovoltaik-Freiflächenanlagen, Solaranlagenzwang auf allen geeigneten Dächern, Flächen für Windkraftanlagen, beschleunigte Planungsverfahren, Netzausbau sowie mehr Strom- und Wärmespeicher. Hier ist ein handlungsfähiger Staat gefordert.

Grüne Preise schaffen soziale Schieflagen. Die Unternehmen können den steigenden CO_2-Preis auf die Verbraucher überwälzen. Zudem belasten höhere Benzin-, Heizöl- und Gaspreise einkommensschwache Bevölkerungsgruppen stärker als Besserverdienende und Reiche. Denn Geringverdienende müssen einen höheren Anteil ihres Einkommens für Mobilität und Heizen ausgeben. Gleichzeitig können sie ihren CO_2-Ausstoß kurzfristig kaum senken, da sie in schlecht gedämmten Mietwohnungen mit Ölheizung wohnen oder als Berufspendler auf spritfressende Autos angewiesen sind. Erschwerend hinzu kommt, dass Geringverdiener, Arbeitslose und Hartz-IV-Empfänger das Klima weniger schädigen als Spitzenverdiener. Das reichste Zehntel der Haushalte verursacht dreimal so viel CO_2 wie die ärmsten 10 Prozent.

Die Koalitionäre müssen die negativen Verteilungswirkungen grüner Preise ausgleichen, um für ihre Politik gesellschaftliche Mehrheiten zu finden. Die Ampelregierung will ein Klimageld einführen, hat dafür aber noch keinen konkreten Plan. Aktuell wird nur jeder vierte Euro aus der CO_2-Abgabe durch eine niedrigere EEG-Umlage, eine höhere Pendlerpauschale und ein verbessertes Wohngeld an die Verbraucher rückverteilt. Zukünftig sollten diese Mehreinnahmen vollständig und sozial gestaffelt als Klimaprämie (Klimageld) an alle Bürgerinnen und Bürger ausgezahlt werden.

Die neue Regierung muss für richtigen Klimaschutz auch unser fossiles Verkehrssystems umbauen. Seit Jahrzehnten ist der Verkehr der einzige Sektor dessen CO_2-Emissionen wachsen. Die verkehrsbedingten Klimagasemissionen stiegen seit 1995 um 20 Prozent. Die Ampel will in zehn Jahren ein Viertel mehr Güter und doppelt so viele Personen auf der Schiene transportieren. Dafür will die Scholz-Regierung den öffentlichen Nah- und

Fernverkehr ausbauen und modernisieren. Ferner soll die Fußgänger- und Radverkehrsinfrastruktur verbessert werden. Umstritten ist die Zukunft des Autos. Ein Wechsel des Antriebssystems macht noch keine ökologische Verkehrswende. Auch Elektroautos haben eine schlechte Öko- und Klimabilanz. Deswegen führt mittelfristig kein Weg an weniger Autos vorbei. Öffentliche Verkehrsmittel, das Fahrrad und der Fußweg sollten Autos und LKWs perspektivisch zurückdrängen. Die Transformation der Automobilindustrie muss natürlich industrie- und strukturpolitisch gestaltet werden. Sie darf nicht zulasten der Beschäftigten gehen. Das Ziel ist eine klimagerechte und bezahlbare Mobilität für Alle.

Wer soll das bezahlen?

Der Klimaschutz, der Ausbau der Infrastruktur, der Daseinsvorsorge und des Sozialstaats erfordern große finanzielle Kraftanstrengungen. Bund, Länder und Kommunen müssten für einen leistungsfähigen ÖPNV, moderne Energie- und IT-Netze, gute Kitas, Schulen, Universitäten und Krankenhäuser jedes Jahr zusätzlich 50 Milliarden Euro investieren. Das ist viel Holz.

Die gute Nachricht ist: Die Ampel kann trotz Schuldenbremse kräftig investieren. SPD, Bündnis90/Die Grünen und FDP haben Wege gefunden, um die ökonomisch schädlichen Schuldenregeln zu umgehen. Von mehr Eigenkapital für öffentliche Unternehmen, über Rücklagen, einen Klima- und Transformationsfonds bis hin zu öffentlichen Investitionsgesellschaften. Entscheidend ist allein der politische Wille, diese Spielräume auch zu nutzen. Der ist offensichtlich vorhanden. Noch vor Weihnachten mobilisierte Finanzminister Christian Lindner über einen Nachtragshaushalt Corona-Kredite in Höhe von 60 Milliarden Euro für zukünftige Klimaschutzinvestitionen. Ein vielversprechender Anfang.

Der Finanzbedarf geht aber über die Investitionen hinaus. Kitas, Schulen, Krankenhäuser, Pflegeheime, ÖPNV und Verwaltung brauchen mehr Personal. Armutsfeste Renten, eine Kindergrundsicherung, ein existenzsicherndes Bürgergeld und ein Weiterbildungsgeld sind teuer. Die Koalitionäre können diese milliardenschweren Mehrausgaben – im Gegensatz zu Investitionen – nicht mit der Kreditkarte bezahlen. Sie müssen Personal und Soziales aus den laufenden Einnahmen finanzieren. Die konjunkturbedingten Steuermehreinnahmen, Subventionskürzungen und ein besserer Steuervollzug reichen dafür nicht aus. Die Ampel könnte die Finanzierungslücke aber jederzeit schließen, wenn sie große Einkommen und Vermögen stärker besteuert und Sozialversicherungsbeiträge erhöht.

Die rot-grün-gelbe Regierung startet mit guten Vorsätzen in ihre neue Amtszeit. Scholz, Habeck und Lindner wollen sozialen und ökologischen Fortschritt wagen. Wenn dieser Anspruch Wirklichkeit werden soll, muss die Ampel den Arbeitsmarkt neu ordnen, den Sozialstaat ausbauen und den ökologischen Umbau gestalten. Dafür muss die Scholz-Regierung kräftig auf Pump investieren und die Verteilungsfrage stellen. So kann die Ampel das Land voranbringen.

Dr. Volker Treier

Offen, strategisch, autonom – Die neue europäische Handelspolitik aus Sicht des deutschen internationalen Mittelstandes

Mai 2022

Auch für die EU-Handelspolitik ist der russische Krieg in der Ukraine eine Zeitenwende. Entlang des neuen Leitmotivs »offene strategische Autonomie« geht es für die Unternehmen um nichts Geringeres, als das erfolgreiche deutsche Außenwirtschaftsmodell zu sichern in einer Welt mit wachsendem Protektionismus: Stichworte wie Managed Trade (USA) und Self-Reliance (China) sind Ausdruck für die Erosion von Multilateralismus sowie eine Entkoppelung der globalen Wertschöpfungsketten in rivalisierende Wirtschaftsblöcke oder vielleicht sogar in eine Patchwork-Globalisierung. Auch scheint die Handelspolitik zunehmend Funktionen der Sicherheitspolitik einzunehmen. Eines ist aber in jedem Fall klar: Nur mit einer souveränen EU, die entschlossen und geschlossen auftritt, haben unsere Unternehmen im internationalen Wettbewerb eine hörbare Stimme.

Die Ausgangslage

Unternehmen werden nicht erst seit der Corona-Krise von weltweit zunehmendem Protektionismus, Lieferkettenbelastungen, Entkopplungstendenzen und veralteten globalen Handelsregeln getroffen. Auch die Schwächung von globalen Institutionen, wie der Welthandelsorganisation (WTO), aber auch der EU nach dem Brexit, verschlechtern Rahmenbedingungen und Planungssicherheit gerade für die international tätigen Betriebe. In DIHK-Umfragen berichtet schon seit der Zeit nach der Finanzmarktkrise ein wachsender Teil der weltweit aktiven deutschen Unternehmen von zunehmenden Hürden im Handel. Dabei hängt in der deutschen Industrie jeder zweite Job vom Außenhandel ab, 90 Prozent des weltweiten Wirtschaftswachstums entsteht außerhalb Europas. Als rohstoffarmes Land mit einer Außenhandelsquote für Waren und Dienstleistungen von 87,6 Prozent (2019) sind deutsche Unternehmen besonders auf das regelbasierte multilaterale Handelssystem angewiesen.

Zwei Drittel der außereuropäischen Exporte deutscher Unternehmen beruhen einzig auf WTO-Regeln. Die Regeleinhaltung ist jedoch durch die Erosion des WTO-Streitschlichtungsmechanismus stark gefährdet. Zudem haben die noch mit Schreibmaschinen geschriebenen Welthandelsregeln mit den großen wirtschaftlichen und technologischen Veränderungen seit 1995 – dem Jahr der Gründung der WTO – bei Weitem nicht Schritt gehalten. Gegenseitige Blockaden – für die 164 WTO-Mitglieder gilt das Einstimmigkeitsprinzip – haben einheitliche globale Handelsregeln und ein Level Playing Field für wichtige Bereiche wie Subventionen, E-Commerce, Klimaschutz und Nachhaltigkeitsfragen verhindert. Stattdessen hat die Bilateralisierung der Handelsbeziehungen und damit die Fragmentierung des multilateralen Handelssystems zugenommen. Diese Entwicklung lässt das ansonsten gewaltige internationale Handels- und Investitionspotential der insbesondere kleinen und mittelständischen Unternehmen unausgeschöpft – sie müssen sich nun mit komplexen Ursprungsregeln und Zollformalitäten beschäftigen.

Oft unterschätzen selbst Europäer die Stärke der Handelsmacht EU: Sie hat Handelsabkommen mit über 70 Staaten verhandelt. Zudem gibt sie dutzenden Entwicklungsländern präferenziellen Marktzugang. Damit ist die EU für noch mehr Länder (74) als die USA und China der wichtigste Handelspartner. Dennoch: Diese Abkommen sichern nur ein Drittel des EU-Außenhandels und dienen als Sicherungsnetz für eine weitere Erosion der WTO. Für wichtige Handelspartner wie die USA, China, Indien oder Brasilien gelten einzig WTO-Regeln und eingeschränkter Marktzugang.

Dabei zeigt uns auch der russische Krieg in der Ukraine, wie wichtig solche Abkommen sind: Zusätzlich zu Wettbewerbsvorteilen durch besseren Marktzugang bieten die Vereinbarungen Planungssicherheit für die Wirtschaft, etwa indem Exportrestriktionen verboten werden. In der Corona-Krise hatten einige Länder Exporte von Masken, Medikamenten oder sogar Toilettenpapier verboten. Nun drohen neue Exportverbote für Lebensmittel große Hungerkrisen in Entwicklungsländern hervorzurufen. Als rohstoffarmes Land wäre Deutschland besonders betroffen, wenn Exportverbote von Handelspartnern im Energie- und Rohstoffbereich (Stichwort: Seltene Erden) Einzug hielten.

Doch obwohl einige EU-Abkommen mit wichtigen Partnern bereits fertig verhandelt sind, stockt deren Ratifizierung. Während die EU auf der Stelle tritt, schaffen andere Wirtschaftsregionen Fakten: So sind mit den beiden Pazifik-Handelsabkommen CPTPP (ohne China) und RCEP (mit China) zwei neue Großabkommen in Kraft, die das Potential haben, Weltstandards der Zukunft zu setzen – und die EU zum Rule-taker zu machen. Der Brexit und die weltwirtschaftliche Entkopplung in regionale Machtblöcke schwächen zudem die Rolle Europas als regulatorische Supermacht. Solange die EU nicht außenwirtschaftlich stärker mit einer Stimme sprechen kann und souveräner im Auftreten wird, bleibt sie daher anfällig für Machtpolitik von Drittstaaten. Hochrelevant hierbei ist, dass ein weiterhin unvollendeter Binnenmarkt die EU schwächt und auch die deutsche Wirtschaft so unter ihren Potenzialen bleibt.

Was zu tun ist

Die hoch internationalisierte deutsche Wirtschaft ist angewiesen auf ein wirtschaftlich souveränes Europa, das international für offene Märkte sowie gute Regeln für Handel und Investitionen eintritt und dabei den eigenen Markt offenhält. Für die deutsche Wirtschaft ist es zudem entscheidend, dass die EU sich für den Erhalt und die Fortentwicklung des multilateralen regelbasierten Handelssystems einsetzt. Diskussionen, etwa über einen Plan B zur WTO oder den EU-Beitritt zum Abkommen wie dem »Comprehensive and Progressive Trans-Pacific Partnership« (CPTPP), sollten nicht zu Alternativen werden – die EU würde durch den Beitritt zu konkurrierenden Handelsabkommen zum Rule-taker werden und sich selbst »verzwergen«.

Die wichtigsten Baustellen sind die Reaktivierung der WTO-Streitschlichtung, moderne WTO-Regeln etwa für ein globales Level Playing Field bei Industriesubventionen und ein WTO-Abkommen zur Beseitigung von Hemmnissen für den Gesundheitsgüterhandel, um die Corona-Krise auch global und nachhaltig zu bewältigen. Auch eine WTO-Mittelstandsagenda und Abkommen zu E-Commerce, Investitionserleichterungen und Umweltgütern sowie die Ausweitung der Abkommen zur Öffentlichen Beschaffung und Informationstechnologie können den Außenhandel deutscher Unternehmen erleichtern.

Wichtige Themen wie Nachhaltigkeit, Umweltschutz oder Menschenrechte sollten möglichst global verankert werden (WTO, OECD, G20, G7), um wirksam zu sein und neue Handelskonflikte zu vermeiden. Dies ist insbesondere für diese Länder relevant, mit denen die EU auf absehbare Zeit keine bilateralen Abkommen schließen wird, wie mit den USA, China, oder Russland. Mit Blick auf den geplanten CO_2-Grenzausgleich der EU ist die internationale Zusammenarbeit in der WTO oder im Rahmen eines Klimaclub besonders drängend.

Eine souveränere EU benötigt enge Wirtschaftspartner. Zur Diversifizierung und Absicherung der Lieferketten deutscher Unternehmen sollten die Abkommen mit Mercosur und Mexiko rasch ratifiziert und mit Indonesien und Indien rasch fertig verhandelt werden. Auch weitere Abkommen mit Ländern in Südostasien, Lateinamerika und Afrika sind nötig. Der Transatlantische Handels- und Technologierat TTC der EU mit den USA kann globale Zukunftsstandards setzen. Auch darüber hinaus sollten transatlantische Handelshemmnisse wie Zölle oder verbleibende Handelsstreitigkeiten abgebaut werden. Die EU-UK Wirtschaftsbeziehungen werden durch ein wiederkehrendes Infragestellen von bilateralen Vereinbarungen, inklusive des Nordirlandprotokolls und fortschreitenden Auseinanderdriftens bei Standards und Normen zu Lasten auch vieler deutscher Unternehmen beschädigt.

Nicht zuletzt angesichts gemeinsamer Wirtschaftsinteressen benötigen wir vielmehr eine positive EU-UK-Zukunftsagenda: Das Handelsabkommen der EU mit dem Vereinigten Königreich samt Nordirlandprotokoll sollte erhalten und im Bereich Außenpolitik (Sanktionen, Investitions- und Exportkontrollen) ausgebaut werden. Der Beitritt des UK zur PEM-Konvention (Paneuropa-Mittelmeer-Kumulierung) sollte ebenfalls forciert werden. Strategisch bedeutsam wäre ferner eine engere institutionelle EU-Schweiz-Kooperation, etwa im Rahmen des Europäischen Wirtschaftsraums. Zudem sollten Rohstoff- und Konnektivitätspartnerschaften gerade zur digitalen und grünen Transformation ausgebaut werden. Grundsätzlich ist klar, dass die fortschreitende weltwirtschaftliche Entkopplung die Bedeutung der EU-Nachbarschaft in der Handelspolitik steigert und auch die Diskussionen rund um Reshoring, Friendshoring und die EU-Industriepolitik in ein neues Licht rückt.

Think Small First

Damit Handelsabkommen erfolgreich sind, muss die Umsetzung in den jeweiligen Ländern und der EU gelingen. Handelsabkommen müssen grundsätzlich mittelstandsfreundlich ausgestaltet sein, etwa durch KMU-Kapitel, einfache Ursprungsregeln und Wahlfreiheit beim Nachweis des

Präferenzursprungs. Mit Blick auf strategische Abhängigkeiten der EU ist zudem eine Entrümpelung des EU-Zolltarifs und ein modernisierter EU-Mechanismus zur Aussetzung wirtschaftsschädlicher Zollhürden etwa im Rohstoffbereich nötig.

Grundsätzlich sollten handelspolitische Schutzmaßnahmen nur als Ultima Ratio angewandt werden. Wichtig ist bei allen Maßnahmen eine frühzeitige und umfassende Einbeziehung der Wirtschaft. In diesem Rahmen kann ein neues WTO-konformes EU-Instrument wirtschaftliche Zwangsmaßnahmen von Drittstaaten unterbinden bzw. abschrecken. Eine Strategie zur Stärkung der digitalen Souveränität durch offene Standards ist gleichsam wichtig. Zudem sollte die EU-Marktzugangsstrategie, also die Bekämpfung der Handelshemmnisse bei Handelspartnern, eine Priorität in der EU-Wirtschaftspolitik erfahren. Der DIHK, das Netzwerk der Auslandshandelskammern mit 142 Standorten in 92 Ländern weltweit sowie die regional verankerten 79 Industrie- und Handelskammern in Deutschland tragen hierzu bei, indem sie internationale Verbindungen schaffen und als kompetente Anknüpfungspunkte für die Wirtschaft vor Ort agieren.

Angesichts der großen weltwirtschaftlichen Veränderungen und Herausforderungen ist eine ehrliche Debatte über die Neuausrichtung der EU-Handelspolitik nötig. Hierbei sollten die EU und die Bundesregierung die Bedeutung und die konkreten Vorteile von internationalem Handel gegenüber den Unternehmen und den Bürgern deutlicher betonen.

Prof. Dr. Friederike Welter

Die Chance zu einem Strategiewechsel nutzen

Mai 2021

Zur europäischen KMU-Politik

Die Coronapandemie fordert nunmehr seit über einem Jahr Wirtschaft, Politik und Gesellschaft in allen europäischen Staaten heraus. Doch auch wenn aktuell vorrangig die Auswirkungen der Pandemie unser aller Alltag bestimmen, sind sie nicht die einzige Herausforderung, auf die Wirtschaft, Politik und Gesellschaft in den EU-Ländern Antworten finden müssen: Digitalisierung, Umwelt- und Klimaschutz sowie weltweite protektionistische Tendenzen wirken sich auf die unternehmerische Tätigkeit aus. Vertrauens- und Demokratiekrise erschweren die Gestaltung der (wirtschafts-)politischen Arbeit in einzelnen europäischen Staaten.

Durch die Coronakrise sind diese Transformationsprozesse beschleunigt worden. Unabhängig davon ergeben sich in Folge der Coronapandemie jedoch auch neue Optionen für die EU-Staatengemeinschaft: Eine davon ist es, eine zukunftsweisende KMU-Politikstrategie für Europa zu entwickeln.

Klare Vorteile des EU-Binnenmarkts

Der erste Teil-Lockdown im Frühjahr 2020, im Zuge dessen auch die nationalen Grenzen geschlossen wurden, hat deutlich vor Augen geführt, wie vernetzt die europäische Wirtschaft ist: Von einem Tag auf den anderen brach für sehr viele mittelständische Unternehmen der Binnenmarkt weg. Für die Unternehmen in fast allen Mitgliedstaaten ist dieser jedoch der mit Abstand wichtigste Absatz- und Beschaffungsmarkt und die Hauptzielregion für Direktinvestitionen.

Vorrangig scheint vor allem die deutsche Exportwirtschaft hiervon zu profitieren: 85,1 Prozent aller exportierenden deutschen Unternehmen sind in der EU aktiv. Blickt man jedoch auf den Anteil des EU-Binnenmarktes an den gesamten Exportvolumina, liegt Spanien (66,3 Prozent) vor Frankreich (58,8 Prozent) oder Deutschland (58,5 Prozent). Dabei profitieren die

Unternehmen nicht nur von der Größe des Binnenmarkts, sondern auch maßgeblich von den weitgehend harmonisierten (wirtschaftspolitischen) Rahmenbedingungen und Verfahren: Diese senken die Transaktionskosten und ermöglichen auch kleineren Unternehmen, Skaleneffekte sowie Produktivitäts- und Kostenvorteile zu realisieren. Hierdurch erhöht sich ihre Innovations- und Wettbewerbsfähigkeit. Dem Binnenmarkt und der EU kommt daher eine bedeutende Funktion für die Erholung der mittelständischen Wirtschaft in allen Mitgliedstaaten zu.

Rahmenorientiert statt kleinteilig

Bislang wurden kleinere Unternehmen in der KMU-Politik der EU überwiegend aufgrund ihrer geringen Größe als bedürftig und defizitär dargestellt. Entsprechend beabsichtigen viele Unterstützungsmaßnahmen (vermeintliche) größenbedingte Nachteile von KMU abzufedern. Die Folge: Es werden häufig (Förder-)Maßnahmen für Probleme initiiert, die teilweise nur sehr kleine Zielgruppen betreffen.

Erschwerend kommt hinzu, dass die KMU-Politik überwiegend nicht durch die Europäische Union, sondern durch die nationalen Regierungen umgesetzt wird. Trotz harmonisierter europäischer Normen werden daher die Maßnahmen oft von der jeweiligen nationalen Administration und Rechtsprechung unterschiedlich interpretiert, weil die einzelnen Mitgliedstaaten verschiedene, historisch begründete wirtschaftspolitische Leitbilder – beispielsweise im Hinblick auf die Rolle des Staates in der Wirtschaft – haben. Unterschiedliche Auffassungen hinsichtlich des Zusammenwirkens von Politik, Wirtschaft und Gesellschaft erschweren zudem die Umsetzung der Maßnahmen. Es erstaunt daher kaum, dass immer noch viele Europäerinnen und Europäer der Europäischen Union weniger Bedeutung zusprechen als ihrem eigenen Nationalstaat.

Eine Wirtschaftspolitik für kleine und mittlere Unternehmen kann aber nur dann erfolgreich sein, wenn sie von der jeweiligen Bevölkerung im Allgemeinen sowie den anvisierten Unternehmerinnen und Unternehmern im Besonderen akzeptiert – und bejaht wird. Dies kann am besten mit einer rahmenorientierten KMU-Strategie erreicht werden, die den besonderen Charakter von mittelständischen Unternehmen wertschätzt und deren Vielfalt würdigt: Kleine Tourismusbetriebe im Süden Europas zählen schließlich ebenso hierzu wie Start-ups in Berlin oder Riga sowie die Handwerksbetriebe, Handelsunternehmen, Dienstleister oder die mittelständischen Industrieunternehmen in den einzelnen EU-Staaten.

Eckpunkte für eine zukünftige KMU-Politik der EU

Mittelständische Unternehmen zeichnen sich durch unternehmerisches Denken und Handeln, Erkennen und Nutzen von (Markt-)Chancen, Kreativität, Flexibilität sowie verlässliche und zielgerichtete Zusammenarbeit mit verschiedenen Stakeholdern und soziale Verantwortung aus. Die europäische KMU-Politik sollte sich daher von der Erkenntnis leiten lassen, dass eine Vielzahl an kleinen und mittleren Unternehmen mit unterschiedlichen Ideen, Perspektiven und (kulturellen) Hintergründen wichtig ist, um auch in der innereuropäischen Interaktion und Kooperation unternehmerische Initiative und Lösungsbeiträge freisetzen zu können. Konkret bedeutet dies: Zukünftig sollte die KMU-Politik verstärkt auch den Aufbau von Kompetenzen, Innovationen und Kooperationen der mittelständischen Unternehmen unterstützen.

Hierfür ist jedoch eine stärker an den Rahmenbedingungen ausgerichtete europäische KMU-Strategie oberhalb der Ebene der Nationalstaaten hilfreich und sinnvoll. Auch gilt es, ein angemessenes Verhältnis zwischen Solidarität und (marktwirtschaftlicher) Eigenverantwortung im Verhältnis der EU-Mitgliedstaaten untereinander zu erzielen. Vergessen darf man aber auch nicht, dass die Bürgerinnen und Bürger den EU-Binnenmarkt als vorteilhaftes, »faires« Instrument wahrnehmen sollten. Dies setzt allerdings voraus, dass die unterschiedlichen Lebensrealitäten in den Mitgliedstaaten berücksichtigt werden. Dabei könnte es hilfreich sein, Unternehmerinnen und Unternehmer aus allen EU-Staaten für eine begrenzte Zeit in die Formulierung der Ziele und Inhalte der zukünftigen KMU-Politik einzubinden. Damit der Binnenmarkt seine volle Dynamik entfalten kann, ist es darüber hinaus wichtig, dass bürokratische, regulatorische und protektionistische Hemmnisse konsequent beseitigt und zukünftig vermieden werden. Voraussetzung hierfür ist unter anderem, dass europaweit in den Verwaltungen eine moderne digitale Infrastruktur aufgebaut wird. Zugleich gilt es, in Cybersicherheit zu investieren und dem weltweit zunehmenden digitalen Protektionismus entgegenzutreten.

Das Wirtschaften unter Corona-Bedingungen zeigt deutlich auf, welchen Stellenwert die Digitalisierung mittlerweile bei der Weiterentwicklung von Geschäftsmodellen sowie im Hinblick auf die vielfältigen grenzüberschreitenden Wirtschaftsbeziehungen einnimmt. Diese Tendenz wird sich auch in der Post-Coronazeit nicht wieder umkehren. Aus diesem Grund wäre es wünschenswert, wenn die Datenverkehrsfreiheit als fünfte Grundfreiheit in die Freizügigkeiten des Binnenmarktes aufgenommen würde. Damit würde sowohl die Bedeutung eines großen digitalen Binnenmarktes unterstrichen als auch ein deutliches Zeichen gegenüber außereuropäischen Staaten gesetzt, die in den vergangenen Jahren nach und nach digitale protektionistische Maßnahmen aufgebaut haben.

Michael Schrodi

Investitionen in die Zukunft oder
Schwäbisches-Hausfrauen-Gedächtnis-Sparen

Juni 2021

Die Bundestagswahl bringt einen politischen Wettstreit wie zuletzt vor 15 Jahren. Damals hätte ein Professor aus Heidelberg, von der Union als Finanzminister auserkoren, mit seinen neoliberalen Vorschlägen Angela Merkel fast die Kanzlerschaft gekostet. In diesem Herbst wird entschieden, ob mit der SPD die gesellschaftlichen Zukunftsmissionen kraftvoll angepackt werden oder ob CDU und CSU mit ihrem finanzpolitischen Dogmatismus zur Zukunftsbremse für Deutschland werden.

Die Kanzlerin scheint von der volkswirtschaftlich falschen Fiskalpolitik längst abgerückt. Der Vorstoß ihres Kanzleramtschefs Helge Braun, über eine Reform der Schuldenbremse nachdenken zu wollen, zeigt das deutlich. Doch das finanzpolitische Programm von CDU/CSU, von Merz bis Laschet, ist bis heute unverändert und so simpel, dass es auf einen Bierdeckel passt: Steuern runter für Spitzenverdiener und Unternehmen, keine Kreditfinanzierung. Die Zeche für diese Politik würden nahezu alle Schichten der Bevölkerung bezahlen. Mit Merz und Laschet kehrt der Bierdeckel zurück.

Man darf sich nicht täuschen lassen, wenn die Große Koalition in der Coronapandemie relativ geräuschlos umfassende und kreditfinanzierte Krisenmaßnahmen auf den Weg gebracht hat. Wäre es nach denen gegangen, die in CDU und CSU den wirtschafts- und finanzpolitischen Kurs bestimmen und teils um die Kanzlerkandidatur gerungen haben, hätte es Hilfen in dieser Höhe niemals gegeben.

Friedrich Merz, Fast-CDU-Vorsitzender und selbst ernannter Wirtschafts- oder Finanzminister, kritisierte die Maßnahmen gegen die Krise als »Ausgabenorgien« und wollte alle staatlichen Ausgaben, Subventionen und soziale Transferleistungen »auf den Prüfstand stellen«. Markus Söder, CSU-Vorsitzender, plädierte vor dem Nachtragshaushalt 2020 für eine Obergrenze für neue Kredite. Demnach wäre bei 100 Milliarden Euro Feierabend gewesen,

Krise hin, Krise her. Armin Laschet, inzwischen CDU/CSU-Kanzlerkandidat, pflichtete ihm ausdrücklich bei. Mitten in der Krise hätte man dann allen Betroffenen in Kurzarbeit, allen notleidenden Unternehmen und allen taumelnden Selbstständigen den Boden unter den Füßen weggezogen. Dringend notwendige Investitionen, etwa für die Digitalisierung der Bildung, wären dem Rotstift zum Opfer gefallen. Und auch die Geschwindigkeit, mit der der Vorschlag von Helge Braun von führenden Unionspolitikern wie Fraktionschef Ralph Brinkhaus und Markus Söder zurückgepfiffen wurde, macht deutlich: Eine progressive und zugleich pragmatische Finanzpolitik gibt es nur mit der SPD.

Glücklicherweise hat sich die SPD durchsetzen können. Aus guten Gründen: Schon in der Wirtschafts- und Finanzkrise 2008/2009 waren es ein SPD-Finanzminister und SPD-Arbeitsminister Olaf Scholz, die Deutschland mit kreditfinanzierten Konjunkturpaketen und Kurzarbeit gestärkt aus der Krise geführt haben. Als nun Vizekanzler und Finanzminister Olaf Scholz den Haushalt 2021 mit knapp 500 Milliarden Euro vorlegte, um die größte Wirtschaftskrise seit dem zweiten Weltkrieg abzuwehren, war Angela Merkel klug genug, erneut auf ihren Koalitionspartner zu hören. Im aktuellen Haushalt sind gut 180 Milliarden Euro über Kreditaufnahmen finanziert – gut angelegtes Geld.

Die Coronapandemie führt uns täglich vor Augen, wie wichtig ein verlässlicher und starker Sozialstaat ist: bei der Gesundheitsversorgung, beim Katastrophenschutz, bei der Abfederung der wirtschaftlichen und sozialen Folgen für die Menschen und Unternehmen, bei Wissenschaft, Kultur, Bildung und Betreuung oder bei der digitalen Infrastruktur.

Aber schon im Jahr 1 v. Cor., also 2019, haben das Institut für Makroökonomie und Konjunkturforschung (IMK) und das Institut der deutschen Wirtschaft (IW) in einer Studie im Auftrag des Deutschen Gewerkschaftsbundes (DGB) und des Bundesverbandes der Deutschen Industrie (BDI) gemeinsam und übereinstimmend festgestellt:

»Die öffentliche Hand in Deutschland hat in den vergangenen beiden Jahrzehnten die eigenen Investitionen massiv vernachlässigt. Das Ergebnis ist ein öffentlicher Kapitalstock, der den Anforderungen einer modernen Volkswirtschaft nicht gerecht wird und nicht ausreichend ist, um den Herausforderungen durch den anstehenden demografischen Wandel und der – international zugesagten – Dekarbonisierung zu begegnen. Rechnet man die Erfordernisse in den Bereichen Bildung, Verkehr, Kommunikationsnetze und Dekarbonisierung zusammen, so kommt man auf zusätzlich notwendige gut 450 Milliarden Euro an öffentlichen Investitionen oder öffentlicher Investitionsförderung über die kommenden 10 Jahre, also rund 45 Milliarden Euro pro Jahr. Diese Summe ist volkswirtschaftlich gut zu schultern, es ist aber unrealistisch, diese Investitionen allein durch Umschichtung in den bestehenden Haushalten zu finanzieren. Deshalb sollten die Schuldenregeln im Grundgesetz um eine goldene Regel erweitert werden, die eine Kreditaufnahme im Umfang der Nettoinvestitionen erlaubt. Bis zur Umsetzung einer solchen Regel sollten Spielräume, etwa durch Extrahaushalte, genutzt werden. Wichtig ist darüber hinaus eine nachhaltige Entschuldung der Kommunen, die eine zentrale Rolle für öffentliche Investitionen, insbesondere bei der Verkehrsinfrastruktur spielen.«

»Der Analyse von IW und IMK zufolge steigert eine Erhöhung des staatlichen Infrastrukturbestands um 10 Milliarden Euro das Bruttoinlandsprodukt dauerhaft um rund 2,5 Milliarden Euro im Jahr.«[79]

Bei der nächsten Wahl werden also die Weichen gestellt, ob unsere Gesellschaft stärker aus dieser Krise hervorgeht. Wir müssen sie deshalb als Chance nutzen, unser Land in den nächsten Jahren zu modernisieren und fit zu machen für die Zukunft. Mehrere große Missionen, wie Olaf Scholz die Aufgaben nennt, stehen an, für die große öffentliche Kraftanstrengungen notwendig sind: Wir müssen die Jahrhundertaufgabe Klimawandel zur Chefsache machen, mit wirtschaftlicher Innovation zukunftsfähige Arbeitsplätze erhalten und schaffen und diese Gesellschaft gerechter gestalten. Das schaffen wir nur mit groß angelegten Investitionen in Bildung, Digitalisierung, Energiewende, Mobilität und den starken Sozialstaat.

Um das bewältigen zu können, müssen wir Zukunftsaufgaben über rentierliche Kreditaufnahmen finanzieren und die höchsten Einkommen und Vermögen stärker zur gerechten Finanzierung heranziehen. Helge Brauns Vorstoß und der aktuelle Bericht des Stabilitätsrats zeigen, dass die Schuldenbremse gerade in Krisenzeit eine Zukunftsbremse sein kann und auch die nächsten Jahre zumindest ausgesetzt werden muss. Denn eines ist klar: Die Investitionen von heute sind die Arbeitsplätze, die lebenswerte Umwelt und die Zukunftsperspektiven der Generationen von morgen. Das können und müssen wir stemmen. Der Bierdeckel der Union bedeutet hingegen Stillstand. Den können wir uns schlicht nicht leisten.

Zusatz- und Schlussbemerkung

Die Europäische Union ist nicht nur ein beispielloses Modell zur Friedenssicherung, sie ist zugleich Grundlage für das stark exportorientierte Wirtschaftsmodell Deutschlands und die wirtschaftliche Entwicklung in unseren Nachbarländern. Gerade das deutsche Nachkriegsmodell mit Länderfinanzausgleich und dem grundgesetzlichen Ziel gleichwertiger Lebensverhältnisse hat sich für die Bundesländer und den Bund gleichermaßen als Grundlage für Wiederaufbau und Wirtschaftswachstum erwiesen. Auf derselben Linie liegt eine Fortführung und Vertiefung der europäischen Integration – in unserem eigenen und im Interesse unserer europäischen Partner. Gerade die Coronakrise hat gezeigt, dass nur Solidarität statt Konkurrenz hilft. Um die großen Aufgaben der Zukunft (sozial-ökologischer Umbau, Konkurrenz mit anderen Wirtschaftsräumen) bewältigen zu können, brauchen wir eine stärker aufeinander abgestimmte Steuer-, Wirtschafts- und Investitionspolitik in und für Europa.

Dr. Claus Michelsen / Dr. Marius Clemens

Öffentliche Investitionen zahlen sich dreifach aus

Mai 2021

Ein Plädoyer für mehr Investitionen

Aktuell bestimmen die Folgen der Coronakrise die wirtschaftspolitische Debatte in Deutschland. Es geht darum, das Überleben zahlreicher Unternehmen zu sichern, Arbeitsplätze zu erhalten und die Pandemie endlich in den Griff zu bekommen. Der Staat nimmt hierzu erhebliche Summen in die Hand. So ist nach Jahren der Überschüsse in den öffentlichen Kassen das letzte Jahr mit einem Minus von rund 140 Milliarden Euro abgeschlossen worden – in diesem Jahr wird das Defizit voraussichtlich noch einmal auf 160 Milliarden Euro ansteigen.

Hinzu kommen Kredite und Beteiligungen für in Not geratene Unternehmen sowie ein Risikopuffer, um auch für den Fall ungünstigerer Pandemieverläufe gewappnet zu sein oder auch weitere Impfrunden zu finanzieren. Der Bund hat dazu die maximale Nettokreditaufnahme in diesem Jahr auf 240 Milliarden Euro angehoben. Dies alles ist notwendig, um die Coronakrise zu bewältigen, hinterlässt aber auch Spuren: Die zukünftigen finanziellen Spielräume der öffentlichen Hand werden deutlich kleiner. Die gesamtstaatliche Schuldenstandsquote wird in nur zwei Jahren um gut zwölf Prozentpunkte auf voraussichtlich mehr als 70 Prozent in Relation zum Bruttoinlandsprodukt ansteigen, im Fall der Ausschöpfung aller bereitgestellter Mittel auf gut 75 Prozent. Schon jetzt werden Forderungen laut, nach der Krise einen rigiden finanzpolitischen Kurs einzuschlagen und die Schuldenbelastung schnell zurückzuführen. Die Vergangenheit hat gezeigt, dass dies meist zu Lasten der öffentlichen Investitionen geschieht, zumal rentenpolitische Versprechen an anderer Stelle Mittel langfristig bereits binden.[80]

Gute Gründe für ein Investitionsprogramm

Es wäre allerdings an der falschen Stelle gespart. Deutschlands öffentlicher Kapitalstock ist in den letzten 30 Jahren um insgesamt 20 Milliarden Euro geschrumpft – trotz Wiedervereinigungsboom und trotz voller Kassen, zumindest in den letzten 10 Jahren. Vieles spricht dafür, die Investitionshaushalte deutlich auszuweiten.

Erstens besteht ein erheblicher Nachholbedarf vor allem in der kommunalen Infrastruktur, die sichtbar verschlissen ist. Zudem birgt die Coronakrise das Risiko eines Investitionsstopps auf kommunaler Ebene: Bereits verschuldete Gemeinden könnten Investitionen in die Infrastruktur zurückfahren müssen, da die Einnahmen wegbrechen und die langfristigen Auswirkungen der Krise die Sozialausgaben erhöhen.

Zweitens gibt es große Bedarfe für die Modernisierung bestimmter Infrastrukturen. Schätzungen zeigen, dass für die Energiewende, Digitalisierung, Bildung aber auch Forschung und Entwicklung mehr als 220 Milliarden Euro zusätzlich notwendig wären, um Deutschland fit für die Zukunft zu machen.[81] Ohne zusätzliches öffentliches Kapital dürften viele Ziele wie die Energiewende unerreichbar bleiben.[82]

Drittens sind deutsche Staatsanleihen international weiterhin sehr begehrt, sodass die Finanzierungsbedingungen derzeit so vorteilhaft wie nie zuvor sind: Der Bund bekommt Geld dafür geschenkt, wenn er sich am Kapitalmarkt finanziert. Selbst Vorhaben mit geringer Rendite dürften sich in diesem Umfeld rechnen, sofern sie ihre Abschreibungen selbst erwirtschaften.

Viertens haben öffentliche Investitionen gerade in der Krise eine hohe Rendite: Eine neue Studie zeigt, dass jeder Euro für öffentliche Bruttoanlageinvestitionen im Durchschnitt 1,5 Euro private Investitionen nach sich zieht.[83] Dieser Effekt wird größer, je niedriger die Zinsen sind, je höher die Unsicherheit ist und je geringer die gesamtwirtschaftliche Auslastung ist. Neben den Bruttoanlageinvestitionen wurden auch weitere investiv wirkende Ausgaben, wie Investitionszuschüsse sowie Ausgaben in Bildung, Erziehung und Gesundheit (Humanpotentialausgaben), untersucht. Während Investitionszuschüsse kurzfristig die private Investitionstätigkeit anregen, sind öffentliche Ausgaben für Forschung und Entwicklung und Investitionen in das Humanpotenzial nachhaltiger: Diese benötigen zwar einige Zeit, bis diese auch private Investitionsausgaben anregen – dafür steigen diese aber deutlich stärker und dauerhaft an.

Fünftens sind es die privaten Investitionen, die durch die Krise erheblich belastet werden: Schwindendes Eigenkapital, steigende Schuldenbelastung und unsichere Geschäftsaussichten lassen Unternehmen bei der Modernisierung ihrer Produktionsstätten zurückhaltend agieren. Dies wiederum lastet auf der Produktivitätsentwicklung, was in Hinblick auf das zukünftige Wachstum kontraproduktiv ist.[84]

Sechstens können sich wichtige Schlüsselinnovationen im Anschluss an die erste Finanzierungsspritze oft nur durch ein langfristiges, kooperatives und institutionalisiertes Zusammenspiel zwischen öffentlichem und privatem Sektor weiterentwickeln. Beispielsweise könnten sich Investitionen zur Entwicklung von Impfstoffen nicht nur in der Coronapandemie rentieren, sondern mittel- bis langfristig zum Schutz vor anderen bislang schwer heilbaren Krankheiten eingesetzt werden. So könnte der mRNA-Impfstoff zu einer Schlüsselinnovation in der Medizinforschung werden, ähnlich wie grüner Wasserstoff beim Antrieb umweltfreundlicher Fahrzeuge, Schiffe und Flugzeuge. Die dadurch gewonnene Stabilität reduziert für die Unsicherheit für private Unternehmen langfristige, innovative, aber gleichzeitig riskante Projekte zu investieren. Eine rege öffentliche Investitionstätigkeit schafft Anreize für private Unternehmen in diesen Bereichen ihre Investitionen ebenfalls auszuweiten.

Branchen profitieren in unterschiedlicher Weise von öffentlichen Investitionen – Vom »Zukunftspaket« sollten deutliche Stabilisierungs- und Wachstumseffekte ausgehen

Ein Investitionsprogramm würde sich je nach Ausgestaltung branchenspezifisch unterschiedlich auswirken. Unmittelbar würden allgemeine Steigerungen öffentlicher Sachinvestitionen den Aufbau des Kapitalstocks in der Baubranche, dem Bereich Reparatur und Instandhaltung, dem Maschinenbau, Automobilbranche und der Elektroindustrie anschieben. Dadurch würden Investitionsketten in Gang gesetzt, die mit Verzögerung auch in Dienstleistungsbereichen wie dem Hotel- und Gastgewerbe oder dem Einzelhandel Investitionen anregen können. Auch hier gilt, dass die Wirkung in Krisenzeiten deutlich größer ist, als in Zeiten der Normalauslastung. Alles in allem zeigen die empirischen Ergebnisse deutliche Effekte öffentlicher Investitionen in vielen Branchen, die sowohl direkt als auch längerfristig wirken. Mit dem Konjunkturprogramm aus dem vergangenen Jahr werden erhebliche investive Mittel bereitgestellt und wichtige Zukunftsinvestitionen aufgestockt. Diese dürften sich kurz- und mittelfristig positiv auf die wirtschaftliche Entwicklung auswirken. Modellsimulationen zeigen, dass die rund 37 Milliarden Euro des Konjunkturprogramms für Bruttoanlageinvestitionen und Investitionszuschüsse zu einem zusätzlichen Anstieg der privaten Investitionen von 29 Milliarden Euro führen. Insgesamt erhöhen diese das Bruttoinlandsprodukt um 45 Milliarden Euro. Berücksichtigt man die zusätzlichen Forschungs- und Bildungsausgaben, dann dürfte der Gesamtimpuls des Konjunkturpakets von 45 Milliarden Euro im investiven Bereich zu einem Anstieg der Wirtschaftsleistung von 67 Milliarden Euro bis in das Jahr 2024 führen.

Es gibt also viele gewichtige Argumente für eine Ausweitung staatlicher Investitionen, welche sich dreifach auszahlen würde: Kurzfristig helfen sie, die aktuelle Krise schneller zu überwinden. Ganz konkret sind dies beispielsweise FuE-Ausgaben für die Entwicklung eines Impfstoffs, aber auch vorgezogene Ausrüstungsinvestitionen sowie die Entlastungen der Kommunen. Mittelfristig würden öffentliche Investitionen bspw. in den Ausbau des Glasfasernetzes oder eine effizientere öffentliche Verwaltung das durch die demografische Entwicklung schwache Produktionspotenzial Deutschlands anheben.[85] Auch der Ausbau des Angebots in Ganztagesschulen und Kitas dürfte mittelfristig das Erwerbspotential von Familien, insbesondere von jungen Müttern, stärken.[86] Langfristig würden mit öffentlichen Investitionen wichtige gesundheits-, klima- und sozialpolitische Probleme adressiert und die Resilienz gegenüber zukünftigen Gesundheits- und Umweltkrisen erhöht.

Jörg Hofmann

Öffentliche Investitionen:
Eine Gretchenfrage der Transformation

September 2021

Die Zukunft der hiesigen Industrie steht auf dem Spiel – und damit hunderttausende Arbeitsplätze. Ganze Branchen stehen im Umbruch, Digitalisierung und Klimaschutz, die großen Herausforderungen unserer Zeit, erfordern tiefgreifende Anpassungen. Daneben zeigen die jüngsten Erfahrungen mit risikoanfälligen globalen Lieferketten, dass die Resilienz der europäischen Wertschöpfung deutlich gestärkt werden muss. Gefragt sind innovative und nachhaltige Produkte, Produktionsprozesse und Geschäftsmodelle, resiliente Wertschöpfungsketten – und konkrete Pläne zur Qualifizierung der Beschäftigten.

Das Gros der für die Transformation notwendigen Investitionen wird von privater Seite getätigt werden müssen. Die Automobilindustrie investiert in den nächsten fünf Jahren über 150 Milliarden Euro in den Umbau. Aber: Vor allem große Hersteller können die nötigen Summen bewegen. Kleinen und mittelständischen Zulieferern in der zweiten und dritten Reihe der Wertschöpfungskette fehlt zu häufig das nötige Eigenkapital. Es geht um die Entwicklung nachhaltiger Geschäftsmodelle und neuer Mobilitätskonzepte, ebenso um die Qualifizierung der Belegschaften. Hier bedarf es der Unterstützung für kleine und mittlere Betriebe, sollte deren Eigenkapital und Margen nicht dafür ausreichen, um die notwendigen Zukunftsinvestitionen zu stemmen. Mit dem Zukunftsfonds Automobil und dem § 35 c des Konjunkturpaketes wurde hier ein Anfang gemacht. Wir brauchen einen milliardenschweren Transformationsfonds, der jenseits der Rating-Regeln des Finanzmarkts betroffenen Betrieben Zugang auch zu Eigenkapital ermöglicht.

Auch der Investitionsbedarf der Stahlindustrie – für die Umstellung auf Wasserstoff als Reduktionsmittel – liegt bei rund 30 Milliarden Euro bis zum Jahr 2050. Hier ist offensichtlich, dass die Industrie aus eigener Investitionskraft den Wechsel zur Wasserstoffreduktion in der Hochofenstrecke nicht leisten kann. Wollen wir die europäische Stahlindustrie erhalten, ist hier staatliche Unterstützung unverzichtbar. Daneben wird die notwendige Infrastruktur in Netzen und Versorgung im Ausbau einer flächendeckenden Ladeinfrastruktur für Strom und Wasserstoff ohne begleitende öffentliche Investitionen nicht möglich sein.

Kurzum: Nur, wenn das öffentliche Investitionsgeschehen deutlich zunimmt, werden sich die notwendigen privaten Investitionen einstellen. Das ist die Gretchenfrage für die kommende Bundesregierung: Wie ernst meint sie es damit, die Klimaziele in einer Industriegesellschaft zu erreichen?

Aus gemeinsamen Analysen des Instituts der deutschen Wirtschaft und des Instituts für Makroökonomie und Konjunkturforschung ging bereits im Jahr 2019 hervor, dass bis 2030 ein zusätzlicher öffentlicher Investitionsbedarf von mindestens 450 Milliarden Euro besteht. Diese Summe umfasst z. B. Investitionen in den Ausbau des ÖPNV, der Bahninfrastruktur, der Wasserwege, einen flächendeckenden Breitband-Ausbau, aber auch Zuschüsse zur Dekarbonisierung der Wirtschaft.

Ein weiterer Aspekt ist die Verschärfung der Klimaziele im Fit-für-55-Programm der EU-Kommission. Schärfere Reduktionsziele – so nachvollziehbar sie inhaltlich sind – erhöhen den Handlungsdruck: Wenn die CO_2-Emissionen schneller sinken sollen, dann steigen auch die Investitionsbedarfe bis 2030 – für private wie für öffentliche Akteure. Die IG Metall geht daher davon aus, dass sich die öffentlichen Investitionsbedarfe bis 2030 auf mehr als 500 Milliarden Euro belaufen.

Das ist deutlich mehr, als bisher in der Haushaltsplanung sichtbar ist. Zwar wurde z. B. im Konjunkturpaket 2020 veranschlagte Investitionsvolumen erhöht (»Zukunftspaket«), allerdings waren zahlreiche dieser Mittel nur Ausgleichszahlungen. Ein systematischer, anhaltender Aufbau des Investitionsvolums ist bis heute ausgeblieben. Neben den 500 Milliarden Investitionsvolumen werden weitere Mittel für eine erfolgreiche sozial-ökologische Wende gefordert sein. Beispielhaft sei hier auf die berechtigte Forderung der vollen Übernahme der EEG-Umlage verwiesen, die nach Schätzungen zunächst 25 Milliarden Euro pro Jahr kosten wird. Ähnlich verhält es sich mit den Differenzverträgen (carbon contracts for difference), für die die Bundesregierung derzeit ein Pilotprojekt in der Stahl- und Chemieindustrie plant. Die Coronapandemie hat zudem offengelegt, dass bestimmte Lieferketten für Störungen anfällig sind und es industriepolitisch geboten ist, bestimmte Produktionskapazitäten heutiger und künftiger Wertschöpfung innerhalb Europas auszubauen (z. B. Halbleiter und Batteriezellen). Auch die Förderungen solcher Projekte müssen mitgedacht werden, weil es sonst nicht gelingen wird, Wertschöpfungsketten in diesem Umbruch in Europa zu halten.

Die genannten Punkte sind gute Beispiele für öffentliche Ausgaben und sinnvolle ordnungspolitische Eingriffe, die Vorbedingung und Anreiz für private Investitionen sind: Durch Differenzverträge werden klimawirksame Investitionen rentabel, die sich sonst erst bei deutlich höheren CO_2-Preisen rechnen würden. Die Übernahme der EEG-Umlage vergünstigt strombasierte – und damit klimafreundlichere – Alternativen, sodass die Nutzung fossiler Energieträger im Vergleich unattraktiver wird. Eine stärkere europäische Halbleiter- und Batteriezellenproduktion würde den Industriestandort Deutschland und die europäische Souveränität stärken. Zögert die neue Bundesregierung hier, werden sich zahlreiche Unternehmen weiter hinter dem Argument fehlender Verlässlichkeit und Planbarkeit verstecken und eigene Investitionen zurückhalten.

Diese Mechanik gilt natürlich ebenso für die eingangs erwähnten Infrastrukturprojekte: Bessere Transportwege, bessere Internetanbindungen – öffentliche Investitionen erhöhen die Effizienz und Rentabilität der Investitionen privater Unternehmen. Eine anhaltend restriktive öffentliche Investitionsbereitschaft bremst insofern in doppelter Hinsicht das Erreichen der Klimaziele.

Eine erfolgreiche Transformation entscheidet sich aus Sicht der Beschäftigten in den Regionen. Gelingt es dort gute Industriearbeit zu erhalten und auf nachhaltige Produkte und Prozesse umzustellen, oder drohen Standortschließungen, Personalabbau und Arbeitslosigkeit und damit eine Verarmung ganzer Regionen. Proaktive regionale Strukturpolitik ist gefordert und damit auch Kommunalhaushalte, die einen solchen Umbau durch die Bereitstellung kommunaler Infrastruktur, Ertüchtigung der Berufsschulen usw. fördern können. Zwingend dabei ist ein Paradigmenwechsel im europäischen Beihilferecht und der Strukturpolitik. Gefördert werden soll nicht erst dann, wenn Regionen in die Armut geraten, sondern rechtzeitig und proaktiv, um dies zu verhindern.

Unter Ökonom*Innen ist es Konsens, dass das zusätzliche öffentliche Investitionsvolumen nicht gestemmt werden kann, solang die bestehenden Regeln zur Neuverschuldung auf Landes-, Bundes- und Europaebene greifen.

Dieser Einschätzung folgen auch immer mehr politische Akteur*innen: Während die Union z. B. die Schuldenbremse eigentlich beibehalten möchte und sogar »möglichst schnell« wieder die »schwarze Null« anstrebt, haben prominente Unionspolitiker*innen bereits vorgeschlagen, die Schuldenbremse des Bundeshaushalts mit einem »Deutschlandfonds« zu umgehen – ein bemerkenswertes Eingeständnis der finanzpolitischen Zwickmühle, in die man sich manövriert hat. Darüber hinaus fordern Union und FDP ein Absenken der Körperschaftsteuer und eine Abschaffung des verbleibenden Solidaritätszuschlags – milliardenschwere Versprechen, die nur wenige, finanziell bessergestellte Bürger*innen direkt begünstigen würden. Die Handlungsfähigkeit der öffentlichen Hand wäre in den kommenden Jahren maßgeblich eingeschränkt.

Die Schuldenbremse und die europäischen Fiskalregeln sind in der heutigen Form überholt. Die Entwicklung der durchschnittlichen Wachstumsraten, aber vor allem der durchschnittlichen effektiven Zinssätze für deutsche Staatsanleihen in den letzten Jahren erlauben auch weiterhin die Neuaufnahme von Schulden. Deutschland würde selbst mit Primärdefiziten seine Staatsschuldenquote senken, da die Zinssätze auch langfristig hinter dem Wirtschaftswachstum zurückbleiben dürften. Diese Entwicklungen waren nicht absehbar, als das gegenwärtige finanzpolitische Regelwerk entwickelt wurde. Will man an diesem Regelwerk aus anderen Gründen festhalten, so sollte es zumindest reformiert werden – sonst wird es zu einem politischen, ökonomischen und klimapolitischen Risiko.

Von der kommenden Bundesregierung fordern wir daher ein klares Bekenntnis, die finanzpolitischen Herausforderungen der Transformation anzuerkennen. Sie muss investieren, Infrastrukturen modernisieren und Innovationen fördern. Dafür braucht sie einen finanzpolitischen Spielraum – nur so wird der sozial-ökologische Umbau unserer Industriegesellschaft gelingen.

Dr. Gerhard Schick

Wirtschaftsstabilisierungsfonds zum Transformationsfonds umbauen

Juni 2021

Nachhaltiger Strukturwandel statt Förderung überholter Geschäftsmodelle

Mit dem Wirtschaftsstabilisierungsfonds (WSF) werden in der Coronakrise große Unternehmen in finanzieller Not mit Steuergeldern gestützt, denen sonst kein Finanzier mehr helfen will. Es ist eines der größten und gleichzeitig fragwürdigsten Instrumente der Wirtschaftshilfen im Zuge der Coronakrise. Denn der Staat geht ins Risiko, ohne seine Unterstützung an Bedingungen zu knüpfen, die den gesellschaftlichen Mehrwert der Rettung sicherstellen.

Dabei wären Kriterien, die die Rettung mit einem gesellschaftlichen Nutzen verbinden, sowohl aus ökonomischer als auch aus ökologischer Perspektive erforderlich. Staatliche Unterstützung ist nur gerechtfertigt, wenn die betroffen Unternehmen im Gegenzug den nachhaltigen Umbau ihres Geschäftsmodells anpacken. Stellen sie sich dagegen nicht nachhaltig auf, dann sieht es langfristig sowohl für die Zukunftsfähigkeit des Unternehmens als auch für die Rückzahlung der öffentlichen Mittel, schlecht aus. Statt überholte Geschäftsmodelle künstlich am Leben zu halten, sollte die Bundesregierung einen Transformationsfonds einrichten, der den nachhaltigen Umbau der Wirtschaft voranbringt.

Der Bund wiederholt beim WSF die Fehler aus der Bankenkrise, wo er mit dem Finanzmarktstabilisierungsfonds Milliarden an Steuergeldern in hoffnungslosen Banken versenkte. Die richtigen Lehren hat die Bundesregierung daraus offensichtlich nicht gezogen. Auch damals wurden Milliarden zur Verfügung gestellt ohne ausreichende Transparenz und Kontrolle, was im Ergebnis zu gigantischen Verlusten für den Steuerzahler führte, während einige Banker mit einem goldenen Fallschirm davonkamen. Verurteilt wurde in Deutschland bekanntermaßen keiner der Banker, die maßgeblich zum Entstehen der Finanzkrise beigetragen haben.

Während Boni und Ausschüttungen bei gestützten Unternehmen immerhin untersagt sind, gibt es beim WSF keine ausreichende Einschränkung für die Förderung von Unternehmen, die sich als Steuertrickser hervortun. Dabei hatte Olaf Scholz genau das im Frühjahr 2020 versprochen. Diverse Unternehmen wie TUI, FTI oder MV-Werften, die bisher durch den WSF aufgefangen wurden, haben Verbindungen mit Schattenfinanzzentren. Solche Verbindungen sind ein starker Hinweis auf gemeinwohlschädliche Steuersparmodelle.

Im Falle der Lufthansa legt eine Studie im Auftrag der Bürgerbewegung Finanzwende nahe, dass die Gewinne des Unternehmens besonders gerne über 92 Tochterunternehmen in Schattenfinanzzentren und Steueroasen erzielt werden. Die Steuerlast am deutschen Konzernstandort ist entsprechend niedrig. Damit unterstützt der Staat diejenigen, die sich höchstwahrscheinlich um ihren Beitrag zum Gemeinwohl drücken. Durch eine öffentliche länderbezogene Steuerberichterstattung durch geförderte Unternehmen und darauf aufbauend einen Ausschluss von Steuertricksern hätte dies verhindert werden können.

Gravierender noch ist die Blindheit des WSFs gegenüber der mangelnden Zukunftsfähigkeit der betroffenen Unternehmen. Mit TUI und FTI sind zwei Anbieter von Pauschalreisen betroffen, deren Geschäftsmodell nicht erst seit Corona in der Krise steckt, weil Menschen sich ihre Reisen zunehmend individuell online zusammenstellen. Die Lufthansa bekommt zu spüren, dass Videokonferenzen inzwischen umweltschädliche Flüge oft ersetzen können und Galeria Kaufhof steckt nicht erst seit Corona in der Krise.

Diese Unternehmen müssten sich grundsätzlich neu aufstellen, um langfristig überleben zu können. Mit dem WSF fördert Deutschland nun aber mangels verbindlicher Auflagen nicht die nachhaltige Neuausrichtung dieser Unternehmen, sondern zementiert einen Status quo überholter Geschäftsmodelle. Ohne Zukunftsfähigkeit der geförderten Unternehmen, droht aber auch der Verlust der eingesetzten Mittel.

Zu allem Übel fördert Deutschland mit dem WSF auch besonders umweltschädliche Unternehmen und konterkariert so die eigenen Anstrengungen für den Klimaschutz. Die Tourismusbranche ist verantwortlich für erhebliche CO_2-Emissionen und Luft- und Wasserverschmutzung beispielsweise durch Flüge oder Kreuzfahrten. Uns bleiben nur noch wenige Jahre, um das völkerrechtlich verbindliche 1,5-Grad-Ziel des Pariser Klimaabkommens zu erreichen.

Die deutsche Wirtschaft steht vor einer gigantischen Transformationsaufgabe. Laut EU-Kommission sind jährliche Investitionen von 175 bis 290 Milliarden Euro für den nachhaltigen Umbau der Wirtschaft in Europa nötig. Weder die Luftfahrt noch Anbieter von Pauschalreisen haben bisher einen glaubwürdigen Plan, wie sie ihren Beitrag zum Klimaschutz leisten und ihr Angebot mit dem 1,5-Grad-Ziel in Einklang bringen können. Mangels Umweltauflagen sind die geförderten Unternehmen auch nicht dazu gezwungen, dies zu ändern. So bleibt es bei bloßen Lippenbekenntnissen.

Statt weiter Steuertrickser und Umweltzerstörer ohne zukunftsfähiges Geschäftsmodell zu retten, sollte die Bundesregierung den nachhaltigen Umbau von Wirtschaft und Gesellschaft fördern. Die aktuelle Krise bietet die Chance, die wirtschaftlichen Herausforderungen durch Covid-19 und die sozial-ökologische Transformation gemeinsam anzugehen. Alles andere ist angesichts der wachsenden Klimakrise auch nicht zu rechtfertigen. Dazu braucht es einen Transformationsfonds, dessen Einsatz an klare Kriterien geknüpft wird, um den gesellschaftlichen Mehrwert der Förderung sicherzustellen. Für die Fälle, in denen der Staat Miteigentümer wird, bedarf es eines systematischen Beteiligungsmanagements und klar definierter öffentlicher Prioritäten. Der Bund sollte sich aus dem Kleinklein und den Alltagsfragen von Unternehmen heraushalten. Aber er müsste mit seinem Stimmrecht im Zweifel konsequent das Gemeinwohlinteresse verwirklichen und sich für Umweltschutz und die Belange schutzbedürftiger Arbeitnehmer einsetzen. Voraussetzung für eine Förderung sollte ein zukunftsfähiges Geschäftsmodell sein. Ähnlich wie bei privatwirtschaftlichen Impact-Fonds, wäre eine Ausrichtung an der Wirkung der Investition auf Umwelt und Gesellschaft sinnvoll, während die Wirtschaftlichkeit gewährleistet sein muss. Durch die Förderung zukunftsweisender Innovationen könnten wir mit einem Transformationsfonds den nachhaltigen Strukturwandel beschleunigen. Länderbezogene Steuertransparenz (öffentliches CBCR) für geförderte Unternehmen kann sicherstellen, dass kein Cent an Unternehmen fließt, die dem Gemeinwohl durch Steuervermeidung schaden.

Auch der Sustainable-Finance-Beirat der Bundesregierung fordert einen Transformationsfonds, um die öffentliche Unternehmensförderung nachhaltig zu gestalten. In Form eines Dachfonds könnte er den Wirtschaftsstabilisierungsfonds und den neuen Zukunftsfonds zur Start-up-Förderung eingliedern. In seinem Abschlussbericht hat der Beirat vorgeschlagen, die Förderung an den Zielen für nachhaltige Entwicklung (SDGs) und der EU-Klassifizierung für nachhaltige Investitionen auszurichten. Dies wäre ein guter Referenzrahmen, um in Deutschland Unternehmensförderung und Nachhaltigkeit in Einklang zu bringen. Es liegt an der Bundesregierung, endlich gemeinwohlorientiert und zukunftsfähig zu fördern, statt Steuergelder in gestrigen Unternehmen zu versenken.

Dr. Katja Rietzler / Dr. Silke Tober

Was kann ein staatlicher Transformationsfonds leisten?

August 2021

Ein staatlicher Transformationsfonds kann dazu beitragen, die massiven, zur Erreichung der Klimaziele notwendigen Investitionen zügig auf den Weg zu bringen.[87] Vorgeschlagen wird ein schuldenfinanzierter Transformationsfonds, der renditeorientiert in besonders betroffene Industrieunternehmen investiert, Start-ups fördert und Forschung und Entwicklung unterstützt. Durch gezielte Beteiligungen könnte der Staat Eigenkapitalengpässe beseitigen und die Planungssicherheit erhöhen. Im Unterschied zu Subventionen können durch erfolgreiche Beteiligungen Vermögenswerte der öffentlichen Hand geschaffen werden.

Die sozial-ökologische Transformation muss beschleunigt werden

Der Klimawandel ist eine existenzielle Herausforderung, die deutlich schneller angegangen werden muss, als noch beim Zustandekommen des Pariser Klimaabkommens im Jahre 2015 angenommen wurde. Allgemein akzeptierten wissenschaftlichen Erkenntnissen zufolge ist eine Begrenzung des Temperaturanstiegs auf deutlich unter 2 °C, möglichst auf 1,5 °C erforderlich[88], um Kipppunkte[89] zu vermeiden, die irreversible und zerstörerische dynamische Prozesse auslösen können.

Die Klimawende bedarf massiver Investitionen. Für die EU insgesamt schätzt die EU-Kommission den erforderlichen jährlichen Investitionsbedarf auf knapp 300 Milliarden Euro.[90] Zwar gehen der *European Green Deal* der EU-Kommission und der Aufbaufonds grundsätzlich in die richtige Richtung. Es steht allerdings bereits jetzt fest, dass die öffentlichen und privaten Investitionsanstrengungen merklich intensiviert werden müssen, um das Ziel der Klimaneutralität bis 2050 und die entsprechenden Zwischenziele für 2030 zu erreichen.

Investitionen sind nicht nur für die Dekarbonisierung erforderlich, sondern auch für den Erhalt und die Schaffung möglichst vieler gut bezahlter Arbeitsplätze.

Die Dekarbonisierung der Industrie ist eine besondere Herausforderung

Eine besondere Herausforderung auf dem Weg in die Klimaneutralität ist die Transformation der Industrie. Aufgrund ihrer hohen Energieintensität ist die Dekarbonisierung der Industrie maßgeblich von Fortschritten im Energiesektor abhängig.

Eine Reduktion des Treibhausgasausstoßes in der Industrie im vorgesehenen Umfang erfordert zeitnah massive Investitionen mit einer langfristigen Dekarbonisierungsperspektive. Im Fokus stehen insbesondere drei Branchen, die zusammen für mehr als die Hälfte der Treibhausgas-Emissionen der Industrie stehen: die Stahlindustrie, die Grundstoffchemie und die Zementproduktion.[91] Die notwendige Emissionsreduktion ist nicht mit inkrementellen Effizienzverbesserungen zu erreichen, sondern erfordert im großen Stil den Einsatz neuer Technologien. Der aktuelle Zeitpunkt ist für Innovationen insofern günstig, als in vielen Unternehmen, unabhängig von der Klimawende, eine umfassende Erneuerung des Kapitalstocks ansteht. Da Industrieanlagen eine lange Lebensdauer von teilweise über 50 Jahren haben, gilt es zudem, Lock-in-Effekte zu vermeiden.

Die notwendigen Technologien sind unterschiedlich weit ausgereift und ihre Anwendung setzt gewisse Rahmenbedingungen voraus. Der Einsatz von grünem Wasserstoff ist beispielsweise ohne einen massiven Ausbau erneuerbarer Energien kaum denkbar.

Angesichts der hohen Kosten sowie technologischer und klimapolitischer Unsicherheiten ist eine stärkere Unterstützung der Transformation der Industrie und des Energiesektors erforderlich. Ein staatlicher Transformationsfonds würde direkte finanzielle Unterstützung leisten und zugleich die Planungssicherheit erhöhen, da der Staat bei einer Abkehr vom Dekarbonisierungskurs selbst Verluste durch dann unrentable Beteiligungen erleiden würde.

Beteiligungen spielen in der Förderlandschaft bisher eine untergeordnete Rolle

Die sozial-ökologische Transformation wird in Europa bereits durch eine vielfältige und umfassende Förderinfrastruktur unterstützt. Eine zentrale Rolle spielen dabei europäische, nationale und regionale Förderbanken. Sie finanzieren sich im Wesentlichen am Kapitalmarkt, vergeben in erster Linie zinsverbilligte Kredite und greifen somit kaum auf öffentliche Haushalte zurück. Die öffentliche Hand spielt hier primär als Garantieleister eine Rolle. Als größte Förderbank der Welt plant die EIB-Gruppe (Europäische Investitionsbank) für 2021 eine Förderkreditvergabe in Höhe von 63 Milliarden Euro, wovon 35 Prozent auf den Bereich Klimaschutz und ökologische Nachhaltigkeit entfallen.[92]

Ergänzend zur Tätigkeit der Förderbanken wurden mit dem European Green Deal umfassende Maßnahmenpakete auf den Weg gebracht, um den Klimaschutz zu forcieren. Der European Green Deal wird mit rund 1.000 Milliarden Euro in den nächsten zehn Jahren veranschlagt. Mit dem mehrjährigen Finanzrahmen und dem Europäischen Aufbauprogramm NGEU, die im vergangenen Jahr verabschiedet wurden und zu 30 Prozent in Klimaschutzmaßnahmen fließen sollen, wurde die finanzielle Grundlage für den European Green Deal gelegt.[93] Beteiligungen sind in der Förderlandschaft für den sozial-ökologischen Wandel bislang ein unterdimensionierter Bereich.

Gerade bei hohen Investitionen, wie sie in der Industrie anstehen, aber auch bei neu auf den Markt kommenden Unternehmen (Start-ups) kann das Eigenkapital eine Beschränkung für die Kreditfinanzierung darstellen. Aus diesem Grund wäre die Gründung eines Transformationsfonds sinnvoll, der einerseits den sozial-ökologischen Strukturwandel durch staatliche Beteiligungen an zukunftsfähigen Unternehmen (gegebenenfalls kombiniert mit Kreditvergaben) fördert und andererseits die Chance eines staatlichen Vermögensaufbaus bietet.

Das primäre Ziel eines Transformationsfonds wäre die zielgerichtete Förderung von Investitionen zur Unterstützung der sozial-ökologischen Transformation. Es kann in diesem Zusammenhang nicht darum gehen, den Staat zwar an den Investitionsrisiken zu beteiligen, die Aufwärtschancen aber dem Privatsektor zu überlassen oder gar eine Möglichkeit für finanzielle und nichtfinanzielle Unternehmen zu schaffen, in der aktuellen Niedrigzinsphase staatlich abgesicherte positive Renditen zu erzielen.

Wie könnte ein Transformationsfonds für Deutschland aussehen?

Für das Beispiel Deutschland könnte ein Transformationsfonds in der Ausgestaltung an bereits geplante Fonds angelehnt werden. Hier käme etwa der von der Bundesregierung geplante und bei der KfW-Tochter KfW Capital angesiedelte Zukunftsfonds für Start-ups (10 Milliarden Euro), der im Frühjahr 2020 errichtete Wirtschaftsstabilisierungsfonds (600 Milliarden Euro) und der *European Future Fund* infrage. Dabei sollten, soweit möglich, existierende Strukturen und vorhandene Expertise in Behörden, wie Ministerien, der Finanzagentur, der Bundesbank und der Kreditanstalt für Wiederaufbau (KfW), genutzt werden, nicht nur um diese zu stärken, sondern auch um den Aufbau neuer, kostenintensiver Strukturen zu vermeiden.

Die aus der Bonität des Staates resultierenden geringen Finanzierungskosten können am besten genutzt werden, wenn der Transformationsfonds als Sondervermögen des Bundes eingerichtet wird. So kann der Strukturwandel hin zur Klimaneutralität gezielt intensiviert und zugleich durch Anteile an zukunftsfähigen Unternehmen ein Vermögen aufgebaut werden, dessen Erträge langfristig beispielsweise für weitere ökologische und soziale Zwecke verwendet werden können.

Fiskalregeln und Beihilferecht stehen nicht im Weg

Obwohl der Fonds vollständig kreditfinanziert werden sollte, würde er – unabhängig davon, bei welcher Institution er angesiedelt würde – in der Regel nicht durch die Fiskalregeln beschränkt. Beim Stabilitäts- und Wachstumspakt wie auch bei der Schuldenbremse werden sogenannte finanzielle Transaktionen wie Beteiligungen oder gewährte Darlehen nicht berücksichtigt. Der Erwerb einer Beteiligung mindert daher nicht den Haushaltsspielraum nach den Regeln, ihr Verkauf erhöht ihn umgekehrt aber auch nicht. So wird bei den Fiskalregeln vermieden, dass mit Kurzfristaktionen wie Privatisierungen Haushaltslöcher gestopft werden. Den Schulden aus dem Erwerb einer Beteiligung steht ein finanzieller Vermögenswert gegenüber.

Der Transformationsfonds würde nicht gegen das europäische Beihilferecht verstoßen. Die Gewährung staatlicher Beihilfen ist auf EU-Ebene reguliert, um einen möglichst fairen Wettbewerb innerhalb der EU zu gewährleisten. Artikel 107 des Vertrags über die Arbeitsweise der Europäischen Union verbietet staatliche Beihilfen, die selektiv gewährt werden, den Wettbewerb (potenziell) verfälschen und den Handel zwischen den Mitgliedsstaaten beeinträchtigen.[94] Da die Beteiligungen des Transformationsfonds selektiv an Unternehmen vergebene staatliche Mittel darstellen, ist hier regelmäßig zu prüfen, ob es sich um eine unzulässige Beihilfe handelt. Es gibt aber eine Reihe von Ausnahmeregelungen, etwa bei Risikofinanzierungen für kleine und mittlere Unternehmen (KMU) und beim Umweltschutz, die Beihilfen unter bestimmten Voraussetzungen zulassen.

Fazit

Die Notwendigkeit der sozial-ökologischen Transformation sollte als Chance gesehen werden. Durch gezielte Beteiligungen könnte ein schuldenfinanzierter staatlicher oder gegebenenfalls auch supranationaler Transformationsfonds gerade bei Großinvestitionen Eigenkapitalengpässe beseitigen und die Planungssicherheit mit Blick auf die künftige Klimapolitik erhöhen. Anders als bei Subventionen würde zudem verhindert, dass die Kosten sozialisiert, die Gewinne aber privatisiert werden.

Bei diesem Beitrag handelt es sich um eine gekürzte Fassung des Gutachtens »Ein Transformationsfonds für Deutschland«. Der Text ist zuerst im Blog »Arbeit und Wirtschaft« erschienen.

Thorben Albrecht / Ralf Rukwid

Damit Deutschland Industrieland bleibt, braucht es jetzt eine gezielte Förderpolitik

Oktober 2021

Die ökologischen und sozialen Herausforderungen des Klimawandels sind stark ins Zentrum der politischen Debatten vor der Bundestagswahl 2021 gerückt und werden auch die Koalitionsverhandlungen wesentlich beeinflussen. Neben dem Klimawandel treiben zudem Digitalisierung und Globalisierung mit zunehmender Geschwindigkeit einen grundlegenden Umbau der deutschen Industrie voran. Im Interesse von Gesellschaft, Wirtschaft und Beschäftigten fordern die Gewerkschaften, die Transformation der Wirtschaft politisch aktiv anzugehen und durch eine gezielte Förderpolitik nachhaltig zu flankieren. Das Ziel muss sein, möglichst breite industrielle Wertschöpfungsketten zu sichern und attraktive Arbeitsplätze auch unter Einhaltung ambitionierter Klimaziele zu erhalten. Deutschland muss – und kann – auch in Zukunft ein starkes Industrieland sein.

Die Unternehmen sind in der Pflicht Zukunftsstrategien zu entwickeln, mutig zu investieren und ihre Mitarbeiter*innen zu qualifizieren. Gewerkschaften und Betriebsräte sind bereit und in der Lage dabei mitzuwirken. Aber auch die Politik muss sich ihrer Verantwortung stellen. Die Art und Weise, wie Dekarbonisierung und Digitalisierung politisch gestaltet und flankiert werden, hat entscheidenden Einfluss auf die Arbeitsmarktperspektiven der Beschäftigten. Eine klimaneutrale Wirtschaft ist zunächst nur erreichbar, wenn der Staat selbst die notwendigen Infrastrukturen um- und ausbaut und insbesondere die Verfügbarkeit der Erneuerbaren Energien durch massive öffentliche Investitionen weiter steigert. Zugleich erfordern die gesetzten Klimaziele nicht weniger umfangreiche private Investitionen. Bereits heute müssen klimafreundliche Technologien und eine Modernisierung industrieller (Groß-)Anlagen angeschoben werden, bei denen eine betriebswirtschaftliche Rentabilität bisher häufig noch nicht gegeben ist. Gerade bei kleinen und mittleren Unternehmen drohen, unabhängig von ihrer bisherigen Wirtschaftlichkeit, zudem ausbleibende Zukunftsinvestitionen und Beschäftigungsrisiken, da die Rahmenbedingungen der Transformation generell unsicher sind.

Die deutsche Industrie ist in wichtigen Schlüsselbereichen trotz steigendem Anpassungsdruck derzeit noch relativ erfolgreich. KMU und Hidden Champions sind über Zulieferverflechtungen gemeinsam mit Großunternehmen in starke industrielle Ökosysteme eingebettet. Im Verbund mit Hochschulen und Forschungsorganisationen ergeben sich große Innovationspotenziale. Integrierte Wertschöpfungsketten ermöglichen bislang ein hohes Einkommensniveau und Mitbestimmung sowie Tarifverträge sorgen für sozialen Ausgleich. Dekarbonisierung, Digitalisierung und Globalisierung haben nun allerdings das Potenzial gewaltiger Strukturbrüche. Sie bringen bisher nicht gekannte Herausforderungen bei der Anpassung komplexer Wertschöpfungsketten und gehen mit einem hohen disruptiven Risiko einher. Zwar war es schon immer Aufgabe von Unternehmen, ihre Geschäftsmodelle an Strukturwandelprozesse anzupassen. Doch mit der sich weiter beschleunigenden Transformation – aber auch mit einem veränderten globalen Wettbewerb – ist für die deutsche Industrie eine erfolgreiche Bewältigung des Strukturwandels zunehmend von politisch gestalteten Rahmenbedingungen in den Bereichen Umwelt, Infrastruktur und Handel abhängig.

Aus Sicht der IG Metall reichen ein rein marktgetriebener Anschub der Transformation oder zaghafte wirtschaftspolitische Maßnahmen nicht aus, um die deutsche Industrie zukunftsfest zu machen. Für viele Betriebe muss eine aktive Industrie-, Struktur- und Regionalpolitik erst noch die passenden Voraussetzungen schaffen, damit diese ihr Geschäftsmodell erfolgreich weiterentwickeln oder grundsätzlich neu ausrichten können. Vor diesem Hintergrund spricht sich die IG Metall für ein neues, pragmatisches Austarieren des Staat-Markt-Verhältnisses in Deutschland und Europa aus – mit einem groß angelegten, verlässlichen öffentlichen Investitionsprogramm und einer umfangreichen und zugleich gezielten staatlichen Förderpolitik.

Die Forderung nach einem strategisch investierenden und aktiv lenkenden Staat teilen und bekräftigen ausdrücklich auch diejenigen, deren Arbeitsplätze unmittelbar von der Transformation betroffen sind: In der *Beschäftigtenbefragung der IG Metall 2020*, an der sich trotz Pandemie über 240.000 Kolleg*innen beteiligt haben, stimmten über 87 Prozent der Befragten der Aussage zu bzw. eher zu, dass wichtige Zukunftsfelder (Wasserstoffwirtschaft, künstliche Intelligenz, Batteriezellenfertigung ...) durch aktive Industriepolitik gefördert werden müssen, um industrielle Wertschöpfung zu sichern.[95] Auffällig ist bei der Zustimmung zu einer aktiven Industriepolitik, dass diese mit beachtlicher Einigkeit von den verschiedensten Beschäftigtengruppen vertreten wird. Die Zustimmungswerte variieren nur in geringem Maße über Qualifikationsgruppen, Tätigkeitsbereiche oder Einzelbranchen hinweg. Dies zeigt, dass dogmatische Debatten um eine grundsätzliche ordnungspolitische Legitimität staatlicher Fördermaßnahmen an der Stimmung unter den Beschäftigten völlig vorbeigehen. Und gerade den betrieblichen Fachkräften ist durchaus zuzutrauen, dass sie einen sehr guten Einblick haben, inwieweit die technischen Möglichkeiten und die notwendigen Rahmenbedingungen für die Betriebe derzeit noch auseinanderklaffen.

In einer für viele Unternehmen und Branchen bereits zuvor herausfordernden Situation, hat die Coronakrise zu zusätzlicher Unsicherheit geführt und die Bereitschaft zu privaten Investitionen in neue Industrieanlagen, energetisch-sanierte Gebäude oder modernisierte Strom- und Datennetze insgesamt eher wieder ausgebremst. Um dennoch die (nochmals verschärften) Klimaziele zu erreichen und die notwendige Digitalisierung voranzutreiben, muss nun mit intensivierter staatlicher Förderung gegengesteuert werden.

Die Coronakrise hat aber auch gezeigt, dass Wirksamkeit und gesellschaftliche Akzeptanz staatlicher Fördermaßen eine angemessene Konditionierung erfordern. Dies gilt insbesondere für mögliche direkte Staatshilfen etwa in Form von Kapitalbeteiligungen, Liquiditätshilfen und Fondsmodellen, Garantieübernahmen oder Haftungsfreistellungen. Steuerfinanzierte Unterstützungsleistungen bei zeitgleichem Stellenabbau und großzügigen Dividendenausschüttungen bzw. Gewinnentnahmen fördern weder die ökologische Umgestaltung von Produkten und Produktionsprozessen noch sind sie sozial nachhaltig und entsprechend gering ist ihre gesellschaftliche Akzeptanz.

Mindestvoraussetzungen für eine Bewilligung direkter Staatshilfen müssen entsprechend klare Investitionsverpflichtungen und verbindliche Beschäftigungs- und Standortzusagen sein. Es muss alles dafür getan werden, industrielle Wertschöpfung an den deutschen und europäischen Standorten des Unternehmens zu sichern. Eine Förderung von Unternehmen muss außerdem stets mit einer Förderung von Beschäftigten und einem konkreten Qualifizierungsplan einhergehen. Es gilt, die Beschäftigten bei der strategischen Neuausrichtung von Beginn an einzubeziehen. Eine staatliche Förderpolitik hat zu berücksichtigen, dass das Tarifvertragssystem sowie die

Mitbestimmung auf Betriebs- und Unternehmensebene zentrale Bausteine des deutschen Innovationssystems und des sozialen Ausgleichs sind. Gerade auch die Betriebsräte in den KMU sollten als wichtige Akteure der Industriepolitik stärker anerkannt und unterstützt werden.

Für eine gelingende Transformation bedarf es letztlich also einer grundlegenden Neuausrichtung der bisherigen Industrie-, Struktur- und Regionalpolitik. Es braucht zunächst eine deutlich größere Bereitschaft zu lenkenden Maßnahmen und einer gezielten Förderpolitik des Staates. Zugleich sind dabei klare soziale und ökologische Leitplanken notwendig, welche Standorte, Beschäftigung und gute Arbeit beim Umbau der Industrie hin zur Klimaneutralität sichern. Die nächste Bundesregierung ist hier gefordert.

Iris Plöger

Notwendige Schritte für eine erfolgreiche Verwaltungsmodernisierung

März 2022

Die deutsche Industrie steht mitten in unserer Gesellschaft vor gewaltigen Herausforderungen. Um den Wohlstand in Deutschland im Angesicht von Digitalisierung, Dekarbonisierung, demografischem Wandel und wachsenden geopolitischen Spannungen halten zu können, werden sich viele Bereiche des Lebens stark verändern müssen.

Für die Bewältigung dieser Herausforderungen durch Wirtschaft und Gesellschaft spielt die öffentliche Verwaltung eine entscheidende Rolle. Damit sie dieser Aufgabe gerecht werden kann, wird auch sie um tiefgreifende Reformen nicht umhinkommen. Entscheidend ist, diese Reformen als Chance für eine zukunftsfeste, dauerhaft leistungsfähige und für Mitarbeiterinnen und Mitarbeiter attraktive öffentliche Verwaltung zu verstehen und zu nutzen.

Unabhängig von einzelnen Maßnahmen gilt, dass es hierfür in erster Linie einer klaren politischen Ambition und Zielsetzung bedarf. Die Reform der öffentlichen Verwaltung muss deshalb von der neuen Bundesregierung mit oberster Priorität als Chefsache verstanden und umgesetzt werden.

Deutschland verfügt zwar über eine grundsätzlich leistungsfähige öffentliche Verwaltung, die Rechtsstaatlichkeit, Verlässlichkeit und Sachkompetenz vereint. Damit aber Unternehmen die großen Herausforderungen unserer Zeit erfolgreich bewältigen und zugleich als Chancen nutzen können, muss die öffentliche Verwaltung in Deutschland nutzungsfreundlicher, kollaborativer und agiler werden. Eine solche öffentliche Verwaltung ist für Unternehmen eine unverzichtbare Voraussetzung für internationale Wettbewerbsfähigkeit und damit ein entscheidender Standortfaktor.

Bislang werden Verwaltungsleistungen zu selten aus Perspektive der Nutzerinnen und Nutzer geplant und viel zu häufig auf Grundlage verwaltungsinterner oder politischer Belange. Davon betroffen sind sowohl Bürgerinnen und Bürger als auch Unternehmen, letztere aber in ganz besonderem Maße.

Denn mit über 200 Behördenkontakten pro Jahr sind Unternehmen Poweruser der öffentlichen Verwaltung.

Zudem hat sich die Digitalisierung behördlicher Prozesse nicht annähernd in demselben Tempo entwickelt, mit dem sie in anderen Lebensbereichen bereits Einzug gehalten hat – und im Privaten das Leben der Behördenmitarbeiterinnen und -mitarbeiter selbstverständlich prägt. Bürgerinnen, Bürger und Unternehmen sehen sich in Deutschland weiterhin langwierigen, aufwendigen, wenig nutzerzentrierten und aus dem Papierzeitalter stammenden Verfahren gegenüber.

Die bei der Digitalisierung beobachtete Innovations- und Transformationsschwäche der öffentlichen Verwaltung zeigt sich beispielsweise in der unzureichenden Umsetzung der Energiewende, der zögerlichen Bekämpfung der Klimakrise oder der dürftigen Umsetzung von Homeschooling in der Coronapandemie.

Damit die öffentliche Verwaltung in Deutschland – in Ballungsgebieten genauso wie in ländlichen Regionen – leistungsfähig bleibt, sind umgehend gewaltige Kraftanstrengungen nötig, die gleichzeitig eine einmalige Chance zur Bewältigung der gegenwärtigen Herausforderungen bieten.

Für den Erfolg der Transformation der öffentlichen Verwaltung ist entscheidend, dass die neue Bundesregierung klar Verantwortung übernimmt und mutig die notwendigen Veränderungen angeht.

Strukturen auf Bundesebene koordiniert vernetzen – Die aktuellen Strukturen und Arbeitsweisen der Bundesregierung erschweren die Bewältigung zukünftiger Herausforderungen. Das betrifft insbesondere die Digitalisierung und Transformation der Verwaltung, deren Planung und Umsetzung bislang noch über mehrere Ressorts verteilt ist. Deshalb müssen verwaltungsinterne Zuständigkeiten, Hierarchien und Entscheidungsstrukturen modernisiert und Projektstrukturen als Standard etabliert werden. Gelingen wird dies nur im Rahmen stärker horizontal ausgerichteter Strukturen, einer zentralen Koordinierungsstelle und einer durchsetzungsstarken Digitalagentur.

Zusammenarbeit der föderalen Ebenen verbessern – Neben der horizontalen Vernetzung auf Bundesebene sollte auch die vertikale Zusammenarbeit der föderalen Ebenen verbessert werden. Um den Föderalismus als robustes Fundament unserer Demokratie zu stärken, müssen die Verantwortlichkeiten und Kompetenzen zwischen Bund, Ländern und Kommunen geschärft und Komplexität reduziert werden. Die Verwaltungsdigitalisierung sollte auf allen Ebenen beschleunigt und basierend auf einheitlichen Standards, Regeln und Schnittstellen gestaltet werden.

Rechtsetzung und Gesetzesvorbereitung modernisieren – Bei der Vorbereitung von Gesetzen sollte deren spätere Umsetzung stärker berücksichtigt und die Wirksamkeit anhand klar definierter Erfolgskriterien überprüfbar gemacht werden. Die Bundesregierung sollte daher ein angepasstes Standardvorgehen für die Vorbereitung ihrer Gesetzentwürfe festlegen, das es ermöglicht, über die Inhalte eines geplanten Gesetzes zu diskutieren, bevor einzelne Paragrafen ausgearbeitet werden. Alle neuen Rechtsvorschriften sollten außerdem von Anfang an auf einen digitalen Vollzug ausgerichtet werden. Der im Koalitionsvertrag vorgesehene Digitalcheck sollte deshalb möglichst schnell umgesetzt werden.

Verfahren und Prozesse serviceorientiert gestalten – Verwaltungsverfahren sind derzeit meist langwierig, umständlich und zu wenig nutzerorientiert. Deshalb braucht die öffentliche Verwaltung ein neues Ambitionsniveau, bei dem Prozesse stets digital, von Ende zu Ende und aus Perspektive der Nutzerinnen und Nutzer entworfen werden. Die Bundesregierung sollte zunächst digitale Prozesse als Standard definieren und dieses politische Ziel mit einer Frist untermauern, ab der Daten und Nachweise zwischen Bundesministerien und ihren nachgeordneten Behörden ausschließlich digital ausgetauscht werden dürfen. Zudem sollte sie den Aufbau eines nutzerfreundlichen Ökosystems für digitale Identitäten, ein zentrales Nutzerkonto und die Registermodernisierung mit Hochdruck vorantreiben.

Innovations- und Transformationsmanagement zentral verankern – Wandel durch Innovation und Transformation darf nicht als einmaliger, punktuell zu adressierender Anpassungsprozess verstanden werden, sondern muss Teil des Selbstverständnisses einer sich an den aktuellen Anforderungen ausrichtenden Verwaltung sein. Konkret sollte die Bundesregierung den Nationalen Normenkontrollrat, als vom politischen Tagesgeschäft unabhängigen Mahner für eine anhaltende und tiefgreifende Reform der öffentlichen Verwaltung, stärken. Zudem sollten in jedem Ressort Projektteams für Transformations- und Innovationsmanagement eingerichtet werden, die Transformationsprojekte im eigenen Haus definieren und leiten.

Personal gezielt fördern und Fähigkeiten erweitern – Die Mitarbeiterinnen und Mitarbeiter der öffentlichen Hand sind der entscheidende Faktor, um die Verwaltung so zu transformieren, damit sie Wirtschaft und Gesellschaft bei der Bewältigung der anstehenden Herausforderungen im erforderlichen

Maße unterstützen kann. Notwendig ist eine umfassende Modernisierung des Dienst- und Tarifrechts, damit die öffentliche Verwaltung Personal flexibler einsetzen und stärker projektbasiert arbeiten kann. Auch fehlt ein konsequenter Austausch von Personal zwischen öffentlichem und privatem Sektor. Projekte wie Work- und Tech4Germany zeigen, dass erfahrene Fachkräfte aus der Wirtschaft schon bei einem kurzen Einsatz innovative Ideen in die Verwaltung tragen.

Prof. Dr. Hans-Peter Benedikt

Wie eine langfristig erfolgreiche Transformation zu einer resilienten Wirtschaft gelingen kann

März 2022

Covid-19 ist Weckruf der Natur an eine gesättigte Wohlstandsgesellschaft. Wir können nicht mehr ignorieren, dass unsere ressourcenintensive Lebens- und Wirtschaftsweise ein Treiber für Pandemien ist. Es zeichnet sich immer deutlicher ab, dass eine wesentliche Ursache für die in den letzten Jahrzehnten zu beobachtende Zunahme von neuen, zwischen Tier und Mensch übertragenen Infektionskrankheiten die voranschreitende Zerstörung von bisher geschützten Lebensräumen ist und die Wahrscheinlichkeit von Pandemien mit der zunehmenden Vernichtung von Ökosystemen weiter zunimmt.

Ein direkter Zusammenhang zwischen Gesundheits-, Klima- und Biodiversitätskrise wird immer unübersehbarer. Unsere wachstumsfokussierte Lebensweise stößt längst an planetare, soziale und psychische Grenzen. Sie muss daher dringend erneuert und konkrete Strategien entwickelt werden wie der Übergang zu einer konsequenten Green-Economy gelingen kann. Aber auch Konzepte einer Postwachstumsgesellschaft, die Krisen vermeidet und ein Einkommen für alle garantiert, sollten nicht ausgeschlossen und ergebnisoffen diskutiert werden. Wir benötigen also dringend einen gemeinsamen Dialogprozess, wie eine Transformation in eine nachhaltige und vor allem resiliente Wirtschaft gelingen und wie lebenswerte Zukünfte aussehen könnten. Eine resiliente Gesellschaft braucht Dialog und Vielfalt in ihren Vorstellungen davon, wie es sein könnte. Die Coronakrise zeigt uns deutlich, wie Systeme unserer Gesellschaft zusammenhängen und ihre Resilienz beziehungsweise Vulnerabilität abhängig ist von nachhaltiger beziehungsweise nicht nachhaltiger Organisation.

Als ein Beispiel sei hier nur das Kaputtsparen von Gesundheitssystemen in einigen Ländern oder der Zusammenbruch von effizienten, aber fragilen Lieferketten genannt. Die Coronakrise und der Umgang mit ihr bietet jedoch auch jede Menge Lernerfahrung. Insbesondere wenn die Krise für den erfolgreichen Ausbau der Gesundheitssysteme hin zu mehr Resilienz und Widerstandsfähigkeit genutzt wird, kann das für andere Bereiche wie das Management von Wirtschaftssystemen verwendet und international ausgetauscht werden. Die Verwendung des Resilienzbegriffs sollte dabei einer noch fehlenden Präzision zugeführt werden. Insbesondere fehlt es häufig an einem klaren Verständnis dafür, dass Krisenresilienz neben einer statischen Dimension (Bewahrung der bisherigen Funktion eines Systems im Krisenfall) auch einer adaptiven Interpretation (Anpassung an neue Umweltbedingungen) bedarf. Der Resilienzbegriff kann daher erst dann zu einem normativen wirtschaftspolitischen Leitbild werden, wenn er nicht nur auf ein statisches Konzept beschränkt wird, sondern auch an die jeweilige gesellschaftliche Zielfunktion und das Zusammenspiel verschiedener gesellschaftlicher Ebenen anknüpft. Jedoch gilt es zu beachten: resilience is more than a metaphor but less than a theory.

Obwohl die Forderung einer Transformation in eine nachhaltigere und resilientere Wirtschaft von immer mehr Menschen vertreten wird, passiert in Wissenschaft und Politik noch viel zu wenig, um sie zu erfüllen. Die beiden hauptsächlichen Gründe dafür sind zum einen die Furcht der Politik vor sozialen Instabilitäten sowie der Verlust von etablierten gesellschaftlichen Strukturen. Zum anderen ist aber auch das Wachstumsprinzip tief in unsere eigene Psyche eingraviert und führt zu einem pausenlosen »Wettrüsten« durch privaten Kompensations- oder Prestigekonsum. Die Sehnsucht nach einem guten und glücklichen Leben und die Illusion, man könne Glück quasi in Tüten erwerben, führt bei vielen zu einem übersteigerten Konsumverhalten zum Zweck der gesellschaftlichen Distinktion.

Der Sozialpsychologe Harald Welzer bezeichnet sie als »mentale Infrastrukturen des Wachstums«. Wir sind uns dieser Denkstrukturen, die unsere Weltbeziehungen maßgeblich prägen, meist nicht bewusst, weil sie für unsere Lebensweise selbstverständlich sind. Die Vorstellungen von unendlichem Wachstum haben wir als VerbraucherInnen tief verinnerlicht. Sie prägen als »mentale Infrastrukturen« unsere Wünsche sowie unser Denken und Fühlen. Es ist also nicht nur die Angst der PolitikerInnen vor Instabilitäten, vielmehr verhindern drei dominante und miteinander verzahnte mentale Infrastrukturen des Wachstums in uns selbst, dass wir die hedonistischen Tretmühlen der Konsumgesellschaft verlassen und unsere Wirtschaftsweise verändern: das Streben nach Beschleunigung, einseitig ökonomisches Denken und Handeln sowie der Wunsch nach umfassender Naturbeherrschung.

Insbesondere der Wunsch nach Beschleunigung ist ein bedeutsamer innerer Antrieb für wachstumsorientiertes Handeln. Menschen müssen tendenziell schneller werden, um ihre Position zu halten. Es geht um ein »Mehr« in derselben knappen und wertvollen Zeit. Es geht um einen Wettlauf der Eitelkeiten um mehr Geld, Kapital, Ressourcen, Prestigegüter, soziale Kontakte, Status, Reisen, oder Bildung vor dem Hintergrund von Wettbewerb und begrenzter Lebenszeit. Dieser Zwang erzeugt nach Hartmut Rosa ernstzunehmende psychosoziale Probleme, und dennoch ist der Wunsch nach Beschleunigung tief in uns eingeschrieben: Beschleunige dein Leben, um deine Ressourcenausstattung zu vergrößern, möglichst viele Lebenswünsche zu realisieren, nicht abgehängt zu werden und dadurch selbstbestimmt und authentisch zu sein.

Die zweite mentale Infrastruktur lässt sich treffend anhand der Figur des Homo oeconomicus beschreiben. Dieser muss entsprechend seiner neoklassischen Modellierung in jeder Situation nach dem eigenen Vorteil fragen und ist stets auf Nutzenmaximierung im Sinne einer alle Lebensbereiche umfassenden Kosten-Nutzen-Analyse bedacht. Nach Auffassung von Albert O. Hirschman spiegelt sich hier ein gesellschaftlicher Paradigmenwechsel wider: Der Übergang vom leidenschaftsgeleiteten Menschen zum interessengeleiteten Menschen, der aufgrund seines Interesses an wirtschaftlichem Erfolg und Aufstieg auf Verlässlichkeit und Beständigkeit baut, die Leidenschaften also zähmt. Für wachstumsbasierte Gesellschaften ist das Menschenbild des interessengeleiteten »Homo oeconomicus« enorm wichtig: Es nimmt an, dass unser Verlangen in der Regel niemals befriedigt ist und es daher es immer wünschenswert ist, den eigenen Nutzen weiter zu steigern. Ohne diese ständige Nutzenmaximierung des Einzelnen wäre stetiges Wachstum gar nicht erreichbar.

Die dritte mentale Infrastruktur des Wachstums ist nach Welzer eine Form der Weltbeziehung, die aus einer spezifisch modernen Wahrnehmung resultiert: Wir tendieren dazu, uns getrennt von der Natur zu sehen: Hier Geist, dort Materie; hier Kultur, dort Natur. Diese Trennung wurde ab dem 17. Jahrhundert maßgeblich von den modernen Wissenschaften etabliert (etwa von René Descartes) und vorangetrieben (etwa von der frühen Physik, die annahmen, dass Natur berechenbar sei). Wir denken, wir könnten die Natur berechnen, vorhersehen und folglich auch (technisch) kontrollieren. Aber diese Macht haben wir nicht. Die Trennung und die daraus hervorgehende Hierarchie zwischen Menschen und Nicht-Menschen legitimiert eine rücksichtslose Naturausbeutung und ist eine wesentliche Voraussetzung, um Wirtschaftswachstum zu realisieren. Die Coronakrise zeigt uns jedoch sehr deutlich, dass die Vorstellung von Naturbeherrschung eine Illusion ist. Statt zu versuchen, uns von der Natur zu emanzipieren, sollten wir akzeptieren, dass Systeme unserer Gesellschaft zusammenhängen und ihre Resilienz beziehungsweise Vulnerabilität abhängig ist von nachhaltiger beziehungsweise nicht nachhaltiger Organisation.

Vor diesem Hintergrund benötigen wir also dringend einen gemeinsamen Dialogprozess, wie eine Transformation im Einklang mit der Natur in eine resiliente Wirtschaft gelingen kann, aber auch eine Debatte über uns selbst. Damit eine Transformation hin zu einem nachhaltigen, guten Leben für alle gelingen kann, braucht es also eine geteilte Verantwortung: Klare politische Signale und Maßnahmen, aber auch das Engagement jedes*r Einzelnen, die eigenen mentalen Infrastrukturen zu hinterfragen und die Bereitschaft, mit Andersdenkenden eine offene und wertschätzende gesellschaftliche Diskussion zuzulassen.

Hans Peter Wollseifer

Zeit für eine Bildungswende

Mai 2022

Lange Zeit haben sich Deutschland und Europa an vermeintlichen Gewissheiten festgehalten. Dazu zählt das Vertrauen, dass sich die Dinge schon irgendwie zum Besseren wenden; dass unser Leben in Frieden, Freiheit und Wohlstand zwar herausgefordert, aber nicht grundsätzlich gefährdet ist. Doch dieses Vertrauen ist erschüttert. Die multiplen aufeinanderfolgenden und ineinandergreifenden Krisen der jüngeren Vergangenheit haben gezeigt: Sicherheit und Stabilität sind keine Selbstläufer. Für Wachstum und Zusammenhalt gibt es keine Garantie. All das muss hart erarbeitet und jeden Tag aufs Neue verteidigt werden.

Dies gilt besonders in einer Zeit, in der wir einem dreifachen Handlungsdruck ausgesetzt sind. Erstens: Die Auswirkungen der Corona-Pandemie beschäftigen uns bis heute massiv. Die Pandemie hat tiefe Spuren in Wirtschaft und Gesellschaft hinterlassen und starke transformative Kräfte entfesselt. Die positiven Entwicklungen (z. B. beschleunigte Digitalisierung, neue Formen des Arbeitens) und die Schattenseiten (z. B. gestörte Lieferketten, Inflation) haben eines gemeinsam: Sie erfordern eine Neubewertung und Neukalibrierung eingespielter Prozesse.

Zweitens: Der brutale und menschenverachtende Überfall Russlands auf die Ukraine hat uns dramatisch vor Augen geführt, wie fragil unsere internationale Sicherheits- und Werteordnung ist. Der Freiheits- und Überlebenskampf, den die Ukrainerinnen und Ukrainer führen, ist auch ein Kampf um unsere europäischen Grundüberzeugungen. Für Deutschland geht es darum, welchen Preis wir zu zahlen bereit sind, um diese Werte zu sichern, und welche politischen, wirtschaftlichen und gesellschaftlichen Schlussfolgerungen wir daraus ziehen.

Drittens: Bei Klimaschutz und Energiewende ist der Transformationsdruck ebenfalls enorm hoch. Wir haben die zunehmend dringlichere und unaufschiebbare Aufgabe, unsere natürlichen Lebensgrundlagen für künftige Generationen zu sichern, das Fundament für Wohlstand und Wachstum nachhaltig zu gewährleisten und gleichzeitig unabhängiger bei der Energieversorgung zu werden. Der russische Angriffskrieg hat diesen Handlungsdruck noch einmal verschärft.

Das ist der Kontext, in dem wir uns bewegen und dem wir uns jetzt stellen müssen. Eine Antwort auf die neue Lage ist die sogenannte »Zeitenwende«, die der Bundeskanzler Ende Februar ausgerufen hat. Sie lässt sich in verdichteter Form wie folgt interpretieren: Deutschland muss mehr tun, um seine Zukunft zu sichern.

Diese Zeitenwende muss jetzt mit Leben und konkreten Inhalten gefüllt werden. Dabei muss jedem klar sein, dass dieser Sicherheitsbegriff nicht nur militärische Fragen umfassen darf. Es geht auch um politische, soziale, ökologische und wirtschaftliche Dimensionen. Deutschland braucht eine tragfähige Vision, die dem notwendigen Transformationsschub eine Richtung gibt. Aus Sicht des Handwerks sollte Kern einer solchen Vision sein, dass die Transformation unseres Landes und unserer Wirtschaft nicht nur als Notwendigkeit und Herausforderung begriffen wird, sondern auch als echte Chance. Wir müssen wieder mutiger, zuversichtlicher und selbstbewusster sein. Globale Innovationen und Zukunftstechnologien müssen wieder stärker in Deutschland gedacht, gefertigt, gestaltet und umgesetzt werden. Davon können wir am Ende alle profitieren.

Im Koalitionsvertrag und im Regierungsprogramm hat die Ampel durchaus große Ambitionen auf vielen Zukunftsfeldern formuliert. Die Koalition hat zutreffend beschrieben, dass wir unser Land modernisieren müssen, dass wir endlich vieles von dem anpacken müssen, was in den letzten Jahren liegen gelassen wurde. Nur: Jetzt müssen auch Taten folgen.

Das Handwerk weiß, dass es auf komplexe Fragen keine einfachen Antworten gibt. Für uns ist aber eines klar: Diese Transformation wird nur gelingen, wenn es starke Betriebe und Beschäftigte gibt, die das alles am Ende umsetzen. Bei der Energiewende, beim Klimaschutz, bei Mobilität, bei Nachhaltigkeit, mit Blick auf Demographie, Digitalisierung und Gesundheit. Das wird nur mit dem Handwerk und mit dem Mittelstand funktionieren.

Welchen Beitrag das Handwerk leisten kann und leisten möchte, habe ich bereits zum Amtsantritt des neuen Bundeskanzlers in meinem Plädoyer für einen Fortschrittspakt skizziert.[96] Das hat auch unter veränderten Vorzeichen weiter Bestand. Voraussetzung für eine erfolgreiche Transformation ist, dass die Bedingungen gerade für kleine und mittlere Betriebe stimmen. Das tun sie derzeit in vielerlei Hinsicht nicht, etwa bei der im internationalen Vergleich hohen Steuer- und Abgabenlast und der hohen Belastung mit Bürokratie. Das muss sich ändern, vor allem mit Blick auf den standorttreuen Mittelstand. Wenn die Transformation unseres Landes und unserer Wirtschaft gelingen soll, dann braucht es eine echte Mittelstandspolitik und eine echte Standortpolitik.

Schon heute können wir absehen, dass in einigen Bereichen eine erhebliche Schieflage droht, wenn wir nicht gegensteuern. Handlungsbedarf besteht vor allem bei einem Thema, das sich im Koalitionsvertrag allerdings leider nicht wiederfindet: Nämlich alles dafür zu tun, dass die 40-Prozent-Grenze bei den Gesamtsozialabgaben nicht überschritten wird. Das ist gerade für das personalintensive Handwerk ein enorm wichtiges, ja existentielles Thema. Wenn wir die 40-Prozent-Grenze reißen, dann schalten wir vielen Betrieben die Wettbewerbsfähigkeit ab. Und das dürfen wir nicht zulassen. Bei der Fachkräftesicherung besteht besonders großer Handlungsbedarf. Allein im Handwerk fehlen geschätzt rund 250.000 Fachkräfte. Rund 125.000 Handwerksbetriebe suchen in den nächsten fünf Jahren nach einer Nachfolge. Es wird über die Zukunft unseres Landes entscheiden, ob es uns gelingt, diese Lücken zu schließen. Im Handelsblatt wurde der Fachkräftemangel vor einiger Zeit als das »größte Wachstumsrisiko der deutschen Wirtschaft« bezeichnet.[97] Es ist aber noch mehr: nämlich eine Transformationsbremse für unser ganzes Land. Diesen Bedarf werden wir nicht allein über Fachkräfteeinwanderung decken können, sondern dafür müssen wir in Deutschland selbst ausbilden.

Deshalb brauchen wir neben einer Klima- und Energiewende vor allem auch eine Bildungswende. Eine Bildungswende, die sich in mehr materieller und ideeller Wertschätzung für die berufliche Bildung äußert. Zusätzliche Entlastung für Ausbildungsbetriebe, zusätzliche Anreize für Auszubildende sowie Investitionen in moderne Berufsbildungsstätten sind wichtige Stellschrauben, um die Fachkräfteversorgung zu sichern. Aber das reicht nicht aus. Es braucht auch ein politisches und gesellschaftliches Umdenken. Es braucht ein Bewusstsein dafür, dass etwas nicht stimmt, wenn akademische und berufliche Bildung als Zwei-Klassen-Gesellschaft behandelt wird.[98] Für die Transformation benötigen wir in Deutschland alle Talente – ob sie sich für den akademischen oder den beruflichen Bildungsweg entscheiden.

Ladesäulen aufstellen, Solarpanels installieren, Heizungsthermen warten, Bäder altersgerecht sanieren – all das macht das Handwerk. All das hat einen Wert für die Gesellschaft, und das muss sich auch in Wertschätzung für diejenigen abbilden, die diese Werte schaffen. Etwa durch eine gesetzlich fixierte Gleichwertigkeit von beruflicher und akademischer Bildung.

Die genannten Herausforderungen sind zu groß, um nur von Teilen unseres Landes gelöst zu werden. Einzelne Bereiche werden das allein nicht stemmen können. Wir werden die Transformation nur erfolgreich bewältigen, wenn Politik, Wirtschaft und Gesellschaft an einem Strang ziehen. Ein solcher Schulterschluss erfordert eine vertrauensvolle Zusammenarbeit und verlässliche Bedingungen. Das Handwerk ist gerne bereit, über den richtigen Weg für eine erfolgreiche Transformation zu streiten. Und diesen Weg dann auch umzusetzen. Ihn zu machen. Darauf kommt es jetzt an.

3.

Nachhaltige Transformation auf den Weg bringen

Thomas Wessel

Mehr Transformation wagen

Mai 2022

Kriege und Klimakrise sind menschengemacht. Zwei traurige Wahrheiten, symbolhaft an zwei Daten abzulesen, die bei allen Unterschieden ihrer Ursachen und Folgen eines gemein haben: Es muss sich Grundlegendes ändern. Da ist zum einen der 24. Februar 2022 mit Putins tyrannischem Angriff auf die Ukraine, zum anderen der 29. Juli 2021. Auf diesen Tag fiel der letzte »Earth Overshoot Day«. Bis zu diesem Datum wurden weltweit bereits so viele Ressourcen verbraucht, wie der Planet im gesamten Kalenderjahr erneuern kann. Das ist weder ökologisch noch sozial noch wirtschaftlich nachhaltig. Ja, wir alle müssen etwas ändern.

Und wir müssen aus Fehlern lernen. Seit Putins Zivilisationsbruch erleben wir aus den denkbar traurigsten Gründen eine dringend notwendige neue Prioritätensetzung. Wir müssen uns aus der Abhängigkeit von russischen Kohle-, Öl- und Erdgaslieferungen lösen. Das soll schnell gehen, kann und darf aber nicht von heute auf morgen geschehen. Denn ein sofortiger Lieferstopp würde ganze Wirtschaftszweige in die Knie zwingen und die Demokratien Europas, der Europäischen Union schwächen. Er bedeutete gesamtgesellschaftliche Verwerfungen, ohne eine Garantie für Putins Einhalten zu bieten.

Für Gesellschaft, Politik und Wirtschaft gilt es daher gerade in diesen geopolitisch so angespannten Zeiten, gemeinsam mehr Transformation zu wagen und die Hinwendung zu regenerativen Energiequellen noch schneller zu realisieren. Nur dann lassen sich die Ziele des Pariser Klimaschutzabkommens und des europäischen Green Deals, der Europa bis 2050 zum ersten klimaneutralen Kontinent machen soll, auch unter den nun so erschwerten Bedingungen erreichen. Als eines der weltweit führenden Unternehmen der Spezialchemie, stellt sich Evonik dieser gewaltigen Herausforderung. Die Chemie ist ein Universalschlüssel für den Erfolg nachhaltiger Transformation in allen Lebensbereichen.

Nur im Einklang ökonomischer, ökologischer und sozialer Ziele kann Europa ein Vorbild auch für andere Weltregionen sein. Deshalb ist es richtig, auf die beträchtlichen Chancen zu verweisen, die ein kluger Übergang zu Klimaneutralität für Wirtschaftswachstum, gute Beschäftigungsperspektiven und technologischen Fortschritt bedeuten kann. Wohlgemerkt: kann. Nicht muss. Damit dieses Jahrhundertvorhaben gelingt, müssen wir sehr achtsam sein mit den Treibern nachhaltiger Transformation. Heißt auch: Es braucht eine neue Wertschätzung industrieller Produktion. Es braucht Rückenwind für den Ideenreichtum und die Lösungskompetenz eines starken Mittelstands in Deutschland und es braucht eine gute Portion Pragmatismus in dem Sinne, dass wir nicht das Wünschenswerte mit dem Machbaren verwechseln.

Wichtiger Hebel dabei: Ressourcen müssen länger im Kreislauf gehalten werden. Die heute weitgehend lineare Wirtschaft muss zirkulär werden – und so das Wachstum möglichst unabhängig vom Ressourceneinsatz machen. Das ist eine gewaltige Herausforderung, der sich Evonik mit Kraft und Entschlossenheit stellt. Wir tun dies, indem wir die Zirkulation von Kunststoffen stärken und so dazu beitragen, dass weniger Erdöl zur Produktion neuer Kunststoffe gefördert und weniger Kunststoffabfall verbrannt wird. Kunststoffe helfen, Energie effizient zu nutzen und Ressourcen zu schonen. Zum Beispiel im Verkehr, wo durch Leichtbau der Benzinverbrauch gesenkt wird oder bei PU-schaumisolierten Häuserfassaden, die zu einer höheren Energieeffizienz beitragen. Aber der Umgang mit Plastik – vor allem mit Plastikmüll – muss sich ändern. Auch, weil uns so ungeheure Mengen wertvoller Ressourcen verloren gehen.

Evonik ist weder ein Recyclingunternehmen noch ein Hersteller von Massenkunststoffen, wie sie zum Beispiel bei Verpackungen zum Einsatz kommen. Als eines der weltweit führenden Unternehmen der Spezialchemie leisten wir einen entscheidenden Beitrag für eine zirkuläre Kunststoffwirtschaft. Denn mit unseren hochspezialisierten Additiven sind wir die »Enabler« – die Möglichmacher – für mehr und besseres Kunststoffrecycling.

Unseren Kunden bieten wir Lösungen entlang der gesamten Wertschöpfungskette des Kunststoffkreislaufs. Wir engagieren uns bei unterschiedlichen Recyclingtechnologien zum mechanischen und chemischen Recycling. Evonik hat Additive im Portfolio, die etwa besonders kosteneffizientes mechanisches Recycling ermöglichen und die Qualität der Rezyklate deutlich verbessern. Die Qualität zu verbessern bedeutet, weitere, hochwertige

Anwendungen zu ermöglichen. So lassen sich Farbe und Geruch von Rezyklaten aus Verpackungen reduzieren, was den Einsatzbereich deutlich erweitert. Mit unseren Additiven und unserem Prozess-Know-how kann das Gummi von Altreifen als Bestandteil im Straßenbau oder in Schuhsohlen eingesetzt werden, anstatt verbrannt zu werden.

Diese und andere Aktivitäten für den Kunststoffkreislauf haben wir in unserem weltweiten Programm »Global Circular Plastics Program« gebündelt. Denn eine zirkuläre Wirtschaft braucht nicht nur eine neue Form des Denkens und Handelns, sondern auch eine neue Form des Wirtschaftens. Partnerschaften entlang der Wertschöpfungsketten, Netzwerke, neue Geschäftsmodelle – all das rückt in der zirkulären Wirtschaft ins Zentrum der Aufmerksamkeit.

Die Transformation zu einer nachhaltigen Wirtschaft und Lebensweise zielt auf intelligente Produkte, neue smarte Geschäfts- und Servicemodelle. Dabei geht es um den klugen Einsatz digitaler Technologien und um ein umfassendes Verständnis von Produkten entlang ihrer Wertschöpfungskette. Evonik hat Nachhaltigkeit längst in den Strategischen Managementprozess integriert. Wir gestalten die Transformation als Treiber und Lösungsanbieter aktiv mit. Schon heute erwirtschaften wir 35 Prozent unseres Umsatzes mit sogenannten »Next Generation Solutions«, die einen ausgewiesenen Nachhaltigkeitsnutzen über – oder sogar deutlich über – Marktniveau aufweisen. Den Anteil dieser Produkte am Gesamtportfolio werden wir in den nächsten fünf Jahren stark steigern.

Unsere gesamte Branche stellt sich diesem Anspruch: Die Chemie hat ihre Treibhausgasemissionen seit 1990 um gut 50 Prozent reduziert. Wohlgemerkt: bei deutlich gestiegener Produktivität. Wir liefern die erforderlichen Bausteine für wirksamen Klimaschutz und wir investieren massiv in neue Technologien und zukunftsweisende Geschäftsmodelle – damit Kreislaufwirtschaft wirklich gelingt.

In der Chemiebranche betrachten wir unsere Geschäfte nicht isoliert: Wir denken in Wertschöpfungsketten und -kreisläufen. Wir teilen Wissen und Entwicklungs-Know-how mit Kunden, Lieferanten und Partnern. Und wir wissen, was es heißt, unter den Bedingungen von strenger Regulatorik und hohen Transparenzanforderungen zu arbeiten.

Aber zur ganzen Wahrheit gehört auch, dass solche Partnerschaften entlang der Wertschöpfungsketten nur im Frieden gut wachsen und gedeihen können und dass auf dem Weg zur Klimaneutralität Milliarden an zusätzlichen

Investitionen und enorme Mengen erneuerbarer Energien nötig sind. Nach Berechnungen des VCI fallen rund 628 Terawattstunden pro Jahr allein für die Elektrifizierung chemischer Prozesse an. Klimaneutralität kann nur mit verlässlichen Rahmenbedingungen für hinreichende Planungs- und Investitionssicherheit sowie mit dem massiven Ausbau erneuerbarer Energien, international wettbewerbsfähigen Strompreisen und einem zeitgemäßen Planungs- und Genehmigungsrecht erreicht werden.

Es ist daher von enormer Bedeutung, dass die Ampelkoalition die Transformation Deutschlands angehen möchte. Der Koalitionsvertrag enthält wichtige Grundsatzentscheidungen für ein klimaneutrales Industrieland. Jetzt muss es zügig an die Umsetzung der angekündigten Maßnahmen gehen, um die Transformation voranzutreiben: Die Infrastruktur für erneuerbare Energien muss schnell aufgebaut werden, um einen wettbewerbsfähigen Strompreis zu gewährleisten. Weiterhin muss das Tempo bei Genehmigungsverfahren steigen. Es ist wichtig, das chemische Recycling zügig als Recyclingoption im deutschen Verpackungsgesetz zu verankern. Gleichzeitig muss sich die neue Bundesregierung in Europa konsequent für den Erhalt des risikobasierten Einsatzes in der europäischen Chemikalienpolitik stark machen. Nur so lässt sich die »Enabler-Funktion« der Unternehmen hierzulande stärken. Wenn dies gelingt, wenn wir gemeinsam in Kreisläufen und Synergien denken, wird das Wagnis Transformation zu wahrhaft nachhaltigem Wirtschaften führen. Davon profitieren alle: Menschen, Umwelt und Unternehmen. Und das sind die Bestandteile, die auch in düsteren Zeiten Hoffnung auf ein nachhaltiges, friedliches Morgen machen.

Michael Wiener

Mit echter Kreislaufwirtschaft echte Rohstoffunabhängigkeit

April 2022

Kreislaufwirtschaft ist von zentraler Bedeutung nicht nur für mehr Nachhaltigkeit und den Klimaschutz. Sie ist auch unabdingbar, um Europa und seine Wirtschaft unabhängiger, weniger erpressbar und resilienter zu machen. Michael Wiener, CEO des Grünen Punkts, erläutert seine Vorstellung, wie man speziell die Kreislaufwirtschaft für Kunststoffe voranbringen könnte.

Die Recyclingquote für Plastikabfälle wird immer wieder mit zwölf bis 14 Prozent angegeben und damit so niedrig wie für kaum einen anderen Werkstoff. Doch für 2020 bilanzierte die Zentrale Stelle Verpackungsregister (ZSVR), das duale System habe gut 60 Prozent der registrierten Kunststoffverpackungen ins Recycling gebracht. Wie passt das mit den angeblich zwölf Prozent Recyclingquote zusammen?

Die zwölf Prozent meinen nicht die Recycling-, sondern die Substitutionsquote: Deutschland »verbraucht« jährlich etwa 14 Millionen Tonnen Kunststoff. Davon werden nur ca. 1,9 Millionen Tonnen aus Rezyklaten bestritten. Macht 13,5 Prozent – das ist die Zahl, die gern als Recyclingquote kolportiert wird, die aber in Wahrheit nur zeigt, dass wir bislang sehr wenig Recyclingkunststoff einsetzen, um für unseren Plastikbedarf Primärkunststoffe durch Rezyklate zu ersetzen.

Hinter diesen Zahlen steht ein gigantisches Problem: Die Kunststoffproduktion wird weltweit voraussichtlich von ca. 400 Millionen Tonnen heute auf 1,2 Milliarden Tonnen 2050 ansteigen. Produzieren wir diese in Zukunft wie heute, wird der überwiegende Teil davon aus fossilen Rohstoffen hergestellt werden. Wir sprechen heute viel darüber, wie wir unseren Bedarf an fossilen Brennstoffen reduzieren und uns damit von problematischen Importen lösen können. Schon mittelfristig wird unser Hunger nach Plastik einen vergleichbar großen Rohstoffhunger auslösen wie unsere Lust an der Mobilität. Wir müssen viel mehr Kunststoffabfall recyceln – und das eben nicht nur bei Verpackungen – aber die hergestellten Rezyklate müssen auch wieder vom Markt angenommen und in der Produktion eingesetzt werden. Gerade bei Verpackungen sind diese Mengen heute gering – also viel Recycling, aber sehr wenig Rezyklateinsatz: Schätzungen sprechen von gerade mal drei Prozent. Wir verwerten also viele gebrauchte Kunststoffverpackungen (in anderen Kunststoffeinsatzbereichen – Elektro, Automotive, Bau – recyceln wir nicht einmal oder nur sehr wenig), setzen die daraus erzeugten Rohstoffe aber nicht wieder für Verpackungen ein, sondern für andere Produkte oder für energetische Zwecke.

Dass Verpackungen für Lebensmittel aufgrund der hohen Hygieneanforderungen eine besondere Herausforderung darstellen, liegt auf der Hand. Heute gibt es keine Möglichkeit, um Rezyklate, die aus gemischten Abfallsammlungen wie der Gelben Tonne stammen, wieder für den Lebensmittelkontakt zuzulassen. Technische Verfahren gibt es. Nach langen Jahren der Untätigkeit liegt nun endlich ein Gesetzentwurf der Europäischen Kommission auf dem Tisch, um diesen Bereich im Sinne der Kreislaufwirtschaft und des Gesundheitsschutzes umfassend zu regeln. Die Zulassungshürden werden sehr hoch sein. Mit Recht: Die Sicherheit des Produkts muss an erster Stelle stehen. Andererseits müssen wir natürlich auch nach Lösungswegen suchen können und dürfen sie nicht von vorneherein vermauern.

Bei anderen Verpackungen wird es längst gemacht: Farbeimer, Flaschen für Wasch-, Putz- und Reinigungsmittel, ja sogar für Duschgel werden aus recyceltem Kunststoff hergestellt, der aus der Gelben Tonne stammt. Die Produkte stehen im Einzelhandel im Regal. Aber sie sind nicht die Regel. Das Rezyklat, das sich für solche Anwendungen eignet, ist teuer. Die Produktionsmengen sind zu niedrig und natürlich verursacht die Herstellung von Rezyklaten mehr Aufwand als die von Primärkunststoffen aus Öl oder Gas. Würden die Absatzmengen im Markt steigen und gäbe es entsprechende langfristige Vereinbarungen mit der Industrie, könnten Recycler in entsprechende großindustrielle Anlagen investieren, dann würde sich der Preis pro Tonne dem von neuem Kunststoff annähern.

Und dadurch würden wir uns in Deutschland und der EU ein Stück unabhängiger von außereuropäischen Rohstoffquellen machen und die Resilienz der Lieferketten fördern. Das hat durch die jüngsten Entwicklungen eine ganz andere Brisanz bekommen – Erdöl und Erdgas sind nicht nur begrenzt verfügbare fossile Rohstoffe, sie werden auch politisch immer problematischer, wenn man abhängig davon ist. Jede Tonne neues Plastik, die wir durch Rezyklat ersetzen können, hilft! Deshalb müssen wir diesen gordischen Knoten jetzt endlich zerschlagen.

Woran hakt es? Es ist ein klassisches Henne-Ei-Problem: Ist das Produkt zu teuer, kauft es der Kunde nicht. Kauft der Kunde das Produkt nicht, kann der Hersteller nicht investieren und damit keine Vorteile durch die Skalierung der Produktion erzeugen. Einschlägige Hersteller, gefragt, warum sie den Recyclingkunststoff nicht einsetzen, berufen sich auf mangelnde Liefersicherheit. Es gebe zu wenig Kapazitäten und zu wenige Anbieter. Dass sie selbst nicht helfen, diese Situation zu ändern, erwähnen sie natürlich nicht.

Erweiterte Produzentenverantwortung heißt für mich nicht nur, die Verpackungen beim dualen System anzumelden – es heißt auch, sich für den gesamten Kreislauf zu interessieren und die eigene Lieferkette nachhaltig zu gestalten. Das bedeutet, entsprechende Partnerschaften und Kooperationen mit langfristigen Liefer- wie Abnahmegarantien einzugehen, die erst Investitionen und damit den Aufbau der erforderlichen Infrastruktur in diesem Bereich ermöglichen. Der Abnehmer bekommt Liefersicherheit – er kann sich darauf verlassen, mit genau den Rezyklaten beliefert zu werden, die er braucht –, der Lieferant Absatzsicherheit. So entsteht für beide eine über mehrere Jahre planbare Zusammenarbeit, in der sich Qualität und Quantität einerseits und Investitionssicherheit andererseits für beide letztlich auszahlen. Nur so können die entsprechenden Kapazitäten geschaffen werden, solange es keine Verpflichtung gibt, Rezyklate einzusetzen.

Wie die Entwicklung politisch durch Rechtssetzung erfolgreich flankiert werden kann/muss, zeigt uns die Europäische Union. Mit der sog. Einwegplastikrichtlinie hat sie eine Rezyklateinsatzquote für Getränkeflaschen aus PET eingeführt: 2025 müssen PET-Getränkeflaschen zu mindestens 25 Prozent aus Rezyklat bestehen, und zwar aus Post-Consumer-Rezyklat, sprich aus Getränkeflaschen, die schon einmal gebraucht und zu Abfall geworden sind. Bis 2030 steigt diese Quote auf dann 30 Prozent. Ambitioniert klingt das nicht, schließlich nutzen schon heute viele Hersteller Rezyklate für ihre Getränkeflaschen. Und trotzdem sorgt die Quote dafür, dass Nachfrage und Preise für entsprechende Rezyklate steigen und Recycler in die nötige Technik investieren.

Genau das brauchen wir auch für andere Verpackungssegmente und andere Kunststoffpolymere! Es gibt heute keinen vernünftigen Grund mehr, warum man eine Reinigungsmittelflasche oder einen Farbeimer zu 100 Prozent aus neuem Kunststoff machen sollte. Die EU wird auch hier aktiv werden und sogenannte produktspezifische Rezyklateinsatzquoten einführen. Die Vorbereitungen für entsprechende Gesetze im EU-Binnenmarkt sind in vollem Gange. Für den Anfang sind Rezyklateinsatzziele von 20 oder 30 Prozent denkbar – mit einer gewissen Anlauffrist, um (endlich) in die entsprechende Technik investieren zu können. Bei Lebensmittelverpackungen wird diese Quote anfänglich sehr niedrig sein, die Fristen deutlich länger. Aber auch hier gibt es Möglichkeiten, die bisher noch viel zu wenig genutzt werden. Wir können Kunststoffverpackungen aus Recyclingkunststoff mit einer funktionellen Barriere versehen, sodass das Lebensmittel nicht mit ihm in Berührung kommt. Auch das ist (noch) teuer und es gibt kein Zulassungsverfahren. Beides ließe sich ändern, wenn der politische Wille da wäre.

Und natürlich wird auch das chemische Recycling hier seine Rolle bekommen. Aktuell gibt es noch keine Anwendung in großtechnischem Maßstab, die Verfahren sind sehr teuer und werden noch nicht wirklich beherrscht. Große Mengen an erneuerbarer Energie werden dafür benötigt werden, die noch nicht zur Verfügung stehen.

Wir brauchen noch viel mehr Forschung, damit wir bei diesem komplexen Thema zum Ziel kommen. Die Gemeinsame Forschungsstelle der Europäischen Kommission, das Joint Research Centre (JRC), führt daher aktuell in Zusammenarbeit mit der Generaldirektion Umwelt (DG ENV) eine Studie zur »Bewertung der Definition von Recycling« im Rahmen des europäischen Green Deal und des Aktionsplans für die Kreislaufwirtschaft 2.0 durch. Sie bildet die Basis für die Überarbeitung der Abfallrahmenrichtlinie (Waste Framework Directive, in Deutschland das Kreislaufwirtschaftsgesetz), die im Jahr 2023 ansteht.

Die Studie zielt darauf ab, die Recyclingdefinition für alle Materialien und Technologien (einschließlich des hochwertigen Recyclings) sowie die anzuwendende Recyclingberechnungsrate zu bestimmen. Politisches Ziel ist es, eine »EG-Leitlinie« oder einen »EG-Durchführungsbeschluss« festzulegen, mit dem spezifische Regeln und Verfahren zur Berechnung des Recyclinganteils in die Gesetzgebung integriert und dann für alle Technologien angewendet werden.

Es muss klar sein, dass wir in diesem komplexen Thema nur zum Ziel kommen, wenn wir nicht alles auf eine Karte setzen. Nicht nur das chemische Recycling, auch das mechanische Recycling braucht daher heute schnelle und substantielle Unterstützung – gerade weil es technisch schon viel weiter ist als die Chemie. Nur durch die Schaffung eines level-playing-fields für die chemischen und mechanischen Verfahren kann es den so dringend benötigten Durchbruch bei der Kreislaufwirtschaft für Kunststoff geben.

Die Europäische Kommission wird voraussichtlich im Sommer einen ersten Entwurf für eine neue Europäische Verpackungsrichtlinie vorlegen und diese wird aller Wahrscheinlichkeit auch die Vorschriften für die bereits genannten Rezyklateinsatzquoten enthalten. Wieder einmal treibt Europa die Entwicklung voran. Der Überfall Russlands auf die Ukraine und die daraus folgenden Konsequenzen führen uns vor Augen, wie abhängig wir derzeit von Rohstoffimporten sind. In diesem Fall aus Russland. Die Kreislaufwirtschaft ist für das Erreichen der Klimaziele unerlässlich und einer der wichtigsten strategischen Hebel, uns unabhängiger zu machen. Und Rezyklateinsatzquoten können der Kreislaufwirtschaft einen wichtigen Schub verleihen.

Dr. Oliver Geden / Dr. Brigitte Knopf

Deutschland auf dem »1,5-Grad-Pfad«? Die Bundesregierung muss Bewertungskriterien klären

Mai 2022

Der Koalitionsvertrag von SPD, Grünen und FDP bekennt sich sehr deutlich zur Orientierung der deutschen Klimapolitik an der Marke von 1,5 °C. Der Vertrag formuliert explizit den Anspruch, »Deutschland auf den 1,5-Grad-Pfad zu bringen«. Ungeklärt bleibt bislang aber, wie die Angemessenheit nationaler Klimapolitik im globalen Maßstab eigentlich zu bemessen wäre. Ist der in der deutschen Debatte sehr prominente »Budget-Ansatz«, der eine Pro-Kopf-Verteilung des »globalen CO_2-Restbudgets« vorsieht, tatsächlich geeignet? Und falls nicht, welche anderen Möglichkeiten bestehen, um die Bundesregierung an ihrem selbst formulierten Anspruch zu messen?

Auf globaler Ebene lässt sich ein Restbudget bestimmen, das angibt, wieviel CO_2 noch in die Atmosphäre abgegeben werden darf, um die globale Erwärmung mit einer bestimmten Wahrscheinlichkeit auf eine bestimmte Temperatur zu begrenzen. Auf globaler Ebene lässt sich das CO_2-Budget unter bestimmten Unsicherheiten für verschiedene Temperaturniveaus prinzipiell beziffern. Laut Weltklimarat IPCC beträgt es für eine 50 Prozent Wahrscheinlichkeit einer Begrenzung auf 1,5 °C etwa 500 Gigatonnen CO_2 ab 2020, bei derzeitigen Emissionen von 40 Gigatonnen pro Jahr. Die Ableitung eines nationalen Restbudgets (Budgetieren) aus globalen Werten führt jedoch nicht zu eindeutigen Ergebnissen.

Zum einen unterliegen schon die globalen Budgetberechnungen signifikanten Unsicherheiten und verändern sich nach wie vor mit jedem IPCC-Bericht. Zum anderen ist eine exakt bezifferte nationale Verantwortung vom gewählten Gerechtigkeitsprinzip abhängig. Zudem legt das Pariser Abkommen ein globales Langfrist-Temperaturziel fest, dessen Einhaltung nur mit einer kollektiven Anstrengung zu erreichen ist. Nationale Ziele sind darüber hinaus meist als Treibhausgas (THG)-Ziele definiert, umfassen also auch Methan und Lachgas, während sich das globale Budget aus methodischen

Gründen ausschließlich auf CO_2 bezieht, das sich über sehr lange Zeiträume in der Atmosphäre akkumuliert. Alle diese Aspekte sprechen gegen den Budget-Ansatz als politisch handlungsleitende Größe auf nationaler Ebene. Allerdings kann umgekehrt das Kumulieren, also das Umrechnen nationaler Zielpfade in die voraussichtliche Gesamtmenge an Emissionen, ein gangbarer Weg sein, um das nationale Ambitionsniveau darzustellen. Dabei sind die Ziele im deutschen Bundes-Klimaschutzgesetz als THG-Minderungsziele mit einem Langfristziel für THG-Neutralität (politisch meist »Klimaneutralität« genannt) bis 2045 formuliert. Da es zwar auf globaler Ebene ein CO_2-Budget, aber kein THG-Budget gibt, muss auf nationaler Ebene eine Umrechnung in eine kumulierte CO_2-Menge stattfinden. Dies ist mit Unsicherheiten behaftet, da das Klimaschutzgesetz hier nur wenig Ansatzpunkte für eine Kalkulation liefert. Weiterhin bestehen bei der Berechnung einige Freiheitsgrade durch den Einbezug von CO_2-Senken, die zum Ausgleich für nicht-eliminierbare »residuale« Emissionen (etwa Methan und Lachgas aus der Landwirtschaft) notwendig sind – wie die folgende idealtypische Abbildung globaler Klimaschutzpfade zeigt.

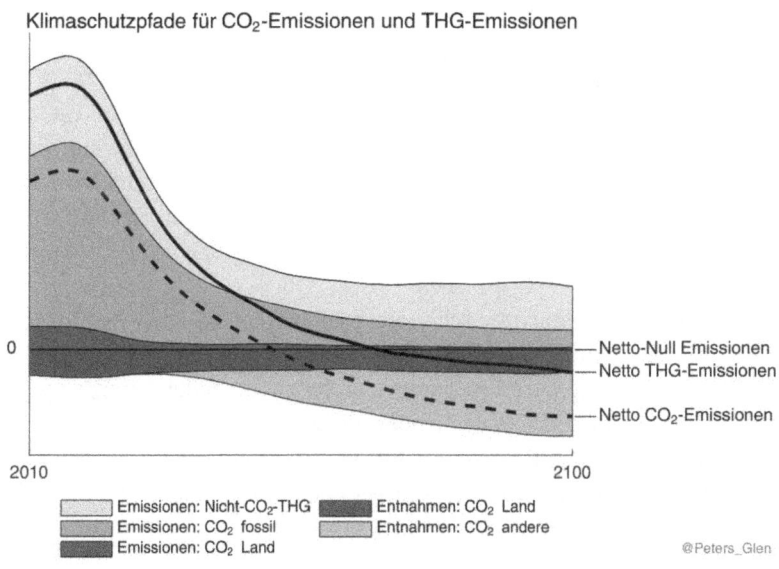

Klimaschutzpfade für CO_2-Emissionen und THG-Emissionen

Da Methoden zur nachträglichen Entfernung von Treibhausgasen aus der Atmosphäre bislang nur für CO_2 existieren (etwa Aufforstung, Pflanzenkohle oder die Direktabscheidung von CO_2 aus der Umgebungsluft durch chemische Filter), ein Großteil der residualen Emissionen aber aus Nicht-CO_2-Treibhausgasen besteht, wird Netto-Null CO_2 stets deutlich vor Netto-Null THG erreicht, in Deutschland vermutlich 5-10 Jahre. Damit einhergehend erreichen die CO_2-Emissionen beim Erreichen von THG-Neutralität auch bereits netto-negative Werte.

Für eine MCC-Studie haben wir die mutmaßlichen Emissionseffekte des deutschen Klimaschutzgesetzes kalkuliert.[99] Wie die folgende Abbildung zeigt, ergeben sich nach unseren Berechnungen ab dem Jahr 2022 kumulierte Emissionen von 6,4 bzw. 6,2 Gigatonnen CO_2, je nach Betrachtungszeitraum bis 2045 oder 2050 (aufgrund der ab den frühen 2040er Jahren zu erwartenden netto-negativen CO_2-Emissionen verringern sich die kumulierten Werte paradoxerweise bei einem längeren Betrachtungszeitraum). Wir vergleichen das Ambitionsniveau der deutschen Klimaschutzziele in einem zweiten Schritt mit nationalen CO_2-Restbudgets wie sie vom Sachverständigenrat für Umweltfragen (SRU) vorgeschlagen werden (und auf die auch der Beschluss des Bundesverfassungsgerichts zum Klimaschutzgesetz 2019 exemplarisch Bezug nimmt). Auf Basis dieser Methodik stünden Deutschland ab 2022 zur Begrenzung des Temperaturanstiegs auf 1,75 °C noch 6,0 Gigatonnen CO_2 und für 1,5 °C noch 3,0 Gigatonnen CO_2 zu, bei einem derzeitigen Jahresausstoß von knapp 0,7 Gigatonnen CO_2. Legt man die SRU-Rechnung als Vergleichsmaßstab zugrunde, würden die kumulierten Emissionen auf Basis des Klimaschutzgesetzes in etwa doppelt so hoch liegen wie ein nationales CO_2-Budget für eine Begrenzung auf 1,5 °C, sie würden aber in etwa einem CO_2-Budget für eine Begrenzung des Temperaturanstiegs auf 1,75 °C entsprechen.

Daraus ergeben sich konkrete Schlussfolgerungen für die deutsche Klimapolitik. Zunächst einmal müssen die nationalen Ziele mit konkreten Maßnahmen zur Umsetzung unterlegt werden, nicht trotz, sondern gerade wegen des Ukrainekriegs und den drohenden Einschränkungen bei der Energieversorgungssicherheit. Das Klimaschutzgesetz enthält lediglich Zielbestimmungen – real sinken werden die Emissionen nur durch konkrete Maßnahmen und Instrumente.

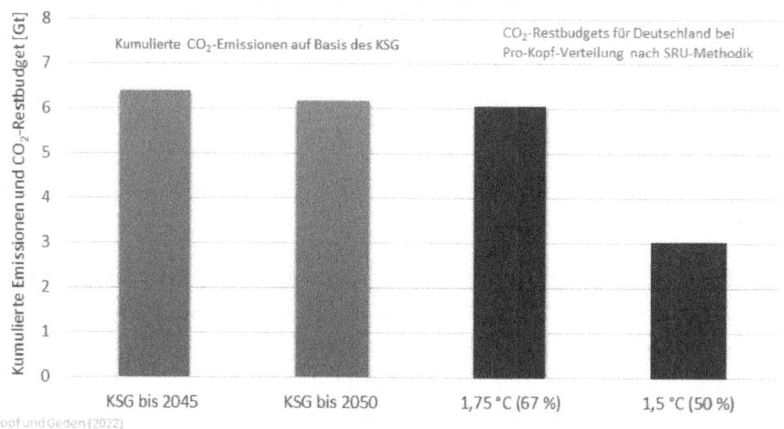

Kumulierte CO$_2$-Emissionen auf Basis des Klimaschutzgesetzes (KSG) im Vergleich mit Pro-Kopf Restbudgets ab 2022

Kumulierte CO$_2$-Emissionen auf Basis des KSG

CO$_2$-Restbudgets für Deutschland bei Pro-Kopf-Verteilung nach SRU-Methodik

Kumulierte Emissionen und CO$_2$-Restbudget [Gt]

KSG bis 2045   KSG bis 2050   1,75 °C (67 %)   1,5 °C (50 %)

Knopf und Geden (2022)

Um darüber hinaus eine Orientierung Deutschlands an 1,5 °C glaubwürdig und nachvollziehbar zu machen, wird sich die Bundesregierung aber auch zu zwei zentralen Fragenkomplexen positionieren müssen. Zum einen ist die Frage, nach welchen Gerechtigkeitskriterien ein deutscher Beitrag zur Begrenzung des Temperaturanstiegs auf 1,5 °C zu bemessen wäre. Daran schließt sich die Frage an, ob dieser faire nationale Beitrag ausschließlich in Deutschland erbracht wird oder ob auch im Ausland Anstrengungen zur Emissionsminderung unternommen werden sollen. Falls letzteres angestrebt wird, braucht es eine aktive internationale Klimapolitik mit konkreter und messbarer Erfolgskontrolle. Nur so wird das nationale Ambitionsniveau transparent und wissenschaftlich überprüfbar.

Carsten Spohr

Klimaschutz und Wirtschaftskraft – Zwei Seiten einer Medaille

April 2022

Die 20er Jahre sind ein Transformationsjahrzehnt. Politik, Gesellschaft und Wirtschaft werden digitaler, vernetzter, nachhaltiger. Dieser Wandel muss gestaltet werden. Gleichzeitig gilt es, die Stärke unseres Industriestandortes zu erhalten. Deutschland und Europa stehen vor entscheidenden Weichenstellungen. Das gilt auch für die Lufthansa Group. Vor der Pandemie gehörte Lufthansa Group zu den Top5 unter den Airline Gruppen weltweit. Diese Position wollen wir halten. Gleichzeitig haben wir uns auf den Weg in eine CO_2-neutrale Zukunft gemacht. Um erfolgreich zu bleiben und verstärkt in Klimaschutz investieren zu können, brauchen wir die richtigen politischen Leitplanken.

Bundeskanzler Olaf Scholz hat getitelt:
»Jetzt sichere Arbeit & Klimaschutz wählen.«

Und in der Tat: genau das müssen die zwei Seiten einer Medaille sein. Wertschöpfung und Jobs zu sichern und zugleich die ökologische Transformation voranzutreiben. Beides muss gelingen.

Damit die Wirtschaft in Deutschland und Europa erfolgreich bleibt, muss die Industrie gestärkt und ihre Transformation konstruktiv begleitet werden. Nicht wenige der verbliebenen industriellen Säulen sind unter Druck: die Metall- und Elektroindustrie, die Automobilbranche oder der Maschinenbau. Auch die Luftfahrtbranche steht als eine unserer Wohlstandssäulen im harten internationalen Wettbewerb. Fluggesellschaften und Flughäfen sind attraktive Arbeitgeber für hunderttausende Beschäftigte mit höchst unterschiedlichen Qualifikationen. Allein die Lufthansa Group sichert trotz Pandemie mit schwersten Auswirkungen auf die Luftfahrt über 60.000 zukunftsfähige Arbeitsplätze in Deutschland – weltweit sind es mehr als 100.000.

Der Kranich ist international ein Aushängeschild für Qualität und Zuverlässigkeit. Für Deutschland ist er starker und verlässlicher Partner. Das haben wir einmal mehr in der Coronapandemie bewiesen. Wir haben Reisende aus aller Welt, insbesondere Menschen aus unseren Heimatmärkten, nach Hause gebracht, Lieferketten durch unser Streckennetz aufrechterhalten sowie Impfstoffe und dringend benötigtes medizinisches Material transportiert. Wir bringen Fachkräfte, Innovationen und Know-how in die Welt. Lufthansa ist Waren- und Wissensträger für Deutschland und Europa.

Für den Erfolg einer Exportnation ist der Luftverkehr essenziell. Ebenso wichtig aber ist seine geopolitische und geostrategische Bedeutung. Fliegen bringt die Welt zusammen. Menschen, Kulturen und Wirtschaftsräume lassen sich nicht auf Dauer per Videokonferenz verbinden. Gleichzeitig wollen und dürfen wir nicht auf Kosten künftiger Generationen wirtschaften. Der globale Luftverkehr emittiert rund 3 Prozent der von Menschen verursachten CO_2-Emissionen. Aber ich bin überzeugt: unser Anteil an der Lösung der Klimakrise ist deutlich größer.

Wir wollen bis spätestens 2050 CO_2-neutral wirtschaften. Um dieses Ziel zu erreichen, investieren wir trotz massiver Krisenfolgen konsequent in klimaschonende Technologie, Innovation und Digitalisierung. Wie modernisieren mit rund 2,5 Milliarden Euro pro Jahr unsere Flotte, wir sind Pioniere beim Einsatz nachhaltiger Kraftstoffe und wir entwickeln neue Instrumente für den CO_2-Ausgleich für Privat- und Geschäftsreisende. Wir wollen Premium bleiben und nachhaltiger werden. Wir wollen international erfolgreich sein und klimaschonender fliegen. Damit das gelingt, brauchen wir den passenden regulatorischen Rahmen. Der Schlüssel liegt in dem Erhalt unserer globalen Wettbewerbsfähigkeit. Konkret: in dem Erfolg und der Stärke unseres Hub-Systems.

Über unsere Drehkreuze Frankfurt, München, Zürich, Wien und Brüssel binden wir unsere Heimatmärkte an die Welt an und bieten ein attraktives und breites Angebot an Interkontinentalflügen. Dafür brauchen wir ein gut funktionierendes Netz von Zubringerverbindungen mit ausreichend Umsteigepassagieren aus vielen Ländern. Ein Beispiel: Allein auf der Lufthansa Strecke München – San Francisco kommen die Passagiere regelmäßig aus 50 verschiedenen Startflughäfen. Von überall her nach München geflogen, gelangen sie dann in einem Flugzeug an ihr Ziel. Indem wir Passagiere an unseren Hubs bündeln, erreichen wir eine hohe Auslastung. Das ist ökologisch und ökonomisch optimal und sehr effizient. Um beispielsweise zwölf

Städte direkt miteinander zu verbinden, sind 66 Einzelstrecken notwendig. Ein Drehkreuz-System benötigt lediglich zwölf Strecken.

Doch die Drehkreuze in Deutschland und Europa stehen unter Druck. Immer mehr Reisende steigen auf ihrer Reise nach Asien oder Afrika in Istanbul, Dubai oder Doha um. Das zeigt der Blick auf die Passagierströme vor der Pandemie: In den Jahren 2010 bis 2019 nahm der Verkehr von Deutschland nach Asien und Afrika insgesamt um 73 Prozent zu. Als Transferland spielt Deutschland aber kaum eine Rolle (+15 Prozent), denn dieses Wachstum erfolgt überwiegend auf Routen über Istanbul und Drehkreuze außerhalb Europas (+115 Prozent).

Dazu kommt: Die Krise hat den Wettbewerb weiter verschärft. Denn viele Airlines außerhalb Europas, haben zum Teil deutlich mehr staatliche Unterstützung erhalten als die Lufthansa Group. Oft sind das Zuschüsse, die nicht zurückgezahlt werden müssen. EU-Netzwerk-Airlines mit hohen Umwelt- und Sozialstandards drohen im Wettbewerb mit staatlich gestützten Fluggesellschaften vom Golf und Bosporus verdrängt zu werden. Damit stehen langfristig Arbeitsplätze, Investitionspotenziale, Konnektivität und soziale Standards auf dem Spiel. Auf diese Entwicklung muss die Politik in Berlin und Brüssel reagieren.

Wir brauchen ein internationales Level-Playing-Field. Wenn globale Vorgaben nicht umsetzbar sind, müssen zumindest Regulierungen gefunden werden, die EU Airlines nicht einseitig schwächen und die die Verlagerung von Verkehr und Emissionen – den sogenannten Carbon-Leakage-Effekt – vermeiden.

Genau das aber leisten die bisherigen Vorschläge des von der EU-Kommission vorgestellten Klimaschutzpakets »Fit for 55« nicht: Alle geplanten luftverkehrsrelevanten Maßnahmen sind für heimische Airlines viel schärfer als für nicht-europäische Fluggesellschaften. Sie werden dem Anspruch der Wettbewerbsneutralität nicht gerecht. Signifikante »Carbon Leakage«-Effekte sind vorgezeichnet. Profitieren würden große Drehkreuze und Airlines in den EU-Anrainerstaaten sowie am Bosporus und am Golf. Sie könnten zu günstigen Preisen Passagiere zu Drehkreuzen jenseits von Europa locken. Das wäre geradezu ein Konjunkturprogramm für autoritäre Regime mit niedrigen Umwelt- und Sozialstandards. Ob Kerosinsteuer, CO_2-Zertifikatshandel oder eine Quote für nachhaltige Kraftstoffe: Wir werden nur erfolgreich bleiben, wenn europäische und nicht-europäische Airlines künftig unter gleichen Rahmenbedingungen fliegen. Sonst wird der Tourismus in unseren europäischen Partnerländern teurer, während andere Länder in weiterer Entfernung profitieren. Das wäre ein europäisches Eigentor – ökologisch und ökonomisch.

Mehr Tempo und Fortschritt beim Klimaschutz unterstützen wir. Grundlage muss ein fairer Wettbewerb sein mit Regeln, die für alle gelten. Damit das gelingt und »Fit for 55« ein Erfolg wird, müssen die Pläne der EU-Kommission überarbeitet werden. Die »Aviation Alliance Fit for 55«, ein neues Bündnis aus rund 20 europäischen Airlines und Airports, darunter die gesamte Lufthansa Group sowie die Flughäfen München und Frankfurt, hat konkrete Vorschläge entwickelt, wie das EU-Klimaschutzpaket zum weltweiten Vorbild werden kann und Konnektivität und Arbeitsplätze gesichert werden können. Auch die Bundesregierung will die »Schlüsselindustrie« Luftverkehr nachhaltig und leistungsfähig weiterentwickeln. Und zwar mit international wettbewerbsneutralen Konzepten, so hat es die Regierung in ihrem Koalitionsvertrag festgeschrieben. In diesem Sinne rechnen wir mit einer starken deutschen Stimme im europäischen Dialog der kommenden Monate. Denn es geht genau um das, was Bundeskanzler Scholz im Wahlkampf angekündigt hat: sichere Arbeit und Klimaschutz verbinden.

Prof. Dr. Michael Hüther

Konzertierte Aktion für die große Transformation

Januar 2022

Das neue Jahr ist in seinen ersten Tagen unverändert von der Coronapandemie geprägt. Alle politischen Anstrengungen sind darauf gerichtet und die gesellschaftlichen Spannungen darüber prägen die öffentliche Debatte. Doch so oder so: Die Pandemie wird absehbar zu einem endemischen Phänomen werden, Politik und Gesellschaft müssen sich auf eine neue Normalität mit diesem – dann aber gestaltbaren – Risiko einlassen. Ein anhaltender Ausnahmezustand kann nicht zum Muster demokratischer Politik werden. Denn er verdrängt den produktiven Streit um die bessere Lösung durch die vermeintlich eindeutige Handlungsanweisung der Wissenschaft. Das aber kann nur in extremen Gefahrenlagen funktionieren; wenn es brennt, muss gelöscht werden. Auf Dauer aber muss nach systematischen und zugleich flexiblen Antworten gesucht werden; welcher Brandschutz – um im Beispiel zu bleiben – ist durch Vorsorge und Versicherung ökonomisch wie sozial angemessen?

Die Aufgabe aller gesellschaftlichen Akteure im Jahr 2022 ist es, den Weg zu Klimaneutralität wirksam einzuschlagen. Es geht nicht mehr darum, Ziele dafür zu definieren oder zu verschärfen. Ersteres ist geschehen, letzteres aber ohne Wert, wenn weder die Umsetzung noch die soziale Begleitung ernst genommen werden. Die von Bundeswirtschaftsminister Robert Habeck vorgestellte »Eröffnungsbilanz Klimaschutz« hat die Größe der Aufgabe deutlich beschrieben. Deutlich wurde auch, dass der vielfach als große Transformation beschriebene Umbau zur klimaneutralen Wirtschaft und Gesellschaft alles andere als ein Selbstläufer ist. Zwar ist im Grundsatz unstreitig, mit welchem Mechanismus – CO$_2$-Zertifikatehandel – und in welcher Logik – Innovation statt Rationierung – die Dekarbonisierung erreicht werden soll, doch daraus folgen vielfältige und immer wieder neue Fragen, Probleme und Kollateralwirkungen.

Die neue Bundesregierung strebt – folgt man dem Koalitionsvertrag – für den Dialog mit Wirtschaft, Gewerkschaften und Verbänden eine »Allianz für

Transformation« an. Dort soll der Ort sein, um in den ersten sechs Monaten des Jahres 2022 stabile und verlässliche Rahmenbedingungen für die Transformation zu besprechen. Den Beteiligten ist somit klar, worum es geht: In der neuen Legislatur müssen für die Megatrends des Strukturwandels die Weichen gestellt werden. Die Erreichbarkeit der beschlossenen klimapolitischen Ziele verlangt schlüssiges und umfassendes Handeln, um durch konsistente Regulierung und zügigen Ausbau der Infrastruktur den unternehmerischen Investitionen den notwendigen Rahmen zu geben.

Die besondere Größe der Herausforderung liegt erstens darin begründet, dass Dekarbonisierung nur gemeinsam mit der digitalen Transformation, der Energiewende sowie der Mobilitätswende erst gelingen kann, wenn bei Glasfaser und 5G sowie mit den Stromtrassen und den Leitungssystemen für grünen Wasserstoff die seit langem projektierten Netze entstehen. Zweitens bleibt es eine riesige politische Anforderung, dass uns letztlich nur die globale Lösung der Klimakrise rettet. Der dafür als Einstieg zu fordernde wirkungsmächtige Klimaclub erfordert, dass wir unsere internationale Verantwortung umfassend annehmen und auch die Ausgaben für Verteidigung auf das zugesagte Niveau anheben. Und drittens schließlich haben wir in Deutschland uns der demografischen Alterung zu stellen, während der neuen Legislaturperiode wird die Schrumpfung des Erwerbspersonenpotenzials einsetzen und der Fachkräftemangel sich verschärfen.

Wegen der Versäumnisse der vergangenen Jahre ist nun gleichzeitig zu leisten, was bereits je für sich den politischen Diskurs, die parlamentarische Entscheidung, die administrative Begleitung und Umsetzung sowie die gesellschaftliche Akzeptanz zu überfordern vermag. Es geht deshalb nicht nur um viele neue Gesetze, es geht um sehr viel mehr: um die Wirksamkeit staatlichen Handelns. Dafür reicht die grundsätzliche Verständigung über die Aufgaben und deren politische Beantwortung nicht aus. Es bedarf einer ständigen und nicht nur vorübergehenden diskursiven Beteiligung aller relevanten wirtschaftlichen Akteure und gesellschaftlichen Gruppen, und zwar nicht nur, um den Weg zur Klimaneutralität zu begleiten, sondern um seiner Unwägbarkeit und Unsicherheit Rechnung tragen zu können.

Die Unsicherheit in der Umsetzung ist hoch. So müssen wir auf vielfältige und grundlegende Innovationen setzen, soll die Transformation gelingen. Diese wird damit zu einem dynamischen Prozess mit schwer prognostizierbaren Rückkopplungsschleifen. Handlungsräume können sich verengen, aber auch weiten; neue Möglichkeiten entstehen, Anpassungen werden leichter; neue Erkenntnisse über den Klimawandel (z. B. über Umweltsenken) können verschärfte oder andere Anstrengungen erfordern. Der Umgang mit dieser Unsicherheit kann nur gelingen, wenn die Politik sich konsequenter und umfassender sowohl der laufenden Steuerung als auch der Umsetzung widmet.

Die neue Bundesregierung hat dem angemessen das erste Kapitel das Koalitionsvertrages unter die Überschrift »Moderner Staat, digitaler Aufbruch und Innovationen« gestellt. Es geht um das konkrete Verwaltungshandeln, um Planungs- und Genehmigungsverfahren. Dazu gehörte aber auch die Organisation der Regierung, denn die zentralen Themen des Strukturwandels betreffen so viele Ressorts, dass in besonderer Konsequenz und Konsistenz die Koordinierung der Aufgaben in den und die Kooperation zwischen den Fachministerien sicherzustellen ist. Die zuletzt extreme Abschottung der Ministerien als Silos und der eklatante Mangel an Kooperationsbereitschaft ist angesichts der anstehenden Aufgaben überhaupt nicht mehr zu akzeptieren.

Hinzu kommt ein weiterer Aspekt wirksamen Regierens: Die Zusammenarbeit zwischen Bund und Ländern einerseits sowie Ländern und Kommunen andererseits muss in der Sache stringenter und in der zeitlichen Steuerung konsistenter sein. Das verlangt schon die Mobilität der Menschen zwischen verschiedenen Gebietskörperschaften. Leistungsverträge zwischen den Ebenen könnten hier Abhilfe schaffen, wenn Geld an Leistung per Termin gebunden wird.

Die nun anstehende Transformation wird dynamisch immer wieder gravierend in viele Handlungskontexte und Lebensbedingungen eingreifen, ohne dass dies bereits heute angemessen und verlässlich beschrieben werden kann. Dafür sollte die von der Bundesregierung geplante »Allianz für Transformation« als eine ständige Plattform für den geordneten Austausch aller relevanten politischen Akteure, wirtschaftlichen Kräfte und gesellschaftlichen Gruppen eingerichtet werden. Es geht nicht um die Entpolitisierung der Politik durch Delegation an Kommissionen, auch nicht um die Infragestellung verfassungsrechtlicher Prozeduren oder das Aushöhlen definierter Verantwortung.

Es geht vielmehr um die Stärkung der Institutionen und Verfahren unserer Verfassungsordnung in diesem wirtschaftlichen und gesellschaftlichen Umbau, indem der Diskursraum erweitert wird, um veränderte Bedingungen, verlagerte Probleme und neue Möglichkeiten frühzeitig reflektieren zu können. Dabei kommt auch der gesellschaftlichen Akzeptanz eine besondere Bedeutung zu, um die Legitimität der Verfahren zu erhöhen.

Die »Allianz für Transformation« sollte sich an der von Karl Schiller entwickelten »Konzertierten Aktion« orientieren. Nicht in der vom Stabilitäts- und Wachstumsgesetz definierten Funktion, aber als von Schiller seinerzeit so bezeichnetem »Tisch der gesellschaftlichen Vernunft«, um Dynamik und Wandel der Transformation zu begleiten. So bleiben die ökonomischen Folgen tragbar und die gesellschaftliche Kohäsion hoch, weil die politische Legitimation gestärkt wird.

Thomas Kutschaty

Für die Arbeit von morgen:
Ein Stabilitätsfonds für Nordrhein-Westfalen

Juli 2021

Es war zu fortgeschrittener Rotweinstunde um die Jahrtausendwende – der »Neue Markt« boomte noch und verbriefte Subprime-Hypotheken avancierten zum todsicheren Milliardengeschäft – da machte Tony Blair seinem deutschen Kollegen ein Angebot: »Du kannst sie alle haben, Gerd, diese ganzen Automobile, die wir hier gebaut haben, Rolls- Royce, Bentley, Rover. Das ist 19. Jahrhundert, das ist Stahl, das ist nicht Zukunft.« Michael Steiner, damals Schröders außenpolitischer Berater und Zeuge dieser Anekdote, weiß noch genau, was der deutsche Kanzler antwortete: »Tony, du hast keine Ahnung von Wirtschaft, du kapierst es nicht. Die Autos, die wir bauen, sind Technologieträger. Es ist schon heute modernste Elektronik, und das wird noch viel mehr. Das ist die Plattform für die wirkliche Zukunft.«
Gerhard Schröder sollte Recht behalten. Vieles wäre dem Vereinigten Königreich erspart geblieben, wenn es seine De-Industrialisierung verhindert hätte. Das britische Schicksal sollte uns eine Lehre sein: Erst durch die klassischen Industrien werden aus neuen Technologien neue Wertschöpfungsketten: in der Chemie, im Maschinenbau, im Autobau und eben auch in jener Industrie, über die Tony Blair vor zwanzig Jahren mit herablassender Ahnungslosigkeit herzog: der Stahlindustrie.
Industrieprodukte sind Technologieträger: für klimaneutrale Mobilität und Wasserstofftechnik, für digitale Produktionsprozesse, Künstliche Intelligenz und eine rohstoffsparende Kreislaufwirtschaft. In der Industrie und dem produzierenden Mittelstand wird – wie schon so oft in der deutschen Wirtschaftsgeschichte – die Arbeit von morgen entstehen: mit guter Bezahlung, sozialer Sicherheit und Arbeitnehmermitbestimmung.
Allerdings muss die Wirtschaftspolitik auch etwas dafür tun. Fortschritt kommt nicht von selbst und schon gar nicht gibt es ihn umsonst. Die ökologischen und technologischen Herausforderungen für unser Land – und

unsere Unternehmen! – sind groß. Der digitale Rückstand im Vergleich zu China oder den USA ist es auch. Unmöglich ist hingegen gar nichts. Um das Leben und Wirtschaften in Deutschland bis 2045 klimaneutral zu machen, sind zusätzliche Investitionen in ökologische und digitale Technologien von mindestens 1,5 Prozent des BIP erforderlich. Das sind ca. 50 Milliarden Euro pro Jahr (die USA planen mit 1,9 Prozent ihrer Wirtschaftsleistung). Das sind keine Summen, die eine Volkswirtschaft wie die deutsche nicht stemmen könnte – vorausgesetzt – und diese Einschränkung ist wichtig! – die Kosten des digitalen und ökologischen Umbaus werden klug zwischen Staat und Wirtschaft aufgeteilt.

Ohne massive öffentliche Investitionen in neue Verkehrs- und Energiesysteme, in digitale Netze und die Förderung neuer Produktionsprozesse wird der Wandel nicht gelingen. Mehr noch: Auch wenn das Gros des zusätzlichen Investitionsbedarfs aus der Privatwirtschaft kommen muss, wird der Staat in den kommenden zwei Jahrzehnten eine stärkere Rolle spielen müssen als bisher. Angesichts des ökologischen und ökonomischen Problemdrucks wird er unternehmerische Risiken bei der Entwicklung neuer Technologien absichern und auch (mittelständische) Unternehmen mit Kapitalbeteiligungen im Wandel stützen müssen – übergangsweise und nur als Minderheitseigner, aber das dann eben doch.

Die Frage ist also weniger, ob wir die Kraft haben, die ökologischen und ökonomischen Herausforderungen zu meistern, sondern ob wir den politischen Willen dazu haben. Die deutsche Wirtschaftspolitik muss ideologisch entrümpelt werden. Dann eröffnen sich auch die ökonomischen Chancen des Klimaschutzes, weil jedes Industrieland angesichts der Erderhitzung und internationaler Verpflichtungen zur Umrüstung auf klimaneutrale Produktion gezwungen ist. Wem die ökologische und digitale Transformation am schnellsten und besten gelingt, wird erst zum Technologie- und dann zum Marktführer, inklusive enormer Gewinne, neuer Arbeitsplätze und neuer Wertschöpfungsketten.

Allerdings werden nur jene Herstellerländer die Transformation schaffen, die sie nicht allein dem Markt überlassen. Die politische Führung in Indien wie auch in China hat dies begriffen. Mit Hilfe staatlicher Investitionen greifen sie nach Marktführerschaften in vielen Branchen – und kein deutscher »Ordnungspolitiker« wird sie davon abhalten.

Keiner.

Im Gegenteil: Bund und Länder brauchen eine neue Industrie- und Technologiepolitik. Beispiel Nordrhein-Westfalen, das *Heartland* Deutschlands: Über 800 mittelständische Weltmarktführer, die »Hidden Champions«, haben ihren Sitz in NRW. Hier gibt es mehr Hochschulen und Wissenschaftseinrichtungen als irgendwo sonst in Europa, die dichteste Verkehrsinfrastruktur und mehr hochqualifizierte Fachkräfte als in jeder anderen europäischen Region.

Doch trotz dieser guten Rahmenbedingungen werden viele mittelständische Unternehmen die technologische Transformation nicht aus eigener Kraft bewältigen können. Dazu fehlt es an Zeit und es fehlt an Kapital. Deutschland und Europa müssen in den nächsten zehn Jahren ihre CO_2-Emissionen so stark senken wie in den 30 Jahren zuvor, zumal es seit 2010 praktisch keine Emissionsreduktionen in der Industrie gegeben hat. Von besonderer Bedeutung sind dabei drei Branchen, die zusammen für knapp 60 Prozent der Treibhausgasemissionen der Industrie verantwortlich sind und denen gleichzeitig eine wichtige Rolle im Industriemix der NRW-Wirtschaft zukommt: die Stahlindustrie, die Grundstoffchemie und die Zementproduktion. Hier gibt es keinen Weg der kleinen Schritte. Emissionsreduktionen sind durch den kompletten Ersatz von alten durch neue Produktionsprozesse möglich.

Kurzum: Für »evolutionäre« Wege über den Markt allein haben wir schlicht keine Zeit. Gleichzeitig ist der Investitionsbedarf (und das Investitionsrisiko!) in dieser kurzen Zeitspanne derart hoch, dass er nicht nur Mittelständler überfordert.

Die beiden Grundprobleme vieler Unternehmen im technologisch-ökologischen Wandel hat der Bundesverband der mittelständischen Wirtschafft (BVMW) ohne Umschweife benannt: Liquiditätsmangel und Mangel an Eigenkapital. »Dies ist eine schwere Hypothek für die Zukunft dieser Unternehmen«, so der BVMW weiter.[100] »Denn ohne Eigenkapital sind notwendige Modernisierungs- und Innovationsinvestitionen kaum noch möglich, und es erschwert, um nicht zu sagen es macht ihnen unmöglich, Kredite von Banken für solche Zukunftsinvestitionen zu erhalten. Vielen Mittelständlern droht eine Kreditklemme. Von daher ist es entscheidend, dass das Eigenkapital dieser mittelständischen Unternehmen durch gezielte staatliche Maßnahmen unterstützt wird, damit ihre Kreditwürdigkeit gesichert und ihre Modernisierungs- und Investitionskraft erhalten bleibt. Deshalb fordern wir die Einrichtung eines staatlichen Eigenkapitalfonds in angemessener Höhe, um die Existenz und die Zukunfts- und Wettbewerbsfähigkeit dieser Unternehmen zu sichern.«

Einen solchen Fonds wird die SPD in NRW nach der Übernahme der Regierungsverantwortung im Mai 2022 auf den Weg bringen: einen Stabilitätsfonds für die Arbeit von morgen in Nordrhein-Westfalen mit einem Volumen von 30 Milliarden Euro.

Dieser Fonds wird durch strategische Unternehmensbeteiligungen das Eigenkapital der (mittelständischen) Unternehmen stärken, ihre Unabhängigkeit sichern und ihre Kreditwürdigkeit deutlich erhöhen. Auf diesem Wege bekommen die Industrie- und Technologieunternehmen genügend Mittel, um schnell in neue ökologische und digitale Produktionsprozesse investieren zu können, ohne dass der Unternehmenswert dadurch leidet. Zu den Zielgruppen zählen z. B. Unternehmen der Automobilindustrie im Zuge der Umstellung auf Elektromobilität, Industriebetriebe der Grundstoffindustrie, die ihre Produktion auf der Basis von Wasserstoff umstellen oder Unternehmen die zirkuläre Wertschöpfungskonzepte in den Markt bringen. Nicht zuletzt schützt ein solcher Fonds vor feindlichen Übernahmen und ungewolltem Wissens- und Technologietransfer z. B. nach Fernost.

Der Fonds selbst wird sein Beteiligungsvolumen von 30 Milliarden Euro über Anleihen, z. B. über Green-Bonds auf dem Kapitalmarkt beschaffen. Damit können auch private Anleger investieren.

Es handelt sich um ein Sondervermögen des Landes Nordrhein-Westfalen, das bei der NRW.BANK angesiedelt und vom Land garantiert wird. Weil der Haushalt kaum belastet wird, fällt der Fonds nicht unter die Regeln der Schuldenbremse. Entscheidend ist, dass mit Hilfe des Stabilitätsfonds die Bonität des Staates für die zukünftige Wettbewerbsfähigkeit von Unternehmen genutzt werden kann – ohne dass Gewinne privatisiert und Verluste sozialisiert werden. Denn der Fonds baut schließlich ein Vermögen auf, das später wieder für das Allgemeinwohl investiert werden kann.

Um Missverständnissen vorzubeugen: Staatsbeteiligungen sind keine Verstaatlichungen. Die Einflussnahme des Staates auf die Unternehmenspolitik wird zeitlich begrenzt. Es geht um den Aufbau von Wettbewerbsfähigkeit, nicht zuletzt den Erhalt und die Schaffung guter Arbeitsplätze.

Neue Herausforderungen verlangen nach neuen Antworten – auch in der Industriepolitik.

Der Stahl der Zukunft soll aus Duisburg kommen, qualitativ hochwertig, ökologisch nachhaltig, hergestellt in Werken, die mit Wasserstoff statt Kohle betrieben werden. Ökologische Spitzentechnologie soll am Rhein hergestellt werden – und nicht (nur) am Jangtse oder Colorado River. Klimaschutz, der die Arbeit und den Wohlstand von morgen schafft – das ist der Fortschritt, den die SPD will.

Fortschritt wird gemacht.

Prof. Dr. Sebastian Siegloch

Steuerliche Anreize für Innovationen wirken!

Januar 2022

Innovationen sind der Motor unseres Wachstums. Diese Aussage ist politisches Mantra und ökonomischer Fakt zu gleich. Ein Großteil der Innovationen entsteht in Unternehmen, die jedes Jahr große Summen in die Forschung und Entwicklung (FuE) neuer Produkte und Prozesse investieren. FuE führt dazu, dass Unternehmen wachsen, sich ihre Produktivität steigert und neues Wissen generiert wird. All das lässt unsere Wirtschaft wachsen.
Die Politik sollte daher die Innovationstätigkeit von Unternehmen möglichst wenig durch staatliche Eingriffe beeinträchtigen. Im Gegenteil, es gibt gute ökonomische Gründe, die FuE-Aktivitäten von Firmen sogar zu fördern. Und hier kommen Steuern auf Unternehmensgewinne ins Spiel. Sie sind ein fester Bestandteil des Steuersystems und tragen zur Finanzierung der Staatsausgaben bei. Gleichzeitig lassen höhere Steuern auf Unternehmensgewinne Investitionen schrumpfen. Dieser negative Zusammenhang sollte im Fall von Investitionen in FuE sogar besonders stark sein, weil diese risikoreicher sind. Dies erschwert die Finanzierung mit Fremdkapital, so dass ein großer Teil der FuE-Tätigkeiten von Unternehmen eigenkapitalfinanziert ist. Höhere Gewinnsteuern belasten allerdings besonders stark Investitionen, die durch Eigenkapital finanziert werden, da diese Finanzierungskosten schwerer abzugsfähig sind. So zumindest die Theorie.
Aber lässt sich dieser erwartete Zusammenhang tatsächlich empirisch belegen? Bisher gibt es hierzu wenig Evidenz. In einer neuen Forschungsarbeit mit meinen KollegInnen Andreas Lichter, Max Löffler, Ingo E. Isphording, Thu-Van Nguyen und Felix Pöge gehen wir daher dieser Frage nach und schätzen den kausalen Effekt höherer Gewinnsteuern auf FuE-Ausgaben von Firmen.[101]
Als WirtschaftswissenschaftlerInnen können wir in diesem Fall (leider!) nicht einfach in ein Labor gehen, eine Versuchs- und eine Kontrollgruppe auswürfeln und in einem Experiment den kausalen Effekt bestimmen. Wir benötigen – das wissen viele Leser spätestens seit der Kür der jüngsten Wirt-

schaftsnobelpreisträger – ein Quasi-Experiment, also eine Umgebung, die einem Laborexperiment gleichkommt.

Unser Labor ist Deutschland und unser Versuchspräparat die Gewerbesteuer. Die Höhe der Gewerbesteuer wird von den gut 11.000 deutschen Gemeinden maßgeblich beeinflusst. Jedes Jahr entscheidet der jeweilige Gemeinderat eigenständig über die Höhe der Gewinnsteuer für Kapital- und Personengesellschaften für das kommende Jahr. Etwa 10 Prozent aller Gemeinden ändern den Steuersatz zum nächsten Jahr – in aller Regel steigt dabei die Steuerlast. Wir machen uns diese Umgebung zu Nutze und betrachten alle Steuererhöhungen westdeutscher Gemeinden zwischen 1987 und 2013. Jede dieser 7300 kommunalen Steueränderungen ist ein Versuch, in dem die ansässigen Firmen in unterschiedlicher Höhe von Steuererhöhungen betroffen sind. Firmen in Gemeinden, die ihre Steuer konstant ließen oder Gemeinden, die die Steuer in einem anderen Jahr änderten, bilden die jeweilige Kontrollgruppe. Verbleibende Änderungen zwischen Versuchs- und Kontrollgruppe bereinigen wir statistisch.

Neben einem quasi-experimentellen Design braucht es detaillierte und qualitativ-hochwertige Daten. Diese erhalten wir vom *Stifterverband*, der alle zwei Jahre nahezu alle Unternehmen mit FuE-Tätigkeit in Deutschland zu ihren FuE-Ausgaben befragt. Die Zahlen meldet Deutschland als offizielle Statistiken über die FuE-Landschaft an die EU und die OECD.

Unsere empirischen Ergebnisse bestätigen die theoretischen Vorhersagen: Höhere Gewerbesteuern reduzieren die FuE-Ausgaben betroffener Unternehmen. Der Rückgang an FuE-Ausgaben hat darüber hinaus Auswirkungen auf die reale Innovationstätigkeit – die Anzahl angemeldeter Patente von Unternehmen mit erhöhter Belastung durch die Gewerbesteuer sinkt mittelfristig im Vergleich zu Unternehmen ohne Steuererhöhung.

Interessant ist, welche Unternehmen besonders stark auf höhere Gewerbesteuern reagieren. Die Analyse zeigt, dass vor allem junge und – der Theorie folgend – kreditbeschränkte Unternehmen ihre FuE-Aktivitäten zurückfahren, wenn die Belastung durch die Gewerbesteuer steigt. Firmen mit mehreren Betriebsstätten und Einzelunternehmen reagieren ähnlich. Darüber hinaus scheint der negative Effekt der Besteuerung nicht von der Betriebsgröße abzuhängen.

Der empirische Befund ist letztlich eindeutig, aber was sind die wirtschaftspolitischen Implikationen? Sollte die Politik nun die Unternehmenssteuerlast senken, um die FuE-Aktivität von Unternehmen ankurbeln und Wachstumsimpulse zu setzen? Im Prinzip lautet die Antwort »ja«. Allerdings sollte der Steueranreiz zielgenau sein. Eine pauschale Absenkung der Gewerbesteuer begünstigt auch Unternehmen, die niemals innovativ tätig sein werden. Diese freuen sich zwar über die Steuerentlastung, tragen aber nichts zur Stärkung Deutschlands als FuE-Standort bei.

Konkret würde nach unseren Schätzungen eine Absenkung der Gewerbesteuerbelastung um einen Euro die FuE-Aktivitäten von Unternehmen um 34 Cents erhöhen – eine vergleichsweise ineffektive Operation. Effektivere Alternativen sind gezielte steuerliche Anreize für FuE. Zahlreiche Studien haben gezeigt, dass derart steuerliche Anreize hoch wirksam sind – sei es durch Steuergutschriften, verbesserte steuerliche Abzugsmöglichkeiten oder direkte Zulagen. Studien aus dem Vereinigten Königreich zeigen beispielsweise, dass verbesserte Abschreibungsmöglichkeiten für FuE-Aufwendungen sehr effektiv sind: Für ein Pfund an geringerer Steuerbelastung, entstehen zusätzliche FuE-Investitionen von bis zu 1,7 Pfund – ein Effektivitätsgrad, der etwa fünf Mal höher ist als der von uns ermittelte Effekt durch das pauschale Absenken der Gewerbesteuer.

Lange Zeit befand sich Deutschland im Dornröschen-Schlaf und verzichtete als eines der wenigen hochentwickelten Länder auf gezielte steuerliche Förderung von FuE. Seit dem 1. Januar 2020 gibt es nun aber die Forschungszulage, die 25 Prozent der FuE-Personalkosten bis zu einem Deckel von 500.000 Euro übernimmt. Die Förderung richtet sich grundsätzlich an alle Unternehmen – und nicht nur an kleine und mittlere Firmen, wie in vielen anderen hochentwickelten Ländern. Dieser Umstand ist zu begrüßen, zeigt unsere Analyse ja keine signifikant unterschiedlichen Effekte nach Firmengröße auf. Im Zuge der Coronakrise wurde im Sommer 2020 der Deckel für die Zulage für FuE-Aufwendungen, die bis zum Sommer 2026 entstehen, auf 1 Million Euro erhöht. So können auch größere Unternehmen mit hohen FuE-Ausgaben stärker von der Zulage profitieren.

Die Ampelkoalition hat sich zum Ziel gesetzt, bis 2025 den Anteil der Ausgaben für Forschung und Entwicklung am Bruttoinlandsprodukt auf 3,5 Prozent zu erhöhen. 2014 lag der Anteil noch bei 2,9 Prozent, 2019 schon bei 3,2 Prozent. Unsere Studienergebnisse lassen einen weiteren Anstieg durch die Einführung der Forschungszulage erwarten, der Deutschland näher an den Zielwert bringen sollte.

Dr.-Ing. Stefan Hartung

Viele Wege führen zum klimaneutralen Fahren

Mai 2022

Ein Brückenschlag zwischen Politik und Wirtschaft zur Zukunft der Mobilität

Das »perpetuum mobile« wird bis auf Weiteres nicht erfunden, die klimaneutrale Mobilität jedoch Realität. Der Weg dorthin bringt allerdings einen Strukturwandel in Deutschlands Schlüsselbranche, der Automobilindustrie. Die Politik kann für diesen Wandel die Weichen stellen. Unternehmen wie Bosch müssen den Wandel vorantreiben, sich wirtschaftlich und technisch an seine Spitze setzen. Wo liegt der gemeinsame Nenner? Ganz sicher in der Balance von ökologischen, wirtschaftlichen und sozialen Interessen. Was aber heißt dies konkret? Dieser Beitrag versteht sich als Brückenschlag zwischen Politik und Wirtschaft.

Grundsätzlich sind beide Seiten einig: Klimaschutz darf kein Fernziel mehr sein, er muss hier und heute stattfinden. Mit dieser Einsicht machen wir als ein Unternehmen ernst, das den Namen und den Geist der Gründer- und Stifterpersönlichkeit Robert Bosch trägt. Bosch ist 2020 mit allen seinen 400 Standorten klimaneutral geworden – als erstes weltweit agierendes Industrieunternehmen. Im nächsten Schritt geht es um die CO_2-Emissionen über die gesamte Wertschöpfungskette, von den Lieferanten bis zu den Kunden. Schon dies verändert das Produktportfolio – sei es in Richtung Energieeffizienz oder gar Technologiewechsel. Unternehmen dürfen auf den ökonomischen Strukturwandel, wie er durch das ökologische Ziel hervorgebracht wird, nicht warten. Sie müssen ihn jetzt angehen.

Allerdings gibt es auch Anstöße von außen – politische Anstöße vor allem. Besonders wichtig, weil besonders ehrgeizig: der *Green Deal* der Europäischen Union. Er bringt einen Schub für das elektrische Fahren ebenso wie für das elektrische Heizen. Der Weg zur Klimaneutralität Europas führt jedoch nicht nur über die Elektrifizierung, auf die Ergänzung durch Wasserstoff-Technologien kommt es an. Hier lohnt sich eine differenzierte Analyse – gegen das ausgrenzende »Entweder-Oder« scheinbar konkurrierender Technologien, für ein offenes »Sowohl-Als-auch«.

Gleichwohl tut die Automobilindustrie gut daran, die Elektromobilität als Kerngeschäft zu etablieren. Die einschlägigen Investitionen von Bosch sprechen für sich: insgesamt bereits gut fünf Milliarden Euro, rund 700 Millionen Euro allein im Jahr 2021. Auch die Erfolge sprechen für sich: Aufträge, die bereits ein Volumen von 20 Milliarden Euro erreicht haben, Umsätze, die nahezu doppelt so stark wachsen wie der Markt. So gewinnen wir als Pionier der Benzin- und Dieseldirekteinspritzung heute auch mit der Elektrifizierung des Antriebs.

Längst also setzt die deutsche Automobilindustrie auf das elektrische Fahren – auch mit der Brennstoffzelle, die Wasserstoff in Strom umwandelt. Allein dafür investiert Bosch von 2021 bis 2024 gut 600 Millionen Euro. Die mobile Brennstoffzelle eignet sich vor allem für den Schwerverkehr auf langen Strecken. Schon dies zeigt, warum bei allen Erfolgen des batterieelektrischen Antriebs auch der Wasserstoff gebraucht wird. Denn die Batterie hat Grenzen, tatsächlich steigen ihre Grenzkosten steil an, wenn sie in allen mobilen Anwendungen kommen soll. Sie rechnet sich weniger im Lkw als im Pkw, in Off-Highway-Fahrzeugen ist sie kaum sinnvoll, in Schiffen oder Flugzeugen gar nicht. Je schwerer die Fahrzeuge, desto dringender sind sie künftig auf regenerative Kraftstoffe angewiesen – und diese Kraftstoffe werden für Chemie- und Stahlwerke in Zukunft ohnehin gebraucht. Wer Klimaschutz wirklich will, muss Technologiepfade kombinieren. Ohne Wasserstoffwirtschaft jedenfalls wird Europa nicht klimaneutral.

Es ist gut, dass sich diese Erkenntnis durchsetzt. Und doch wird eine Chance vertan, wenn E-Fuels – gewonnen aus grünem Wasserstoff und CO_2 – im Straßenverkehr außen vor bleiben sollen. Die Förderung synthetischer Kraftstoffe, so heißt es, könne die Elektrifizierung der Mobilität verlangsamen. Eine Sorge, die unbegründet ist – sie zeigt, wie eng die Debatte um die Verkehrswende immer noch geführt wird. Es ist ja richtig: E-Fuels müssen in sonnen- und windreichen Regionen produziert werden, also aus zusätzlichen Grünstromkapazitäten kommen. Dann aber halten synthetische Kraftstoffe die Dekarbonisierung der Stromnetze nirgends in der Welt auf. Und sie können genau dort zum Einsatz kommen, wo elektrisches Fahren an Grenzen stößt, etwa im Langstrecken-Verkehr, nicht zuletzt außerhalb Europas.

Auch hier lohnt sich eine genauere Betrachtung. Denn in Sachen E-Fuels gibt es in den großen Parteien Befürworter wie Skeptiker. So sehen die Einen in synthetischen Kraftstoffen großes Potenzial für den Klimaschutz ebenso wie für die deutsche Wirtschaft. Vorbehalte Anderer zufolge hat ein mit E-Fuels betriebener Verbrennungsmotor einen mindestens fünfmal so hohen Ökostrom-Bedarf wie ein vergleichbarer E-Antrieb. Tatsächlich geht Bosch bei effizienten Verbrennern vom Faktor drei aus. An dieser Stelle kommt die Diskussion ohne die Tiefen der Technik nicht aus. So ist zu hören, der Wirkungsgrad von Elektroautos sei synthetischen Kraftstoffen hochüberlegen. Das stimmt, solange der regenerative Strom etwa in Deutschland gewonnen und sogleich in Deutschland geladen wird. Was aber, wenn dieser Strom aus anderen Weltregionen mit mehr Wind und Sonne stammt? Dann lässt er sich nicht mehr über Kabel transportieren, er muss chemisch umgewandelt und wieder rückverstromt werden. Am Ende der Kette sind die Wirkungsgrade von E-Fahrzeugen und E-Fuels doch wieder vergleichbar. Die Fakten sind kompliziert, dennoch oder gerade deshalb müssen sie alle auf den Tisch.

Auch die europäische Politik scheint sich auf das kurzfristige Ende des Verbrenners zu fixieren, ohne allerdings die Beschäftigungsfolgen ausreichend im Blick zu haben. Stattdessen waren die ersten Pläne zur Euro7-Regulierung so unrealistisch, dass aus Umweltpolitik eine bedenkliche Industriepolitik werden könnte. Immerhin ist es gut, dass Bewegung in die Sache kommt, die Debatte sich versachlicht. Schon jetzt haben Diesel und Benziner nur noch geringen Einfluss auf die Luftqualität. Eine weitere Absenkung der Grenzwerte macht in einigen Bereichen noch Sinn; allerdings wäre es ökologisch wie ökonomisch sinnlos, künftige Grenzwerte in allen denkbaren Fahrszenarien einzuhalten, selbst wenn diese mit frischer Luft nichts mehr zu tun haben. Auch dem Klimaschutz hilft das nicht. Denn für das CO_2-neutrale Fahren kommt es nicht auf das Ende des Verbrenners, sondern auf das Ende des fossilen Sprits an. Viele Wege führen zum ökologischen Ziel, die Politik sollte nicht einen vorschnell versperren.

Genau an dieser Stelle schließt sich der Kreis zum Ausgleich der Interessen – zwischen ökonomischen, sozialen und ökologischen Belangen. Bosch, das liegt auf der Hand, ist mit großem Schwung in Richtung Elektromobilität unterwegs. Aber der Übergang vom Verbrenner-Geschäft der Gegenwart in die Zukunft der elektrischen Antriebe braucht Zeit – weil das eine das andere finanzieren muss und weil es auch um die Zukunft der Beschäftigten geht.

Schon in den vergangenen Jahren hat Bosch mehr als die Hälfte der Stellen für die Elektromobilität mit Mitarbeitern aus dem Verbrennergeschäft besetzt. Allein im Jahr 2021 stieg die weltweite Mitarbeiterzahl für die mobile Brennstoffzelle von 600 auf nahezu 1.100. Das ist, für sich genommen, eine gute Nachricht. Insgesamt aber beschäftigt Bosch rund 80.000 Menschen in seiner Antriebssparte. Das zeigt die Größe der Aufgabe, der sich Bosch in seinen Werken stellt. Ihre Bewältigung braucht Zeit, damit wir überflüssige Härten für die Menschen vermeiden. Ich bin mir sicher, dass dies auch die Sicht der verantwortlichen Parteien ist.

Hildegard Müller

Wir müssen mutige Entscheidungen treffen

Mai 2022

Der 24. Februar 2022 hat vieles verändert. Nach diesem Tag ist in Europa nichts mehr so wie es vorher war. An diesem Tag hat Russland die Ukraine überfallen und einen brutalen Krieg begonnen, der Europa bis ins Mark erschüttert hat. Es ist ein Krieg, wie wir ihn mitten in Europa nicht mehr für möglich gehalten haben. Mit vielen Millionen Menschen auf der Flucht, mit erheblichen Angriffen auf Zivilisten und zivile Einrichtungen, in einem Ausmaß, das wir in seiner Vollständigkeit heute noch gar nicht erfassen können. Auf diesen völkerrechtswidrigen Akt hat die Europäische Union schnell und richtig reagiert. Gemeinsam mit ihren internationalen Partnern hat sie rasch Sanktionen auf den Weg gebracht, die die russische Wirtschaft empfindlich treffen werden.

Auch die deutsche Automobilindustrie befürwortet diese entschlossene Reaktion. Wir verurteilen diesen Krieg aufs Schärfste. Hersteller und Zulieferer zogen umgehend Konsequenzen und stellten die Geschäfte in und mit Russland ein. Wir als Branche haben uns klar positioniert und die von der EU verhängten Sanktionen gegen Russland geschlossen unterstützt.

Gleichzeitig sehen wir uns aber etlichen neuen, zum Teil aber auch grundsätzlichen Herausforderungen durch den Krieg gegenüber. Dazu gehören vor allem die Auswirkungen auf die Lieferketten sowie auf die Verfügbarkeit von Teilen und von Rohstoffen. So sind die Wege nach und von Asien nur eingeschränkt nutzbar. Es fehlt zudem beispielsweise an Komponenten wie Kabelbäumen sowie an Aluminium, Stahl und Legierungsstoffen. Zudem sind sowohl die Beschaffung von Energie als auch die Energiepreissteigerung Themen, die erhebliche Belastung mit sich bringen. All das macht den Unternehmen der deutschen und europäischen Wirtschaft, insbesondere auch in der Automobilindustrie, zu schaffen.

Während bereits die Coronapandemie automobile Lieferketten einem anhaltenden Stresstest aussetzt, werden sie nun darüber hinaus auch durch den Krieg und die damit verbundenen geopolitischen Verschiebungen stark belastet. Die Auswirkungen auf unsere Industrie und ihre internationale Verflechtung werden wir noch lange spüren.

Es sind Veränderungen, die den Transformationsprozess der Branche zu einer noch größeren Herausforderung werden lassen. Beide Entwicklungen sorgen dafür, dass sich die Unternehmen unserer Industrie neue Partner suchen und Lieferketten insgesamt resilienter werden müssen.

Schnell die richtigen Weichen stellen

Wichtig ist vor diesem Hintergrund die Wirtschaft schnell und zielgenau zu entlasten. Der Transformationsmotor für mehr Klimaschutz darf trotz der herausfordernden Zeiten nicht ins Stottern geraten. Die dafür notwendige Kraftanstrengung war schon vor dem Krieg immens. Wir müssen die Weichen dafür stellen, dass die Transformation zu einem Erfolg für Deutschland und Europa wird.

Auch angesichts der aktuellen Aufgaben stehen die Hersteller und Zulieferer der Automobilindustrie dazu, ihren Beitrag zur Klimaneutralität und damit zur klimaneutralen Mobilität bis spätestens 2050 zu leisten. Die Unternehmen gestalten sie mit Nachdruck. Gemeinsam sind wir als Industrie überzeugt, dass die Transformation der richtige Weg ist. Dafür bauen die Unternehmen Werke um und investieren bis 2026 rund 220 Milliarden Euro nur in Forschung und Entwicklung. Diese Transformation ist gleichwohl eine gesamtgesellschaftliche Aufgabe, an der alle mitwirken müssen.

Dafür brauchen wir die richtigen Rahmenbedingungen. Wir müssen aus den Krisen lernen. Wir müssen mutig sein – und das nicht erst dann, wenn es eigentlich schon zu spät ist. In den letzten zwei Jahren wurden die Schwachstellen in unserem Land besonders deutlich. Deutschland hat großen Rückstand bei der Digitalisierung. Verfahren und Prozesse dauern zu lange und werden durch veraltete Verwaltungsstrukturen und ein Übermaß an Bürokratie ausgebremst. Unser Steuern- und Abgabensystem verliert seine Wettbewerbsfähigkeit und auch bei der Infrastruktur ist in den vergangenen Jahren viel zu wenig passiert. Hier und da wurden Verbesserungen vorgenommen. Aber das reicht bei weitem nicht, um dauerhaft Wachstum, Wohlstand und damit auch Arbeitsplätze in Deutschland zu sichern. Dafür müssen die Probleme in unserem Land wesentlich schneller und vor allem grundsätzlicher angegangen werden.

Die geopolitischen Entwicklungen verdeutlichen noch einmal, wie notwendig die Reformen sind. Denn in Europa sind wir den Auswirkungen der Verschiebungen deutlich unmittelbarer ausgesetzt als z. B. die USA oder die Länder des asiatisch-pazifischen Raumes. Durch den Dreiklang aus einer steigenden Inflation, der Herausforderung auf wichtigen Beschaffungsmärkten und Restriktionen auf Exportmärkten sind wir jetzt in einer Situation, in der Europa, aber vor allem Deutschland massiv an Wettbewerbsfähigkeit zu verlieren droht. Handeln wir nicht schnell, wird dies schwerwiegende und langfristige Folgen auf die Investitionsbereitschaft in den Innovations- und Wirtschaftsstandort Deutschland haben.

Wir brauchen ein Ende theoretischer Debatten, es muss gehandelt werden

Wir müssen aus den Krisen zügig Konsequenzen ziehen. Und wir brauchen ein Ende theoretischer Debatten, z. B. um immer neue Zielvorgaben. Vor allem müssen wir zügig in die Umsetzung kommen. Dabei muss zwingend der Fokus auf der Infrastruktur und den Rahmenbedingungen liegen. Für die Transformation brauchen wir ein tragfähiges Gerüst, sonst ist diese Jahrhundertaufgabe zum Scheitern verurteilt. Aber dies ist keine Option.

Die Unternehmen treiben die Transformation mit Engagement, Kreativität und hohen Investitionen jeden Tag voran. Dafür brauchen sie nun aber u. a. spürbare Planungsbeschleunigungen in allen Sektoren, eine realistische Bestandsaufnahme aktueller Entwicklungen im Bereich des Auf- und Ausbaus der Erneuerbaren Energien, der digitalen Infrastruktur und international wettbewerbsfähige Rahmenbedingungen bei Steuern, Abgaben und Umlagen sowie international vergleichbare Energiekosten. Hier sind mehr Fortschritt, mehr Geschwindigkeit, mehr Investitionen erforderlich, um die ambitionierten Ziele tatsächlich und planmäßig zu realisieren. Und all das ist erforderlich, um gleichzeitig die geostrategische Unabhängigkeit von anderen Staaten, z. B. bei Energieimporten, auszubauen. Nur so erreichen wir die notwendige Effizienz und Resilienz, um unseren Wohlstand zu sichern. Andere Länder Europas und Regionen der Welt sind auch wegen unterschiedlicher Voraussetzungen unabhängiger aufgestellt. Und mit diesen Ländern befinden uns im Wettbewerb. Aufgrund der bestehenden hohen Abhängigkeit von Ressourcenimporten aus diesen Ländern und Weltregionen ist es daher umso wichtiger, die politischen Weichenstellungen technologieoffen zu setzen.

Gleichwohl dürfen wir diese Länder nicht nur als Wettbewerber betrachten, wir müssen sie auch als wichtige Partner wahrnehmen. Energiepartnerschaften, Rohstoff-Außenpolitik – das sind zwei wichtige Säulen auf dem Fundament der internationalen Rahmenbedingungen. Dieses Fundament muss von Deutschland und Europa viel aktiver und entschlossener erneuert werden. Konkret: Internationale Kooperation, die Stärkung der WTO und der Abschluss von Handels- und Investitionsabkommen sind wichtige Rahmenbedingungen, damit auch eine Diversifizierung der Lieferketten gelingen kann.

Hier ist die Politik gefordert: Handelspolitik muss wieder eine zentralere Rolle einnehmen. TTIP, CETA oder auch das Abkommen mit dem Mercosur und das Investitionsabkommen mit China sind nur wenige Beispiele für unvollendete Verhandlungen. Dies sind Vorgänge, die wir uns auch als Antwort auf den Krieg mitten in Europa strategisch nicht mehr leisten können. Handels- und Investitionsabkommen tragen nicht nur zu Wachstum und Wohlstand bei, sondern unterstützen auch weiterhin – und das trotz des russischen Angriffskrieges – gemeinsame Bemühungen für Frieden, Freiheit, Klimaschutz, soziale Standards und Menschenrechte.

Die internationale Arbeitsteilung und Kooperation ist ein Erfolgsmodell, das Deutschland, Europa und auch international Wohlstand gebracht hat. Dieses Modell ist nicht gescheitert. Vielmehr muss uns Russlands Bruch des Völkerrechtes ermutigen, andere Länder für den friedlichen Austausch zu gewinnen. Die Industrie wird aus der aktuellen Situation lernen und ihre Lieferketten weiter diversifizieren, Risiken überprüfen und Strategien überarbeiten müssen. Nun ist die Zeit, in der alle Akteure – Unternehmen, Politik, Sozialpartner, Zivilgesellschaft, Wissenschaft – ihren Beitrag leisten und die Weichen für eine Zukunft nach der »Zeitenwende« stellen müssen.

Oliver Luksic

Gelenkte Automobilwirtschaft

April 2021

Bis 2030 sollen die CO_2-Emissionen im Verkehrssektor um knapp 42 Prozent gegenüber 1990 sinken, ab 2050 soll die EU nach den Plänen des Green Deal als erster Kontinent komplett klimaneutral werden. Mit der Dekarbonisierung und der Digitalisierung droht der Branche jedoch ein Strukturbruch, wenn dieser Wandel durch einseitige oder unrealistische Vorgaben forciert wird, statt ihn durch kluge Rahmenbedingungen zu begleiten. Zum einen drohen Fahrzeugherstellern Strafzahlungen, die den Preis einer Tonne CO_2 gegenüber der in Deutschland eingeführten CO_2-Bepreisung oder dem Preis der CO_2-Zertifikate des Emissionshandelssystems (Emission Trading System – ETS) fast mit dem Faktor 10 bis 20 multiplizieren. Zum anderen ergibt sich bei einer Betrachtung des kompletten Lebenszyklus der Antriebsarten eine Differenz von bis zu 30.000 Euro, die auf staatliche Subventionierung des Elektrofahrzeugs einerseits und Besteuerung des Verbrenners andererseits zurückgeht.

Elektrofahrzeuge bieten Fahrspaß und sind im Betrieb abhängig von der Stromquelle nahezu emissionsfrei. Ihr aktueller Erfolg ist aber nicht marktgetrieben, sondern in erster Linie durch die Politik bestimmt. Die Industrie hat sich daher angepasst und den batterieelektrischen Weg eingeschlagen. Die Angebotspalette der deutschen Hersteller wächst rasant und zeigt die Transformationsbereitschaft der Industrie. Elektrifizierung ist zweifelsohne ein zentraler Pfeiler des zukünftigen Antriebsmixes. Das sollte aber nicht dazu führen, dass bei der CO_2-Minderung einseitig auf diesen Weg gesetzt wird. Das Potenzial beispielsweise von alternativen Kraftstoffen sollten wir nutzen – für das Klima und für die Transformation der Industrie.

Fahrzeugbau: Abschied von der Marktwirtschaft

Wirft man einen genaueren Blick auf die zahlreichen politischen Instrumente, die in den vergangenen Jahren bei Kraftfahrzeugen herangezogen wurden, wird deutlich, dass Anreize einseitig zugunsten der Elektromobilität geschaffen wurden. Vergleicht man die politisch festgelegten Abgaben für ein Fahrzeug mit klassischem Verbrennungsmotor über den gesamten Lebenszyklus mit den politischen Subventionen eines vergleichbaren Elektrofahrzeugs, ergibt sich etwa für den VW Golf und den VW e-Golf eine Differenz von bis zu 30.000 Euro.[102] Wie ist eine solche Verzerrung marktwirtschaftlich zu rechtfertigen?

Das klassische Benzin- oder Dieselfahrzeug wird über die Kfz-Steuer, die Energiesteuer, den CO_2-Preis, die Dienstwagensteuer sowie die europäischen CO_2-Vorgaben im gesamten Betrieb mit etwa über 15.000 Euro belastet. Das vergleichbare Elektrofahrzeug wird hingegen aufgrund der Kaufprämien, verringerter Energie-, CO_2– und Dienstwagensteuern sowie der Anrechnung mit 0 Gramm CO_2 pro Kilometer im Rahmen der EU-Flottenregulierung über den gesamten Betrieb mit circa 15.000 Euro subventioniert. Dabei sind weitere indirekte volkswirtschaftliche Kosten für den Ausbau von lokalen Verteilernetzen und der elektrischen Infrastruktur in Gebäuden noch gar nicht eingerechnet.

Während der Verbrenner grundsätzlich mit dem fossilen Emissionswert berechnet wird, gilt das Elektrofahrzeug als *Zero Emission Vehicle* ungeachtet der Tatsache, dass Teile des Energiebedarfs womöglich von Kohle gedeckt werden. Der CO_2-Nachteil der Batterieautos wird so selbst bei Grünstrom erst nach ungefähr 50 000 bis 100 000 Kilometern ausgeglichen.[103] Auch bei der deutlich ressourcen- und energieintensiveren Produktion der Batterien drohen aufgrund der eingeschränkten Verfügbarkeit notwendiger Rohstoffe voraussichtlich Engpässe, die nicht nur durch Recycling gelöst werden können.

CO2 bei Pkw 10-mal teurer als bei Kraftwerken

Die Ausgestaltung der CO_2-Flottenregulierung ist dabei maßgeblich für das Ungleichgewicht verantwortlich. Ein weiteres Beispiel: Fahrzeugherstellern drohen Strafzahlungen in Höhe von 95 Euro für jedes Gramm Zielverfehlung pro Fahrzeug. Geht man von einer durchschnittlichen Laufleistung des Fahrzeugs von knapp 200 000 km aus, ergibt sich ein CO_2-Austoß von 0,2 Tonnen. Hochgerechnet ergeben sich damit insgesamt 475 Euro pro Tonne CO_2. Im Vergleich: Der von der Großen Koalition in diesem Jahr eingeführte CO_2-Preis beginnt bei 25 Euro pro Tonne und soll bis 2025 auf 55 Euro pro Tonne steigen. Der aktuelle Preis für CO_2-Zertifikate im ETS liegt bei knapp 40 Euro, damit ergibt sich der Faktor 10.

Mit diesen Maßnahmen werden die individuelle Mobilität und das modernste Benzin- und Dieselfahrzeug bewusst exorbitant verzerrt und verteuert. Doch statt den Emissionshandel auf den Verkehrssektor auszuweiten und eine zielsichere, effiziente und innovationsfreundliche Klimapolitik sicherzustellen, drohen nationale und europäische Alleingänge und eine weitere Verschärfung der kurzsichtigen Flottenregulierung.

E-Fuels nicht weiter blockieren

Das angepeilte Tempo des Technologiewechsels ist so hoch, dass es immer wieder Probleme geben wird. Aber eins ist klar: Wenn die Hersteller ihre CO_2-Ziele in Europa erfüllen wollen, müssen sie auf Elektroanteile in Richtung 50 Prozent kommen. Die Bundesregierung beteuert immer wieder, dass sie einen technologieoffenen Ansatz verfolgt. Die Realität sieht jedoch anders aus. Wie ist es sonst zu erklären, dass ein Liter erneuerbarer Kraftstoff in der Besteuerung fossilen Kraftstoffen gleichgestellt ist, Strom kaum und Wasserstoff unabhängig von der tatsächlichen Klimabilanz jedoch nicht? Oder dass Ladestrom im Rahmen der Erneuerbare-Energien-Richtlinie vierfach angerechnet wird, alternative Optionen mit größerer CO_2-Reduktion jedoch nur einfach? Weshalb ist der Verkauf von C.A.R.E.-Diesel an Tankstellen in Deutschland nach wie vor verboten, in den Niederlanden, Finnland und Schweden jedoch zugelassen?[104]

Wir brauchen faire und technologieoffene Rahmenbedingungen. Dazu zählen zunächst die Anrechenbarkeit alternativer Kraftstoffe bei der EU-Flottenregulierung, eine Ausweitung des Emissionshandels auf den Verkehrssektor sowie eine daran anknüpfende Generalüberholung der Energie- und Kfz-Steuer. Diskussionen um ein Verbrennerverbot werden uns nicht helfen, stattdessen müssen wir das CO_2-Reduktionspotenzial des Fahrzeugbestands in den Blick nehmen. Hier bieten uns alternative Kraftstoffe sofortige Einsparungen für die rund 30 Millionen Benzin- und Dieselfahrzeuge, die auch nach 2030 auf unseren Straßen unterwegs sein werden. Auch der Plug-in-Hybrid kann hier eine wichtige Rolle spielen. Die batterieelektrische Mobilität und der emissionsfrei betriebene Verbrennermotor schließen sich nicht aus, sondern ergänzen sich, damit die zukünftige Mobilität in Städten und auf dem Land bezahlbar und klimafreundlich wird. Die erfolgreiche Transformation der Automobilindustrie ist möglich. Dafür brauchen wir keine Verbote, sondern einen klugen marktwirtschaftlichen und technologieoffenen Rahmen.

Dr. Ingo Wortmann

Mit der Zeitenwende zur Mobilitätswende mit Bus und Bahn

Juni 2021

Es ist eine Zeitenwende für die Mobilität in Deutschland: Die drei wegweisenden Beurteilungen seitens Europäischer Union, Bundesverfassungsgericht und Berliner Charité innerhalb weniger Wochen werden Folgen für Wirtschaft, Gesellschaft und letztlich für das Leben aller Menschen haben. In einem nie dagewesenen Tempo, während die Branche der Coronakrise trotzt und die ambitionierten Beschlüsse des Klimakabinettes umsetzt, ändern sich abermals die Rahmenbedingungen für den Verkehrssektor – und drängen uns in Deutschland dazu, umso dringender auf den Ausbau von Bus und Bahn zu setzen.

Charité, Verfassungsgericht und EU-Kommission

Die Berliner Charité legte Anfang Mai die Ergebnisse ihrer Studie zu der Frage vor, ob es Unterschiede beim Infektionsgeschehen zwischen den Verkehrsmitteln gäbe. In einem Satz: Das Infektionsrisiko in Bus und Bahn ist nachweislich genauso gering wie beim Auto- oder Radfahren. Die epidemiologische Unsicherheit für Fahrgäste ist damit ein gutes Stück geringer. Denn mit den Ergebnissen wurden die bisherigen (inter)nationalen Untersuchungen bestätigt, dass, bei Einhalten der bekannten Regeln, die Nutzung des ÖPNV unbedenklich ist.[105]

Sie bilden die Basis, damit die Menschen mit einem besseren Gefühl in Bus und Bahn einsteigen können. Das ist auch mit Blick auf die beiden weiteren Entscheidungen wichtig: Das Bundesverfassungsgericht hatte am 29. April 2021 gesprochen, dass Klimaschutz justiziabel ist und im deutschen Klimaschutzgesetz keine ausreichenden Vorgaben für die Minderung der CO_2-Emissionen ab 2031 gemacht wurden – kurz nachdem die EU am 21. April 2021 das bereits ehrgeizige Klimaschutzziel für 2030 nochmals verschärfte: Es wurde von gegenwärtig 40 auf 55 Prozent gegenüber 1990 angehoben. Damit erhöhen EU und BVerfG den Druck, die notwendige Mobilitätswende mit einem höheren Bus- und Bahnangebot zu forcieren.

Rettungsschirm ist politische Großtat

Hinzu kommt eine Großtat der Politik: Nach vertrauensvollen Gesprächen zwischen Bund, Ländern und dem VDV als Branchenverband wurde der ÖPNV-Rettungsschirm verlängert.[106] Die Verluste durch fehlende Fahrgeldeinnahmen liegen in diesem Jahr bei etwa 3,6 Milliarden Euro. In den Pandemiemonaten des vergangenen Jahres belief sich der Schaden auf etwa 3,3 Milliarden Euro. Dank des 2020 beschlossenen Rettungsschirms in Höhe von fünf Milliarden von Bund und Ländern konnten die letztjährigen coronabedingten Verluste der Verkehrsunternehmen weitgehend ausgeglichen werden. Auch die Corona-Hilfen für den Bahn-Fernverkehr und die Güterbahnen sind gut investiertes Geld. Die Branche ist Bund und Ländern zu großem Dank verpflichtet – und dazu, bei der Mobilitätswende nicht nachzulassen.

Nach Befreiungsschlag wieder Fokus auf Mobilitätswende

Zu Beginn der Coronapandemie waren Bus und Bahn am Tiefpunkt. 22 Jahre lang verzeichnete der ÖPNV bundesweit immer höhere Fahrgastzahlen. Doch im März 2020 sank die Fahrgastnachfrage coronabedingt gleichsam über Nacht auf zehn bis zwanzig Prozent des Vorkrisenniveaus. Die Folgemonate waren geprägt von einer beispiellosen Kraftanstrengung bei den Verkehrsunternehmen. Das Angebot wurde nahezu vollständig aufrechterhalten – als Teil der Daseinsvorsorge und systemrelevanter Teil der Wirtschaft – um diejenigen Krankenpfleger, Polizistinnen und Supermarkt-Kassierer an ihr Ziel zu bringen, die auf den ÖPNV angewiesen sind. Eines ist klar: Die Branche will, die Branche muss wieder zurückkommen. Der Bund hat sich zum Ziel gesetzt, dass der ÖPNV bis 2030 im Vergleich zu 2019 doppelt so viele Fahrgäste zum Ziel bringen soll. Hierfür haben die Verkehrsunternehmen pandemiebedingt kostbare Zeit verloren.

Neustart: Wiedereinsteiger gewinnen, Stammkunden halten

Je weniger coronabedingte Einschränkungen, desto höher die Fahrgastzahlen auch in der Pandemie – das spricht für das Vertrauen der Menschen in den ÖPNV. So glich die Entwicklung 2020 einer Berg-und-Tal-Fahrt: Zwar hatte sich der ÖPNV – nach dem Einbruch im Frühjahr – im Sommer 2020 auf einem hohen Niveau (rund 80 Prozent Bundesschnitt) eingependelt, doch Anfang 2021 standen Bus und Bahn mit 30 bis 40 Prozent wieder ungefähr da, wo sie zuletzt im März bis April-Mai 2020 waren. Die fehlenden Prozente ergeben sich daraus, dass sehr viele Leute in Kurzarbeit sind oder von zu Hause arbeiten.

Im zweiten Shutdown stieg ihr Anteil wieder – und es fehlten weiter die Anlässe: ohne Tourismus, Konzerte, Fußball und Freizeitangebote fehlen dem öffentlichen Personennahverkehr die Gelegenheitskunden. Derzeit liegen wir bei 50 bis 60 Prozent. Sobald die Bürgerinnen und Bürger mehrheitlich immunisiert sind müssen wir binnen Jahresfrist und soweit es geht wieder an die alten Fahrgastzahlen herankommen, sonst schaffen wir die Mobilitätswende nicht. Die Branche muss enorm aufholen, um an die Erfolge der Zeit vor Corona wieder anzuknüpfen. Die gute Nachricht: Unsere Stammkundschaft ist uns zu großen Teilen treu, das Vertrauen in Sicherheit und Leistung ist prinzipiell da. Hier setzt die bundesweite Wiedereinsteiger-Kampagne #BesserWeiter an.

Homeoffice-Effekt offen

Viel ist geschrieben worden zu den verkehrlichen Entwicklungen, die Corona gebracht hat. Dabei sollten wir unterscheiden zwischen pandemiebedingten Entwicklungen, die einen langfristigen Trend bestärkt haben und solchen, die durch die Pandemie-Beschränkungen notwendig wurden und sich abschwächen werden. Wie sich die Thematik um das Homeoffice weiterentwickelt, können wir noch nicht mit genügender Genauigkeit prognostizieren. Bäckerin, Handwerker und Apothekerin werden nicht permanent von zu Hause arbeiten können – dieser Effekt sollte daher nicht überschätzt werden. Zahlreiche Vor-Corona-Gewohnheiten werden zurückkommen. Vielleicht wird auf etwas höherem Niveau – gut für den Umweltverbund – Fahrrad gefahren, aber sicher nicht bei Schnee, Eis und Regen. Diejenigen, die derzeit mehr Pkw fahren, werden das nicht mehr in dem Maße tun, wenn sie wieder viel Zeit im Stau verlieren.

Mobilitätsanbieter für multimodale Budgets

Jetzt geht es um mehr Kapazität, mehr Qualität, mehr Flexibilität beim Angebot: Flexible und kombinierbare Angebote entsprechen inzwischen der alltäglichen Mobilität vieler Menschen. Darum müssen wir für alle Gelegenheitskunden und für die, die künftig vermehrt von zu Hause arbeiten, flexibler in unseren Angeboten und Tarifen werden. Statt sich auf ein Verkehrsmittel wie beispielsweise den Dienstwagen festzulegen, erhalten die

Mitarbeitenden ein Budget für verschiedene Mobilitätsangebote. Dazu zählen beispielsweise das steuerlich privilegierte Jobticket für den ÖPNV und Guthaben für Sharing-Angebote aller Art. Diese Form der multimodalen Mobilität ist nicht nur effizient und klimaschonend, sondern entspricht auch dem alltäglichen Bewegungsverhalten der Menschen. Parallel dazu können flexiblere Angebote – wie etwa ein Mobilitätsbudget – die jeweils individuelle Mobilitätssituation verbessern.[107]

Klimakabinett Wegbereiter für Zeitenwende

Wohl selten standen die Zeichen so günstig für einen nachhaltigen Ausbau des ÖPNV und der Güterbahnen. Denn die Zeitenwende läutete das Klimakabinett des Bundes bereits Ende 2019 kraftvoll ein: Mit der Novelle der Gemeindeverkehrsfinanzierung steigen die Mittel erheblich – von bislang 333 auf 665 Millionen Euro, seit 2021 eine Milliarde Euro, ab 2025 sogar auf zwei Milliarden Euro – dynamisiert mit 1,8 Prozent jährlich. Auch die Regionalisierungsmittel wurden auf 5,2 Milliarden Euro bis 2031 erhöht, nicht zu vergessen die Entflechtungsmittel.

Auch das Planungsrecht wurde »beschleunigt«. Der Bund hat seine Hausaufgaben für diese Legislatur gemacht. Nun muss die Branche deutlich mehr planen und bauen, um die notwendigen Kapazitäten zu schaffen, damit der öffentliche Verkehr seinen Beitrag zur Klimawende leisten kann. Dazu benötigen wir einen langen Atem und wir müssen die Mittel auch bei einer pandemiebedingt verschlechterten Haushaltslage für die Branche dauerhaft sichern. Beim Planungsverfahren der »Standardisierten Bewertung« gibt es noch Handlungsbedarf – so gibt es auch für die kommende Bundesregierung weiter viel zu tun.[108] Der ÖPNV hat indes wieder die Rolle, die er bis Anfang 2020 bereits innehatte: die des Problemlösers beim Klimaschutz, bei der Luftreinheit und bei der Aufenthaltsqualität in unseren Städten. Wir sind verpflichtet, das in uns gesetzte Vertrauen als der wesentliche Treiber der Mobilitätswende zurückzuzahlen.

Markus Töns

Eine neue Dekade des Strukturwandels steht an

Juli 2021

Das Ruhrgebiet, und damit auch meine Heimat Gelsenkirchen, lebt seit über 100 Jahren in einer Phase der Veränderungen. So wurde Gelsenkirchen von einem ländlichen Dorf zu einer Stadt im industriellen Herzen Deutschlands. Zuletzt wandelte sich das ganze vom Steinkohlebergbau geprägte Gebiet um Rhein und Ruhr zur Zukunftsregion. Wir haben seit der Zeit der großen Zechenschließungen viel getan, um die Facharbeiterinnen und Facharbeiter in der Region zu halten, Know-how zu bewahren und eine Region mit Perspektiven für moderne Industriearbeitsplätze zu entwickeln.

Das beschlossene Ende der Kohleverstromung bedeutet gerade für das Ruhrgebiet erneut eine große Veränderung. In Gelsenkirchen befindet sich mit Scholven ein großes Kraftwerk – das auch in Europa zu den größten Steinkohlekraftwerken gehört.

Die Transformation der Energiewirtschaft

Das Kraftwerk Scholven wird vorerst auf Gas umgestellt und damit weiterhin ein wichtiger industrieller Standort in der Region bleiben. Es ist aber auch ein gutes Beispiel für die Verbundwirtschaft, die das gesamte Ruhrgebiet prägt. Denn Scholven liefert nicht nur Strom für die Region, sondern es produziert zudem Fernwärme und Dampf für die benachbarten Chemiebetriebe. Dazu zählt auch eine der größten Ölraffinerien.

Schon aufgrund dieser komplexen Interdependenzen kann es keine Lösung sein, einfach die Steinkohlekraftwerksstandorte zu schließen. Sie sind Teil einer industriellen Kette, weshalb die Kraftwerke entscheidend für die Wertschöpfung sind.

Deshalb muss der Fokus der sozial-ökologischen Transformation in der Industrie, neben der Sicherung von Arbeitsplätzen, darauf liegen, zu erkennen, welchen Wert solche Anlagen für die sozio-ökonomische Stabilität einer Region darstellen. Der CO_2-Ausstoß darf nicht das einzige Kriterium sein.

Wasserstoff – Multitalent für die Energiewende

Um Wasserstoff zu gewinnen, muss Wasser (H_2O) in seine chemischen Bestandteile Wasserstoff (H_2) und Sauerstoff (O) getrennt werden. Ein Verfahren hierzu ist die Elektrolyse. Bei der Elektrolyse wird Wasser mit einer Flüssigkeit angereichert und dann mit Hilfe von Strom in Wasserstoff und Sauerstoff zerlegt.

Dieses Verfahren ist bereits gängige Praxis und wird weiterentwickelt. Auch an der Hochschule in Gelsenkirchen beschäftigt man sich mit Verfahren zur Elektrolyse und hat in den letzten Jahren eine ganze Reihe von Forschungsvorhaben angestoßen.

Das Problem bei der Elektrolyse bleibt aber der hohe Einsatz von Energie, der notwendig ist, um die Spaltung der Elemente zu erzeugen. Das macht Wasserstoff nicht nur sehr teuer.

Weil viel Energie weiterhin nicht klimaneutral erzeugt wird, ist auch die CO^2-Bilanz von Wasserstoff noch relativ schlecht. Zumindest, wenn er mit konventioneller Energie erzeugt wird.

Vom grünen Wasserstoff spricht man, wenn er nur mit erneuerbaren Energien erzeugt worden ist, beispielsweise mit Windenergie. Was Wasserstoff für die Energiewende so wertvoll macht, ist seine vielfältige Anwendbarkeit. In Raffinerien wird Wasserstoff bereits heute verwendet, um Benzin und Diesel zu entschwefeln und damit umweltfreundlicher zu machen. Künftig soll er Strom aus erneuerbaren Energien in Bereiche bringen, in denen eine direkte Stromanwendung nicht möglich ist – etwa den Schwerlast- und Schiffsverkehr. Auch bei der Metallveredelung könnte er eine wichtige Rolle spielen, wenn wir es schaffen, grünen Wasserstoff in ausreichenden Mengen zu produzieren und über Pipelines zu den Betrieben zu bringen.

In allen diesen Bereichen kann Wasserstoff dazu beitragen Treibhausgasemissionen zu verringern und damit einen wesentlichen Part für die Umsetzung des Pariser Klimaschutzabkommens übernehmen. Wichtig hierfür ist jedoch nicht nur die breite Anwendung von Wasserstoff, sondern auch seine Produktion aus erneuerbaren Energien. Denn Wasserstoff kann sowohl aus fossilen Brennstoffen oder aus der Elektrolyse von Wasser mittels erneuerbarer Energien hergestellt werden. Um die Klimaziele zu erreichen, ist es deshalb wichtig, den sogenannten grünen Wasserstoff aus erneuerbaren Energien zu fördern.

Neue Perspektiven Wasserstoff

Wie bereits erwähnt, stehen wir vor der zukunftsentscheidenden Frage, wie eine moderne und sozial-ökologische Industrie aussehen kann. Die Nutzung von grünem Wasserstoff, dessen Markthochlauf enorme Möglichkeiten für Wirtschaft und Beschäftigung bietet, wird eine Antwort darauf sein. Insbesondere die weitläufigen Industrieflächen der Kraftwerkstandorte haben ein großes Potential, um zum Herzen eines Entwicklungsstandortes für Wasserstoff zu werden. Erste Schritte sind längst unternommen. Zukünftig wird grüner Strom aus den Windanlagen der Nordsee bis an die Grenze des Ruhrgebiets geliefert, was eine erste wichtige Voraussetzung für die Produktion von grünem Wasserstoff vor Ort ist.

Doch Wasserstoff muss nicht nur produziert werden, sondern braucht für die industrielle Anwendung neben Verbrauchern auch eine ausgebaute Infrastruktur für den Transport. Beides ist in der Region bereits vorhanden. Aufgrund des Traditionsstandorts Ruhr existieren bereits seit Langem Pipelines für den Transport. Zudem sind in der Region eine ganze Reihe von Verbrauchern aus der Energie- und Chemiewirtschaft ansässig.

Des Weiteren beschäftigen sich bereits seit einiger Zeit Forschungseinrichtungen in der Region mit verschiedenen Aspekten der Nutzung und Herstellung von Wasserstoff. Hierzu zählt auch die Westfälische Hochschule in Gelsenkirchen.

Das Ruhrgebiet wieder stark machen

Angesichts dieser guten Voraussetzungen mangelt es dem Ruhrgebiet nicht an Innovationskraft und Anwendungsbereichen, um die sozio-ökonomische Transformation voranzutreiben. Die SPD hat sich immer an die Seite der Industriearbeiterinnen und Industriearbeiter gestellt und in den vergangenen Jahren viel für den Erhalt der industriellen Arbeitsplätze in der Region getan. Wir müssen den anstehenden Strukturwandel nutzen, um auf diesen Erfolgen aufzubauen. Ein Augenmerk muss hierbei auf der Einbringung der Erfahrung der Facharbeiterinnen und Facharbeiter in die Transformation der Wirtschaft liegen. Diese beruflichen Perspektiven sind es, die die Menschen brauchen, um der Region verbunden zu bleiben.

Für mich steht fest: Wir müssen das Potential des Wasserstoffs nutzen und eine auf ihm beruhende Wirtschaft in unserer Region aufbauen! Denn es

ist alles vorhanden: Infrastruktur, Know-how und große industrielle Betriebe. Außerdem haben wir in dieser Legislaturperiode mit dem Struktur-
stärkungsgesetz und der Wasserstoffstrategie die notwendigen politischen
Grundsteine gelegt.

Nun ist es an uns allen, das Ruhrgebiet weiterhin politisch, wirtschaftlich
und gesellschaftlich attraktiv zu gestalten, um die Stakeholder in der Region
zu halten und gemeinsam in ein neues industrielles Zeitalter zu wachsen.

Sarah Philipp

Fortschritt aus Stahl

Juli 2021

Wie aus Klimaschutz gute Jobs werden, zeigt sich in Duisburg

Wer Stahl für eine Industrie des 19. Jahrhunderts hält, irrt. Gewaltig sogar. Stahl ist ein Träger für Zukunftstechnologien: für digitale Produktionsprozesse, für Rohstoffkreisläufe und selbstverständlich für Wasserstofftechnologie. Aus Stahl wird Fortschritt gemacht – und er wird in Duisburg gemacht. Ohne das Wissen und das Können der Ingenieurinnen und Facharbeiter in Duisburg wird Deutschland seine ökologischen Transformationsziele nicht erreichen. Sorry, liebe Leute in Berlin, München oder Frankfurt: It's up to Duisburg. If we can make it there, we'll make it anywhere.

Stahl ist der Test für die Zukunftsfähigkeit der deutschen Industrie.

Wollen wir ihn bestehen, braucht Deutschland eine neue, eine *aktive Industriepolitik*: mit öffentlichen Investitionen in Wasserstoffproduktion und -leitungen, mit strategischen Unternehmensbeteiligungen und nicht zuletzt mit staatlichen Entwicklungszentren an den Industriestandorten.

Fortschritt gibt es nicht für umsonst

Thomas Kutschaty, der SPD-Vorsitzende in NRW, sagt es immer wieder: »Industriearbeiter und die Schülerinnen von Schüler von ›Fridays for Future‹ können gemeinsam demonstrieren gehen. Sie stehen auf einer Seite.« Recht hat er. Denn sie haben die gleichen Interessen: Die Beschäftigten wollen Klimaschutz. Und die Schülerinnen und Schüler wollen gute Jobs. Die Stahlindustrie kann zeigen, wie beides möglich wird. Klimaschutz schafft die Arbeit von morgen. Denn Stahl ist ein wachsender Markt. Die OECD schätzt, dass der weltweite Bedarf an (klimaneutralen) Rohstahlprodukten bis 2050 um mehr als die Hälfte steigen wird. Wer wird das Geschäft machen? Wo wird die Wertschöpfung entstehen? Wer bekommt die Jobs?

Wenn wir jetzt mutige Entscheidungen treffen, dann werden nicht nur China oder Indien die Profiteure sein, sondern eben auch Deutschland. Moderner

Stahl ist der Nukleus, in dem neue Technologien zur Anwendung kommen, die schließlich auch zu Technologieführerschaften in ganz anderen Branchen führen werden. Die Arbeitnehmerinnen und Arbeitnehmer in Industrie und Produzierendem Gewerbe können die Gewinner des Wandels sein.

Doch zunächst müssen wir uns über die Herausforderung im Klaren sein: Knapp 200 Millionen Tonnen CO_2 hat die Industrie in Deutschland im Jahr 2019 ausgestoßen – 2,5 Prozent der bundesweiten Kohlendioxid-Emissionen stammen alleine aus den Hochöfen des Thyssenkrupp-Stahlstandortes Duisburg. Zum Vergleich: Wenn alle Menschen in Deutschland auf Fleisch verzichteten, würden nur ca. 37 Millionen Tonnen CO_2 eingespart werden. Ein bewusster, klimafreundlicher Konsum ist zu begrüßen, aber die wichtigste und entscheidendste Maßnahme im Kampf gegen den Klimawandel ist die Umstellung auf eine CO_2-arme Industrie.

Der Vergleich zeigt zudem, dass die Lenkungswirkung eines höheren CO_2-Preises derzeit völlig überschätzt wird. Ein hoher CO_2-Preis wird erst dann zu geringeren Emissionen führen, wenn es auch Konsum- und Produktionsalternativen gibt. Ohne massive Investitionen, z. B. in klimafreundliche Mobilität oder eine Wasserstoffinfrastruktur, wirkt ein hoher CO_2-Preis nur wie eine versteckte Mehrwertsteuererhöhung bzw. wie eine Strafsteuer auf Industriearbeitsplätze. Der Ökonom Tom Krebs bringt das Problem auf den Punkt: »Das Ergebnis einer solchen Politik ist am Ende für alle enttäuschend: Die Klimaziele werden verfehlt und die Industrie ist ins nicht-europäische Ausland abgewandert.«

CO_2-Bepreisung ohne öffentliche Investitionen in Alternativen ist im Grund nichts anderes als ein De-Industrialisierungsprogramm.

Die SPD wird das verhindern

Denn machen wir uns nichts vor: Sollten die deutschen Stahlwerke aufgrund einer verfehlten schwarz-gelb-grünen Industriepolitik zu Industriemuseen verkommen, würden trotzdem weiterhin Autos und Flugzeuge gebaut werden. Die Konkurrenz in Asien und den USA könnte ihr Glück kaum fassen. Sie würde unsere Stelle einnehmen – allerdings unter umweltschädlicheren Bedingungen. In Deutschland fallen je produzierte Tonne Stahl 1,5 Tonnen CO_2 an; in China hingegen 1,8 Tonnen.

Im Ruhrgebiet ist die Stahlindustrie schon auf einem guten Weg, die Treibhausgase weiter zu reduzieren – mit Aussicht auf eine komplett CO_2-neutrale Produktion. Bei einem erfolgreichen Pilotprojekt bei Thyssenkrupp am Standort Duisburg-Hamborn wurde in einem Hochofen zusätzlich zur CO_2-erzeugenden Kokskohle auch Wasserstoff als Reduktionsmittel eingesetzt. Bis 2030 will Thyssenkrupp die Treibhausgase bei seiner Stahlherstellung um 30 Prozent reduzieren. Und bis 2050 soll die Stahlproduktion sogar komplett klimaneutral sein. Nirgendwo sonst kann Wasserstoff mit einem größeren Klimaschutzeffekt eingesetzt werden als in der Stahlbranche: Durch den Einsatz von einer Tonne Wasserstoff können 25 Tonnen CO_2 vermieden werden.

Damit dieser Technologievorsprung auch zu einer marktreifen Technologieführerschaft – und damit zu mehr Jobs durch Klimaschutz – führt, braucht es die neue Industriepolitik, von der oben schon die Rede war. Der Kern einer solchen Politik ist die öffentliche (Anschub-) Finanzierung der Produktion, Verteilung und Anwendung von grünem Wasserstoff. Ohne eine solche – staatlich finanzierte – Infrastruktur wird Deutschland seine Klimaziele verfehlen. Der Markt allein wird sie nicht schaffen. Dazu fehlt es an Kapital, an Planungssicherheit und eben auch an Zeit.

Was ist zu tun? Die Erneuerbaren Energien müssen massiv ausgebaut werden. Allein für die Umstellung auf eine klimaneutrale Stahlproduktion werden ca. 130 Terawattstunden Strom aus erneuerbaren Energien benötigt. Das entspricht etwa 12.000 Windrädern. 2020 wurden in NRW ganze 92 solcher Windräder neu gebaut. Deutschland allein wird seinen Bedarf aber nicht aus eigener Kraft decken können. Deshalb muss ein europäisches Verteilungsnetz für grünen Wasserstoff aufgebaut werden (vom sonnenreichen Südeuropa nach Nord- und Mitteleuropa), das von öffentlichen Unternehmen betrieben wird. Solange grüner Wasserstoff knapp und teuer ist, sollte in der derzeitigen Transformationsphase auch blauer Wasserstoff als Übergangstechnologie verwendet werden. Bei der Produktion von blauem Wasserstoff entsteht zwar CO_2, aber dieses CO_2 wird gespeichert oder genutzt und nicht ungenutzt in die Atmosphäre abgegeben.

Die langfristigen Perspektiven sind gut: Laut einer Studie von Bloomberg NEF aus diesem Jahr wird grüner Wasserstoff bis 2050 um 85 Prozent günstiger sein als jetzt. Der Preis könnte dann bei unter einem US-Dollar pro Kilogramm liegen. Denn grüner Strom wird durch eine stärker automatisierte Fertigung und eine bessere Technik in Zukunft günstiger werden.

Der Umbau von industriellen Produktionsanlagen, wie z. B. der Ersatz von Kokskohle durch Wasserstoff in Hochöfen, muss ferner durch Klimaverträge, sogenannte *Contracts for Difference* (Vertrag zwischen Staat und Unternehmen über einen Ausgleich von höheren Kosten bei CO_2-armer Produktion), und direkten Investitionen unterstützt und am besten durch staatliche Beteiligungen abgesichert werden. Das gibt den Unternehmen Sicherheit auf der Eigentümerseite und schützt die Arbeitsplätze vor feindlichen Übernahmen in den Übergangsphasen. Wir alle erinnern uns an die Attacken eines Investors wie Cevian bei Thyssenkrupp, der das Management über Jahre vor sich her trieb. Eine öffentliche Beteiligung verhindert zudem, dass die Gewinne des Umbaus privatisiert und seine Kosten sozialisiert werden. Anders als bei schlichten Subventionen kann der Staat seine Beteiligungen später mit Gewinn wieder verkaufen.

Schließlich gehört auch eine stärkere Forschungsförderung zu einer neuen, aktiven Industriepolitik. Wie können Anlagen zur Elektrolyse – dem Verfahren, in dem durch Strom Wasser in Wasserstoff und Sauerstoff zerlegt wird – entwickelt werden, die den Wasserstoff umweltfreundlich, effizient und kostengünstig produzieren? Können die vorhandenen Erdgaspipelines für den Transport von Wasserstoff genutzt werden? Was für zusätzliche Infrastruktur ist notwendig? Auf diese und weitere Fragen müssen Antworten gefunden werden. Und zwar am besten dort, wo sie gebraucht werden.

Das neue »Innovations- und Technologiezentrum Wasserstofftechnologie für Mobilitätsanwendungen (ITZ)« muss nach Duisburg kommen.

Mit Europas größtem Stahlstandort, der Industriebranche mit der größten Hebelwirkung für die Wasserstoff-Technologie, sowie der Universität Duisburg-Essen und ihrem Zentrum für Brennstoffzellen-Technik ist Duisburg der ideale Standort. Hier wollen wir Industrie und Forschung zusammenbringen, damit aus Klimaschutz erst Technologieführerschaft und dann gute Jobs entstehen.

So wird Fortschritt gemacht.

Jörg Asmussen

Eine gute Beziehung: Grüne Transformation und Versicherer

Juni 2021

Die Zeit drängt beim Klimaschutz. Das ist inzwischen allen klar. Das Urteil des Bundesverfassungsgerichts hat jüngst noch einmal verdeutlicht, dass es um nicht weniger als den Erhalt der Lebensgrundlagen künftiger Generationen geht.

Zur Bewältigung der Klimakrise reicht es nicht, bessere Rahmenbedingungen zur fordern. Unabhängig von den wichtigen politischen Weichenstellungen brauchen wir auch glaubwürdige Impulse aus der Wirtschaft. Ohne diese Eigeninitiative zur Unterstützung des ökologischen Umbaus ist das ehrgeizige Ziel der Klimaneutralität nicht zu bewältigen. Zum Glück ist hier schon viel in Bewegung. So unterstützen wir als Versicherer die Sustainable Development Goals der Vereinten Nationen und die Ziele des Pariser Klimaschutzabkommens. Damit wollen wir einen Beitrag zum *Green Deal* und zu einem klimaneutralen Europa leisten und positionieren uns klar:

- Bis 2025 wollen Versicherer mindestens in ihren deutschen Liegenschaften klimaneutral arbeiten.
- Bis 2050 streben Versicherer die Treibhausgasneutralität ihrer Kapitalanlagen an; bereits bis 2025 und dann fortlaufend sollen CO_2-Reduktionen in den Portfolios realisiert werden.
- Versicherer werden langfristig keine gewerblichen und industriellen Risiken mehr ins Portfolio nehmen, wenn ihre Kunden und Geschäftspartner keine Anstrengungen hin zu einer nachhaltigen Wirtschaft unternehmen. Für die zügige Transformation setzt die Branche auf Dialog mit der Politik und ihren Kunden.

Als Versicherer machen wir die auf Klimaschutz ausgerichtete Transformation der Wirtschaft damit konkret. Als erster Versicherungsverband in Europa ist der GDV Unterstützer der globalen Net-Zero Asset Owner Alliance geworden. Damit werden wir Teil eines Netzwerks der weltweit größten Kapitalanleger, die die CO_2-Emissionen ihrer Anlageportfolios bis zur

Mitte des Jahrhunderts nach dem Stand der Wissenschaft auf netto Null reduzieren wollen.

Als Sektor sind wir davon überzeugt, dass eine ökologische Transformation von Wirtschaft und Gesellschaft zur Nachhaltigkeit unabdingbar ist, um generationenübergreifend Handlungs- und Entscheidungsspielräume für Zukunftsgestaltung zu sichern. Aber das alles wird viel Geld kosten und angesichts der erschwerten Lage der öffentlichen Haushalte wird die Frage der Finanzierung klar zu beantworten sein. Denn auch die Finanzierung der grünen Transformation braucht eine generationengerechte Grundlage. Die Mobilisierung privaten Kapitals kann hier ein wichtiger Beitrag zur ausbalancierten Finanzierung des grünen Wandels sein. Und die Versicherungswirtschaft ist dafür ein guter Partner.

Bereits heute nehmen die Versicherer eine herausragende Rolle als Investoren in den ökologischen Wandel ein, wie z. B. als Finanzierer der Energiewende. Wir wollen uns aber gerne noch intensiver mit entsprechenden Investments engagieren. Dabei gilt stets: Kapitalanlagen müssen nicht nur ökologisch wirksam sein. Im Interesse der Verbraucherinnen und Verbraucher, für die das Geld angelegt wird, müssen die Investments auch rentabel sein. Daher brauchen die Versicherungsunternehmen entsprechende Rahmenbedingungen. Ein zentraler Baustein dieser Rahmenbedingungen sind verlässliche Informationen über die Risiken und Auswirkungen auf Umwelt, Soziales und Geschäftspraktiken (ESG-Kriterien). Mit der sogenannten Taxonomie wird hier ein entsprechendes Klassifizierungssystem geschaffen, das für Versicherer eine wesentliche Voraussetzung für nachhaltige Investitionen darstellt.

Aktuell legen die Versicherer jeden Tag 1,3 Milliarden Euro am Kapitalmarkt neu an. Davon könnte noch mehr in die klimafreundliche Transformation investiert werden. Allerdings gibt es derzeit zu wenige passende Projekte. Hilfreich wäre die Entwicklung eines *Green Bonds Standards* (GBS) auf Basis der Taxonomie, um einheitliche und glaubwürdige Standards einzuführen. Neben einer deutlichen Ausweitung der Emissionen von Green Bonds von Unternehmen, brauchen wir ein solches Angebot aber auch von Staaten. Denn um die nationalen und europäischen CO_2-Ziele zu erreichen, sind nicht nur Investitionen der Realwirtschaft notwendig, sondern auch erhebliche Investitionen der Öffentlichen Hand in grüne Infrastruktur. Beispiele sind hier der Ausbau der Erneuerbaren Energien-Infrastruktur, Geothermie oder die Dämmung von Gebäuden. Hier sollten mehr Investitionsmöglichkeiten für privates Kapital geschaffen werden.

Der Weg zur Nachhaltigkeit ist vielfältig. Eine allgemein gültige Lösung gibt es nicht, auch nicht für Versicherer. Kleine und große, Voll-, Nischen- und Spartenversicherer sind mit unterschiedlichen Nachhaltigkeitsherausforderungen konfrontiert. Die Anforderungen der Regulierung sowie die Aufsichtspraxis sollten diese Unterschiedlichkeit berücksichtigen.

Regulierung ersetzt jedoch keine entschlossene Klimapolitik. Dazu gehört in erster Linie eine verlässliche CO_2-Bepreisung auf möglichst internationaler Ebene. Als Versicherer sind wir der Auffassung, dass sich durch eine entschlossene CO_2-Bepreisung automatisch Investitionsbedarfe der Realwirtschaft ergeben, die von den Unternehmen der Finanzwirtschaft finanziert werden können.

Die deutschen Versicherer leisten also bereits ihren Beitrag und sind bereit, noch mehr zu tun. Wir sind prädestinierte Partner für die grüne Transformation der Wirtschaft. Deswegen werden wir die Debatte über nachhaltige Kapitalanlagen fortführen. Die Zeit drängt, der Klimawandel ist im vollen Gange.

Ralph Müller-Beck / Lennart Nübel

Kreislaufwirtschaft – Der neue Wachstumsmotor in Deutschland und Europa

Oktober 2021

Mit dem neuen EU-Klimagesetz sind die weitreichenden Klimaziele der Europäischen Union nun verbindlich und unumkehrbar festgeschrieben. Der Green Deal ist, seitdem er Ende 2019 vorgestellt wurde, eines der bestimmenden Themen in den Medien und der öffentlichen Wahrnehmung. Seine enorme Bedeutung für Gesellschaft und Wirtschaft haben dennoch wohl die wenigsten in ihrem kompletten Ausmaß bereits erfasst. Die EU richtet mit dem Klimagesetz ihre gesamte Politik, also Industrie-, Finanz-, Umwelt- und Wirtschaftspolitik darauf aus, bis 2050 treibhausgasneutral zu werden. Das ist nur mit einer umfassenden Transformation zu erreichen. In der europäischen Wirtschaft wird nichts so bleiben wie es momentan ist. Die neue Bundesregierung wird nun Maßnahmen umsetzen müssen, die geeignet sind, dieses Ziel zu erfüllen.

Der Green Deal soll eine »Wachstumsstrategie innerhalb der planetaren Grenzen« sein, damit er neben den Klimazielen auch wirtschaftliche und soziale Zielsetzungen fördert. Eine dieser Grenzen ist der Ausstoß von Treibhausgasen. Wenn es gelingen soll den Klimawandel einzudämmen, darf die Menschheit nur noch eine begrenzte Menge dieser Gase in die Atmosphäre emittieren. Diese Grenze ist bekannt und wird breit diskutiert. Die Endlichkeit von Rohstoffen hingegen ist eine viel stärkere Bedrohung für die Sicherung und den Ausbau unseres Wohlstandes, Wachstums und technischen Fortschritts und muss stärker in den öffentlichen Fokus gerückt werden. Es gibt auf der Erde eine endliche Menge an Rohstoffen. Bei dem aktuellen Verbrauch werden einige Rohstoffvorkommen schon in den nächsten Generationen aufgebraucht sein. Das betrifft nicht nur Stoffe wie Rohöl oder Metalle für die Industrie, sondern beispielsweise auch Phosphor, der als ein Grundbaustein des Lebens für die Landwirtschaft existentiell ist.

Trotz dieser Grenzen wird der weltweite Ressourcenverbrauch laut einer OECD Studie stetig steigen und 2060 bereits doppelt so hoch sein, wie noch 2011. Das wirft zum einen Fragen nach intergenerationeller Gerechtigkeit auf. Wie viel Verbrauch gestehen wir uns selbst zu und wie viel Teilhabe wollen wir zukünftigen Generationen noch ermöglichen? Zum anderen hat es aber auch ganz konkrete Auswirkungen auf die Gegenwart. Denn die beiden planetaren Grenzen Ressourcenverbrauch und Treibhausgasemissionen sind eng miteinander verbunden.

Klimaschutz und Wohlstand durch Kreislaufwirtschaft

In unserem momentanen Wirtschaftssystem werden Rohstoffe der Erde entnommen, zu Produkten verarbeitet, konsumiert und schlussendlich beseitigt oder verbrannt. Nur ein sehr geringer Anteil wird wieder aufbereitet und als Recyclingrohstoff erneut genutzt. In der deutschen Industrie stammen grade einmal zwölf Prozent der eingesetzten Rohstoffe aus dem Recycling.

Wenn organische Abfälle auf eine Deponie verbracht werden, entsteht Methan – ein Treibhausgas, das bis zu 84-mal schädlicher ist als CO_2. Werden die Abfälle verbrannt, wird die dabei entstehende Energie zwar in Form von Wärme und Strom genutzt, es werden aber ebenfalls Treibhausgase freigesetzt. Auf diese Weise belastet das lineare System die Atmosphäre doppelt, zu Beginn durch die Emissionen des Abbaus und zum Ende durch die Beseitigung. Mit einem europaweiten Deponieverbot könnte man sofort Klimaschutzziele erreichen und einen Wachstums- und Innovationschub für die Kreislaufwirtschaft auslösen.

Im Sinne des Klimaschutzes muss der stetige Abbau und Verbrauch von Rohstoffen massiv gesenkt werden. Will man dabei den Lebensstandard der Menschen aufrechterhalten und keine neuen sozialen Fragen aufwerfen, muss es gelingen den Ressourcenverbrauch vom Bevölkerungs- und Wirtschaftswachstum zu entkoppeln.

An dieser Stelle kommt die umfassende Transformation der Wirtschaft ins Spiel.

Wiederverwertung statt Beseitigung

Das lineare System muss aus den Köpfen der Menschen verschwinden und konsequent zu einem Kreis weitergedacht werden, in dem Stoffe nicht beseitigt, sondern wiederverwertet werden. So werden nicht nur die Emissionen der Beseitigung gespart, sondern auch die des substituierten primären Abbaus.

Zugegeben auch die Wiederverwertung benötigt Energie und wenn Recyclingrohstoffe das gesamte Rohstoffangebot steigern, kommt es zu Rebound-Effekten, aber der Gesamteffekt ist eindeutig positiv. Die Herstellung von Recycling-Aluminium benötigt beispielsweise grade einmal 5 Prozent der Energie, die für die Herstellung aus dem primären Rohstoff Bauxit notwendig wäre und kein weiteres Ökosystem muss für den zusätzlichen Abbau zerstört werden.

Chancen der Transformation – 3 Millionen neue Jobs

Die USA, China, Japan – immer mehr Staaten geben mehr oder weniger vergleichbar ambitionierte Klimaziele wie die EU aus. Der Wandel ist längst beschlossen, jetzt gilt es ihn zu gestalten und anzuführen. Deutschland und die EU haben die Möglichkeit als Vorreiter jetzt die weltweiten industriellen Standards zu setzen, an denen sich die Märkte in Zukunft orientieren werden. In den vergangenen Jahren ist der deutsche Anteil der Patente im Bereich der Kreislaufwirtschaft allerdings kontinuierlich zurückgegangen. Fragen der Ressourcenschonung, Reparierbarkeit und Wiederverwertbarkeit müssen daher in der Ausbildung zukünftiger Ingenieure eine viel bedeutendere Rolle spielen als bisher.

Denn die Potenziale der Kreislaufwirtschaft sind groß. Eine Studie des Parlamentarischen Forschungsdienstes der EU hat bereits 2017 gezeigt, dass die Transformation zur Kreislaufwirtschaft bis zu drei Millionen neue hochwertige Arbeitsplätze innerhalb der EU schafft und damit die wegbrechenden Jobs der linearen Wirtschaft z. B. im Bergbau mehr als kompensieren kann. Netto seien über eine halbe Million neue Arbeitsplätze möglich. Weltweit besteht laut einer McKinsey Studie das Potenzial für fünf Millionen zusätzliche Arbeitsplätze.

Damit dieses Potenzial gehoben werden kann, müssen Märkte für Recyclingrohstoffe geschaffen werden. Technisch ist bereits heute vieles möglich, aber so lange Recyclingplastik teurer ist als Plastik, welches aus heute noch steuerprivilegiertem Rohöl hergestellt wurde, kann es sich nicht am Markt durchsetzen. Gleiches gilt für viele andere Stoffe, bei denen die Umweltauswirkungen des primären Abbaus noch immer nicht hinreichend bepreist sind.

Dabei sollte grade die EU als rohstoffarmer Kontinent auch geopolitisch ein Interesse an starken Rezyklatmärkten haben. Nicht erst seit die »Ever Given« den Suez-Kanal blockiert hat oder die Coronapandemie Lieferketten destabilisiert hat, ist klar, dass die Versorgung mit Rohstoffen auf den Welt-märkten mit Unsicherheiten verbunden ist. Die Preise sind volatil und der freie Zugang zu bestimmten Rohstoffen wird oftmals aus strategischen Grün-den blockiert. Gerade die aktuellen Verfügbarkeitsengpässe zeigen, welche Gefahr für Handwerk und Industrie daraus sehr schnell entstehen kann. Eine funktionierende Kreislaufwirtschaft kann die EU von diesen Bedin-gungen ein Stück weit unabhängiger machen. Wenn die primären Rohstoffe in Zukunft immer knapper und damit teurer werden, kommt der Fähigkeit zur Wiederverwertung eine immer bedeutendere Rolle zu. Die Etablierung einer funktionierenden Kreislaufwirtschaft wird sich somit schon in naher Zukunft zum wirtschaftlichen Wachstums- und Jobmotor in Deutschland und Europa entwickeln und wesentlich einen industriell dargestellten kli-mafreundlichen Wohlstand der nächsten Jahrzehnte sicherstellen.

Dr. Markus Steilemann

Die Kreislaufwirtschaft als Wachstumsmotor

Februar 2022

Es wäre ein starkes Signal gewesen. Im Dezember hätte der UN-Sicherheitsrat den Klimawandel erstmals als Bedrohung für Frieden und Sicherheit einstufen können. Doch Russland und Indien sagten Nein; ein Dämpfer für das Momentum der Weltklimakonferenz in Glasgow. Dabei ist der Ernst der Lage unübersehbar. Der globale CO2-Ausstoß nimmt weiter zu – nach einem Rückgang im ersten Corona-Jahr gab es 2021 wohl wieder eine Steigerung um fünf Prozent auf gut 36 Milliarden Tonnen. Deutschland hat im vergangenen Jahr offenbar sogar den höchsten Anstieg seiner Treibhausgasemissionen seit 1990 verzeichnet und kommt damit vom Pfad zum 2030-Klimaziel ab. Deshalb hat die Bundesregierung gerade ein Klimaschutz-Sofortprogramm aufgelegt.

Der Klimawandel ist aber nur eine Facette der globalen Dreifachkrise, die den Planeten Erde und seine Bewohner bedroht. Hinzu kommt die schleichende Ressourcenausbeutung: Die Menschheit lebt seit 1970 über ihre Verhältnisse. Gleichzeitig schreitet die Umweltzerstörung voran mit Artensterben und Abfallkrise. Mindestens ein Drittel des auf der Erde anfallenden Siedlungsmülls wird nicht ordentlich entsorgt.

Die Linearwirtschaft ist nicht zukunftsfähig

Das schreit nach Änderungen. Und wir brauchen in der Tat eine andere Art zu leben und zu wirtschaften, müssen alte Fehler im System beheben. Allen voran die hohe Klimaintensität, insbesondere in der Industrie: 45 Prozent aller Treibhausgasemissionen entstehen durch die Herstellung von Alltagsgegenständen. Hinzu kommt, dass Produktion und Konsum noch immer größtenteils unidirektional verlaufen: extrahieren, gebrauchen, wegwerfen – eine rein lineare Angelegenheit.

Demgegenüber wird noch viel zu wenig recycelt. Die weltweite Rate liegt erst bei 8,6 Prozent und ist mithin sogar rückläufig. In engem Zusammenhang damit steht die unserem Wirtschafts- und Gesellschaftssystem innewohnende Obsoleszenz: Konsum und Produkte, die auf Schnelllebigkeit und Ersatz ausgelegt sind.

Also: ein umfassender Zukunftsplan für Ökologie, Ökonomie und Gesellschaft muss her. Ein Konzept, das den Planeten bewahrt und gleichzeitig Wertschöpfung und Wohlstand auf einem besseren Fundament als derzeit ermöglicht. Und das im Idealfall auch zu einem nachhaltigeren gesellschaftlichen Miteinander führt. Dieses Konzept ist für mich die Kreislaufwirtschaft. Sie ist die übergeordnete Vision, die uns führen und motivieren sollte, der Schlüssel für Klimaneutralität, Ressourcenschonung und Umweltschutz.

Die Kreislaufwirtschaft als globales Leitprinzip

Die Kreislaufwirtschaft zum Leitprinzip machen: ein lohnendes Ziel, das uns aber auch viel abfordern wird. Vor allem benötigen wir einen mentalen Wandel, müssen bereit sein, Schluss zu machen mit der Ex-und-Hopp-Mentalität. Stattdessen heißt es: Güter lange und mehrfach verwenden, mehr reparieren. Abfall vermeiden und unvermeidbaren Abfall als wertvolle Ressource betrachten. Und vor allem: Produkte von vornherein kreislauffähig machen. Zugegeben, das wird keine bequeme Reise. Wir müssen raus aus der Komfortblase. Wir brauchen XXL-Dosen an Entschlossenheit, Ausdauer und Mut – Unternehmen, Politiker, jeder einzelne Bürger. Auf der anderen Seite ist die Transformation zum zirkulären Wirtschaften und Leben aber keine schiere Zumutung. Die Kreislaufwirtschaft bildet vielmehr auch ein Konjunkturprogramm par excellence. Sie hat enormes Potential für Wertschöpfung, Wachstum und Beschäftigung. Wenn es uns gelingt, sie richtig zu entfesseln, sind in Europa bis 2030 wirtschaftliche Vorteile von rund 1,8 Billionen Euro möglich. 700.000 neue Arbeitsplätze könnten entstehen, und beim europäischen Bruttoinlandsprodukt wäre ein Plus um 0,5 Prozent machbar.

Eine Branche erfindet sich neu

Die Chemie- und Kunststoffindustrie hat die große Transformation bereits eingeleitet. Sie ist dabei, eingefahrene Wege zu verlassen. Das bedeutet, nicht nur konsequent auf erneuerbare Energien einzuschwenken, sondern gleichzeitig auch auf der Rohstoffseite eine regelrechte Revolution hin zu erneuerbaren Quellen zu entfachen. Fossile Ressourcen wie Erdöl sind zwar noch vorherrschend. Doch die Wachablösung hat begonnen: durch Abfall, Biomasse und CO_2, die uns nachhaltigen, erneuerbaren Kohlenstoff liefern können. So wird dieses wichtige Element im Kreis geführt, anstatt in die Atmosphäre zu ziehen.

Schon heute lässt sich beispielsweise der Kohlenstoff in der wichtigen Grundchemikalie Anilin komplett aus Pflanzen gewinnen. Forschungsdurchbrüche wie diese sorgen auch am Markt für Aufbruchstimmung. Aktuell liegt das durchschnittliche jährliche Produktionswachstum biobasierter Kunststoffe bei acht Prozent – und damit höher als der Zuwachs bei Polymeren insgesamt.

Das Recycling von Kohlendioxid ist ebenfalls auf dem Vormarsch. Immer mehr Unternehmen nutzen CO_2 als alternativen Rohstoff. Für Autoteile beispielsweise, für Matratzen oder Sportböden. Und auch die Politik erkennt das Potenzial von »Carbon Capture and Utilization (CCU)«. Nicht nur, um weitere CO_2-Emissionen zu vermeiden, sondern auch, um das Klimagas aus der Atmosphäre zurückzuholen, Stichwort Direct Air Capture. Ein riesiges ungenutztes Rohstofflager bilden ferner Abfälle beziehungsweise Kunststoffe, die ans Ende ihrer Nutzung gekommen sind. So wird in Deutschland derzeit nur etwa 16 Prozent des Plastikabfalls tatsächlich zu Rezyklat verarbeitet.

Kunststoff mit Netto-Null-Emissionen

Wenn wir Abfall, Biomasse und CO_2 sowie Ökostrom in der Produktion kombinieren, ergeben sich fantastische Perspektiven. Auf diese Weise ließen sich nämlich Kunststoffe mit Netto-Null-Emissionen herstellen, wie eine Gruppe von Forschern vor kurzem im Wissenschaftsmagazin »Science« erläutert hat. Und zwar mit weniger Energie und Kosten, als wenn man die herkömmliche fossilbasierte Produktionsweise in Verbindung mit Abtrennung und Speicherung von Kohlendioxid (CCS) heranzieht.

Um das Recycling anzukurbeln, brauchen wir aber mehr Allianzen entlang der gesamten Wertschöpfungskette – vom Rohstofflieferanten bis zum Endverbraucher. Nur so gelingt es uns, Abfallmanagementsysteme konsequent auf- und auszubauen. Parallel müssen die Technologien weiterentwickelt werden. Vor allem das noch junge chemische Recycling als Wegbereiter, um Kunststoffe im großen Stil wiederzuverwerten. Dass es als Recyclingoption nun im Koalitionsvertrag steht, darf als ein wichtiger Impuls für Kreislaufwirtschaft gelten.

Die Pfeiler für ein nachhaltigeres, resilienteres System sind also eingerammt. Mit der Kreislaufwirtschaft können wir Klima, Natur und Ressourcen schützen und Wachstum innerhalb planetarer Grenzen zur Realität werden lassen. Wir haben einen Plan – setzen wir ihn um! Denn nichts ist stärker als eine Idee, deren Zeit gekommen ist.

Philipp Schlüter

Mehr Industrieproduktion wagen

April 2022

Der internationale Warenaustausch vernetzt die Welt. Er fördert die weltweite Zusammenarbeit, erschließt neue Märkte, ermöglicht wirtschaftliches Wachstum. Deutschland ist ein Nutznießer der Globalisierung. Als Exporteur komplexer technischer Produkte profitiert das Land von dieser Entwicklung im besonderen Maß. Die internationale Arbeitsteilung hat im Lauf der vergangenen Jahrzehnte einen immer höheren Differenzierungsgrad erreicht. Doch mit der Differenzierung steigt die Sensibilität: Das System zeigt sich anfälliger für Störungen.

Diese Anfälligkeit haben wir während des Kriegs in der Ukraine besonders zu spüren bekommen. Doch die Symptome sind nicht neu. Die Störungen des Systems globaler Arbeitsteilung haben sich in den vergangenen Monaten gehäuft. Die Coronapandemie und die zeitweilige Blockierung von Transportwegen haben uns die Abhängigkeiten vor Augen geführt. Lieferketten wurden unterbrochen, Rohstoffe und Vorprodukte waren nicht verfügbar. Das brachte bei uns die Produktion ins Stottern und zum Teil sogar zum Erliegen. Neben Rohstoffen waren auch Zwischenprodukte betroffen, deren Fertigung wir an Betriebsstätten in fernen Regionen der Welt ausgelagert haben. Scheinbar marginale Komponenten komplexer Industrieprodukte, die erheblich zur deutschen Wirtschaftsleistung beitragen, haben die Macht, Produktionslinien stillzulegen und Menschen in die Kurzarbeit zu führen, trotz hoher Nachfrage und guter Absatzmöglichkeiten.

Jede der aufgetretenen Störungen lässt sich als Ausnahmesituation deuten, die das System insgesamt nicht infrage stellt. In der Tat: Eine weltweite Pandemie ist ein folgenschweres Ereignis, mit dem wirtschaftliche Strukturen und Märkte umgehen müssen, dem man aber nicht jede Ordnung unterordnen sollte. Und ein blockierter Transportweg ist kein hinreichender Grund, übergreifende Systeme infrage zu stellen. Bislang haben wir uns deshalb darauf verlegt, die schadhaften Stellen zu reparieren.

Über die Wettbewerbsfähigkeit entscheidet nicht nur der Preis

Ein Instandhaltungsprogramm greift jedoch zu kurz. Die derzeitigen, von der Politik gestützten und geförderten Maßnahmen zur Sicherung von Infrastruktur, Wirtschaftsleistung und Versorgungsstandards sollten wir nicht allein als »Notstromaggregate« für den Ausnahmefall betrachten, sondern als Chance für die Stärkung des Industriestandorts. Dabei geht es mir weniger um die Maßnahmen selbst als vielmehr um die Prinzipien und Handlungsleitlinien, die derzeit konsensfähig sind.

Die Industrie ist ein wichtiger Bestandteil unserer Volkswirtschaft. Deutschland hat eine höhere Industriequote als andere Länder in Europa. Über die Erhaltung der Industrie besteht ein breiter gesellschaftlicher Konsens, der wohlbegründet ist. Die Wirtschaftskrisen und Konjunkturdellen der vergangenen Jahrzehnte hat Deutschland vergleichsweise glimpflich überstanden. Das gilt insbesondere für die Finanzmarktkrise der Jahre 2008 und 2009. Hinzu kommt: Industriearbeitsplätze bieten Entwicklungs- und Aufstiegschancen für breite Bevölkerungsgruppen. Sie sichern die materielle Existenz und schaffen Wohlstand, sie ermöglichen gesellschaftliche Teilhabe und tragen zum sozialen Frieden bei.

Es ist an der Zeit, uns auf die Leistungsfähigkeit unserer industriellen Wertschöpfungsketten zu besinnen. Bislang wies die Entwicklung nur in eine Richtung: Welche Leistung, welche Fertigungsstufe können wir auslagern? Was können wir durch Nutzung globaler Ressourcen effizienter machen? Es lohnt sich, dieses Prinzip genauer unter die Lupe zu nehmen. Mit seiner Rationalität ist es nämlich nicht weit her.

Als Messlatte für Standortentscheidungen, das heißt für die Delegation von Arbeit und Leistungen, gilt die Wettbewerbsfähigkeit. Und über die Wettbewerbsfähigkeit entscheidet nahezu ausschließlich der Preis. Doch der Preis ist längst nicht mehr das einzige Kriterium. Es geht ebenso um Qualität, um Verfügbarkeit, um sichere Versorgung, um die Integration in eine Wiederverwertungskette. Heute entscheiden die ökologischen Eigenschaften eines Produkts und seine Sozialverträglichkeit ebenso über seine Marktfähigkeit. Selbst für die Kapitalmärkte sind die verschiedenen Aspekte der Nachhaltigkeit entscheidende Investitionskriterien. Wer allein auf Kostenoptimierung setzt, hat es immer schwerer, Zugang zu Kapital zu bekommen, ja er riskiert womöglich seine Kreditwürdigkeit.

**Nichts spricht dagegen, heimische Produkte
zum Zug kommen zu lassen**

Im März 2022 hat die Bundesregierung angekündigt, erhebliche Finanzmittel zur Verfügung zu stellen, um die Verteidigungsfähigkeit Deutschlands zu stärken. Beauftragt werden sollen möglichst deutsche beziehungsweise europäische Rüstungsunternehmen. Der Ordnungsrahmen für Entscheidungen zugunsten des Wirtschaftsstandorts erweist sich hier als äußerst geschmeidig. Warum sollen derartige Konditionen eigentlich auf diesen Fall beschränkt sein? Wir sollten vielmehr generell auf Flexibilität setzen.

Nichts spricht dagegen, heimische Produkte zum Zug kommen zu lassen – vorausgesetzt, dass wir den internationalen Handel und Warenaustausch nicht durch protektionistische Maßnahmen einschränken. Diese Voraussetzung ist erfüllt, wenn die Güter an diesem Standort wettbewerbsfähig produziert werden können. Das dichte Netz industrieller Produktion in verschiedenen Fertigungsstufen bildet eine starke Infrastruktur und stellt wertvolles Wissen bereit, das einen Ausbau von Industrie begünstigt, ja geradezu fordert. Die Wettbewerbsfähigkeit ist gegeben, wenn man alle Faktoren berücksichtigt, die dafür maßgeblich sind.

Dass Deutschland einen Zuwachs an industrieller Produktion verträgt, zeigen aktuelle Beispiele. Im vermeintlich gesättigten Autoland Deutschland nimmt ein neues Automobilwerk seinen Betrieb auf und plant eine Fabrik zur Batteriefertigung. Bislang nur in Übersee verfügbare Mikrochips sollen bald auch in zwei Fertigungsanlagen in Deutschland produziert werden.

Die grüne Transformation sollte alle heimischen Ressourcen nutzen

Bedarf besteht auch an anderer Stelle. Deutschland baut seine Energieversorgung radikal um. Wir verzichten auf fossile Energieträger sowie auf Kernkraft und setzen vollständig auf regenerative Energien. Gleichzeitig planen wir die Dekarbonisierung der Industrieproduktion. Der Umbau unserer Industrienation wird erst dann einen spürbaren Beitrag zum Erreichen der globalen Klimaziele leisten, wenn unser Modell funktioniert und zum Vorbild wird, also exportfähig ist.

Der Umbau gelingt nur mit der Bereitstellung von industriellen Produkten. Allein der Ausbau von Wind- und Sonnenkraftanlagen erfordert immense Mengen an Zement, Stahl, Aluminium, Glas und anderen Grundstoffen sowie technischen Komponenten. Vieles davon lässt sich vor Ort produzieren. Bei der grünen Transformation – und nicht nur dort – sollten wir alle heimischen Ressourcen nutzen und außerdem auf kreislauffähige Produkte setzen.

Jahrzehntelang galt der Grundsatz, dass das Wachstum und die Entwicklung unserer Volkswirtschaft mit der Auslagerung von Grundstoffindustrien und anderen Produktionsstufen einhergehen: Ein Hightech-Standort lebt vom letzten Glied in der industriellen Wertschöpfungskette. Das mochte stimmen, solange der Preis das alleinige Kriterium für die Wettbewerbsfähigkeit war. Das ist vorbei. Deshalb sollten wir uns auf unsere Stärken und das vorhandene Potenzial besinnen.

Dazu muss auch die Politik Signale senden, die die notwendigen Entscheidungen der Wirtschaft anregen und begünstigen. Wir müssen industrielle Fertigung als eine strategische Entscheidung begreifen, die dem Prinzip einer ganzheitlich verstandenen Nachhaltigkeit folgt. Diesem Prinzip hat sich unsere Gesellschaft verpflichtet. Es setzt hohe Standards. Ob sie erfüllt werden, hängt maßgeblich von der Herkunft der produzierten Güter ab. Die heimische Industrieproduktion ist dafür der richtige Ort.

Dr. Nils Heisterhagen

Ein Unternehmerstaat ist alternativlos – Das Beispiel der Klimapolitik

Oktober 2021

Wir brauchen eine wirtschaftspolitische Revolution. So muss sie aussehen

Es gibt eine Ökonomin, deren Name in den letzten Jahren immer häufiger zu hören war: Mariana Mazzucato. Sie wird immer wieder genannt, wenn es darum geht, was sich in der ökonomischen Fachdebatte an Grundsatzwandel gerade ereignet. Mittlerweile finden ihre Ideen auch immer mehr in der Parteipolitik Gehör.

Mazzucatos Ideen stellen einen linken Perspektivenwechsel dar. Es geht weniger um Wohlstandsverteilung als um eine neue Form der Wohlstandsschaffung. Ihr Leitbild dafür: Der *Unternehmerstaat*. Ein Staat, der sich als Pionier versteht. Als Pionier in Forschung und Entwicklung, als Pionier in der Finanzierung von Zukunftstechnologien – quasi als neue Art von Venture Capitalist, der geduldiger und langfristiger denkt als jeder private Risikokapitalgeber.

In ihrem Buch »Das Kapital des Staates« schreibt Mazzucato: »Ein Unternehmerstaat investiert in Bereiche, in die der private Sektor nie investieren würde, selbst wenn er die Mittel dazu hätte.« Sie entwirft damit eine Art *linken Neo-Schumpeterismus*: »Einem großen Teil der keynesianischen Linken fehlt eine Wachstumsagenda, die Reichtümer schafft und zugleich umverteilt. Sie wird möglich, wenn man die Lehren von Keynes und Schumpeter kombiniert.« Das linke Narrativ ist somit weniger, dass der marktwirtschaftliche Ertrag *ex post* sozialverträglich verteilt werden müsse, sondern der Staat schafft quasi selbst Wohlstand.

Meine zentrale These dieses Beitrages ist, dass dieser von Mariana Mazzucato eingeführte Unternehmerstaat das zentrale Instrument für einen wirtschaftspolitischen Paradigmenwechsel und für eine neue europäische Strategie im zunehmenden geopolitischen und technologischen Wettbewerb mit China und den USA ist.

Wir brauchen eine *strategische Industriepolitik* und einen eigenen Weg zwischen dem staatskapitalistischen Modell chinesischer Prägung und dem US-amerikanischem System großer Digitalkonzerne und ihrer finanziellen Ökosysteme. Ziel der neuen Industriepolitik muss eine *strategische Souveränität* sein.

Diese Souveränität, die zuvorderst eine *technologische Souveränität* ist, ist insofern zentral, weil technologische Stärke zu einem immer relevanteren Kriterium für weltpolitisches Gewicht und Marktbeeinflussung wird. Technischer Fortschritt treibt Wachstum – dies wird zum dominierenden Wachstumsgrund. Dieser technische Fortschritt ist aber planbarer als es die ursprüngliche neoliberale Begründung nahelegt, die von Joseph Schumpeter abgeleitet ist. Denn für den Ökonomen Joseph Schumpeter war der Unternehmer ein Erfinder, der mit neuen Technologien und disruptiven Geschäftsmodellen ganze Produktionsformen umgestalten und neu schaffen und damit »schöpferische Zerstörung« kreieren kann.

Dieser Fokus, der auf die Innovation Einzelner vertraut, die in einer freien Markwirtschaft mit Ideen und Mut schon die Märkte umkrempeln, ist aber aus der Zeit gefallen und reichlich naiv angesichts der für Sprunginnovationen notwendigen Voraussetzungen an Kapital und Fachkräften. Markteintritte von Kleinen werden nämlich angesichts von Kapitalnotwendigkeiten und Fachkräftemangel immer schwieriger. Innovationen werden kaum mehr in Garagen möglich, wo mal eben Steve Jobs die Computerbranche revolutioniert. Innovationen kommen heute von massiv ausgestatteten Forschungsabteilungen, langjähriger Forschung in großen Universitäts- und Forschungsnetzwerken und sie brauchen vor allem eins: viel Kapital. Die zuletzt erfolgreiche Pionierrolle deutscher Unternehmen bei mRNA-Impfstoffen wäre so etwa ohne private langfristig investierte Kapitalgeber gar nicht möglich gewesen. Noch anders gesagt: Ohne Milliardäre im Hintergrund gäbe es heute weder BioNTech noch CureVac und damit keine COVID-19-Impfstoffe aus Deutschland. Die Leistung der Gründer von BioNTech und CureVac und deren individuelles Zutun zu den biotechnologischen Innovationen ist eine Bedingung für deren Erfolg, aber nicht die notwendige Bedingung. Die notwendige Bedingung liegt vielmehr in der Finanzierung und Begleitung der Innovation – und somit generell in dem Rahmen, in dem Innovationen stattfinden können.

Die zentralen Zukunftsfelder sind heute absehbar und demnach kann eine strategische Industriepolitik gezielt technischen Fortschritt ermöglichen. In jenen zentralen Zukunftsfeldern wie digitalen Produkten, Industrie 4.0

(also automatisierter Produktion), Cloud-Technologie, Künstlicher Intelligenz, Quantencomputing, Chipherstellung, Softwareentwicklung, Batteriezelltechnologie etc. geraten Deutschland und Europa aber zunehmend ins Hintertreffen, sodass technologische und politische Abhängigkeiten zu wachsen drohen.

Unternehmen mit einer Marktkapitalisierung wie Amazon gibt es in Europa kaum. Und so bestehen auch nicht deren Investitionsmöglichkeiten und das Ökosystem von Venture Capital- und Private Equity Markt darum. Die Europäer sind auch nur partiell mit Staatsbanken wie der KfW oder der Europäischen Investitionsbank ausgestattet, die wie die chinesischen Staatsbanken über den Auftrag und das Kapital verfügen, langfristige Technologie- und Industriepolitik zu betreiben.

Eine neue Industriepolitik ist also alternativlos.

Ich werde die Begründung dieser These einer notwendigen neuen Industriepolitik nun stellvertretend *am Beispiel der Energiewirtschaft* verdeutlichen.

Der Status quo der europäischen Klimapolitik sieht so aus:

Das deutsche Klimaschutzziel wurde unlängst bis 2030 auf 65 Prozent angehoben (also der Treibhausgas-Ausstoß soll um 65 Prozent gegenüber 1990 verringert werden). Für 2040 ist ein Zwischenziel von 88 Prozent anvisiert. 2045 soll Deutschland insgesamt klimaneutral sein.

Bislang steht für Deutschland eine Minderung von 40 Prozent im Jahre 2020. Dies aber nur durch die Coronapandemie, die zu kurzfristigen Stopps von Industrieproduktionen führte. Real sind bislang ca. 37 Prozent bis 38 Prozent Minderung im Vergleich zu 1990 erreicht worden. Bis 2030 sollen nun weitere ca. 27 Prozent reduziert und bis 2040 insgesamt eine zusätzliche Reduktion von ca. 50 Prozent erreicht werden. In 19 Jahren soll also weit mehr reduziert werden als in 31 Jahren geschafft wurde.

Das Ausmaß dieser Ziele für den Transformationsdruck wurde bislang nicht verstanden. Die sehr ambitionierten Klimaziele haben sich von deren Realisierungsmaßnahmen entkoppelt. Die politischen Absichten und die dafür nötige Real-Politik passen gerade nicht zusammen.

Der Unternehmerstaat und eine strategische Industriepolitik werden hier relevant, um die Ziele überhaupt zu erreichen. Denn es müssen Technologien (wie z. B. Wasserstofftechnologien) genutzt werden, die gegenwärtig noch nicht wettbewerbsfähig sind. Ein *kluger Policy-Mix*, der Investitionen fördert (Capex), Betriebskosten abfedert (Opex/Markteinführungsinstrumente), Forschung stärkt und der eine neue Regulatorik enthält, die Investitionssicherheit und Planbarkeit garantiert, muss für das Gelingen der Dekarbonisierung etabliert werden. Ein Rahmen muss erst geschaffen werden, in dem es zur Innovation kommen kann.

Im Folgenden sind vier Beispiele für den notwendigen Policy-Mix im Bereich der Energiewirtschaft genannt, um die konkrete Gestalt eines Unternehmerstaates zu skizzieren, der zu einer strategischen Industriepolitik fähig ist.

Erstens: Capex: Einen staatlichen Transformationsfonds einrichten

Dieser *Transformationsfonds* hat zur Aufgabe, Transformationsaufgaben nicht nur im Bereich der Dekarbonisierung zu finanzieren und sollte ein Volumen zwischen 45 Milliarden Euro pro Jahr (konservative Rechnung) und 70 Milliarden Euro pro Jahr (progressive Rechnung) für die nächsten zehn Jahre haben. Ein solcher Fonds könnte in einer neuen Finanzierungsfazilität angesiedelt und realisiert werden. Nur durch mehr staatliche Investitionen können im ausreichenden Maße private Investitionsausgaben der Unternehmen (Capex) ausgelöst werden. Das Ziel eines Transformationsfonds liegt also neben der Bedarfsdeckung notwendiger öffentlicher Investitionen in der Schaffung eines gesteigerten Investitionsklimas. Mehr öffentliche Investitionen ziehen mehr private Investitionen nach sich.

Zweitens: Opex: Markteinführungsprogramme für grünen Stahl

»Carbon Contracts for Difference« müssen zu einem neuen zentralen Element des Marktdesigns werden. Wer möchte, dass in der Stahlproduktion Kohle so schnell wie möglich durch Wasserstoff ersetzt wird, muss *Klimaschutzverträge* zwischen Staat und Unternehmen schließen, die höhere Kosten bei Betrieb klimaneutraler Anlagen ausgleichen. Damit muss eine Regulatorik verbunden sein, die Abnahmegarantien für grünen Stahl gibt – was zum Beispiel bedeutet, dass die deutsche Autoindustrie verpflichtet wird, einen steigenden Prozentsatz klimaneutralen Stahl in ihren Autos zu verbauen. Markteinführung und Markthochlauf werden in Zukunft öfter den Staat brauchen – ohne den Unternehmerstaat könnten sonst private Investoren zögern.

Drittens: Regulatorik: Reform des europäischen Beihilfe- und Wettbewerbsrechts

Die von allen Seiten gewollte Dekarbonisierung der Industrie erfordert in den nächsten Jahren hochskalierte Investitionen. Doch staatliche Industriepolitik scheitert häufig am *europäischen Beihilferecht*. Selbst wenn es also einen Willen zur Renaissance der Industriepolitik gibt, muss diese Renaissance auch bürokratisch und regulatorisch machbar sein. Das europäische Beihilferecht in seiner momentanen Form steht dem im Weg. Großinvestitionen, wie sie etwa chinesische Wettbewerber mit ihrer Finanzarchitektur unternehmen können, sind im aktuellen europäischen Framework nicht möglich. Das *europäische Wettbewerbsrecht* steht der Innovation zudem ebenfalls im Weg. Denn die Dekarbonisierung erzwingt neue Technologien, etwa in der Auto- und Zuliefererindustrie. Ökosysteme für Elektrobatterieantrieb und Brennstoffzelle müssen zwischen Zulieferern und OEMs entstehen, die dafür zur vorwettbewerblichen Kooperation in der Lage sein dürfen. Diese vorwettbewerbliche Kooperation ist durch das aktuelle EU-Wettbewerbsrecht jedoch erschwert, sogar Kartellverfahren drohen. Innovation darf aber nicht durch einen überholten regulatorischen Rahmen gebremst oder gar verhindert werden.

Viertens: Forschungspolitik ist auch Industriepolitik

Um die Energiewende zu schaffen, braucht es immer effizientere Green-Tech. Beispielsweise müssen die Anlagen für Elektrolyse, mit denen Wasserstoff gewonnen werden kann, schnell viel größer werden – was nicht einfach getan ist und intensive Forschung und Entwicklung braucht. Auch Fragen des Transports von Wasserstoff über Erdgaspipelines müssen intensiver erforscht werden. Neue Technologien brauchen generell Jahre der Grundlagenforschung. Diese Forschung muss gezielt stärker unterstützt werden. Im Bereich der Wasserstoffforschung sollte konkret ein *gesamtdeutsches Oberzentrum für Wasserstoffforschung*, vergleichbar mit der Größe des Forschungszentrum Jülich, geschaffen werden und diesem Forschungszentrum ein Jahresbudget von etwa einer Milliarde Euro zur Verfügung gestellt werden. Die Forschungsausgaben für Batteriezellforschung sind ebenfalls deutlich auszuweiten.

Fazit

Eine solche *neue Industriepolitik und Industriestrategie* sind alternativlos. Die deutsche und europäische Zukunft hängt davon ab.

4.

Digitale Transformation vorantreiben

Prof. Dr. Florian Bieberbach

Digitale Daseinsvorsorge – Europas Chance in der Digitalisierung?

Mai 2021

Der Vormarsch der globalen Digitalunternehmen scheint ungebrochen und bestimmt zunehmend unseren Alltag. Immer mehr Bedürfnisse des persönlichen Lebens werden von Apps auf unseren Smartphones abgedeckt. Besonders bedeutend sind dabei digitale Plattformen wie Amazon, Facebook, Uber oder Google, die vor allem ihren Endkund*innen Leistungen von Dritten bekannt machen oder vermitteln. Die dahinterstehenden Unternehmen sitzen meist in den USA. Europa hat bei globalen Plattformen den Anschluss verloren.

Neben Branchen wie dem Einzelhandel und Verlagen bedroht diese Entwicklung auch Kommunen und kommunale Unternehmen. Die globalen Plattformunternehmen werden zunehmend vor Ort aktiv, sie suchen beispielsweise Kooperationen mit lokalen KMU, veröffentlichen lokale News oder bauen digitale Schnittstellen zu lokalen ÖPNV-Angeboten. Dabei hilft ihnen ihre hohe IT-Kompetenz, ihre weltweite Skalierungsfähigkeit und ihre enorme Finanzkraft. An der physischen Erbringung von Dienstleistungen vor Ort haben die Internetunternehmen meist kein Interesse, ihnen geht es darum, die Kund*innenschnittstelle zu besetzen und dort Vermittlungsgebühren zu kassieren sowie wertvolle Daten abzugreifen.

Die Rolle der Kommunen

In Deutschland und vielen europäischen Ländern haben die Kommunen traditionell eine starke Stellung, sie bieten zahlreiche Leistungen der Daseinsvorsorge an, die über die hoheitlichen Aufgaben weit hinausgehen: Energieversorgung, Mobilität, Markthallen und Messen, Sparkassen, Gesundheitsdienstleistungen und Freizeitangebote sind typische Leistungen, bei denen Kommunen in Wettbewerbsmärkten aktiv sind. Bei den Bürger*innen findet es meist großen Rückhalt, dass viele Leistungen des täglichen

Bedarfs von kommunalen Unternehmen als lokalen, demokratisch kontrollierten Dienstleistern erbracht werden. Dass diese Leistungen zunehmend im marktlichen Wettbewerb stehen, hat zu hoher Kundenorientierung und Kostendisziplin geführt. Europaweit sind kommunale Unternehmen heute überwiegend gut aufgestellt und im Wettbewerb erfolgreich.

In den nächsten Jahren wird sich entscheiden, ob die Kommunen ihre starke Stellung als lokale Dienstleister halten können oder sie an globale Plattformunternehmen verlieren. Wenn Plattformen die Kund*innenschnittstellen besetzen, sind kommunale Dienstleister nur noch als Zulieferer der Plattformen aktiv oder werden schrittweise verdrängt. Wie die Taxifahrer von Uber-Fahrern, wie die Einzelhändler von Amazon, wie klassische Medien und der öffentlich-rechtliche Rundfunk durch Facebook und YouTube, wie die Sparkassen durch PayPal etc.

Nun kann man argumentieren, dass das eine ökonomisch positive Entwicklung ist, die zu besseren und günstigeren Leistungen für die Bürger*innen führen kann. Alle können von globalen Skaleneffekten und geballter IT-Kompetenz profitieren.

Das Gegenargument, das aktuell in den USA heiß diskutiert wird, ist eine mögliche wettbewerbsfeindliche Marktdominanz großer Anbieter. Aus europäischer Sicht ist das Problem aber vor allem ein Verlust an demokratischer Kontrolle über wichtige Leistungen des täglichen Lebens. Wenn Mobilitätsapps aus den USA den Zugang zum lokalen ÖPNV darstellen, wird in den USA entschieden, welche Verkehrsmittel den Fahrgästen empfohlen werden. Wenn lokale KMU ihre Online-Präsenz auf Plattformen wie Google oder Amazon etablieren, verliert die Kommune jede Kontrolle über den Zugang und die Regeln lokaler Marktplätze.

Dazu laufen die lokalen KMU das Risiko, sich von den Plattformen abhängig zu machen und ebenfalls ihre Kundenschnittstellen zu verlieren. Wenn sich Bürger*innen Informationen über lokale Freizeit- und Kulturangebote über globale Plattformen besorgen, wird nur noch nach kommerziellen Kriterien entschieden, was einem vorgeschlagen wird. Wenn dann auch noch Zahlungen nur noch über globale Plattformen erfolgen, wird die digitale Identität der Bürger*innen zunehmend über deren Accounts bei den globalen Plattformen bestimmt (»Login mit Google«, »Login mit Facebook«). Die Acatech-Initiative »European Public Sphere« hat darauf hingewiesen, dass dies dazu führen kann, dass der Staat auch in originären Aufgaben unterlaufen wird, insb. in der Sicherstellung einer (digitalen) Identität seiner

Bürger*innen. Google-Login oder Apple-ID können wichtigere Nachweise persönlicher Identität werden als der staatliche Personalausweis.

Damit verbunden ist das Problem des Rosinenpickens bei Leistungen der Daseinsvorsorge. Wenn es globale Plattformunternehmen schaffen, die Kundenschnittstellen in der Daseinsvorsorge zu übernehmen, werden kommunale Unternehmen überall dort verdrängt, wo margenträchtige Geschäftsfelder liegen. Dienstleistungen werden von den Internetunternehmen gezielt nur noch dort angeboten, wo sie sich rechnen, die Ideen einer allgemeinen Versorgung und einer Gemeinwohlorientierung gehen verloren. Im Ergebnis werden viele der heutigen, kommunalen Leistungen nicht mehr finanzierbar sein und entfallen oder deutlich teurer werden. Das trifft insbesondere Bevölkerungsgruppen, die für die Digitalkonzerne keine attraktiven Kunden sind. Ein offensichtliches Beispiel dafür sind die privaten Ride-Sharing-Dienste, die ihre Dienste vor allem in den wirtschaftlich attraktiven Innenstädten großer Städte anbieten, selten aber auf dem flachen Land. Ökonomisch effizient wäre genau das Gegenteil.

Chancen ergreifen

Können die europäischen Kommunen dem etwas entgegensetzen? Ja!

Die Kommunen müssen die Chancen der Digitalisierung nun beherzt ergreifen und ihre Stärken der lokalen und demokratischen Verankerung sowie der Verknüpfung von Dienstleistungen ausspielen. Digitale Technologien haben ein sehr großes Potential, kommunale Dienstleistungen radikal zu reformieren und dabei bürgerfreundlicher und effizienter zu gestalten. Kommunen müssen die »Digitale Daseinsvorsorge« unter eigener Kontrolle vorantreiben und dabei ihre Gemeinwohlorientierung behalten. Sie müssen die digitalen Zugänge zu ihren Leistungen bündeln und den Bürger*innen digitale Identitäten anbieten. München beispielsweise treibt das mit dem »M-Login«, den schon fast 800.000 Bürger*innen nutzen, erfolgreich voran. Wenn kommunale Dienstleister im Wettbewerb gegen die globalen Plattformanbieter erfolgreich sein wollen, müssen sie aber auch Skalenvorteile durch interkommunale Kooperationen heben und föderale Strukturen schaffen, um auf höheren Ebenen Kompetenzen zu bündeln. Zusätzlich müssen sie vor Ort in verstärkte Kooperation, auch mit lokalen KMU, gehen (economies of scope) und vor allem schnell sein. Interoperabilität ist dabei stets anzustreben und gemeinsame Standards (APIs, Datenaustauschformate etc.) sind zu nutzen.

Wenn die Kommunen und kommunalen Unternehmen dies nun rasch und beherzt vorantreiben, haben sie gute Chancen, die Verdrängung durch globale Plattformunternehmen zu verhindern. Die Digitalaktivitäten kommunaler Unternehmen können aber auch einen Beitrag zu einer europäischen Initiative leisten, damit Europa beim Thema Plattformen wieder aufholt. Ein kommunaler Bottom-Up-Ansatz kann einen europäischen Top-Down-Ansatz gut ergänzen. Dazu braucht es eine rasche europäische Anstrengung den Rückstand bei Software, Plattformen und Digitalunternehmen aufzuholen. Dies erfordert mehr als Regulierung. Es erfordert eine aktive Industriepolitik und zuvorderst einen starken Digitalkompetenz-Aufbau in der öffentlichen Verwaltung auf allen Ebenen. Ziel muss es ein, dass in der öffentlichen Verwaltung die IT-Kompetenz auf das gleiche Niveau kommt wie die juristische Kompetenz.

Aber auch in der Regulierung ist noch einiges zu tun. Es ist von entscheidender Bedeutung, dass die Politik ein »Level Playing Field« von kommunalen und privaten Unternehmen insbesondere bei Leistungen im Wettbewerb sicherstellt. Das betrifft Themenfelder wie Vergaberecht, Kommunalrecht (und damit eingeschränkte Skalierungsfähigkeit digitaler Geschäftsmodelle), PSI-Richtlinie/Open Data etc., die Wettbewerbsnachteile gegenüber privaten Digitalunternehmen darstellen.

Bürger*innen erwarten von Kommunen und kommunalen Unternehmen grundsätzlich ein hohes Maß an Sensibilität im Umgang mit personenbezogenen Daten. Bei Regulierungen zu Datenschutz sollte die EU eigene Maßstäbe setzen und auf strenge Regeln setzen. Dabei sollte die öffentliche Hand auch ihre Marktmacht nutzen, um Standards durchzusetzen. Die Hoheit über personenbezogene Daten, die bei der Erbringung von Dienstleistungen der Daseinsvorsorge entstehen, muss bei den jeweiligen Bürger*innen bleiben; die Hoheit über sonstige Daten aus der Daseinsvorsorge und aus dem öffentlichen Raum muss bei den Kommunen liegen.

Mit unternehmerischer Initiative von Kommunen und kommunalen Unternehmen, flankierender Anpassung der Regulierung und geeigneter europäischer Industriepolitik kann es gelingen, den globalen Plattformunternehmen ein europäisches Modell entgegenzusetzen, das seine Kraft aus traditionellen Stärken Europas zieht: Dezentralität, Unternehmergeist und starke Kommunen.

Anmerkung: Dieser Artikel basiert in Teilen auf den Ergebnissen einer Veranstaltung der Stadtwerke München mit dem Bayerischen Städtetag, dem Verband kommunaler Unternehmen, der Gewerkschaft Verdi, der Landeshauptstadt München, Digitale Stadt München e. V. und dem Zentrum Digitalisierung Bayern am 19.1.2021.

Sebastian Hartmann

Ein mutiges Europa kann digitaler Vorreiter sein!

Dezember 2021

Die Bundesrepublik Deutschland verfügt über eine ausgeprägte Cybersicherheitsarchitektur, von der die meisten anderen Staaten auf der Welt nur träumen. Zu nennen sind hier vor allem das Bundesamt für Sicherheit in der Informationstechnik, das Bundeskriminalamt und das Nationale Cyber-Abwehrzentrum. Allesamt übernehmen sie unverzichtbare Aufgaben – von der Zertifizierung von IT-Produkten über Ermittlung von Cyberstraftätern bis zum Austausch von Lageerkenntnissen unter den Sicherheitsbehörden. Diese Cybersicherheitsarchitektur ist Garant für den Schutz von Bürgerinnen und Bürgern, Behörden, Unternehmen und anderen möglichen Cyber-Opfern. Gleichzeitig müssen wir sie als Bundesgesetzgeber immer wieder kritisch hinterfragen: Genügen die behördlichen Kompetenzen den gesteigerten Herausforderungen? Müssen wir neue Sicherheitsanforderungen formulieren, die dann auch durchgesetzt werden müssen? Als Berliner »Ampelkoalition« werden wir diese Fragen im Lichte einer sich zuspitzenden Cyberbedrohungslage die passenden Antworten finden.

Spätestens im Jahr 2021 muss Cybersicherheit für uns alle ein Top-Thema sein. Die jüngsten Beispiele von Angriffen auf Stadtverwaltungen oder Krankenhäuser zeigen: Hacker können unser öffentliches Leben, zumindest zeitweise, lahmlegen. Auto ummelden, ärztliche Behandlungen durchführen – nichts geht mehr im worst case. Ob Internetbetrüger oder professionelle Hacker aus China oder Russland künftig über unser Leben bestimmen, liegt auch in deutscher und europäischer Hand. Hier muss die Sozialdemokratie eine führende Rolle einnehmen: als Verfechterin einer defensiven Cybersicherheitspolitik, die auf starken staatlichen Strukturen, innovativer Informationstechnologie und europäischer Unabhängigkeit basiert.

Die IT-Sicherheitslage in Deutschland ist kritisch, deutlich kritischer als noch vor einem Jahr. Das hat weitreichende Folgen für die Opfer von Hackerattacken: Behörden, Unternehmen, Bürgerinnen und Bürger müssen immer öfter Daten, oft auch (Erpressungs-, Löse- oder Schweige-)Geld preisgeben. Diesen düsteren Zustand hat das Bundesamt für Sicherheit in der Informationstechnik (BSI) in seinem kürzlich veröffentlichten jährlichen Lagebericht festgehalten.

Digitale (Un-)Sicherheit bedeutet immer auch analoge (Un-)Sicherheit

Für Bundestag und Bundesregierung heißt das in den kommenden Jahren: Keine Zeit zum Ausruhen. Unsere in den vergangenen Jahren erzielten Erfolge für mehr Cybersicherheit, etwa das IT-Sicherheitsgesetz 2.0, waren wichtig. Eine Daueraufgabe erfordert aber dauerhafte Entwicklung: politisch, technisch, strategisch, organisatorisch, in Unternehmen, Behörden, im Parlament – eine Herkulesaufgabe, die wir nur mit einem starken europäischen Ansatz stemmen.

Absolute Sicherheit kann es nie geben, gerade nicht in Zeiten, in denen die digitale und die analoge Welt zunehmend verwoben sind und Lieferketten immer komplexer und verzweigter werden. Wenn Cyberkriminelle eine Öl-Pipeline in den USA lahmlegen, wie im Frühjahr geschehen, hat das letzten Endes immer auch Auswirkungen auf Wirtschaft und Leben in Europa und Deutschland. Digitale (Un-)Sicherheit bedeutet immer auch (Un-)Sicherheit im »analogen Alltag«.

Davon betroffen sind immer zuerst die »schwächeren Glieder« einer Gesellschaft, jene Bürger oder Unternehmen, die sich selbst nicht oder nur unzureichend schützen können. Eine gute sozialdemokratische Innenpolitik ist damit untrennbar verbunden mit einer konsequenten Cybersicherheitspolitik. Letztere muss dafür Sorge tragen, dass sich Wirtschaft und Gesellschaft auf den Schutz eines starken Staates verlassen können.

Vernetzte Infrastrukturen schützen

Ein wichtiger Partner ist zum Beispiel das Institut für den Schutz terrestrischer Infrastrukturen, das seit kurzem in St. Augustin angesiedelt ist, angrenzend an meinen Wahlkreis – eine der innovativsten Sicherheitsregionen Deutschlands. Das interdisziplinäre Team des Instituts, das Teil des Deutschen Zentrums für Luft- und Raumfahrt ist, beschäftigt sich genau mit dieser Frage: Wie schützen wir Infrastrukturen, deren Beeinträchtigung – etwa eines Cyberangriffs – durch ihre breite Vernetzung Auswirkungen auf andere wichtige Infrastrukturen hätte?

Ein Beispiel ist der Angriff auf einen Stromversorger. Ein Stromausfall hätte Auswirkungen auf andere Kritische Infrastrukturen, etwa Krankenhäuser. Ein Teil der Lösung ist die Entwicklung sogenannter »Digitaler Zwillinge«. Dabei handelt es sich um digitale Abbildungen von Kritischen Infrastrukturen und ihren Vernetzungen. Dies bietet die Möglichkeit, mögliche kritische Entwicklungen im Vorhinein zu erkennen und zu verhindern bzw. Instrumente zum Schutz der Infrastrukturen zu entwickeln.

Unser Leitbild: Der Staat als Partner der Bürger

Genauso sind wir als Gesetzgeber in der Pflicht, die Voraussetzungen für ein größtmögliches Maß an Sicherheit und Datenschutz zu gewährleisten. Mit Blick auf die steigende IT-Bedrohungslage muss das Thema Cybersicherheit für die nächste Bundesregierung ganz oben auf der Tagesordnung stehen – und zwar bei allen Themen der Digitalisierung. Weil Cyberbedrohungen nicht allein auf nationaler Ebene gelöst werden können, haben alle Fragen der Cybersicherheit immer auch eine internationale Dimension. Hier müssen wir als Europäische Union besser werden: schneller, selbstbewusster, innovativer, eigenständiger, um im Konzert der Cyber-Mächte USA und Russland eine mitbestimmende Rolle zu spielen.

Aus meiner Sicht sind dabei folgende Punkte entscheidend:

-Die Weiterentwicklung des Bundesamtes für Sicherheit in der Informationstechnik hin zu einer Zentralstelle für (defensive) Cybersicherheit – als Partner von Bürgerinnen und Bürgern, Unternehmen und Behörden und in europäischer Vernetzung. Die Umsetzung der Cybersicherheitsstrategie gilt es, vorzubereiten und im Sinne einer defensiven Cyberabwehr fortzuentwickeln.

- Eine stärkere Sensibilisierung der Öffentlichkeit in Bezug auf IT-Sicherheitsrisiken und die Befähigung, seine eigene IT-Sicherheit positiv zu beeinflussen.
- Die weitere Vernetzung von Wissenschaft, Wirtschaft und Zivilgesellschaft – ein »Früherkennungssystem« und Wissensnetzwerk für mehr Innovation.
- Die verstärkte Datensouveränität durch Entwicklung modernster Verschlüsselungs- und IT-Sicherheitstechnologien made in Germany und EU.
- EU-weite Standards beim Thema Produktsicherheit (security by design).

- Und schließlich die Evaluierung und Entschlackung der (komplexen) europäischen Cybersicherheits-Architektur.

Grundlage unserer Politik muss dabei immer das Leitbild des Staates sein, der Partner der Bürgerinnen und Bürger ist. Ein Partner, der alle Bürger bestmöglich vor den Gefahren im Cyberraum schützt und sie befähigt, selbstbestimmt ihre eigene IT-Sicherheit zu beeinflussen – auf Basis eines starken Staates.

Dass wir auch als Nationalstaat handlungsfähig sind, haben wir in der vergangenen Legislaturperiode mit dem IT-Sicherheitsgesetz 2.0 gezeigt. Darin verpflichten wir, Betreiber Kritischer Infrastrukturen sowie weitere Unternehmen im besonderen öffentlichen Interesse, IT-Sicherheitsmaßnahmen nach dem Stand der Technik umzusetzen. Störungen wie Sicherheitslücken oder Schadprogramme müssen dem Bundesamt für Sicherheit in der Informationstechnik (BSI) gemeldet werden. Um die Sicherheit eines 5G/6G-Netzes zu gewährleisten, untersagen wir Mobilfunknetzen den Einsatz kritischer Komponenten, wenn der Einsatz die öffentliche Ordnung oder Sicherheit der Bundesrepublik Deutschland voraussichtlich beeinträchtigt würde. Außerdem haben wir das BSI gestärkt: als Verbraucher- und Zertifizierungsbehörde und bei der Detektion von Schwachstellen. Das wird auf Dauer nicht ausreichen.

Die Cybergefahr ist groß, der Handlungsbedarf enorm

Wie dringend der Handlungsbedarf ist, zeigen folgende Zahlen: Pro Tag zählt die Deutsche Telekom über 40 Millionen Cyberangriffe. Die allermeisten davon sind provozierte Angriffe durch sogenannte »Honeypots«, die ins Leere laufen und Angreifer von anderen Zielen fernhalten. Dennoch verdeutlicht die Zahl die schier unglaubliche Dimension von Cyberkriminalität – allein in Deutschland. Die Zahl der Schadprogramm-Varianten hat binnen eines Jahres um 144 Millionen zugenommen, die Schäden durch Erpressung sind seit 2019 um 358 Prozent gestiegen.

Nicht nur die Zahl der Fälle nimmt zu, auch das Vorgehen der Täter wird immer skrupelloser. Löse-, Schutz- oder Schweigegelderpressungen mittels Bots, Trojanern, Ransomware und anderen Schadprogrammen gehören mittlerweile zu einem weit verbreiten Repertoire. Ziele sind Privatpersonen, Unternehmen, Stadtverwaltungen, kritische Infrastrukturen (z. B. Krankenhäuser) und Regierungen.

Auch die Europäische Arzneimittelagentur geriet ins Visier von Cyberkriminellen: Im Dezember 2020 waren Daten über einen Impfstoff gestohlen und verfälscht im Darknet veröffentlicht worden. Das Beispiel zeigt, dass Cyberangriffe auch als hybride Waffe genutzt werden. Mit den Falschbehauptungen sollte die öffentliche Meinung beeinflusst werden. Ebenso mit Angriffen auf Regierungen oder Nichtregierungsorganisationen. Regierungskritiker werden unbemerkt ausspioniert und erpresst. Damit hat Cyberkriminalität längst die Schwelle »einfachen Diebstahls« überschritten. Cyberkriminalität ist heute auch politisch-strategisches Tagesgeschäft autokratischer Staaten wie Russland, China oder Nordkorea.

Die entscheidende Frage ist keine geringere als diese: In welcher Welt wollen wir leben? China – auf der einen Seite – nutzt Informationstechnologien zur staatlichen Überwachung. Die chinesische Zentralregierung schafft eine Gesellschaft, in der der Staat zum Kontrollorgan seiner Bürger mutiert. Gleichzeitig greift China gezielt Regierungen und Unternehmen an, um Daten zu stehlen. Experten schätzen, dass Präsident Xi Jingping über eine »Hackerarmee« von bis zu 100 000 Personen verfügt.

Die EU muss die Cyber-Weltordnung aktiv mitgestalten

Die USA – auf der anderen Seite – liegen bei den Cyberfähigkeiten (noch) vor China, das haben Experten des International Institute for Strategic Studies herausgefunden. Die Vereinigten Staaten bestimmen mit ihren Tech-Giganten Facebook, Microsoft und Co. die Spielregeln des internationalen Datenaustausches (mit) – und das nicht auf Basis der europäischen Datenschutz-Grundverordnung. Der Europäische Gerichtshof hatte das »Privacy Shield« – ein Abkommen mit den USA zum internationalen Datenaustausch – im Juli 2020 gekippt. Dem EuGH waren vor allem die Zugriffsmöglichkeiten der US-Geheimdienste auf Daten von Europäerinnen und Europäern zu weitreichend. Das ist vor allem für viele Unternehmen ein Problem, da sie sich in einem ständigen Datenkreislauf mit den USA befinden.

Wir Europäerinnen und Europäer dürfen den US-chinesischen Machtkampf nicht staunend zur Kenntnis nehmen. Wir müssen die Cyber-Weltordnung aktiv mitgestalten.

Den Datenaustausch mit den USA müssen wir auf DSGVO-konforme Beine stellen, im Sinne größerer Datensouveränität endlich eine europäische Dateninfrastruktur aufbauen, die europäische IT-Industrie stärken – und zwar auch, indem wir Cybersicherheits- und Produktstandards EU-weit harmonisieren.

Cybersicherheit bei Produktentwicklung berücksichtigen

Letzteres ist ein Ziel der sogenannten »NiS (Netz- und Informationssicherheit) 2«-Richtlinie, die derzeit auf europäischer Ebene diskutiert wird – eine Weiterentwicklung der »NIS«-Richtlinie aus 2016. Einheitliche Anforderungen an Cybersicherheit in der EU würden nicht nur den Binnenmarkt stärken, sondern das gemeinsame Schutzniveau erhöhen. Ich bin dafür, die europäischen Anpassungen »in einem Rutsch« mit weiteren Anpassungen in einer Fortschreibung des möglichen (deutschen) IT-Sicherheitsgesetzes 3.0 festzuschreiben.

Zwei Ziele halte ich dabei für sehr wichtig:

Erstens benötigen wir ein Schwachstellenmanagement mit dem Ziel, Sicherheitslücken zu schließen. Der Staat befindet sich in einem Zielkonflikt. Die staatliche Schutzpflicht verpflichtet zum Schutz von IT-Systemen vor Hackerangriffen. Auf der anderen Seite muss der Staat eine wirksame Gefahrenabwehr gewährleisten, wozu das Offenhalten von Schwachstellen zur Telekommunikationsüberwachung notwendig sein kann. Es ist gut, dass die künftige Koalition ein wirksames Schwachstellenmanagement auf den Weg bringen wird. Schwachstellen, die eine Gefahr für die Allgemeinheit darstellen, müssen schnellstmöglich durch das BSI gemeldet und von den Herstellern geschlossen werden.

Zweitens muss gesetzlich festgeschrieben werden, dass IT-Sicherheit schon bei der Entwicklung von Produkten berücksichtigt wird (»security by Design«). Hier kann die EU durch ihre Marktmacht für mehr Sicherheit entlang der Lieferkette sorgen.

Der »Digital Markets Act« und der »Digital Services Act« sind zwei weitere EU-Vorlagen, die das Potenzial haben, um aus der »Zuschauerrolle« herauszukommen. Die Ziele sind: Online-Plattformen bei Inhalten stärker in die Pflicht nehmen und für mehr Transparenz bei der Datenverarbeitung durch Algorithmen sorgen. Damit würden wir erneut Standards setzen in der EU. Dem EU-Parlament kommt die wichtige Rolle zu, die Vorschläge nicht aufzuweichen. Datenschutz und IT-Sicherheit – sie sind zwei Seite einer Medaille.

Die Vernetzung unseres Alltags schreitet weiter voran

Wichtig ist, dass wir mit den neuen Herausforderungen Schritt halten. Denn, so viel ist sicher, sie werden größer werden, nicht kleiner. Dazu gehört beispielsweise auch der Umgang mit dem sogenannten »Face Swapping« (der Bündelung biometrischer Daten zu neuen Gesichtern, also einer neuen Identität). Oder ganz allgemein die weitere Vernetzung unseres Alltags: Die Entwicklung von Smart Cities, autonomen Fahren, eHealth oder digitalen Bezahlmethoden steckt noch vergleichsweise in den Kinderschuhen, wird uns aber zwangsläufig stark beschäftigen, da hier private Lebensbereite betroffen sind und hochsensible Daten verarbeitet werden.

Die Fortschritte auf EU-Ebene stimmen optimistisch. Sie sollten aber nicht darüber hinwegtäuschen, dass die europäische IT-Sicherheitsarchitektur höchst komplex ist. Ich bin für einen Evaluationsprozess: Welche Institution hat welche Kompetenzen und wer behindert sich möglicherweise? Es gilt die alte Formel: Komplexität ist der Feind von Sicherheit. Sollte dies im Sinne klarer Verantwortlichkeiten und mehr Sicherheit sein, sollten wir die EU-Cybersicherheits-Struktur entschlacken.

Das BSI zur »dritten Säule« bei Cybersicherheit ausbauen

Das gilt auch für Deutschland: Es bringt nichts, wenn jedes Bundesland eigene Institutionen gründet – IT-Sicherheit macht nicht an Ländergrenzen Halt. Ich halte es deshalb für sinnvoll, das Bundesamt für Sicherheit in der Informationstechnik auszubauen zu einer Zentralstelle im Bund-Länder-Gefüge, als Partner für Bund, Länder, Kommunen, Unternehmen, Bürger. Damit würde das BSI neben dem Bundeskriminalamt im Polizeiwesen und dem Bundesamt für Verfassungsschutz im Verfassungsschutzverbund zur dritten Säule einer föderal integrierten Cybersicherheitsarchitektur weiterentwickelt werden, neben dem Bundeskriminalamt und dem Bundesamt für Verfassungsschutz.

Cybersicherheit kann nur europäisch gewährleistet werden. Sie kommt aber nicht ohne handlungsfähige staatliche Strukturen aus. In der neuen Bundesregierung werden wir Sozialdemokratinnen und Sozialdemokraten diese weiter stärken.

Prof. Dr. Henning Kagermann

10 Jahre Industrie 4.0: Der Mensch steht im Mittelpunkt

November 2021

Vor zehn Jahren haben wir die vierte industrielle Revolution in Deutschland ausgerufen. Und die Vision wird Stück für Stück Realität: Mittlerweile setzen 62 Prozent der deutschen Unternehmen Industrie 4.0-Anwendungen ein. Der Begriff Industrie 4.0 ist inzwischen auch eine international anerkannte Marke, die für eine kopernikanische Wende in der Industriearbeit steht: Nicht mehr bestimmt eine weitgehend starre Massenproduktion darüber, welche Produkte gleichartig und in großer Zahl hergestellt werden. Das Produktionsstück bestimmt entlang individueller Kundenwünsche seinen Weg durch die Fertigung selbst. Damit wird auch die Rolle der Beschäftigten verantwortungsvoller – unterstützt durch digitale Technologien steuern sie komplexe und in Echtzeit vernetzte Prozesse der Industrie 4.0.

Name und Idee entstanden im Hauptstadtbüro von acatech – im Gespräch mit Wolfgang Wahlster (DFKI) und Wolf-Dieter Lukas (BMBF). Wir waren damals überzeugt: Menschen, Maschinen und Produkte werden in Echtzeit miteinander vernetzt. Starre Wertschöpfungsketten werden abgelöst durch hochdynamische Wertschöpfungsnetzwerke und neue Arten flexibler Kooperation. Auf Kundenwünsche und Schwankungen in der Lieferkette können Unternehmen so unmittelbar reagieren. Individualisierte Produktion wird zum Preis der Massenproduktion möglich. Industrie 4.0 ist attraktiv für Kunden und verspricht eine höhere Effizienz, Resilienz und Nachhaltigkeit – zu den ersten Use-Cases gehörten die resiliente Fabrik und Upcycling statt Recycling. Die digital vernetzte Produktion schont natürliche Ressourcen, sie ermöglicht neue Geschäftsmodelle und schafft abwechslungsreiche Arbeitsplätze für Arbeitnehmerinnen und Arbeitnehmer.

Arbeit wird anspruchsvoller

Um gleich mit einem Missverständnis aufzuräumen: Uns ging es keineswegs nur um den Einsatz neuer, faszinierender Technologien. Uns ging es genauso um eine neue Unternehmensorganisation und eine Arbeitswelt, in der körperlich anstrengende Aufgaben ebenso wie monotone Tätigkeiten von intelligenten Maschinen übernommen werden – eine Arbeitswelt, die menschliche Kreativität und die Zusammenarbeit von Mitarbeiterinnen und Mitarbeitern fördert. Denn es sind vor allem Organisations- und Kreativaufgaben, denen sich die Menschen in der Industrie 4.0 widmen werden. Sie können sich auf ihre Kernkompetenz fokussieren: die Entwicklung neuer Ideen und Prozesse. Arbeit wird dadurch einerseits anspruchsvoller, macht auf der anderen Seite aber auch mehr Spaß. Zu Beginn der Reise stellten Arbeitnehmerinnen- und Arbeitnehmervertreter durchaus kritische Fragen. Doch schon in der Konzeptionsphase arbeiteten Gewerkschaften intensiv und sehr konstruktiv im damaligen Arbeitskreis Industrie 4.0 mit.

Studien und Umfragen von acatech zeigen indes: Viele Menschen unterschätzen nach wie vor die Radikalität und Geschwindigkeit, mit der die digitale Transformation unsere Arbeitswelt verändert. Was heute noch gilt, wird in der Industrie 4.0 immer wieder neu erfunden. Das Zusammenwachsen digitaler Kommunikationstechnologien mit intelligenten Maschinen erhöht die technologische und organisatorische Komplexität und Veränderungsdynamik von Arbeit. Die Flexibilisierung der Produktion wird bei Beschäftigten höhere Kompetenzen über vor- und nachgelagerte Arbeitsabläufe erfordern. Mitarbeiterinnen und Mitarbeiter sind zukünftig stärker gefragt, Entscheidungen zu treffen, die kein Algorithmus treffen kann. Arbeiten in wechselnden Teams und Lernen über alle Phasen des beruflichen Lebens hinweg wird deshalb immer wichtiger. Es sollte von Politik und Wirtschaft nach Kräften gefördert und von Beschäftigten beherzt in Anspruch genommen werden.

Weiterbildungen werden wichtiger

Für Betriebe bedeutet das, dass die stetige Kompetenzentwicklung zu einer Kernaufgabe wird und sie ihren Mitarbeiterinnen und Mitarbeitern gezielte Weiterbildungen in regelmäßigen Abständen anbieten müssen. Nur so können sie den Beschäftigten genau die Werkzeuge an die Hand geben, die sie für den digitalen Wandel in der Arbeitswelt benötigen. Beschäftigte und Unternehmen müssen in dieser Frage ganz eng zusammenarbeiten, damit das Fachwissen mit der technologischen Entwicklung Schritt hält. Weiterbildung sollte auch zukünftig in der Hand der Unternehmen bleiben.

An anderer Stelle muss die Politik die richtigen Weichen stellen. Wir brauchen ein klares Bekenntnis und neue Fördermodelle für lebensbegleitendes

Lernen, wir brauchen mehr Flexibilität und regulative Spielräume mit Blick auf die Arbeitszeitgestaltung und wir brauchen eine innovationsorientierte Mitbestimmung in einer starken Sozialpartnerschaft. Deutschland behauptet seine Spitzenstellung bei der Technologieentwicklung für die Industrie 4.0. Jetzt müssen wir bei den Arbeits- und Organisationsprozessen nachziehen. Voraussetzung ist eine neue Governance, die Veränderungsbereitschaft fördert und Freiräume schafft – in Betrieben, Unternehmen und Einrichtungen der öffentlichen Hand. Aber genauso auch in der Regulierung.

Nationales Kompetenzmonitoring einführen

Noch immer fehlt in Deutschland ein systematisches Kompetenzmonitoring. Sowohl Beschäftigte als auch Unternehmen benötigen aber Orientierung zu Zukunftsprofilen und zur beruflichen Aus- und Weiterbildung. Über welche Kompetenzen müssen Beschäftigte verfügen, um die Technologien von heute und morgen zu beherrschen? Wie gut sind wir in der Aus- und Weiterbildung, welche Fragen werden wichtig für Forscherinnen und Forscher, Entwicklerinnen und Entwickler? Wie verändern sich Geschäftsmodelle und welche neuen Kompetenzbedarfe resultieren daraus? acatech, BDI und Hans-Böckler-Stiftung haben mit Unterstützung des Bundesforschungsministeriums ein Konzept für ein Nationales Kompetenzmonitoring entwickelt und erprobt. Die neue Bundesregierung sollte die Initiative fortsetzen und als Instrument der strategischen Industriepolitik nutzen.

Freiräume für die Arbeitsgestaltung schaffen

Die heutigen Arbeitszeitregelungen stammen aus dem zweiten und dritten Industriezeitalter, das durch Fließbandfertigung und klar umgrenzte Aufgaben für IT und Industrieroboter geprägt ist. Diese tradierten Arbeitszeitregelungen begrenzen die digitalen Möglichkeiten des flexiblen, selbstbestimmten Arbeitens. Neue, dem technologischen Wandel angepasste Regelungen zu Höchstarbeitszeit, Mindestpausen und Ruhezeiten sollten größere Freiräume zur individuellen Gestaltung der Arbeit und zur besseren Vereinbarkeit von Familie und Beruf schaffen. Die Plattform Industrie 4.0 hat durch die Charta für Lernen und Arbeiten in der Industrie 4.0 eine Wertegrundlage für die zukunftsfähige Gestaltung der Arbeit vorgelegt, an der auch die Gewerkschaften von Anfang an beteiligt waren. In diesem Sinne ist es zu begrüßen, dass die Ampelparteien im Koalitionsvertrag den Wunsch der Sozialpartner nach flexibleren Arbeitszeitmodellen aufgegriffen haben.

Innovationsorientierte Mitbestimmung stärken

Unternehmen müssen innovativ bleiben, um ihre Wettbewerbsposition zu behaupten. Betriebe, die es schaffen, sich schnell an neue Marktlagen anzupassen und Beschäftigte, die von individuellen Mitbestimmungsrechten profitieren, sind die beste Voraussetzung dafür. Eine moderne Kultur der Mitbestimmung stärkt die Mündigkeit des Einzelnen und setzt auf agile Verfahren. Digitale Mitbestimmungswege müssen daher im sozialpartnerschaftlichen Dialog erprobt und eine intensivere, unmittelbare Teilhabe von Beschäftigten an betrieblichen Willensbildungsprozessen ermöglicht werden. So könnte eine neue Balance zwischen den Anforderungen an die Anpassungsfähigkeit von Unternehmen und den Interessen der Beschäftigten entstehen – eine Fortführung der Sozialpartnerschaft vorwärts ins vierte industrielle Zeitalter, die ein deutsches Alleinstellungsmerkmal und ein Wettbewerbsvorteil in der digitalen Transformation wäre.

Die Transformation selbstbestimmt gestalten

Eine Grundüberzeugung des acatech HR-Kreises – unser Forum für Personalvorstände zur Zukunft der Arbeit – lautet: Die Beschäftigten sind die besten Gestalter ihrer eigenen Arbeitswelt. Sie müssen die Chance haben, die digitale Transformation selbstbestimmt mitzugestalten – und nicht nur »mitgenommen« werden. Den Mitarbeiterinnen und Mitarbeitern dabei mehr zuzutrauen, erfordert aber ein Umdenken: sowohl bei den Führungskräften in den Unternehmen als auch bei Betriebspartnern und beim Gesetzgeber. Die Anforderungen und Bedürfnisse einzelner Mitarbeiterinnen und Mitarbeiter rücken in den Mittelpunkt, damit sie die individuellen Wertschöpfungsprozesse der Industrie 4.0 steuern können.

Gleichzeitig ist klar: Es gibt keinen Masterplan zur Gestaltung der künftigen Arbeitswelt. Der Weg der Transformation führt vor allem über Experimente. Und über einen breiten sozialpartnerschaftlichen Dialog. Viele Beschäftigte sehen die Chancen des digitalen Wandels: sie wollen ihn aktiv mitgestalten und von individueller Flexibilität profitieren. Gleichzeitig brauchen sie Verlässlichkeit und Stabilität – auch und gerade in Zeiten des Wandels.

Dr. Gunther Kegel

Elektrifizierung und Digitalisierung: Chancen für mehr Klimaschutz nutzen

Mai 2022

Der Countdown läuft unerbittlich. Mit jedem Tag, der ungenutzt verstreicht, wird es ein Stückweit schwieriger, die ambitionierten, von der Bundesregierung vorgegebenen Klimaziele und die angestrebte Klimaneutralität bis 2045 zu erreichen. Dabei besteht weitgehend Einigkeit: Es sind die »Zwanziger Jahre«, die darüber entscheiden werden, ob dem Klimawandel mit Erfolg begegnet und die Erderwärmung begrenzt werden kann.

Optimistisch stimmt, dass es Handlungsmöglichkeiten gibt. Der Schlüssel zu einer klimafreundlichen Zukunft liegt in der umfassenden Elektrifizierung und Digitalisierung aller Sektoren – und damit in der Transformation unserer Gesellschaft zur All-Electric-Society. Was so simpel klingt, ist eine Mammutaufgabe – für die Industrie, die Politik, die Gesellschaft, in Deutschland, Europa und weltweit. Aber sie ist lösbar.

Klar ist: Keiner kann den Klimawandel allein bremsen. Politik, Wirtschaft und Gesellschaft müssen zusammenarbeiten. Klar ist aber auch: Wir können dabei auf die Innovationsfähigkeit unserer Industrie setzen. Vieles, was wir an Technologien benötigen, um den Ausstoß klimaschädlicher Gase drastisch zu reduzieren, liegt bereits vor. Und ich bin sicher: Wir haben noch lange nicht das Ende unseres Erfindungsreichtums gesehen und dürfen auch auf Sprunginnovationen setzen.

Nun ist es an der Politik, den passenden Rahmen zu setzen, um einen wirkungsvollen Klimaschutz zu implementieren. Einen Rahmen, der zum einen Innovation gezielt fördert und zum anderen Unternehmen die Chance einräumt, Klimaschutz ertragreich in ihre Geschäftsmodelle zu integrieren. Mit der Ampel-Koalition sind die Chancen gestiegen, das Industrieland Deutschland in eine digitale und klimafreundliche Zukunft zu führen. Doch auch sie muss liefern: Einen konkreten Plan und ein konkretes Zielbild, damit klar ist, wohin die »Reise« geht.

Für unsere Branche, die Elektro- und Digitalindustrie, stehen auf diesem Weg die Elektrifizierung, Digitalisierung und Kopplung aller klimarelevanten Sektoren im Zentrum. Die zweite BDI-Klimapfadestudie aus 2021 zeigt eindeutig, dass Strom – erneuerbar und in der Regel dezentral erzeugt – der Energieträger der Zukunft ist. Mit ihm müssen und können 90 Prozent des zukünftigen Energiebedarfs gedeckt werden – in direkter Anwendung oder indirekt über Speichermedien wie grünem Wasserstoff oder e-Fuels. Selbst in einer bevölkerungsreichen Industriegesellschaft wie Deutschland ist das möglich. Dabei ist wesentlich, dass der Primärenergiebedarf in Deutschland bis 2045 um 40 Prozent gesenkt werden muss: In erster Linie durch die Elektrifizierung ganzer Sektoren durch direkte Verwendung von Strom aus regenerativen Quellen in Verbindung mit intelligenter Sektorenkopplung, aber auch durch das Heben weiterer Effizienzpotenziale.

Was leiten wir also daraus ab? Erstens, der flächendeckende Ausbau der erneuerbaren Energien hat eine der obersten Prioritäten. Der bisherige »Ausbaupfad« für die Erneuerbaren muss zu einer »Schnellstraße« werden. Plus 300, besser 400 Prozent dürften nicht zu knapp kalkuliert sein. Das bedeutet massive Investitionen bei gleichzeitiger Straffung der Planungs- und Genehmigungsverfahren. Hängepartien wie etwa beim Trassenausbau oder beim Ausbau der Windenergie werden wir uns bei den ambitionierten Klimazielen nicht mehr leisten können. Der Stromverbrauch in Deutschland wird bis 2030 massiv zulegen, von 504 Terawattstunden im Jahr 2021 auf rund 753 Terawattstunden, so die Prognose der Klimapfadestudie. Das entspricht einem Zuwachs von 50 Prozent in weniger als 8 Jahren!

Deshalb muss, zweitens, auch die Energie- bzw. Stromeffizienz in allen Bereichen vorangetrieben werden, um den Anstieg des Strombedarfs so stark wie möglich zu begrenzen. Der Großteil der Technologien für diese notwendigen Stromeinsparungen kommen aus der Elektro- und Digitalindustrie, wie zum Beispiel hocheffiziente elektrische Antriebe oder Gleichstromtechnologie in der Industrie. Sie geht hier als Schlüsselbranche voran. Dabei wird die Hebelwirkung der Energieeffizienz deutlich mehr Energie einsparen können, als überhaupt an regenerative Energiequellen in Deutschland hinzugebaut werden können. Mehr denn je, ist hier auch politisch anzusetzen: Die Förderung muss konsequenter auf die Energieeffizienz ausgedehnt werden.

Drittens bedeutet mehr Strombedarf auch eine höhere Auslastung und damit mehr Belastung für die Übertragungs- und Verteilnetze. Geht man vom momentanen Stand unseres Stromnetzes in Deutschland aus, ist es dafür nicht ausgelegt. Es würde zum Nadelöhr der Energiewende werden. Um diesem Problem zu begegnen, gibt es zwei Hebel, die wir unbedingt nutzen müssen: Den Ausbau und Modernisierung der Netze aber auch und vor allem deren Digitalisierung. Dies erlaubt dann die Flexibilisierung des Strombezugs durch entsprechende Preissignale. So können die Netzinfrastruktur effizient ausgelastet und Engpasssituationen leichter vermieden werden. Die Digitalisierung erfordert dabei erstens den zügigen Rollout intelligenter Zähler, also den Aufbau einer Smart-Meter-Infrastruktur, und zweitens die Einführung eines Smart-Readiness-Indicators-for-Grids. Durch diesen können wir die Leistungsfähigkeit der Netze ermitteln, um daraus zielgerichtete Investitionen in den Aus- und Umbau abzuleiten.

Wenden wir uns viertens noch dem Strompreis zu. Auch wenn der Anteil an Steuern und Umlagen von 51 Prozent (2021) auf 33 Prozent (2022) gesunken ist, ist er weiterhin viel zu hoch. Es ist grotesk, dass der Energieträger, der die Energiewende vorantreibt, über Gebühr mit Abgaben belastet wird. Das muss sich ändern. Die Abschaffung der EEG-Umlage im Sommer 2022 ist zwar richtig gewesen. Für einen attraktiven Strompreis braucht es aber noch mehr: Die Stromsteuer muss sich am Treibhausgasgehalt des Energieträgers ausrichten, sodass für Strom aus regenerativen Quellen gar keine mehr anfällt. Nur so wird der Umstieg gelingen und für alle machbar sein. Komplimentiert werden muss dies durch einen wirkungsvollen CO_2-Preis, der EU-weit – im Idealfall sogar weltweit – steigt und der auch in den Sektoren Wärme und Verkehr marktgetrieben ermittelt werden sollte. Zudem müssen sämtliche Vergünstigungen für fossile Brenn- und Kraftstoffe wegfallen.

Zuletzt noch ein Wort zum Drehkreuz der Energiewende: Den Gebäuden. Deren CO_2-Ausstoß ist nach wie vor zu hoch – ein Drittel der Emissionen in Deutschland stammen direkt und indirekt aus diesem Sektor. Seit Jahren herrscht dort ein Modernisierungs- und Sanierungsstau. Bezogen auf die elektrische Gebäudeinfrastruktur können weite Teile unseres Bestands im Land als museumsreif bezeichnet werden. Was es braucht, ist eine höhere jährliche Sanierungsquote – mindestens drei Prozent bei Heizungen und sechs Prozent bei Beleuchtung. Die derzeitige Quote von rund einem Prozent ist viel zu wenig, um unsere Gebäude energie-, verkehrs- und gebäudewendefähig zu machen.

Wichtig bei alldem ist: Wir dürfen uns nicht selbst im Weg stehen. Nicht mit überbordenden oder zu komplexen Regulierungen, etwa beim Thema

Digitalisierung. Nur unter innovationsfreundlichen Rahmenbedingungen können sich Technologien wie beispielsweise KI voll entfalten, wir dem Klimawandel erfolgreich entgegentreten und den Weg in die All-Electric-Society gehen. Verzicht ist kein wirksames Mittel, und nur eine wachsende Volkswirtschaft wird die enormen Kosten der Energiewende tragen können. Was wir tun müssen, ist vor allem eins: umsetzen. Damit wir endlich sagen können: Auch diesen Tag haben wir wieder im Sinne der Klimaneutralität genutzt. Wir haben es selbst in der Hand. Noch.

Dr. Joachim von Schorlemer

Selbstbestimmte Digitale Identitäten sind der Grundbaustein für eine digitale Wirtschaft

Mai 2022

Ein Plädoyer für ein Ökosystem digitaler Identitäten

Für fast alle Interaktionen im Geschäftsleben, sei es im Kontakt mit Behörden oder mit Unternehmen, benötigen wir die eine oder andere Form von Identitätsnachweis. In der analogen Welt können wir fast jedes Attribut unserer Identität mit einem Ausweis, einer Urkunde oder einem anderen Dokument nachweisen – vom Namen, über das Alter bis hin zu Vereinsmitgliedschaft oder Immobilienbesitz. Digitale Identitäten übertragen solche Nachweise in den digitalen Raum. Denn wie beweisen wir online, dass unsere Angaben stimmen?

In der digitalen Welt gelten im Grunde die gleichen Bedingungen wie in der analogen Welt. Sei es eine Kontoeröffnung, der Abschluss einer Versicherung oder beim Online-Shopping. Unsere Geschäftspartner benötigen von uns Informationen, damit sie wissen, mit wem sie es zu tun haben. Derzeit ist das jedoch umständlich: Wir tippen die benötigen Daten immer wieder aufs Neue ein. In der Regel erhalten wir dann einen Benutzernamen und Zugangsdaten, mit denen wir uns zukünftig gegenüber dem Geschäftspartner identifizieren können. Im Durchschnitt besitzt Jede und Jeder heute rund 90 solcher Profile – oder besser: »digitale Identitäten«. Viele dieser Online-Zugänge sind unsicher, Passwörter aus Geburtsdaten oder die Zahlenreihe »1234« sind keine Seltenheit.

Benötigen die Geschäftspartner weitergehende Nachweise, etwa zum Einkommen oder zum Immobilienbesitz, bleibt uns derzeit nichts anderes übrig, als die entsprechenden analogen Dokumente einzuscannen oder zu fotografieren und sie anschließend über Online-Formulare hochzuladen oder per E-Mail zu verschicken. Oder wir versenden direkt eine Kopie per Brief. Solche Lösungen sind aufwendig und unpraktisch. Aufwendig für die Kundinnen und Kunden, aber auch für die Dienstleister, die die abfotografierten Dokumente auswerten müssen. Unsicher sind diese Lösungen obendrein, denn der per E-Mail versandte Scan des Personalausweises kann in falsche Hände geraten.

Eine etablierte Möglichkeit, wie Kundinnen und Kunden ihre Identität voll-digital, sicher und vor allem einfach nachweisen können, besteht derzeit nicht. Insbesondere für besonders sicherheitssensible Bereiche wie Banking, Versicherungen oder staatliche Dienstleistungen ist dies ein gravierendes Problem. Gerade mit Blick auf Geldwäscheprävention und Identitätsmiss-brauch ist eine zugleich einfache sowie sichere Identifikation für den digita-len Raum unerlässlich. Was fehlt, ist eine Art digitaler Personalausweis für das Internet.

Aus diesem Grund tummeln sich inzwischen zahlreiche Anbieter für Iden-titätsnachweise im Markt, die, gegen Bezahlung, jeweils individuelle Iden-titätsfeststellungen anbieten. Für die Kundinnen und Kunden heißt das dann meist, dass sie vor Abschluss eines Vertrags oder Eröffnung eines Bankkontos eine separate App herunterladen und anschließend ihren Personalausweis in verschiedenen Winkeln vor ihre Handykamera halten müssen. In der digitalen Anbahnung von Vertragsschlüssen ist das eine echte Sollbruchstelle. Etliche potenzielle Kundinnen und Kunden – nicht nur Ältere und digital wenig erfahrene Nutzerinnen und Nutzer – brechen an dieser Stelle entnervt ab. Dieser Zustand ist dem digitalen Zeitalter nicht angemessen.

Das Fehlen von digitalen Identitäten und Nachweisen ist eines der drän-gendsten Digitalisierungshemmnisse unserer Zeit. Für den Digitalstandort Deutschland ist dieser Zustand verheerend, weil ohne solche Nachweise viele digitale Innovationen und moderne Services gar nicht erst entstehen können. Das hat auch bedeutende volkswirtschaftliche Implikationen. So kommt eine McKinsey-Studie aus dem Jahr 2019 zu dem Ergebnis, dass die Entwicklung eines Ökosystems für digitale Nachweise in entwickelten Volkswirtschaften bis 2030 einen gesamtwirtschaftlichen Nutzen in Höhe von 3 bis 4 Prozent des BIP generieren kann.[109]

Die Lösung ist – zumindest in der Theorie – einfach. So wie den Personalaus-weis für die analoge Welt, sollte der Staat seinen Bürgerinnen und Bürgern digitale Nachweise bzw. Identitäten zur Verfügung stellen, die eine einfache und sichere Online-Identifikation ermöglichen und die per App auf dem Handy gespeichert werden können.

Die notwendige Technik für den Aufbau solcher digitalen Identitäten gibt es schon heute. In den vergangenen Jahren hat die digitale Sicherheitsarchitektur enorme Fortschritte gemacht. Fortgeschrittene kryptografische Verfahren, die in ähnlicher Form beispielsweise auch hinter Kryptowährungen wie Bitcoin stehen, erlauben es heute, fälschungs- und manipulationssichere digitale Nachweise auf dem Smartphone zu speichern. Einmal eingerichtet ist außer dem Smartphone und der entsprechenden »Wallet-App« nichts weiter nötig. Das entscheidende: die Nutzerinnen und Nutzer behalten die volle Kontrolle über ihre Daten. Und sie geben auch jeweils nur genau die Informationen preis, die benötigt werden.

Nur ein Beispiel: Eine Webseite benötigt für den Zugang die Bestätigung der Volljährigkeit. Mit einer digitalen Identität auf dem Smartphone lässt sich dieser Nachweis erbringen, ohne dass nicht-benötigte Informationen übertragen werden. Statt also einen abfotografierten Personalausweis hochzuladen, der viel mehr Informationen enthält als nötig (Name, Anschrift, Geburtsdatum, Nationalität usw.), könnte per Knopfdruck ausschließlich der (digitale) Nachweis der Volljährigkeit übersandt werden. Das genaue Geburtsdatum erhält der Webseitenbetreiber in diesem Fall nicht, er braucht es ja auch nicht. Neben vielen anderen Anwendungsgebieten könnten digitale Identitäten somit, ganz nebenbei, auch das ungelöste Problem eines effektiven Jugendschutzes im Internet lösen.

Kurzum: richtig konstruiert geben digitale Identitäten den Nutzerinnen und Nutzer die volle Kontrolle über ihre Daten. Sie entscheiden selber, wann, wie, wofür und mit wem sie welche persönlichen Daten teilen. Diese Vorteile sind im Konzept der sogenannten Self-sovereign Identity (SSI) zusammengefasst. Selbstbestimmte digitale Identitäten verfolgen den Grundsatz, dass die Inhaberinnen und Inhaber von SSI-Nachweisen die volle Kontrolle und Hoheit über ihre Daten behalten. Die Schweiz zeigt, dass SSI der Grundstein für ein Ökosystem digitaler Nachweise – und damit für eine digitale Wirtschaft – sein kann. Der Schweizer Bundesrat hat im Dezember 2021 beschlossen, dass die künftige staatliche Schweizer eID auf dem SSI-Prinzip basieren soll.[110]

SSI ermöglicht eine niedrigschwellige und sichere Nutzung digitaler Services. Die gewonnene Sicherheit auf Seiten der Anbieterinnen und Anbieter wie auch der Nutzerinnen und Nutzer ermöglicht die Entwicklung ganz neuer Angebote. Durch SSI lassen sich u. a. fälschungs- und manipulationssichere digitale Versionen von wichtigen persönlichen Dokumenten wie Personalausweis, Führerschein, Impfpass, Geburtsurkunde oder medizinischen Rezepten erstellen. Auch sichere, passwortfreie Zugänge zu Webservices sind möglich. Im E-Commerce, im Online-Banking oder bei digitalen Behördengängen kann SSI eine eindeutige Identifikation der Nutzerinnen und Nutzer gewährleisten.

Damit Nutzerinnen und Nutzer ihre Nachweise einsetzen können, wird eine technische Infrastruktur benötigt, die man als Ökosystem für digitale Nachweise bezeichnet. Derzeit gibt es diverse Initiativen zum Aufbau von solchen Ökosystemen. Unter anderem entwickelt die ING Deutschland zusammen mit 50 weiteren Partnern aus Wirtschaft und Verwaltung das Ökosystem www.idunion.org. Ein solches SSI-Ökosystem wäre ein entscheidender Schritt zu mehr digitaler Autonomie und Souveränität der deutschen (und perspektivisch: der europäischen) Wirtschaft. Auf europäischer Ebene wird mit der Reform der eIDAS-Verordnung derzeit zudem an einem europaweiten regulatorischen Standard für digitale Identitäten gearbeitet.

Der Erfolg digitaler Identitäten hat mindestens vier Bedingungen: Digitale Identitäten müssen sicher sein. Sie müssen einfach zu nutzen sein. Sie müssen kostengünstig einsetzbar sein. Und sie müssen schnell kommen.

Die Frage der Sicherheit ist momentan das kleinere Problem. Viele mit dem Thema in Deutschland betraute Stellen, vom Bundesinnenministerium bis zum Bundesamt für die Sicherheit in der Informationstechnik, wachen mit großer Kompetenz darüber, dass das finale Produkt hohen Sicherheitsansprüchen genügt.

Woran es schon eher hapert, ist der Fokus auf ein möglichst einfaches und handhabbares Produkt. »Einfach« bedeutet aus unserer Sicht, dass eine einzige App zur Verwaltung verschiedener digitaler Nachweise genügen muss. Es wäre falsch, für jeden einzelnen Nachweis eine eigene App zu bauen.

»Einfach« bedeutet aber auch, dass die Nutzung digitaler Identitäten mit möglichst geringen Kosten verbunden sein muss. Digitale Nachweise, die bestimmte Hardware voraussetzen (beispielsweise besonders teure Smartphones mit sogenannten »Secure Elements«) werden sich nicht in der Breite durchsetzen. Die Kosten für die Nutzung digitaler Identitäten hat somit auch einen sozialen Aspekt. Zumindest bei den staatlich herausgegeben digitalen Identitäten sollte eine Legitimation im Netz für die Nutzerinnen und Nutzer somit kostenlos sein – so wie man sich auch in der analogen Welt durch Vorlage seines Personalausweises kostenlos identifizieren kann.

Das Kostenargument gilt auch für die Seite der Verifier, also jener Instanzen, die online die Gültigkeit eines digitalen Nachweises überprüfen: wenn ein Verifier für jede Nutzung einer digitalen Identität einen Preis von mehreren Euro zahlen müsste, würde sich das negativ auf seine Bereitschaft auswirken, solche Identitäten einzusetzen. Die Nutzung von digitalen Identitäten darf nicht an zu hohen Kosten scheitern. Aus unserer Sicht ist es darum entscheidend, Sicherheit, Einfachheit und Kosteneffizienz gemeinsam zu denken.

Schließlich: Geschwindigkeit. Als digitale Bank, die im internationalen Wettbewerb steht, wissen wir, dass der Faktor Geschwindigkeit eine entscheidende Rolle spielt, wenn es um die Akzeptanz und Verbreitung digitaler Lösungen geht. Den Luxus, jahrelang in der Theorie eine vermeintlich optimale Lösung zu entwickeln, haben wir nicht – ansonsten werden uns große internationale Tech-Konzerne zuvorkommen, die an eigenen, weniger offenen Lösungen arbeiten.

Die neue Bundesregierung aus SPD, Grünen und FDP fordert einen digitalen Aufbruch für Deutschland. Für diesen Aufbruch ist ein marktfähiges, offenes und sicheres Ökosystem für digitale Nachweise unerlässlich. Wenn es der neuen Bundesregierung gelingt, die noch bestehenden rechtlichen und organisatorischen Hürden aus dem Weg zu räumen und die Entwicklung einer sicheren und praktikablen SSI-Lösung voranzutreiben, dann steht nicht nur der Bankenbranche in Deutschland ein echter Digitalisierungsschub bevor.

Dr. Christian Kellermann

KI für die Kleinen und Mittleren Unternehmen – passgenau, partizipativ und praktisch

November 2021

Wenn Google mittels Deep Learning einen Menschen in einem Logik-Spiel besiegt, überrascht das heute niemanden mehr. Wenn Google die globale Community der Biochemie darin überholt, Moleküle zu berechnen, steigt der Aufmerksamkeitsgrad durchaus ein wenig. Allerdings beben die Vibrationen unterhalb der Oberfläche der breiten Wahrnehmung, weil nicht nur die menschliche Zelle an sich, sondern auch die Vorstellung davon, was man damit alles anstellen kann, jenseits des normalen Vorstellungsvermögens liegen. Neurodegenerative Krankheiten heilen – prima, aber ... Das Altern drastisch verlangsamen? *Come on!*

Wenn ein Verbund aus einem oder mehreren Start-ups, einem mittelständischen Betrieb und dem Forscherteam einer Hochschule eine »künstlichen Nase« für den Weinbau entwickeln, wird das Ganze schon greifbarer. Geschmack, Aroma und auch das Aussehen, die Farbe eines Weines sind komplexe (ebenfalls molekulare!) Muster. Mithilfe von Künstlicher Intelligenz sollen digitale Sensorsysteme Winzer*innen künftig bei der Bestimmung von Weinmerkmalen unterstützen. Weinbezogene Daten werden per Algorithmus ausgewertet und sollen Wein objektiv bestimmen können – nicht nur was Herkunft, Rebsorte etc. betrifft, sondern auch wie er schmeckt. Das klingt in Anbetracht der Subjektivität von Geschmack auf der Empfänger- also Konsumentenseite ambitioniert, veranschaulicht aber dennoch das Anwendungspotenzial von KI in einem KMU, das ein typischer Weinbaubetrieb in der Regel ist. Bislang brachliegende Daten werden durch KI berechnen- und auswertbar. Muster können erkannt werden, die dann auf bestimmte Kundenwünsche besser abgestimmt werden können. Weniger Ausschuss, mehr absetzbare Menge, bessere Qualitätskontrolle – sehr vielversprechend also.

Und dennoch zögern viele KMU nach wie vor, sich ernsthaft mit KI zu beschäftigen. Den vielen Förder- und Informationsprogrammen auf Bundes- oder regionaler Ebene zum Trotz, ist die »Readiness« im Betrieb noch immer gering ausgeprägt. Was kostet das, wer entwickelt mir das, wo bekomme ich die Fachkräfte her, wie verändert das meine betrieblichen Prozesse, will ich das überhaupt, besser: brauche ich das überhaupt? Die Antworten auf die Fragen sind natürlich abhängig vom betrieblichen Anwendungsfall – und sie sind komplex. Die »Readiness« ist nicht nur eine Frage der technischen Bereitschaft für die Einführung von KI. Es liegt in der Natur von KI, dass sie in Prozesse eingreift und nicht nur einzelne Arbeitsschritte beeinträchtigt. Das heißt noch lange nicht, dass KI den Charakter eines Werkzeugs überschreitet und irgendetwas in Richtung einer neuen Basistechnologie wird. Nehmen wir das Beispiel der künstlichen Nase: Solange das Erfahrungswissen und Geschick des Winzers oder der Kellermeisterin durch die »Kunstnase« nicht ersetzt wird, ist sie ein Tool zur Erfassung von Daten, um Aromasignale zu messen. Sie ersetzt alte, aufwendige Verfahren wie den Gaschromatographen.

Ob man dazu bereit ist, KI in den laufenden Betrieb einzuführen, folgt im Prinzip einer Kosten-Nutzen-Analyse und folgt dann einer klassischen Change-Logik in der Umsetzung. KI erschwert allerdings beides insofern, weil im ersten Schritt unklar ist, wie viel die betrieblichen Daten am Ende wert sind. Im zweiten Schritt, weil Change-Prozesse die Beschäftigten von Beginn an einbinden müssen, einschließlich der Geschäftsführung selbst. Würde die Winzerin eine künstliche Nase anschaffen, wenn sie dadurch ihre besondere Stellung in der Bewertung ihres Weins verliert? Die Berechnung der ehemals humansensorischen Eindrücke hat Rückwirkungen auf den gesamten Produktionsprozess und fremdbestimmt möglicherweise das Timing vom Ausschneiden, über die Weinlese bis hin zum Zeitpunkt, den Wein auf die Flasche zu ziehen. Die Sorge, dass das Künstlerische durch das Künstliche verdrängt wird, könnte am Ende der Einführung von KI im Wege stehen. Schließlich steckt auch viel Psychologie im Geschmack und der sollte man vielleicht nicht jeden Zahn ziehen.

KI zum passgenauen Assistenten zu machen, ist ein technischer, aber eben auch ein sozialer Prozess – und nebenbei das nachhaltige Erfolgsgeheimnis der Technologie. Der Grad der »Readiness« ist vielschichtig und erfordert die Bereitschaft, sich selbst mit den Möglichkeiten und der Kontrollierbarkeit der fraglichen KI-Anwendung auseinanderzusetzen. Gleichzeitig erfordert sie die Mitnahme der Belegschaft, um sie frühzeitig an den Prozessen zu beteiligen, idealerweise die Technik co-kreativ einzuführen, um sie im Grundsatz nicht nur verstehbar, sondern auch handhabbar zu halten. Die kontinuierliche Gefährdungsbeurteilung eines Systems, dessen zentraler Vorteil in der undurchschaubaren Mustererkennung einer »Black Box« liegt, bedarf einer entsprechenden Checkliste, die es gemeinsam zu erarbeiten gilt – und wofür man externe Expert*innen braucht. Das ist mit Bordmitteln in der Regel nicht zu schaffen.

Es gibt gute betriebswirtschaftliche Gründe für KI in KMU. Genauso gute Gründe gibt es für die ganzheitliche Technikfolgenabschätzung und damit die Auswirkungen auf die Beschäftigten. Ihre Beteiligung von Anfang an trägt wesentlich dazu bei, den Einsatz von KI und die neuen Schnittstellen zwischen Mitarbeitenden und selbstlernenden Systemen optimal zu gestalten. Nur so ist das das Ziel einer effizienten, produktiven sowie gesundheits- und lernförderlichen Arbeitsgestaltung möglich. Neben dem Verständnis für die Technik selbst, ist auch das Wissen um die geltenden rechtlichen Bestimmungen, wie zum Beispiel das Arbeitsrecht und Arbeitsschutzgesetze, Schutz der Persönlichkeitsrechte und Datenschutzbestimmungen oder Regelungen zur Mitbestimmung notwendig für die erfolgreiche Einführung von KI in einem Unternehmen.

Die Hürden sind entsprechend hoch und vielleicht erklärt das auch zu einem gewissen Grad die Zurückhaltung vieler KMU in Sachen KI. Die KI-Milliarden, die im Rahmen der Digitalisierungsstrategie der Bundesregierung in die Technikförderung fließen, sind einerseits wichtig für die Entwicklung von KI am Standort Deutschland. Aber sie sind auch unverzichtbar für die »Readiness« auf der Anwenderseite, gerade für viele KMU. Denn wenn die Exzellenz und das technische Wissen, das viele KMU zu »hidden champions« macht, durch den KI-Einsatz in anderen Weltregionen relativiert wird, führt kein Weg daran vorbei, KI selbst so zu nutzen, dass es die eigenen Stärken voranbringt. Die eigene Stärke sind hierzulande sehr häufig die Mitarbeitenden. Ihnen die KI zum Assistenten zu machen, ihre Autonomie zu erweitern, Belastungen abzubauen, Kreatives zu fördern, Qualifikationen upzugraden, ist am Ende der Wettbewerbsfaktor, auf den es ankommt.

Um noch einmal auf den Weinbau zurückzukommen: Viele Weine leben gerade davon, dass sie nicht »perfekt« sind, weil es den perfekten Wein ohnehin nicht gibt. Als lebendes Produkt entwickelt sich Wein ständig und die deutschen Weingüter sind in der Regel klein mit geringen Chargen. Sie leben also von der Individualität – eine »Kalifornisierung« ist häufig nicht das Ziel. KI kann dennoch durchaus gewisse Schritte in der Arbeit begleiten, aber dass sie den Stil eines Weinguts so imitiert, dass die echte Nase nicht mehr gebraucht wird, dazu kommt es sicherlich nicht. Schon heute wichtig kann KI im Weinbau werden, wenn sie Arbeit automatisiert, für die es immer schwerer wird, jemanden zu finden, der sie macht. Vor allem im Weinberg – ganz analog.

5.

Nachhaltige Energiewende beschleunigen

Prof. Dr. Ines Zenke

Energie: Als ob wir auf Optionen verzichten könnten

Mai 2022

Die Versorgung mit Energie ist ein seit langem in unserem Rechtssystem verankerter Grundsatz. Die Mutter des Energierechts, das Energiewirtschaftsgesetz, schreibt als Leitbild die »möglichst sichere, preisgünstige, verbraucherfreundliche, effiziente und umweltverträgliche ... Versorgung der Allgemeinheit« (§ 1) fest. Auf »zunehmend erneuerbaren Energien« soll sie beruhen. Adressiert werden die Versorgung der Allgemeinheit mit den Waren Strom, Gas und Wasserstoff.

Versorgungssicherheit in Gefahr

Niemand musste in den letzten Jahrzehnten an der Versorgungssicherheit zweifeln. Zwar änderte sich die Art der Energieerzeugung und der Weg in die Treibhausgasneutralität fordert uns heraus. Trotz aller Zweifler aber schien der Weg machbar. Die erneuerbaren Energien decken zunehmend den Bedarf an Energie (2021 rd. 42 Prozent des verbrauchten Stroms in Deutschlands). Von dem im Osterpaket erwarteten Bruttostrombedarf 750 Terawattstunden im Jahr 2030, stehen heute bereits knapp 240 Terawattstunden erneuerbare Energien bereit. Atom- und Kohleausstieg wurden beschlossen, begonnen und sind fortgeschritten. Das Erdgas sollte die fossile Brücke in die treibhausgasneutrale Zukunft sein. Die Förderung neuer Gas-KWK (Kraft-Wärme-Kopplungsanlagen) war bestätigt, die europäische Taxonomie korrespondiert, wenn auch erst nach einigen intensiven Gesprächen in der Sache.

Im dritten Monat der schrecklichen Ereignisse in der Ukraine ist die Garantie der sicheren und preisgünstigen Versorgung der Allgemeinheit mit Strom, Gas und Wasserstoff alles andere als gegeben. Deutschlands Energieversorgung ist in hohem Maße importabhängig. 71 Prozent der Importe (2020) entfielen auf Erdöl, Erdgas, Steinkohle und Kernenergie. Die anderen 29 Prozent beruhten auf Braunkohle (mit Ausstieg), erneuerbaren Energien und ein bisschen Kernkraft. Rund 55 Prozent des importierten Erdgases kam aus Russland, 57 Prozent der Steinkohle und 34 Prozent der Rohölimporte ebenso. Auch wenn dies mittlerweile teils revidiert wurde, darf uns angesichts dieser Zahlen und auch heute noch bestehenden Lage durchaus bange werden. Bereits Ende letzten Jahres konnten wir sehen, was mit den Gaspreisen passiert, wenn Russland zwar seine Verträge erfüllt, aber darüber hinaus nicht mehr die üblichen Mengen auf den Markt wirft. Damals bot Gazprom rund 8 Prozent weniger als in den Vorjahren an.

Historische Herausforderung

Schnelle Energiesouveränität zu erreichen und zudem die gesteckten Klimaziele umzusetzen, das ist an sich bereits eine historische Herausforderung. Dabei Wirtschaftskraft und Wohlstand zu halten und bewährte Grundsätze der Demokratie und Teilhabe nicht aufzugeben, macht diese Herausforderung zu einer Mammutaufgabe, die noch einmal größer wird, weil das schlichte Verteidigen eines Status nie unser Anspruch war. Bleiben wir bei der verlässlichen und bezahlbaren Energieversorgung, wird man der Ampelkoalition zunächst bestätigen können, dass sie die Ärmel hochgekrempelt hat.

Diverse Gesetzesinitiativen wurden geschnürt, um der Lage kurz- wie mittelfristig Herr zu werden. Das über 600 Seiten starke Osterpaket gehört dazu, das Energiesicherungsgesetz, das LNG-Beschleunigungsgesetz oder das Ersatzkraftwerkebereithaltungsgesetz. Parallel hierzu arbeitet auch die EU-Kommission mit Hochdruck daran, auf die aktuellen geopolitischen Entwicklungen zu reagieren und hat nach Fit for 55 mit dem »Repower EU« das nächste große Paket vorgelegt. Dennoch sorgen sich Energieerzeuger, Lieferanten und Abnehmer, ob alle Weichen richtig gestellt sind. Die erheblichen Verwerfungen in Preis und Liquidität sind das eine. Sie gilt es abzufangen. Denn natürlich wollen wir keine Insolvenzen sehen, kein Verlagern der Industrie, kein Schließen von Standorten, keinen Verlust von Arbeitsplätzen und Wohlstand, keine Energiearmut und keine Menschen, die ihre Wohnung nicht heizen können. Das andere aber, worauf geschaut wird, sind die Optionen, die uns zur Verfügung stehen.

Alle Optionen auf den Tisch

Dass wir in einer Lage sind, in der »mögliche Optionen« und »gewollte Optionen« nicht mehr weit auseinander liegen (können), hat der Bundesminister Dr. Robert Habeck bereits mehrfach gezeigt. Bürokratien, Denkverbote und Ideologien haben gerade heute keinen Platz. Nachdem uns die Brücke »fossiles Gas« nicht mehr – wie noch vor wenigen Monaten gedacht – bis zum Jahr 2045 zur Verfügung stehen soll (das Osterpaket zieht die Klimaneutralität der Energieversorgung auf das Jahr 2035 vor) und angesichts der geopolitischen Lage jederzeit wegbrechen kann, brauchen wir schnell verlässliche und tragfähige Alternativen. Die erneuerbaren Energien stehen eben noch nicht in ausreichendem Maße zur Verfügung und werden es – realistisch betrachtet – allenfalls übermorgen tun, vorausgesetzt die Genehmigungsverfahren werden stark beschleunigt, die Themen Material und Fachkräftemangel gelöst.

Welche Möglichkeiten haben wir also? Wenn das Gas nicht mehr in der erwarteten Menge verfügbar ist, müssen Gaskraftwerke möglichst schnell auf Wasserstoff umgerüstet werden. Gleichzeitig geht es um den schnellen Hochlauf der Wasserstoffwirtschaft, der noch nicht mit ganzer Kraft auf den Weg gebracht ist (wie z. B. der europäische delegated act zeigt) und sich noch in der Debatte »Champagner oder Sprudelwasser« verfängt, was schon mit Blick auf den erwähnten § 1 EnWG unverständlich ist, der Gas und Wasserstoff gleichermaßen adressiert. Wir werden zudem die heute noch verfügbaren Kohlekraftwerke länger brauchen als gedacht. Dies bezieht sich im ersten Schritt auf ihren Erhalt in Reserve, denn dann stehen sie für den äußersten Fall noch zur Verfügung. Allerdings hätten sie dort keine Wirkung auf die Energiepreise. Wir brauchen diese Kraftwerke daher noch für eine gewisse Zeit in einer aktiven Rolle, um den Gasmarkt zu entspannen und damit auch den Strompreis zu senken. Dabei wird nicht der Kohleausstieg in Frage gestellt; es geht allein darum, das Potential noch nutzbarer Kraftwerke für einen überschaubaren Zeitraum einzusetzen. Das Ersatzkraftwerkebereithaltungsgesetz (so kritikwürdig an anderer Stelle) widmet sich diesem Thema bereits.

Technisch relativ nahe am Verbrennen von Kohle ist das Verfeuern von Biomasse. Aktuell macht dies einen Anteil von 20 Prozent an den Erneuerbaren Energien aus. Die Ampel hat die Relevanz und das Potential der Biomasse als steuerbare Komponente erkannt und eine Biomassestrategie angekündigt. Kontraproduktiv hierzu erscheint die gleichzeitig auf europäischer Ebene stattfindende Diskussion. Natürlich muss bei den verschiedenen Formen von Bioenergie sichergestellt sein, dass der Anbau der Pflanzen nachhaltig erfolgt, dass die Biodiversität geschützt wird und die Landnutzung auch aus dem Blickwinkel von CO_2 optimiert erfolgt. Aber wenn das gesichert ist, dann ist es vernünftig, CO_2 z. B. in Möbeln oder Holzhäusern zwischenzuspeichern und Alt-, Rest- und Totholz für energetische Zwecke zu nutzen.

Perspektivisch bietet das Verbrennen von Biomasse in Kombination mit dem Abscheiden von CO_2 eine der heute schon technisch einsetzbaren Möglichkeiten für negative Emissionen.

Und auch jenseits des simplen Brennstoffwechsels gilt es, offen zu denken. Die Kohlekraftstandorte müssen schnell weiterentwickelt werden, vielleicht zuerst zu dekarbonisierten Erzeugungsanlagen (z. B. mit Biogas oder Biomasse als Brennstoffen) und dann am besten zu Energiehubs, in denen Strom, Gas/Wasserstoff und Wärme zusammenkommen. In zahlreichen deutschen Kohlestandorten schlummert Potential für Sektorkopplung, Energiespeicherung, für steuerbare und dekarbonisierte Erzeugung, eingebunden in einer idealen Infrastruktur.

Hierfür brauchen wir ein geeignetes Strommarktdesign, das ein solches Umrüsten sinnvoll ermöglicht und die geeigneten Rahmenbedingungen für entsprechende Investitionen setzt. Ein neues Marktdesign hat die Ampelkoalition bereits in ihrem Koalitionsvertrag angekündigt. Wichtig ist hier, ein Design zu entwickeln, das steuerbare Erzeugungskapazitäten als Ergänzung zur volatilen Erzeugung aus Photovoltaik und Wind ermöglicht, ohne Anreize zur Maximierung der Betriebsstunden zu setzen. Der Einsatz der Energieträger ist kostbar; das Marktdesign muss den Wert der Flexibilität dieses Einsatzes würdigen. Ebenso muss es von europäischer Seite flankiert werden.

Umstieg statt Ausstieg

Wenn wir über Versorgungssicherheit sprechen, müssen wir über das Thema Energienetze reden. Ohne Infrastruktur, die die Energie zum Verbraucher führt, bringen uns die größten Erzeugungskapazitäten nichts. Auch hier gilt: Aus Effizienzgründen sollte man das Bestehende transformieren, anstatt es vollständig zu ersetzen. »Upcycling« statt »Obsoleszenz«!

So wie sich ehemalige Kohlekraftwerke zu dekarbonisierten Infrastrukturstandorten transformieren lassen, lassen sich Gasnetze zu Wasserstoffnetzen nach und nach umwidmen. Dennoch führen wir aktuell eine Diskussion darüber, ob Gasnetze in Zukunft überhaupt gebraucht werden. Ein zu verengter Fokus auf eine vermeintliche »all-electric«-Zukunft birgt Gefahren – insbesondere in der Wärmeversorgung. Realistischer – insbesondere in Anbetracht von Sanierungsstau und Fachkräftemängel – ist es, dass es auch künftig in der Wärmeversorgung gasbasierte Technologien geben wird, die dann auf Wasserstoff oder grünen/ dekarbonisierten Gasen beruhen.

Entsprechend ist es volkswirtschaftlich sinnvoll, die Gasnetze, ein Asset immerhin im Wert von 270 Milliarden Euro, behutsam und im Einklang mit den anderen Klimawendestrategien anzupassen. Gleichzeitig stünde die Expertise der Gasnetzbetreiber zur Verfügung, um den Wasserstoffhochlauf infrastrukturseitig zu stemmen.

Fazit

Um unsere Versorgungssicherheit heute und künftig sicherzustellen, müssen wir alles Potential ausschöpfen, das wir haben. Es ist nicht die Zeit, Technologien oder Infrastrukturen von vornherein auszuschließen. Die Unternehmen wiederum sind bereit, ihren Teil zum Umbau unserer Energieversorgung zu leisten. Dabei dürfen sie erwarten, dass jeder Stein, der ihnen hierbei im Weg liegt, zügig und ideologiefrei beiseite geräumt wird.

Prof. Dr. Gustav Horn

Embargo oder Nicht-Embargo?
Oder Besonnenheit gegen Eifertum

April 2022

Der Streit zwischen Ökonomen eskaliert. Während die einen den anderen einen Berufswechsel ins Martial-Militärische unterstellen, werfen die anderen den einen moralischen Verrat an der Ukraine vor. Worum geht es?

Eine Gruppe von Ökonomen um Rudi Bachmann, Professor in Notre Dame (USA), hatte mit Hilfe eines Simulationsmodells, das globale Handelsbeziehungen abbildet, errechnet, dass ein sofortiger Totalboykott russischer Energielieferungen im schlimmsten Fall einen Wachstumseinbruch von 3 Prozentpunkten für Deutschland bedeuten würde.[111] Dies wäre weniger als während der Finanzmarktkrise und der Coronapandemie. Insofern sei ein solcher Schritt ökonomisch verkraftbar. Er sei sogar zu empfehlen, da Russland auf diese Weise erhebliche Einbußen an Exporterlösen zu fürchten habe. Dieser Verlust an Deviseneinnahmen würde den russischen Präsidenten in seinen militärischen Möglichkeiten begrenzen und damit den Kriegsverlauf zu Gunsten der Ukraine wenden.

Schon zuvor hatte die Leopoldina[112] ohne Anwendung eines Modells errechnet, dass ein totaler Ausfall der russischen Lieferungen technisch und ökonomisch »handhabbar« sei. Zuletzt kam das DIW zu ähnlichen Schlussfolgerungen. Insbesondere sei ein Totalaustieg bis zum Jahresende machbar.[113]

Bevor man zur berechtigten Kritik an dieser Arbeit und vor allem an der Empfehlung kommt, sollte man festhalten, dass die Arbeit von Bachmann et al. sehr verdienstvoll ist. Nicht nur leistet sie eine erste quantitative Abschätzung der Folgen eines Totalembargos, sondern durch die präzise Modellierung ermöglicht sie auch eine präzise Debatte über die Voraussetzungen dieser Ergebnisse und die Wirkungskanäle eines Embargos. Selbst wenn man am Ende zu einem negativen Urteil über die Arbeit und die daraus abgeleiteten Empfehlungen kommt, hat sie dennoch zu wichtigen Erkenntnisgewinnen beigetragen.

Die Einwände gegen die Arbeit lassen sich mit den Antworten zu drei Fragen zusammenfassen. Die erste Frage ist: Ist das Modell zur Analyse der Fragestellung überhaupt geeignet? Die zweite lautet: Basiert das Modell auf realistischen Prämissen? Und die dritte: Lässt sich aus den Modellergebnissen die Forderungen nach einem sofortigen Embargo begründen?

Alle drei Fragen müssen meiner Meinung nach mit Nein beantwortet werden. Das Modell ist nicht geeignet, da es sich um ein Langfrist-Modell handelt, das die Handelsströme auf lange Sicht, also ohne konjunkturelle Schwankungen oder kurzfristige Anpassungshemmnisse abbildet. Tom Krebs hat die Zweifel an der Eignung des Modells ausgeführt.[114] Das zentrale Argument von Tom Krebs lautet, dass das Modell keine spezifische Modellierung für die Chemische Industrie beinhaltet. Der Produktion in dieser Schlüsselindustrie kommt aber entscheidende Bedeutung für die Entwicklung in anderen Bereichen der Wirtschaft zu. Fällt sie aufgrund von Energiemangel aus, strahlt der Ausfall unmittelbar auf andere Bereiche aus, die dann ebenfalls nicht produzieren können. Diese Kaskadeneffekte werden laut Krebs im verwendeten Modell unzureichend berücksichtigt. Ben Moll, einer der Autoren, erkennt den Punkt prinzipiell an, behauptet aber, dass der Effekt nicht durchschlagend sei und die Ergebnisse sich nicht prinzipiell ändern würden.[115]

Wahrscheinlich ist der Einwand aber noch viel gewichtiger als Krebs ihn macht. Denn das Modell basiert auf ökonometrischen Schätzungen langfristiger Verhaltensgleichungen. Es geht aber gerade bei einem kurzfristigen Totalembargo um einen kurzfristigen Schock, der ganz andere Reaktionen hervorrufen kann, die sich zwar langfristig verflüchtigen mögen, aber kurzfristig sehr relevant sind. Das hätte zumindest überprüft werden müssen, um das Modell als geeignet erscheinen zu lassen. Mit dieser Version startet man aber in einen ökonomischen Blindflug, da der Schock vom Modell gar nicht verstanden wird.

Das ist auch der tiefere Grund für die unrealistischen Annahmen, auf denen die Analyse basiert. Dies betrifft vor allem die Analyse eines Gasboykotts. Es sind vor allem technische Gegebenheiten, die übersehen werden. Anders als bei Öl und Kohle sind beim Gas die Transportwege durch die Pipelines fest gefügt und können auf kurze Sicht nicht geändert werden. Zwar ist dies beim Flüssiggas anders, aber Deutschland verfügt bekanntlich bislang nicht über die entsprechenden Landungskapazitäten. Insofern ist rein technisch ein schneller Wechsel überhaupt nicht möglich. Das Modell kennt diese Rigiditäten nicht, die langfristig möglicherweise nicht gravierend sind. Ebenfalls übersehen wird, dass das kurzfristige Abschalten Gas-betriebener Öfen langfristige Konsequenzen hat. Weil sie dadurch schlicht zerstört werden, können sie, selbst wenn die Gaslieferungen durch andere Anbieter erfolgreich ersetzt werden, nicht wieder hochgefahren werden. Es geht also nicht nur Produktion verloren, die nach dem Abklingen des Mangels wieder hochgefahren werden kann, sondern es wird langfristiges Produktionspotenzial zerstört. Die Volkswirtschaft wird ärmer.

Das unterscheidet im Übrigen das Totalembargo von den Produktionsschließungen während der Corona Pandemie. So konnten z. B. Restaurants, die zeitweise schließen mussten, mit Hilfe von Überbrückungsgeldern nach dem Aufheben des Lockdowns wieder öffnen. Bei Keramiköfen geht dies nicht.

Aber selbst in jenen Bereichen, in denen die Produktion prinzipiell wiederbelebt werden kann, ist die im Modell unterstellte Annahme, dass keinerlei negative Nachfragewirkungen zu verzeichnen seien, in hohem Maße unrealistisch. Angesichts der bei einem Totalembargo unvermeidlichen massiven Energiepreissteigerungen geraten die Realeinkommen der privaten Haushalte spürbar unter Druck. Sie müssen ihre Nachfrage einschränken. Da die Erlöse aus dem Energiekonsum ins Ausland fließen, kommt es zu einem spürbaren gesamtwirtschaftlichen Nachfrageentzug. Dies gilt wegen der globalen Verflechtungen nicht nur für Deutschland, sondern für alle Energie importierenden Volkswirtschaften, was den Effekt deutlich verstärkt. Es dauert erfahrungsgemäß einige Zeit, bis die Energieexporteure ihre erhöhten Erlöse wieder als Importnachfrage auf dem Weltmarkt recyceln. Zudem ist ungewiss, inwieweit die deutsche Volkswirtschaft hiervon profitieren würde. Es ist extrem unwahrscheinlich, dass die Nachfragelücke, die sich unter diesen Umständen öffnet, sofort und ohne Verwerfungen durch staatliche Maßnahmen auf globaler Ebene überbrückt werden könnte.

Das haben mittlerweile auch die Autoren zugestanden. In einer Folgeuntersuchung, die mit einem Modell des DIW durchgeführt wurde, das die Nachfragewirkungen berücksichtigt, kommen die Autoren denn auch zu deutlich negativeren Ergebnissen als in der Ausgangsstudie.[116] Der errechnete Einbruch ist mit knapp 3 Prozentpunkten etwa so hoch wie in dem pessimistischsten Szenario der Voranalyse. Noch deutlich negativer fällt das Resultat beim IMK aus, das sogar bei einer vorsichtigen Modellierung des

Embargoschocks mit seinem Konjunkturmodell zu einem Einbruch von 6 Prozentpunkten kommt.[117] Damit ist nunmehr anders als zu Beginn der Debatte offenkundig, dass ein sofortiges Totalembargo zu einer dramatischen Rezession führen würde, die denen während Finanzmarktkrise und der Coronapandemie wahrscheinlich in nichts nachstehen würde. Hinzu kämen die negativen langfristigen Effekte durch das zerstörte Produktionspotenzial.

All diese Überlegungen unterscheiden sich bis hierhin nicht wesentlich von einer der üblichen Debatten unter Ökonominnen und Ökonomen über die Effekte ökonomischer Phänomene und der Wirksamkeit bestimmter Maßnahmen. Doch der Krieg in der Ukraine lässt dem Üblichen keinen Raum. Denn die Autoren um Bachmann leiten aus ihren Ergebnissen unmittelbar die auch moralisch begründete Forderung nach einem sofortigen Totalembargo aller Energielieferungen aus Russland ab. Die Behauptung ist, dass der sofortige Stopp Russland seiner Deviseneinnahmen berauben würde und ihm damit die Fortsetzung des Krieges binnen kurzem unmöglich machen würde. Insbesondere wird Russland wirtschaftlicher Schaden zugefügt, was den Anreiz zur Fortsetzung seiner kriegerischen Strategie erschweren würde. Gleichzeitig sei der Stopp für Deutschland verkraftbar, da sich die unvermeidliche Rezession im Rahmen des bereits Erlebten halten würde. Daher sei es im Interesse der Ukraine und des gesamten »Westens« moralisch geboten, so zu verfahren.

Diese Argumentation traf auf viel Zustimmung und ebenso viel Ablehnung. Insbesondere die Bundesregierung lehnte die Forderung nach einem sofortigen Totalembargo wegen dessen wirtschaftlicher Risiken ab. Auf den nachfolgenden teilweise unflätigen Streit unter Ökonomen soll hier nicht eingegangen werden.

Es geht aber um das Argument, ein sofortiges Totalembargo würde einen maßgeblichen Einfluss auf den Kriegsverlauf schon auf kurze Sicht ausüben. Zunächst muss festgehalten werden, dass dieses Argument nicht nur ökonomisch ist, sondern auch Kenntnisse über die militärische Ausrüstung Russland im Vergleich zur Ukraine und die jeweiligen Militärstrategien erfordert. Dies ist weit jenseits jeder Kernkompetenz von Ökonomen. Insofern sollte ihr Rat entsprechend gewichtet werden.

Das Argument überzeugt aber auch in seinen ökonomischen Teilen nicht. Dabei besteht Einigkeit über das langfristige Ziel, Russlands Handel mit Energieträgern weitgehend zu unterbinden und ihm damit seine finanziellen Devisenressourcen zu entziehen, die ihm den Aufbau seiner Militärmacht ermöglichten. Der Streit geht vielmehr um die Geschwindigkeit der Implementation. Auf der einen Seite wird von den Ökonomen ein sofortiges Totalembargo gefordert, auf der anderen Seite von der Bundesregierung mit Unterstützung anderer Ökonomen ein allmähliches praktiziert. Die Geschwindigkeit von letzterem wird durch die realisierte Substitution durch andere Anbieter, höhere Lagerbestände und das Sparverhalten der Energiekonsumente aufgrund der hohen Preise bestimmt. Ziel ist es, eine Rationierung vor allem im kommenden Winter zu vermeiden.

Dieses Vorgehen ist schon deshalb sinnvoll, weil der Vorteil eines sofortigen Totalembargos nicht erkennbar ist, während die Nachteile wie oben geschildert auf der Hand liegen. Die Produktion russischer Waffen wurde aus den Überschüssen der Vergangenheit finanziert. Sie sind schon da und einsatzbereit. Treibstoff ist genügend vorhanden, und die Soldaten werden in Rubel bezahlt. Mit anderen Worten, Russland kann kurzfristig aus ökonomischer Sicht den Krieg auch bei einem sofortigen Totalembargos Deutschlands und der EU ungehindert fortsetzen. Zudem sind die Deviseneinnahmen angesichts der Sanktionen nur von begrenztem Nutzen, da Käufe von Hochtechnologie im Ausland für Russland massiv erschwert sind.

Damit ist offenkundig, dass die Strategie der Bundesregierung eines gezielten energiepolitischen Abkoppelns von Russland der nachhaltigere Weg zum Erfolg ist. Er unterminiert auf der einen Seite absehbar die finanzielle Basis für Russland. Dies ist auch dort erkennbar, und die Staatsführung gerät zunehmend unter Druck. Auf der anderen Seite ist die Versorgungssicherheit in Deutschland gesichert, wenn auch zu deutlich höheren Preisen. Gerade die Sicherheit ist aber in der gegenwärtigen, sehr labilen Lage wichtig, um die notwendige längerfristige Unterstützung der Mehrheit der Bevölkerung für den harten Kurs gegenüber Russland zu sichern. Man darf sich nicht täuschen, die zwangsläufigen Wohlstandsverluste, die durch das Kappen des Handels mit Russland und durch den erhöhten militärische Finanzbedarf entstehen, werden unsere Gesellschaft noch genug belasten. Das könnte die Zustimmung auf Dauer erodieren lassen. Was wäre es ein Triumph für Putin, wenn die Geschlossenheit des Westens auf längere Sicht durch rechtspopulistische Wahlerfolge unterminiert würde? Kühle Besonnenheit schlägt moralischen Übereifer.

Dr. Thomas Treiber

Verkraftbar – oder doch verheerend? Die möglichen Folgen eines Gasembargos aus der Perspektive eines kleinen mittelständischen Industriebetriebs

Mai 2022

Der Autor dieses Beitrags ist Geschäftsführer eines typischen kleinen Industrieunternehmens: 10 Millionen Euro Umsatz, 60 Mitarbeiter, seit mehr als siebzig Jahren Lieferant der internationalen Lebensmittelindustrie. Ein mögliches Gasembargo und dessen Auswirkungen könnten weit weg erscheinen: Geheizt wird mit den eigenen Produktionsabfällen aus Holz. Gas oder Öl wird überhaupt nicht bezogen; die eigene Produktion ist weder besonders energieintensiv noch sind die Lieferketten komplex. Dennoch sieht der Autor die Existenz des Unternehmens so massiv bedroht wie nie zuvor in den vergangenen Jahrzehnten. Trotz voller Auftragsbücher und international steigender Marktanteile. Woraus resultiert diese Einschätzung – und die Sorge um die ökonomische und politische Stabilität der Gesellschaft? Aus mangelnder Anpassungsbereitschaft, einem rein interessengeleiteten Lobbyismus – oder ganz einfach der praktischen Kenntnis um die eigenen überschaubaren energieabhängigen Lieferketten und die mangelnden Substitutionsmöglichkeiten?

Durch den Stopp der Gaslieferungen Russlands an Polen und Bulgarien und das nahende Embargo der EU auf russisches Öl gewinnt auch die Debatte um ein Gasembargo und die Folgen eines Lieferstopps neue Brisanz.

Es steht außer Frage, dass es für unsere Gesellschaft zwingend geboten ist, jede Form an politischer, militärischer und ökonomischer Unterstützung intensiv zu erörtern, die wir den Menschen in der Ukraine in ihrem Kampf um Freiheit und Selbstbestimmung zukommen lassen können.

Hinsichtlich der möglichen Sanktion eines Embargos auf russisches Öl und Gas steht dabei vor allem eine Frage im Zentrum der stark moralisch aufgeladenen Debatte: welchen Preis »müsste« unsere Gesellschaft für eine solche Sanktionierung Russlands zahlen?

Wie hoch wäre dieser Preis nun aber? Dieser Artikel möchte einen bescheidenen Beitrag zur Folgenabschätzung eines Gasembargos leisten, indem er die Auswirkungen auf einen kleinen, nicht-energieintensiven Industriebetrieb illustriert, dessen Produktion in keinster Weise so energieintensiv ist wie die Herstellung von Stahl oder Papier und der nicht von solch komplexen Lieferketten abhängig ist wie die Automobilindustrie.

Eine solche Darstellung entspricht naturgemäß nicht dem Referenzsystem der ökonomischen Forschung noch kann sie Anspruch auf Repräsentativität erheben. Sie kann jedoch dazu beitragen, die realwirtschaftliche Relevanz der »blinden Flecke« und methodischen Limitierungen der ökonomischen Modelle zu beleuchten: fehlende konzeptionelle Integration von Schlüsselbranchen wie der Chemieindustrie, mangelnde Modellierung der dynamischen Kaskadeneffekte und methodische Vernachlässigung der Bedeutung des kurzfristigen Schocks (vgl. Horn, in diesem Band S. 326).

Die beispielhaften Auswirkungen eines Gasembargos auf einen nicht-energieintensiven, kleinen Industriebetrieb

Im beispielhaft skizzierten Unternehmen werden in zwei Geschäftsbereichen Produkte aus Holz sowie aus faserverstärktem Kunststoff für die Süßwarenindustrie hergestellt. Mit einem Exportanteil von über 90 Prozent ist der Kundenkreis in mehr als 100 Ländern ebenso international wie das Feld der Wettbewerber aus den USA, Australien, der Türkei und China. In hochautomatisierten, international wettbewerbsfähigen Fertigungsprozessen werden 60 Mitarbeiter beschäftigt. Die hergestellten Produkte sind simpel: Spezielle Trays, die als Transportbehälter auf Anlagen zur Herstellung von Fruchtgummiartikeln wie Gummibären verwendet werden. Eng an den Bau dieser Anlagen und die deutschen Maschinenbauer geknüpft, ist man Teil des internationalen Investitionsgütergeschäfts und der deutschen Exportindustrie.

Ausgangslage: Ein nach zwei Jahren Krisen stark geschwächtes Fundament

Zunächst ist zu betonen, dass der beispiellose Schock eines Gasembargos auf eine in weiten Teilen bereits zutiefst erschütterte und geschwächte mittelständische Wirtschaft treffen würde. Die (noch) guten Geschäftszahlen der

DAX-Konzerne dürfen nicht täuschen: Das Fundament darunter ist durch die Kumulation der Krisen der vergangenen beiden Jahre in der Substanz stark geschwächt und brüchig geworden, die Grenze der Tragfähigkeit in vielen mittelständischen Industrieunternehmen erreicht.

Im hier betrachteten Unternehmen konnte der fast vollständige Einbruch des Auftragseingangs im Frühjahr 2020 nur durch Kurzarbeit und die Aufnahme zusätzliche Darlehen überstanden werden. Mit der Wiederbelebung der ökonomischen Aktivität explodierten dann aufgrund der zahlreichen Verwerfungen in den internationalen Lieferketten ab Anfang 2021 zunächst die Frachtkosten, anschließend die Materialpreise.

Wenn für die Lieferung eines Auftrags nach Südamerika 60 Container benötigt werden, dann kann allein der innerhalb weniger Wochen vollzogene Kostenanstieg für einen 40 Fuß Container um mehr als 350 Prozent von 2.000 auf über 7.000 Euro den Unterschied zwischen einem Auftrag mit schwacher Gewinnmarge und einem erheblichen Verlust darstellen. Erst recht, wenn der Wettbewerber aus den USA aufgrund der aus dem Lot geratenen Handelsströme einen Container für 600 Euro, also für weniger als ein Zehntel, in die Welt verschiffen kann.

Noch gravierender sind die Preissprünge bei den Materialkosten: Bei einem Materialkostenanteil von über 50 Prozent an den Gesamtkosten der Produkte, bedeuten plötzliche Preissteigerungen von mehr als 40 Prozent bei kaum noch verfügbaren Holzarten und Kunststoffen nicht einkalkulierte Mehrkosten von über einer Million Euro. Mehrkosten, die – wenn überhaupt – bei bestehenden Verträgen nur zu geringen Teilen an Kunden in Kolumbien oder der Türkei weitergegeben können, die selbst unter erheblichen wirtschaftlichen Schwierigkeiten leiden.

Hinzu treten die seit Mitte 2021 massiv steigenden Energiekosten. Der Anteil der direkten, eigenen Energiekosten liegt lediglich im einstelligen Bereich. Zudem konnte sich noch zu einem vergleichsweise günstigen Zeitpunkt ein neuer mehrjähriger Liefervertrag gesichert werden. Dennoch belastet nun ein im Vergleich zu 2021 um 265 Prozent gestiegener Arbeitspreis des Stroms massiv die internationale Wettbewerbsfähigkeit. Eine Beschaffung zu einem späteren Zeitpunkt im Jahr 2021 hätte den Betrieb sogar in seiner Existenz bedroht. Hängt die Wettbewerbsfähigkeit von Industriebetrieben jedoch nicht mehr in erster Linie an der Qualität der Produkte oder der Effizienz der Fertigungsprozesse, sondern am Beschaffungszeitpunkt von Energie, dann sollte dies ein Alarmzeichen für unser Industrieland sein.

Der Krieg Russlands gegen die Ukraine hat diese beispiellosen und in keinster Weise überstandenen Krisen nochmals deutlich verschärft. Doch die über Jahrzehnte hinweg aufgebaute Substanz ist mittlerweile aufgezehrt.

Die Folgen eines totalen Energieembargos auf die Kunststoffverarbeitung

Die Befürworter eines totalen Energieembargos erachten jedoch auch die Folgen des zusätzlichen Schocks eines Energieembargos als absolut verkraftbar für die Wirtschaft. Abstrakt wird in fast grenzenlosem Vertrauen in die Anpassungsfähigkeit der Unternehmen auf den »deutschen Ingenieursgeist« verwiesen, der bei ausreichend Wille und »Mut« der Verantwortlichen vermeintlich jede technische Hürde überwinden und noch jedes Vorprodukt in kürzester Zeit substituieren kann.

Doch wie sähe dies konkret im hier betrachteten Fallbeispiel aus? Die Kunststoffprodukte bestehen aus glasfaserverstärktem Kunststoff (GFK). Ein klassischer industrieller Werkstoff, der unter anderem auch für die Herstellung von Rotorblättern für Windkraftanlagen verwendet wird. Das für die verstärkenden Fasern benötigte Glas wird in riesigen Öfen geschmolzen, die mit Gas geheizt werden. Die Kette könnte somit nicht leichter nachvollziehbarer sein: ohne Gas kein Glas, ohne Glas kein GFK. Insbesondere, weil ein Großteil der wenigen in Europa existierenden Großanlagen sich in Osteuropa befindet und diese bislang zu 100 Prozent von russischem Gas abhängig sind. Allein aufgrund eines Mangels an Glasfasern und verfügbarer Alternativen würde die Produktion des hier betrachteten Unternehmens in der Folge eines Lieferstopps nach ca. acht Wochen zum Stillstand kommen. Aber könnten die europäischen Hersteller von GFK nicht einfach mehr Glasfasern importieren? Mehr als 70 Prozent der Weltproduktion an Glasfasern stammt bereits aus China. Europa kann auch hier den eigenen Bedarf nicht mehr decken und ist bereits stark von Importen abhängig. Eine vollständige Substitution der europäischen Produktion durch Importe aus China ist jedoch nicht ansatzweise möglich. Glasfasern sind bereits seit über einem Jahr weltweit Mangelware und können nur noch zu Höchstpreisen von Käufern in den USA oder Europa bezogen werden. Der Import aus China hat sich aufgrund der Frachtkostensteigerungen von über 1000 Prozent zudem dramatisch verteuert und wird in der Konsequenz der dortigen Lockdowns in den kommenden Monaten zwangsläufig sogar stark abnehmen. Aus China sind somit keine rettenden Lieferungen zu erwarten.

Die Produktion der Kunststoffprodukte hängt jedoch nicht nur am seidenen Faden der Glasfasern. Zahlreiche weitere Vorprodukte der Lieferanten von GFK benötigen Gas als Prozesswärme oder Rohstoff. So zum Beispiel die Herstellung des Monomers Styrol, welches unter anderem von der BASF in Ludwigshafen produziert wird. Doch wenn – wie vom Vorstandsvorsitzenden Brudermüller dargelegt – die BASF auch nur 50 Prozent weniger Gas erhielte, so müsste der noch größte Chemiestandort der Welt mit mehr als 40.000 Mitarbeitern geschlossen werden. Einige Wochen später dann auch die Produktion des hier betrachteten Unternehmens. Viele Lieferketten führen somit zum gleichen Ergebnis: ein weitgehender Stillstand nicht nur eines kleinen Betriebs, sondern ganzer Industriezweige.

Die Auswirkungen auf die Holzverarbeitung

Betrachten wir die Fertigung der Produkte aus Holz. Obwohl ein Großteil der verwendeten Materialien aus lokaler Forstwirtschaft stammt, musste das Material für die Böden der Behälter bislang aus Indonesien und Russland importiert werden. Diese über Jahrzehnte etablierten Lieferketten sind jedoch bereits komplett gerissen: um 700 Prozent gestiegene Frachtkosten brachten den Import aus Indonesien zum Erliegen. Aus Russland kann aufgrund der Sanktionen bekanntermaßen kein Holz mehr importiert werden. Glücklicherweise wurde in den vergangenen Jahren mit einem deutschen Lieferanten eine Alternative aufgebaut: Spezielle Platten, welche aus Holzabfällen der Sägewerke gepresst werden. Doch zu deren Herstellung braucht es nicht nur große Mengen an Energie, sondern auch Leim, der die Holzabfälle bindet: Harnstoff-Formaldehydharz (UF), Melamin-Harnstoff-Formaldehydharz (MUF) oder polymere Methylen-Diisocyanate (PMDI). Mithin Stoffe, für deren Herstellung die europäische Chemieindustrie unweigerlich Gas benötigt. Kommt die Chemieindustrie zum Stillstand, so wird mangels verfügbarer technischer und wirtschaftlicher Alternativen einige Monate später auch die Holzfertigung zum Stillstand kommen. Selbst Holzhändler mit jahrzehntelanger Erfahrung können keine technisch einsetzbaren Alternativen mehr anbieten. Selbst wenn der Preis vernachlässigbar wäre. Für die Substitute der Substitute gibt es irgendwann keinen Ersatz mehr. Erst recht nicht innerhalb weniger Wochen. Erst recht nicht inmitten der größten Angebotskrise seit Jahrzehnten, in der nicht nur Mikrochips, sondern auch Glasfasern und Holzpaletten Mangelware sind und auf absehbare Zeit auch bleiben.

Was jedoch bedeutet Stillstand für einen kapitalintensiven Industriebetrieb? Die von den Befürwortern ins Spiel gebrachten Instrumente der Kurzarbeit und staatliche Hilfen können nicht einmal einen kleinen Betrieb über Wasser halten, der aufgrund fehlender Vorprodukte nicht mehr produzieren kann. Allein die Abschreibungen auf die Investitionen in die Zukunft des Betriebs belaufen sich auf fast eine Million Euro pro Jahr. Selbst wenn der Staat über Monate hinweg alle Lohnkosten übernehmen würde, bedarf es unweigerlich eines ständigen Umsatzes, um die hohen Fixkosten zu decken. Es braucht Umsatz, um die Tilgungen bestreiten zu können. Um es beim Namen zu nennen: Stillstand bedeutet nach kurzer Zeit Zahlungsunfähigkeit, Insolvenz und das endgültige Ende eines kleinen Betriebs nach mehr als sieben Jahrzehnten am Markt.

Die Warnungen vor den unterschätzten Folgen eines Gasembargos – engstirniger Lobbyismus?

Dieser Beitrag erhebt nicht den Anspruch auf Objektivität Er reiht sich vielmehr ein in die zahlreichen Stimmen aus Gewerkschaften, Unternehmen und Ökonomie, die vor den verheerenden Stimmen eines Gasembargos für unsere Gesellschaft warnen. Er wirbt darum, die »top down« Perspektive der Ökonomie und Medien durch eine Perspektive des »bottom ups« zu ergänzen und die Warnungen der Verantwortungsträger ernst zu nehmen, die meist seit Jahrzehnten in ihren Betrieben und Branchen tätig sind und ein tiefgehendes Verständnis für ihre Lieferketten und Wertschöpfungsprozesse besitzen. Er plädiert dafür, dass auch eine wertebasierte und stärker ideell geprägte Politik die materiellen Grundlagen unserer Gesellschaft nicht aus den Augen verlieren darf.

Von mancher Seite wird solch warnenden Stimmen ein engstirniger Lobbyismus oder mangelnde Anpassungsbereitschaft vorgehalten. Wenn sich jedoch an dieser Stelle in den politisch-ökonomisch Diskurs eingebracht wird, dann sprechen hier weder kalte Kapitalinteressen, die um Shareholder Value und Profite fürchten, noch ein rein eigennütziger Lobbyismus, dem der Sinn für das große Ganze fehlt.

Wie viele Menschen zurzeit bewegt vielmehr die tiefsitzende Sorge um das, was über Generationen hinweg in harter Arbeit in diesem Land aufgebaut wurde: Millionen guter Arbeitsplätze in der Industrie, ökonomischer Wohlstand auch in der Breite der Gesellschaft und eine in weiten Teilen auf diesem Wohlstand basierende Stabilität unseres politischen Systems. Keine dieser

Errungenschaften ist gottgegeben. Täglich müssen sie erarbeitet und demokratisch erstritten werden – und dürfen nicht leichtfertig riskiert werden.

Die vergangen zwei Jahre haben gezeigt wie überraschend wenig flexibel die internationalen Produktionsnetzwerke auf unvorhergesehene Schocks reagieren können und welche negative Dynamik ihre Verkettungen entfalten können. Die letzten Monate haben aber auch gezeigt, wie wenig selbst die Experten ihrer Fächer die Auswirkungen solcher Schocks zu prognostizieren vermögen. Die Bundesregierung tut daher gut daran, die möglichen Auswirkungen eines Embargos sorgfältig abzuwägen, bevor unsere Gesellschaft – bei aller gebotenen Solidarität mit der Ukraine – in ein beispielloses sozioökonomisches Großexperiment gestürzt wird, bei dessen Fehlschlag nicht nur die industrielle Basis unseres Landes auf dem Spiel steht, sondern auch die soziale und politische Stabilität unserer Gesellschaft. Die Wahlerfolge Trumps im Rust Belt, der Brexiteers oder Le-Pens in den de-industrialisierten Regionen Frankreichs oder Englands sollten Mahnung genug sein.

Der überzeichnete Kontrast zwischen politischer Moral und wirtschaftlichen Interessen greift zu kurz. Gerade wenn auch langfristig die Werte von Freiheit und Demokratie verteidigt werden sollen, darf Europa sich nicht des materiellen Fundaments seiner ökonomischen und politischen Stärke berauben.

Andreas Kuhlmann

Energieeffizienz hat Potential. Braucht aber klare Prozesse

April 2022

»Mit nie gekannter Geschwindigkeit«, so versprach es Bundeskanzler Scholz Anfang April, werde sich Deutschland unabhängig machen von russischen Energie-Importen. Und tatsächlich reagierte die Bundesregierung auf den völkerrechtswidrigen Angriffskrieg Russlands gegen die Ukraine mit einem zügig geschnürten Paket energiepolitischer Maßnahmen: Kurzfristig gilt es, Öl-, Gas- und Kohlelieferungen aus anderen Ländern und Regionen der Welt zu beschaffen, beschleunigt setzt das »Osterpaket« den Rahmen für den Ausstieg aus der fossilen Energiewelt durch den beschleunigten Ausbau der Erneuerbaren Energien. Das am schnellsten zu nutzende Werkzeug aber heißt: Steigerung der Energieeffizienz.

Dies ist umso drängender, als einerseits die Preise im Strom- und Gasmarkt zu einem drängenden Problem für viele Kunden werden, in Privathaushalten, bei Gewerbe und Industrie. Andererseits jedoch zeigt beispielhaft der aktuelle Gasverbrauch, dass »die Bevölkerung (...) die jetzige Situation nicht mit der angemessenen Ernsthaftigkeit« betrachte, so vor einigen Tagen der neue Präsident der Bundesnetzagentur, Klaus Müller. Man sehe die furchtbaren Ereignisse in der Ukraine, man spende, es gebe Solidarität. »Aber im privaten Gasverbrauch sehe ich das nicht abgebildet.«

Alles das stellt Anforderungen an eine dringend benötigte Energieeffizienz-Kampagne. Denn bei einer solchen geht es nicht nur um die richtige Ansprache mit prägenden Begriffen wie Freiheit und Unabhängigkeit, Entschlossenheit, Kreativität, Stärke. Sie muss die aktuelle Situation auch als Chance vermitteln, denn es wird positive wirtschaftliche Effekte geben, wenn wir beschleunigt und entschlossen den Weg gehen, den wir uns unter dem wichtigen Thema Klimaschutz schon lange vorgenommen, aber bislang eher stolpernd zurückgelegt haben.

Vor allem aber gilt: Die dringlich erforderte Effizienzkampagne darf nicht allein eine Kampagne für das Internet werden. Mit pointierten Statements und schönen Bildern. Sie muss die Heizungskeller und Wohnungen erreichen. Die Schulklassen und die Handwerker. Es geht – ganz konkret- darum, Prozesse aufzusetzen, damit die vielfach durchgerechneten Potentiale auch tatsächlich gehoben werden. Wohl wahr, viele Maßnahmen benötigen vor allem auch Verhaltensänderungen bei den Verbraucherinnen und Verbrauchern. Hier bedarf es einer breiten, kontinuierlichen und an jeder Ecke sich findenden Ansprache mit klaren Praxisbeispielen und Zahlen. Aber wer zum Beispiel digitale Thermostate in den Haushalten sehen will, muss mit denen reden, die diese produzieren und mit den Handwerkern, die helfen, diese einzubauen. Hier und da bedarf es auch ganz gezielter Förderprogramme, die entsprechend beworben werden. Eine Kampagne für Energieeffizienz ist also harte Arbeit. Ich bin mir nicht sicher, ob das in der Politik auf allen dafür erforderlichen Ebenen schon überall angekommen ist.

Dabei spüren wir schon jetzt: der Wille und der Druck in der Bevölkerung sind da. Nie zuvor gab es mehr Anfragen nach entsprechenden Produkten und Technologien. Die Chance ist da, nun endlich ernst zu machen mit Energieeffizienz. Wir brauchen sie in jedem Fall. Auch für die Erreichbarkeit der äußerst ambitionierten Klimaziele.

Ein Blick in die fünf großen Systemstudien, die vor der Bundestagswahl erstellt wurden, zeigt, dass die Energieeffizienz bis zum Jahr 2030 den größten Beitrag leisten muss, um die Klimaziele zu erreichen. Mehr noch als der Ausbau der erneuerbaren Energien, die nun aber ebenfalls und erst recht mit Höchstdruck vorangetrieben werden müssen. Viel zu tun. Viel zu organisieren. Klimapolitik ist konkret. Das gleiche gilt für Sicherheitspolitik, wie wir in diesen Wochen feststellen. Anders gesagt: Politik ist Organisation. Manche der Leserinnen und Leser werden sich an den immer noch richtigen Leitspruch von Franz Müntefering sicher noch erinnern.

Dass eine praxisorientierte Energieeffizienz auch mit Blick auf eine angespannte Versorgungslage im kommenden Winter einen wichtigen Beitrag leisten kann, zeigen verschiedene Studien. Auch die dena hat sich auf Grundlage der dena-Leitstudie diese sehr kurzfristigen Einsparpotentiale genauer angeschaut. Immerhin, durch konkrete Maßnahmen können demnach mit Blick auf den kommenden Winter allein rund 130 Terawattstunden des Endenergieverbrauchs eingespart werden. Überwiegend in den Bereichen Gebäude und Verkehr. Insbesondere durch die Anpassung des individuellen Verbraucherverhaltens sowie die Optimierung der Energieanwendungen.

Ein konkreter Blick auf den Gebäude-Sektor zum Beispiel zeigt: Werden das Lüften, Heizen und Kühlen optimiert, programmierbare Heizkörperthermostatventile in Wohnungen und Büros eingebaut, dazu der hydraulische Abgleich, lassen sich bereits einige Prozent des Energiebedarfs einsparen. Dazu erhöhte Energieverbrauchs- und -kostentransparenz, automatische Verbrauchssteuerung und -optimierung, mehr Energiemanagement und Digitalisierung. Das bringt kurzfristig bereits eine Reduktion von ca. 80 Terawattstunden pro Jahr.

Im Verkehrssektor geht es vor allem darum, Pkw-Fahrten zu reduzieren, etwa durch den Umstieg auf ÖPNV und den öffentlichen Fernverkehr sowie das Fahrrad. Wichtig auch die Vermeidung verzichtbarer Autofahrten und Flüge. Hinzu kommen Maßnahmen, um die Auslastung pro Pkw zu erhöhen, etwa durch Car-Pooling. Insgesamt können dadurch im Verkehrssektor über 30 Terawattstunden Endenergie pro Jahr eingespart werden.

Ein etwas niedrigeres kurzfristiges Einsparpotenzial lässt sich im Industriesektor heben. Zumindest dann, wenn das Produktionsniveau dabei nicht eingeschränkt werden soll. Für die stoffliche Nutzung von Rohstoffen gibt es kaum schnell verfügbare Alternativen, der Fokus liegt daher auf der energetischen Nutzung. Werden mit Blick auf den kommenden Winter bei allen Prozessen 3 Prozent zusätzliche Energieeffizienzverbesserungen erreicht, z. B. durch Investitionen in effizientere Anlagen, Optimierung der Abläufe oder Abwärmevermeidung, können im Industriesektor rund 16 Terawattstunden Endenergie pro Jahr eingespart werden.

Neben dem Denken in Prozessen ist die Grundlage für das Gelingen ein breiter, von vielen getragener Ansatz. Eine Energieeffizienzkampagne darf nicht am Ressortzuschnitt einer Bundesregierung zerbröselt werden. Sie sollte zudem die tragenden Akteure in den Ländern und den Kommunen, vor allem aber die verschiedensten Stakeholder einbeziehen, die mit der Umsetzung von alledem vor Ort betraut sind. Je breiter die Dinge angelegt sind, desto größer der Erfolg. Desto besser entstehen Netzwerkeffekte und die benötigte Dynamik.

Der beste Zeitpunkt für einen guten Aufschlag ist fast schon vorbei. Jede Woche zählt, denn der kommende Winter rückt bald schon in den Fokus. Und auch darüber hinaus sollten wir uns »warm anziehen«. Denn wer die Klimaziele erreichen will, muss viele Dinge gleichzeitig angehen. Und die neue Situation in der Außen- und Sicherheitspolitik tut da ihr Übrigens. Alternativen: Keine.

Dr. Christoph Maurer

Eine europäische Antwort auf die Energie(preis)krise

April 2022

Seit Mitte 2021 sind die Preise an den europäischen Großhandelsmärkten für Strom und Gas stark angestiegen. Wesentliche Ursache sind die im historischen Vergleich bereits in 2021 niedrigen Gaslieferungen aus Russland und die in 2021 ausgebliebene Sommerbefüllung der Gazprom zuzuordnenden Gasspeicherkapazitäten.[118] Seit der Verschärfung der Ukraine-Krise Ende 2021/Anfang 2022 und insbesondere seit dem Überfall Russlands auf die Ukraine hat sich die Situation auf den Energiemärkten weiter verschärft. Die Preise für Gas liegen nicht nur auf den kurzfristigen Spotmärkten, sondern auch an den Terminmärkten für das gesamte Jahr 2022 bei über 100 Euro/Megawattstunde (ausgehend von einem historischen Niveau von ca. 20 Euro/Megawattstunde) und fallen danach nur langsam. Als unmittelbare Folge sind auch auf den europäischen Strommärkten, wo Gaskraftwerke häufig die Grenzerzeugungstechnologie darstellen, die Preise stark gestiegen. Sie liegen – ökonomisch folgerichtig – vielfach auf dem Niveau der variablen Stromerzeugungskosten von Gaskraftwerken und damit teilweise über 200 Euro/Megawattstunde.

Bereits Ende vergangenen Jahres hatten verschiedene Mitgliedsstaaten der Europäischen Union unter Federführung von Spanien und Frankreich angesichts der gestiegenen Preise Eingriffe in den Energiemarkt gefordert und Änderungen am Strommarktdesign verlangt. Im Mittelpunkt stand dabei die Forderung, Strompreise nicht länger auf Basis der Grenzkosten der Stromerzeugung zu bilden. Damit sollte ein Durchschlagen der Gaspreise auf die Strompreise verhindert werden. Angesichts der weiteren Verschärfung der Energiekrise hat diese Debatte nun erneut Fahrt aufgenommen und sich gleichzeitig thematisch erweitert. Die Europäische Kommission, die im vergangenen Herbst Änderungen am Strommarktdesign noch abgelehnt hatte, erwägt nun Abschöpfungsmechanismen für sogenannte Windfall Profits von Stromerzeugern.[119] In ihrer jüngsten Mitteilung zu Energiepreisen hat sie darüber hinaus explizite regulatorische Preisdeckel für Großhandelsmärkte sowie eine staatliche Subventionierung fossiler Brennstoffe wie Gas und Kohle als Optionen genannt.[120] Beim Europäischen Rat am 24./25. März 2022 haben die Staats- und Regierungschefs stundenlang über die Einführung derartiger Maßnahmen verhandelt. Dabei wurden zwar noch keine EU-weiten Preiseingriffe beschlossen. Allerdings haben Spanien und Portugal offensichtlich die Zusage erhalten, im iberischen Strommarkt mit Subventionen für fossile Brennstoffe, die letztendlich auf eine Senkung der variablen Stromerzeugungskosten und damit des Großhandelsstrompreises zielen, intervenieren zu dürfen. Gleichzeitig soll die Europäische Kommission kurzfristig Interventionen auf europäischer Ebene zur Senkung der Energiepreise prüfen.[121] Die nächsten Wochen werden deshalb entscheidend für die Frage sein, ob Europa eine angemessene Antwort auf die andauernde Energiepreiskrise findet. Dabei ist von zentraler Bedeutung, dass die aktuellen Preise nicht Ergebnis einer spekulativen Blase, sondern Ausdruck einer fundamentalen Knappheit speziell bei Gas sind. Bereits im laufenden Winter hätte es bei anhaltend niedrigen Temperaturen zu Versorgungsproblemen kommen können. Für den kommenden Winter ist die Situation noch deutlich unsicherer. Selbst wenn Europa nicht von sich aus ein Gasembargo beschließt, besteht jederzeit die Gefahr, dass Russland die Gaslieferungen nach Europa stoppt. Auch wenn die Beherrschbarkeit des resultierenden Gasmangels aktuell unterschiedlich eingeschätzt wird, wären die volkswirtschaftlichen Konsequenzen des resultierenden Gasmangels jedenfalls gravierend und würden deutlich über die ebenfalls spürbaren Wirkungen der aktuell hohen Energiepreise hinausgehen.[122] Daher sollten alle Maßnahmen zum Umgang mit den hohen Energiepreisen das Risiko einer Verschärfung der Knappheit bedenken.

Die derzeit auf europäischer Ebene diskutierten Maßnahmen erscheinen vor diesem Hintergrund wenig zielgerichtet bzw. sogar kontraproduktiv.

- Einen Schwerpunkt der EU-Debatte bilden Preisbildung und Design der Strommärkte, obwohl die Energiepreiskrise vor allem eine Gaspreiskrise ist. Es gibt keinerlei Evidenz für Marktversagen an den Strommärkten. Insbesondere ist die Orientierung der Preise an den Grenzkosten der Produktion kein Ausdruck fehlerhaften Marktdesigns, sondern ein effizientes Signal und Ergebnis rationalen ökonomischen Verhaltens, das auch an anderen Märkten auftritt.
- Auch für besonders verletzliche Gruppen von Endverbrauchern dürfte der Anstieg der Gaspreise ein sehr viel größeres Problem darstellen als

der Anstieg der Strompreise. Einerseits übersteigt der typische Haushalts-Gasverbrauch (abhängig von der Wohnfläche bis zu ca. 20.000 Kilowattstunden) den typischen Haushalts-Stromverbrauch (ca. 3.500 Kilowattstunden im Drei-Personen-Haushalt) deutlich. Andererseits ist Gas sehr viel weniger mit Abgaben und Umlagen belastet. Preisanstiege im Großhandelsmarkt wirken sich deshalb deutlich unmittelbarer auf den Endverbraucherpreis aus als bei Strom.

- Trotz offensichtlicher Energieknappheit und der Gefahr von deren Verschärfung spielen Maßnahmen, die auf eine Senkung des Energie- und speziell des Gasverbrauchs zielen, in der europäischen Debatte bisher keine Rolle.

- Stattdessen werden explizit preissenkende Maßnahmen gefordert, die Anreize zur Energieeinsparung und Substitution von Gas durch andere Energieträger absenken und die Knappheit weiter verstärken.

- Zudem erstaunt, warum viele Diskutanten die Abschöpfung von angeblichen Übergewinnen in das Zentrum ihrer Reaktion stellen wollen. Solche Übergewinne sind extrem schwierig zu bestimmen, u. a., weil Erzeuger ihre erwartete Produktion möglicherweise bereits sehr langfristig vermarktet haben und von aktuell hohen Preisen gar nicht profitieren. Der Versuch einer Abschöpfung untergräbt aber das Vertrauen von Marktakteuren und bremst Marktreaktionen, die zur Milderung der Krise beitragen können. Zudem wird durch die Abschöpfung allein die Belastung keines einzigen Verbrauchers abgemildert. Es ist gleichzeitig nicht erkennbar, dass sinnvolle staatliche Entlastungsmaßnahmen aktuell an mangelnden fiskalischen Kapazitäten scheitern würden.

Die Einführung eines Preisdeckels für die Großhandelsmärkte für Strom und/oder Gas wäre die stärkste und gleichzeitig schädlichste Intervention. Gerade im Gasmarkt würde ein solcher Preisdeckel nicht nur zu einem unerwünschten Nachfrageanstieg, sondern vermutlich unmittelbar zu einem Nachfrageüberhang führen und eine physische Rationierung der Nachfrage notwendig machen. Gleichzeitig würde mit dem Preisdeckel die wichtigste Informationsquelle über die ökonomische Bedeutung der Gasversorgung für die einzelnen Wirtschaftssubjekte »stummgeschaltet«, weil Verbraucher ihre Zahlungsbereitschaft nicht mehr ausdrücken könnten. Die volkswirtschaftlichen Kosten des notwendigen Nachfrageverzichts würden damit nach oben getrieben, die konjunkturellen Folgen verschärft. Zudem wäre die Umsetzung einer nicht freiwilligen Nachfragekürzung gerade im Gasbereich, wo Verbraucher nicht einfach abgeschaltet werden können, technisch und prozedural hoch problematisch. Aber auch die von Spanien und Portugal, selbst von Gasknappheit kaum betroffen, als (bi-)nationale Maßnahme bereits angekündigte und von einer Vielzahl von Mitgliedsstaaten EU-weit geforderte Subventionierung des Einsatzes fossiler Brennstoffe in der Stromerzeugung würde kurz- und langfristig kontraproduktiv wirken und die Krise weiter verschärfen.[123]

Es stellt sich deshalb die Frage, wie eine geeignetere europäische Antwort auf die aktuelle Energie(preis)krise aussehen könnte. Im Rest dieses Beitrags sollen dazu zumindest erste Ansätze entwickelt werden. Dabei wird von nachfolgenden Leitlinien ausgegangen.

- Die aktuell hohen Preise für Strom und Gas sind Ausdruck physischer Knappheit und nicht Ursache des Problems. Politikmaßnahmen sollten deshalb darauf zielen, diese physische Knappheit zu verringern oder zumindest nicht zu verstärken. Sie sollten die Folgen hoher Preise abmildern, nicht aber den Preismechanismus selbst untergraben.
- Im Zentrum der Maßnahmen sollten diejenigen Verbrauchergruppen stehen, für die die hohen Energiepreise eine besondere Härte darstellen. Gleichzeitig muss Europa seine Abhängigkeit von fossilen Brennstoffimporten verringern. Kompensationsmaßnahmen für hohe Energiepreise sollten entsprechende Transformationsprozesse nicht aufhalten.
- Die Beherrschung der Gasmangellage kann den Einsatz andere fossiler Energieträger erfordern und zu Mehremissionen von Treibhausgasen führen. Das ist kurzfristig unvermeidbar. Umso wichtiger ist, die Erreichung der mittel- und langfristigen Klimaziele nicht zu gefährden.
- Die enge Verknüpfung der Energiesysteme der EU-Mitgliedsstaaten im europäischen Binnenmarkt verbessert die physischen Reaktionsmöglichkeiten auf die Krise und mildert die Folgen der Energieknappheit. Gleichzeitig sind die finanziellen Konsequenzen in Form gestiegener Energiepreise dadurch auch in Mitgliedsstaaten spürbar, bei denen die Abhängigkeit von Brennstoffimporten aus Russland deutlich geringer ist als z. B. in Deutschland. Physische Solidarität bei der Bewältigung der Knappheit und finanzielle Solidarität bei der Milderung der preislichen Konsequenzen sollten deshalb nicht getrennt voneinander betrachtet werden.

In diesem Sinne ist es wichtig und notwendig, dass die EU-Mitgliedsstaaten zusammenarbeiten, um den Gasverbrauch in ganz Europa so schnell und so weit wie möglich zu reduzieren bzw. das Gasangebot zu erhöhen. Dabei geht es nicht um die Vorbereitung von Maßnahmen, die erst bei Ausfall von russischen Gaslieferungen aktiviert werden. Vielmehr sollten jetzt präventiv Maßnahmen ergriffen werden, um die Abhängigkeit von russischen Gaslieferungen im nächsten Winter zu verringern. Nicht verbrauchtes oder zusätzlich verfügbares Gas kann eingespeichert werden und erhöht die Flexibilität in Gasmangellagen. Dabei sollte in einer gemeinsamen Strategie der Einspeicherung von Gas in den besonders von russischen Lieferungen abhängigen mittel- und osteuropäischen Staaten Priorität eingeräumt werden. Auf politisch in verschiedenen Mitgliedsstaaten geforderte verbrauchssteigernde Preiseingriffe zu verzichten, ist ein offensichtlich wichtiger weiterer Schritt. Aber auch darüber hinaus sollten alle Maßnahmen ergriffen werden, die zu einer Reduzierung des Gasverbrauchs oder Steigerung des Gasangebots beitragen können. Dabei ist klar, dass keine einzelne Maßnahme zur Lösung des Problems führt, sondern maximal kleine Beiträge leisten kann. Auch solche Beiträge werden jedoch benötigt. Dabei sollten die Mitgliedsstaaten im Sinne der europäischen Solidarität auch gemeinsam bereit sein, in ihren jeweiligen Ländern unpopuläre Maßnahmen zu prüfen bzw. umzusetzen. Dazu gehören z. B. in Deutschland eine Reaktivierung von Kohlekraftwerken und ihr tatsächlicher Einsatz in der Stromerzeugung zur Verdrängung gasbasierter Erzeugung sowie die Verlängerung der Laufzeit der noch in Betrieb befindlichen Kernkraftwerke. Analog könnte z. B. die niederländische Regierung die Erhöhung der Produktion im Gasfeld Groningen prüfen.

Die europäischen Staaten sollten darüber hinaus auch abgestimmte Maßnahmen ergreifen, die die Folgen der hohen Energiepreise bei besonders betroffenen Verbrauchergruppen abfedern, ohne gleichzeitig verbrauchserhöhend zu wirken. Im Bereich der privaten Endverbraucher entstehen hohe Belastungen vor allem durch die Gaspreise. Zur Kompensation kommen v. a. pauschale bzw. anhand von Haushaltsmerkmalen pauschalisierte oder vom Energieverbrauch in der Vergangenheit abhängige Zahlungen in Frage.[124] Zusätzlich ist zu bedenken, dass bei Haushaltskunden Preissignale aufgrund langer Vertragslaufzeiten und nachlaufender Abrechnungen nur verzögert ankommen. Auch kann für diese Verbraucher kein perfekt rationales Verhalten unterstellt werden. Daher sollten für diese Gruppen explizite Kampagnen aufgelegt werden, die das Bewusstsein für die Notwendigkeit von Energieeinsparungen stärken und explizite wirtschaftliche Anreize zum

Energiesparen setzen. Denkbar wären z. B. Prämien für eine nachgewiesene Absenkung des jährlichen Energieverbrauchs.

Grundsätzlich sind Kompensationszahlungen, die von historischen Verbräuchen abhängig sind, auch für die Unterstützung von Unternehmen denkbar. Gerade hier sollte jedoch gezielt darauf geachtet werden, dass die Unterstützung nicht nur Härten, u. a. für Arbeitnehmer, abmildert, sondern auch Anreize zu effizienten Anpassungsreaktionen setzt. Das kann durchaus den (temporären) Verzicht auf Produktion in Europa und/oder den Import von Vorprodukten aus anderen Wirtschaftsräumen bedeuten.

Diese Unterstützung von Energieverbrauchern sowie die Abfederung von negativen konjunkturellen Folgen der Energieknappheit werden in erheblichem Maße staatliche Mittel erfordern, wobei die EU-Mitgliedsstaaten, wie schon während der Coronapandemie, die resultierenden Lasten unterschiedlich gut tragen können. Es sollte deshalb erwogen werden, diese Belastungen nicht allein durch die Nationalstaaten tragen zu lassen, sondern – auch im Gegenzug für physische Solidarität bei der Bewältigung von Energieknappheit – eine europäische Lastenteilung zu vereinbaren. Wenn ein solcher finanzieller Solidaritätsmechanismus Mitgliedsstaaten von schädlichen Preisinterventionen abhält, wird er helfen, europaweit die volkswirtschaftlichen Kosten der Energiekrise zu begrenzen.

Gleichzeitig sollten die EU-Staaten klarmachen, dass kurzfristige Notmaßnahmen nicht das mittel- und langfristige Bekenntnis zum Klimaschutz in Frage stellen. Die anstehenden Entscheidungen zum »Fit for 55«-Paket, das die Europäische Kommission im vergangenen Jahr vorgeschlagen hatte, bieten dafür eine gute Gelegenheit. Insbesondere sollten der europäische Emissionshandel ETS z. B. durch einen Mindestpreispfad gestärkt und die Einführung des ETS 2 für Wärme- und Verkehrssektoren beschlossen werden. Gerade der Emissionshandel ermöglicht, temporäre Rückschläge wie in der aktuellen Krise über die Zeit auszugleichen und Klimaziele dennoch zu erreichen. Dabei würde die Glaubwürdigkeit und Effektivität des Emissionshandels stark ansteigen, wenn es den EU-Mitgliedsstaaten gelänge, in der aktuellen Krise eine angemessene Antwort zu finden, die die Anreizwirkung von Preisen erhält und gleichzeitig soziale Härten abmildert.

Sven Becker

Die Energiewende muss gelingen

September 2021

Der vor Kurzem veröffentlichte Bericht des Weltklimarates hat medial hohe Wellen geschlagen: Bei weiter steigenden Treibhausgas-Emissionen ist die Welt nur noch drei Jahre davon entfernt, selbst das Pariser Zwei-Grad-Klimaziel zu verpassen. Insbesondere wohlhabende Länder sind dem Bericht zufolge in der Verantwortung dem entgegenzuwirken. Eine Verantwortung, der sich Deutschland bereits vor zwanzig Jahren mit dem Beginn der Energiewende angenommen hat. Dennoch rangiert der ehemalige Vorreiter in Sachen Klimaschutz aktuell nur noch im Mittelfeld der gängigen Klimaschutz-Indizes. Um unsere Ziele noch zu erreichen, müssen deshalb spätestens nach der Bundestagswahl die entscheidenden Weichen für die Zukunft gestellt werden.

Ein Großteil der Transformation in Deutschland ist bisher durch die Energiewirtschaft erbracht worden. Allein in den letzten vier Jahren hat die Energiewirtschaft ihre CO_2-Emissionen um rund 100 Millionen Tonnen reduziert sowie den Anteil an Erneuerbaren Energien auf ca. 45 Prozent gesteigert. Dabei ist es gelungen, die Versorgungssicherheit sowie die Bezahlbarkeit von Energie während dieser Zeit zu gewährleisten.

Als Branche haben wir ein klares Bild, wie das Energiesystem der Zukunft aussehen wird:

Die klimaneutrale Energieversorgung wird auf Erneuerbaren Energien basieren. Erneuerbarer Strom, grüne Wärme und klimaneutrale Gase werden die Säule der Energieversorgung sein. Das Energiesystem der Zukunft ist dezentral und beinhaltet deutlich mehr Akteure als heute. Wir werden eine Vielzahl an volatil produzierenden Erzeugungsanlagen sehen, die mit flexiblen Verbrauchsanwendungen und Speichern interagieren werden. Sogenannte Prosumer werden ihren Strom selbst erzeugen, speichern, verbrauchen und Überschüsse an ihre Nachbarn liefern. Erneuerbarer Strom wird importiert oder von Erzeugungslagen über ein weitläufiges Netz an die Verbraucher transportiert werden. Das alles in einem digitalisierten System, welches dezentrale Erzeuger und Verbraucher miteinander vernetzt. Intelligente, aufeinander abgestimmte und miteinander interagierende Infrastrukturen und Prozesse harmonisieren die volatile Erzeugung mit dem unflexiblen Verbrauch in Interaktion mit modernen Energiemärkten.

Damit Energieversorgungsunternehmen die Potenziale, die in einem solchen System stecken, zur Blüte treiben können, braucht es jedoch die richtigen regulatorischen Rahmenbedingungen. Investitionen in Zukunftstechnologien sind immer mit Risiken verbunden, daher muss der politische Rahmen diese Unsicherheiten minimieren.

Mit dem historischen Urteil des Bundesverfassungsgerichtes im Frühjahr 2021 wurde die Bundesregierung zu einer ambitionierteren Klimapolitik verpflichtet. Dieser Verpflichtung ist man mit einer Novelle des Klimaschutzgesetzes zügig nachgekommen. Die darin festgelegten Minderungspfade mit dem Ziel der Klimaneutralität im Jahr 2045 bilden die Grundlage der deutschen Energie- und Klimapolitik der nächsten Jahrzehnte. Auch hier muss die Energiewirtschaft ein Großteil der Einsparungen erbringen. Eine Herausforderung, der wir uns gerne stellen, da sie mit Blick auf das zuvor skizzierte Energiesystem der Zukunft viele Chancen mit sich bringt.

Damit diese genutzt werden können, braucht es zeitnahe Verbesserungen bei den politischen Rahmenbedingungen. Zeitnah deshalb, weil die neuen Minderungsziele ein deutliches Plus an Investitionen und Projekten in noch mehr Bereichen in kürzerer Zeit erfordern. Zum Gelingen des weiteren Transformationsprozesses ist es demnach wichtig, dass eine neue Bundesregierung nach der Wahl ein Sofortprogramm vorlegt, welches bestehende Hürden abbaut und ein Investitionsklima schafft, welches Unternehmen dazu ermutigt, in Erneuerbare Energien, Wasserstoff, Speicher, Energieeffizienz, Lastmanagement und P2X zu investieren.

Damit solch ein Klima entsteht, brauchen wir Rahmenbedingungen für Investitionen, welche über die Wahlperioden hinaus Bestand haben. Investitionsschutz kann nicht davon abhängen, wer in das Kanzleramt ein- oder auszieht. Der gesellschaftliche Konsens für den Weg in die Klimaneutralität ist vorhanden, nun braucht es klare Leitplanken, die den Weg zum Ziel verlässlich vorgeben. Bestehen zu viele Unsicherheiten, wird es keinen Fortschritt geben, werden keine Investitionsentscheidungen mehr getroffen.

Mit der Investitionssicherheit als Prämisse für das Gelingen der Energiewende braucht es vor allem dringend einen Hochlauf beim Ausbau von Windkraft und Photovoltaik. Es müssen deutlich mehr Flächen zu Verfügung gestellt, Planungs- und Genehmigungsverfahren beschleunigt, Repowering erleichtert und das Artenschutzrecht vereinheitlicht werden. Erst dann ist es sinnvoll, die Ausbauvolumina für Windkraft und Photovoltaik zu erhöhen. Die Ausschreibungspfade und -ziele müssen sich an dem European Green Deal und dem novellierten Klimaschutzgesetz und dem damit einhergehenden prognostizierten Stromverbrauch orientieren.

Parallel dazu muss die Gaswirtschaft zu einer Wasserstoffwirtschaft transformiert werden. Wasserstoff muss zu einem Massenprodukt werden. Die staatliche Förderung für H2-Erzeugungsinfrastruktur muss dahingehend ausgebaut werden, dass auch kommunale und mittelständische Investoren wirtschaftlich tragfähige Projekte entwickeln können. Kommunale Akteure müssen stärker in die nationale Wasserstoffstrategie eingebunden werden. Kommunale Unternehmen sind erfahren in der langjährigen Anwendung von verschiedenen Formen der Sektorenkopplung wie Kraft-Wärme-Kopplung und energetischer Abfallverwertung und damit prädestiniert dafür den Hochlauf einer Wasserstoffwirtschaft effektiv voranzutreiben. Darüber hinaus ermöglicht ein dezentraler Ansatz auch Wertschöpfung und damit Arbeitsplätze in den Regionen vor Ort zu schaffen. Vor diesem Hintergrund ist der häusliche Wärmemarkt bereits alleinig wegen seiner Größe einer der Schlüssel der Energiewende und ein attraktiver Sektor für die kommunale Nutzung von H2.

Um die ambitionierten Klimaschutzziele in Deutschland und der EU zu erreichen, ist eine zentrale Maßnahme ein wirkungsvoller und verursachergerechter CO2-Preis. Die CO2-Bepreisung muss erhöht, der Strompreis gesenkt werden. Dazu sollte die EEG-Umlage bis spätestens 2026 schrittweise abgeschafft werden. Vor dem Hintergrund eines drastisch steigenden Strombedarfs durch die Vorgaben des European Green Deals sowie des Klimaschutzgesetzes 2021 ist es zwingend erforderlich, die Umlagefinanzierung abzuschaffen und die Förderung aus den Einnahmen aus der CO2-Bepreisung zu finanzieren.

Das sind zentrale Bausteine für das Gelingen der Energiewende. Eine Bundesregierung, die es unter Einbeziehung der Energiewirtschaft schafft, hier nach der Wahl zügig Lösungen zu liefern, wird von sich behaupten können ihrer Verantwortung gerecht geworden zu sein und Deutschland erneut als Vorreiter des Klimaschutzes etabliert zu haben.

Als 2007 der Bau des neuen Kraftwerksblocks Datteln 4 begann, sah die Welt noch anders aus. Die Steinkohle hatte mit 142 Terawattstunden einen deutlich höheren Anteil an der Bruttostromerzeugung in Deutschland als die Erneuerbaren Energien mit 89 Terawattstunden. Im Jahr 2020, als das Steinkohlekraftwerk Datteln 4 schließlich den Betrieb aufnahm, lag der Steinkohleanteil dann noch bei 43, die Erneuerbaren dagegen bei rund 250 Terawattstunden. Dazwischen lagen 13 Jahre planungsrechtliches Tauziehen: Der Bebauungsplan wurde für unwirksam erklärt, es folgte ein neuer vorhabenbezogener Bebauungsplan. Mitte letzten Jahres wurde schließlich auch dieser für rechtswidrig erklärt. Damit fehlt dem Kraftwerk die planungsrechtliche Grundlage. Offen ist, wie sich dieser Sachverhalt nun in Bezug auf den (gültigen) Genehmigungsbescheid verhält. Eigentlich war geplant, das Kraftwerk bis 2038 in Betrieb zu halten ...

Abgesehen von der ebenfalls diskutierten Frage, ob Datteln vor dem Hintergrund des deutschen Kohleausstieges und der geschärften Klimaschutzziele überhaupt noch gewollt ist: Für die Investorenseite steht die Genehmigungsgeschichte von Datteln 4 als prominentes Negativbeispiel für ein deutsches Planungs- und Genehmigungssystem, das die Investitionen ausbremst oder diese schlimmstenfalls zu *stranded investments* macht. Gleich nach Datteln 4 wird regelmäßig auf das Vorhaben SuedLink verwiesen, die für die deutsche Energieversorgung so zentrale HGÜ-Leitung, die den erzeugungsstarken Norden mit dem stromhungrigen Süden verbinden soll. Anstatt von 2022 spricht man hier mittlerweile von 2028 als »ambitioniertes« Ziel der Fertigstellung. So richtig überzeugt davon, dass dieses Datum auch zu halten ist, scheint allerdings aktuell niemand zu sein. Dass die energiewirtschaftliche Notwendigkeit und der vordringliche Bedarf von SuedLink bereits 2013 festgestellt wurden, macht die Sache nicht besser. Lange Genehmigungsverfahren kennt auch die Erneuerbare-Energien-Branche. Die Genehmigung einer Windkraftanlage an Land dauert nicht selten mehrere Jahre. Mit den Zielen der Bundesregierung, die Erneuerbaren Energien kurzfristig massiv auszubauen (80 Prozent Erneuerbare bis 2030), passt das nicht zusammen. Aber natürlich gibt es auch gute Nachrichten. Zum einen hat die Verwaltung in zahlreichen Verfahren bewiesen, dass sie schnell, effizient und rechtssicher kann. Prominente wie weniger prominente Beispiele zeigen, dass komplexe Verfahren in akzeptablen Zeiträumen mit wertschätzender Beteiligung aller Betroffenen abgeschlossen werden. Zum anderen greift die Ampelkoalition die Notwendigkeit der Beschleunigung der Planungs- und Genehmigungsverfahren an verschiedener Stelle als zentral auf. Dies zeigen sowohl der Koalitionsvertrag als auch die Eröffnungsbilanz Klimaschutz des BMWK.

Danach soll bis zum Erreichen der Klimaneutralität ein befristeter Vorrang für Erneuerbare Energien bei der Schutzgüterabwägung geschaffen werden. Die Erneuerbaren Energien sollen als im überragenden öffentlichen Interesse eingeordnet werden. Ganz grundsätzlich ist geplant, die personelle und technische Ausstattung der Behörden und Gerichte zu verbessern sowie die Digitalisierung der Planungs- und Genehmigungsverfahren voranzutreiben. Wie wichtig die Netzinfrastruktur – sowohl auf Übertragungs- als auch auf Verteilnetzebene – für das Gelingen der Energiewende ist, hat das BMWK in seiner Eröffnungsbilanz ebenfalls bestätigt. Und identifiziert die langwierigen Verfahren als wesentlichen Punkt für den zu langsamen Netzausbau. Eine integrierte und vorausschauende Netzplanung müsse ermöglicht werden mit einem ganzheitlichen Blick auf die Medien Strom, Erdgas, Wasserstoff und Wärme.

All dies sind bereits wichtige und richtige Ansätze, um das Planungs- und Genehmigungsszenario in Deutschland zu beschleunigen. Jenseits der offensichtlichen Argumentationen »höheres Budget für die öffentliche Verwaltung« und »Personalaufstockung« gilt es konsequent weiter zu denken. Der Fachkräftemangel verfliegt nicht durch das schlichte Aufstocken von zu besetzenden Stellen in einer Genehmigungsbehörde. Auch das immer wieder geforderte Verkürzen von Stellungnahme- oder Auslegungsfristen in der Bürger*innenbeteiligung – die Zulässigkeit dessen mal beiseitegelassen – hätte Projekten wie Datteln 4 oder SuedLink wenig geholfen.

Tatsächlich braucht es ein ganzes Bündel von Maßnahmen, um die gewünschte Beschleunigung der Planungs- und Genehmigungsverfahren zu erreichen. Das gilt für die großen Linien, die nur der Gesetzgeber neu schreiben kann, wie der schon erwähnte befristete Vorrang für Erneuerbare Energien bei der Schutzgüterabwägung oder etwa die Einordnung bestimmter energiewendefreundlicher Anlagen (wie Elektrolyse-Anlagen zur Herstellung von Wasserstoff, Energiespeicher, Photovoltaik-Anlagen) als privilegierte Vorhaben im Außenbereich.

Weitere Möglichkeiten liegen in der Korrektur vermeintlicher Kleinigkeiten, die enorme Verfahrensbeschleunigungen mit sich bringen können. Sie betreffen sowohl solche, die bei den Vorhabenträger*innen ansetzen als auch solche, die sich an die Behörden wenden. Einige dieser Maßnahmen wurden bereits erfolgreich erprobt, haben es aber noch nicht über die Grenze der jeweiligen landesbehördlichen Verwaltungspraxis geschafft. Hierzu gehört der Einsatz von privaten Projektmanager*innen. Während die private Finanzierung dieser sachverständigen Organisatoren in einigen Ländern als entlastend anerkannt und ihr Einsatz bei der Gebührenfestsetzung entsprechend in Abzug gebracht wird, ist dies anderenorts noch nicht der Fall. Ähnlich sieht es mit dem Einsatz der Behördensachverständigen aus. Nicht jede Genehmigungsbehörde darf bei Engpässen auf unterstützenden externen Sachverstand einfach so zurückgreifen, selbst dann nicht, wenn die Vorhabenträger*innen eine Kostenübernahme bestätigen.

Aus anderen Ländern wird berichtet, dass der Staat sich dort mit den Vorhabenträger*innen gemeinsam in die Antragstellung begibt, gerade wenn es um große Infrastrukturvorhaben geht. Das so erzeugte Eigeninteresse beschleunige die Verfahren enorm. In Deutschland ist diese gemeinsame Antragstellung zwar nicht vorgesehen. Wenn es aber das Credo wäre, von mehreren Alternativen für die Genehmigungserteilung stets diejenige zu wählen, mit der ein Vorhaben am schnellsten realisiert werden kann, ließen sich ähnliche positive Effekte erzielen. Dann hieße der Handlungspfad z. B. Vollgenehmigung unter Bedingung oder Auflage vor späterer Genehmigungserteilung oder weiterer Zusatzgebühren auslösender Teilgenehmigung. Warum soll die Genehmigungserteilung auch vom Eintrag einer Grundstücksvereinigung im Grundbuch abhängen, wenn es reicht, dass er bei Inbetriebnahme gegeben ist? Gleiches gilt für den Nachweis der Statikprüfung oder des Brandschutzes. Zudem sollte die Stellung der verfahrensführenden Behörde gestärkt werden. Insbesondere die innerbehördliche Abstimmung darf kein Engpass sein. Bekanntes und bereits identisch in einem anderen Verfahren Geprüftes sollte verfahrensverkürzend heranziehbar sein. Auch Standards der Abstimmung oder Fristen zur Klärung innerbehördlicher Differenzen helfen der Schnelligkeit im Verfahren.

Vieles gilt es dringend umzusetzen. Die gute Nachricht ist: Vieles davon ist machbar. Meint die Ampelkoalition es ernst mit der rapiden Modernisierung des Landes, dann gehören die deutliche Straffung und Effizienz von Planungs- und Genehmigungsverfahren ganz oben auf die Agenda. Mehr noch, sie sind Voraussetzung dafür.

Kerstin Andreae

Die Wärmewende im Blick

August 2021

Schauen wir auf den Weg zur Klimaneutralität bis 2045, blicken wir auf unzählige Herausforderungen, die es noch zu meistern gilt. Ein deutlich beschleunigter EE-Ausbau gehört dazu, der Ausstieg aus der Kohleverstromung, die Erhaltung der Versorgungssicherheit, der Netzausbau, der Hochlauf einer Wasserstoffwirtschaft und die Transformation von Erdgas zu klimaneutralen Gasen, um nur einige Baustellen zu nennen. Meine Überzeugung ist, dass hinter jeder dieser großen Aufgaben eine noch größere Chance liegt, unseren Weg als Industrieland fortzuschreiben. Die Energiewirtschaft wird dabei ganz vorne mitspielen, denn *Energie macht Zukunft!*

Das gilt in besonderem Maße auch für die Frage der künftigen Wärmeversorgung. Ohne eine Wärmewende ist die Energiewende und Klimaneutralität nicht machbar. Die Wärmewende ist eine der Mammutaufgaben der kommenden Jahre. Anteilig müssen in den nächsten zehn Jahren die Treibhausgasminderungen erreicht werden, die zuvor über einen Zeitraum von 30 Jahren realisiert wurden. Und die Wärmewende rückt als Frage noch einmal sehr viel näher an die Menschen heran. Wenig berührt die emotionale und soziale Sicherheit so sehr wie die Frage nach einem warmen Zuhause.

Deshalb spielt gerade der soziale Aspekt eine wichtige Rolle bei der Frage, wie wir den Energieverbrauch des Gebäudesektors dekarbonisieren und weiter reduzieren. Deutschland ist schon gebaut – wir können die Wärmewende nicht am Reißbrett und mit dem Rechenschieber planen, sondern nur mit Blick auf die Realitäten vor Ort. Zwischen Neubau und Bestand, Stadt und Land, denen die mieten und denen die vermieten, müssen wir Lösungen finden, die für jedes Gebäude, für jedes Quartier passend sind.

Ein komplexes System, eine differenzierte Landschaft braucht differenzierte Antworten. Wer nur steigende Anteile von Fernwärme will, dem muss bewusst sein, was es in einer Stadt wie Berlin bedeutet, Straßen aufzureißen, um Leitungen zu legen. Wer nur auf die weitere Elektrifizierung des Bestands setzt, dem muss klar sein, dass das für ältere Gebäude oft Kernsanierungen bedeutet. Und wer nur auf die Weiternutzung der Gasnetze hofft, der verschenkt Effizienzpotenziale, die durch die direkte EE-Strom-Nutzung entstehen.

Eine Debatte um das Entweder-oder von Lösungen läuft in eine Sackgasse. Die Wärmewende gelingt nur als ein Sowohl-als-auch. Nicht als kleinster gemeinsamer Nenner, sondern als Kraftanstrengung, für die wir alles in die Waagschale werfen. Dafür brauchen wir den ganzen Instrumentenkasten: mehr Energieeffizienz und höhere Sanierungsraten ebenso wie den Ausbau von grünen Wärmenetzen und den Einsatz klimaneutraler Gase wie Wasserstoff im Heizkessel. Dazu gehört weiterhin, dass wir Förderprogramme zugänglicher und unkomplizierter machen, einen Ausgleich zwischen Eigentümern und Mieterinnen und Mieter ermöglichen und die erforderlichen Infrastrukturen weiter solidarisch finanzieren.

Dazu gehört, dass wir schon vorhandene und nach wie vor werthaltige Infrastrukturen möglichst weiter nutzen, zum Beispiel durch die Transformation von Erdgas- zu Wasserstoffnetzen, um unnötigen Aufwand zu vermeiden. Und dazu gehört die Erkenntnis, dass jede Maßnahme eine kompetente Fachkraft benötigt, die sie umsetzt. Deshalb brauchen wir eine Ausbildungs- und Einstellungsoffensive für klimaschutzrelevante Berufe und Gewerke.

Wenn es uns gelingt, alle diese Aspekte im Blick zu halten auf dem Weg zu einem klimaneutralen Gebäudebestand, dann erreichen wir nicht nur die Klimaschutzziele, sondern erzielen Wertschöpfung, kurbeln die Konjunktur an und profitieren als Leitmarkt für Gebäudetechnik auch auf den Weltmärkten. Das Wichtigste aber ist, sowohl heute als auch 2045, die Menschen stehen im Mittelpunkt der Energiewende und mit ihnen eine warme Wohnung.

Prof. Dr. Sebastian Gechert

Der Klimabonus schlägt vier Fliegen mit einer Klappe

Mai 2021

Gerade hat das Bundesverfassungsgericht in einem viel beachteten Urteil das Klimaschutzgesetz von 2019 in Teilen für verfassungswidrig erklärt.[125] Die Richter monieren, dem Gesetz fehle die Langfristperspektive. Damit drohen jüngeren Generationen »drastische Einschränkungen« angesichts eines schwindenden CO2-Budgets. Das Urteil bietet die Gelegenheit, eingeschlagene Pflöcke, die aus einem zähen Verhandlungsprozess zwischen den Koalitionspartnern und zwischen Bundestag und Bundesrat hervorgegangen sind, noch einmal zu überprüfen und gegebenenfalls nachzusteuern. Ein Element, das verschiedene Politikziele – ökologische, soziale, konjunkturelle und finanzielle – adressieren kann, wäre ein höherer CO2-Preis kombiniert mit einem konjunkturell atmenden Klimabonus.

Eine wesentliche Fragestellung vor der Initiierung des Klimaschutzgesetzes – prominent vorgetragen von Bundesumweltministerin Svenja Schulze – lautete: Wie kann man Klimaschutz sozialverträglich gestalten?[126] Die bösen Erfahrungen Frankreichs mit der Gelbwestenbewegung wollte man in Deutschland vermeiden. Und zu Recht: soll die ökologische Transformation gelingen ohne die Gesellschaft zu spalten, muss sie jene entlasten, die sich Klimaschutz nicht leisten können und jene belasten, die Pro Kopf am stärksten zu den CO2-Emissionen beitragen.[127]

Das verabschiedete Maßnahmenbündel aus zaghaft steigendem und gedeckeltem CO2-Preis, homöopathischer Absenkung der EEG-Umlage, erhöhter Pendlerpauschale, Mobilitätsprämie, Wohngelderhöhung sowie diversen Förderprogrammen und öffentlichen Investitionen wurde in wohlwollenden Kommentarspalten als zumindest teilweise brauchbarer Minimalkonsens bewertet.[128]

Dennoch: der CO2-Preis von anfänglich 25 Euro je Tonne CO2 (ca. 6-7 Cent je Liter Kraftstoff) und der festgelegte Pfad bis 2025 auf 55 Euro gelten als zu niedrig um einen sparsameren Umgang mit fossilen Brennstoffen zu bewirken. Die Kompensationsleistungen sind einerseits vergleichsweise gering und wenig sichtbar[129] (EEG-Umlage), nützen vorrangig hohen Einkommen und fördern Vielfahrer (Pendlerpauschale), laufen überwiegend ins Leere (Mobilitätsgeld) oder gleichen lediglich Versäumnisse der Vergangenheit aus (Wohngeld).[130]

Eine Kompensationsmaßnahme hingegen, die vorher heiß diskutiert wurde, fehlt im Klimapaket hingegen komplett: ein Klimabonus als jährliche Einmalzahlung an alle Haushalte pro Kopf. In den Gutachten verschiedener Forschungsinstitute* für das BMU wurde der Klimabonus insbesondere als Alternative zur Senkung der EEG-Umlage analysiert. Die EEG-Umlagesenkung hat im politischen Prozess das Rennen gemacht, vor allem, weil sie einfacher umsetzbar ist und die Elektrifizierung in einem Abwasch subventioniert (Sektorkopplung).

Aber abgesehen von der entscheidenden Frage, ob mit sinkender EEG-Umlage tatsächlich die Strompreise sinken und die Entlastung bei den Haushalten ankommt, bietet die Klimaprämie auch einige Vorteile: Demnach entlastet eine Pro-Kopf-Zahlung stärker als eine Strompreissenkung primär kleine Einkommen. Vor allem aber ist sie deutlich sichtbarer und könnte damit stärker zur Akzeptanz der Klimaschutzmaßnahmen beitragen.

Schüttet man etwa die Einnahmen aus der CO_2-Besteuerung der privaten Haushalte vollständig an diese wieder aus, ergäbe sich bei einem CO_2-Preis von 40 Euro je Tonne ein Klimabonus von ca. 100 Euro pro Kopf und Jahr. Mit steigenden Einnahmen stiege auch der Bonus. Haushalte mit kleinen Einkommen und solche mit Kindern würden im Schnitt netto entlastet. Single-Haushalte und solche mit höheren Einkommen zahlen im Durchschnitt zwar netto drauf, hätten mit dem Bonus aber eine sichtbare Kompensationsleistung. Mit den CO_2-Steuereinnahmen von Gewerbe, Handel und Dienstleistungen ließen sich immer noch Förderprogramme und öffentliche Investitionen finanzieren.

Denken wir aber den Klimabonus einmal konsequent zu Ende. Die Wirtschaftskrise im Zuge der Coronapandemie hat gezeigt, dass staatliche Konjunkturstützung wichtig und hilfreich sein kann – wenn sie gut gemacht ist. Verschiedene Studien (etwa vom IMK[131] oder vom IW[132]) kommen zu dem Schluss, dass der Kinderbonus zu einem erheblichen Teil und schnell wieder ausgegeben wurde, insbesondere von solchen Haushalten mit kleinem

---

* Der Autor war an einem dieser Gutachten beteiligt

Geldbeutel. Die Maßnahme hat damit schnell und gezielt die Konjunktur gestützt, gerade als es am nötigsten war.

Warum machen wir den Klimabonus also nicht zu einem ähnlichen Erfolgsrezept? Ein antizyklischer Klimabonus würde im Aufschwung nur kleine Summen ausschütten, im Abschwung aber große. Das Konzept, das an der sog. Sahm-Rule orientiert ist, hätte mehrere Vorteile: läuft die Konjunktur gut und sind die CO_2-Emissionen folglich hoch, werden die Haushalte netto stärker belastet, in einer Phase, in der sie sich das eher leisten können. Läuft es wirtschaftlich schlecht, kommt mit dem hohen Klimabonus zur rechten Zeit die Konjunkturstütze. Einem solchen automatischen Stabilisator stünde nicht einmal mehr die notorische Schuldenbremse[133] im Wege: als konjunkturabhängige Ausgabe würde der Bonus das strukturelle Defizit nicht beeinflussen und folglich die knappen Haushaltsspielräume erhalten. In jedem Fall schlägt die Kombination aus CO_2-Preis und antizyklischem Klimabonus gleich vier Fliegen mit einer Klappe: Ökologie, Soziales, Konjunktur und öffentliche Finanzen stehen einmal nicht im Konflikt miteinander, sondern harmonieren sogar. Wo gibt es das sonst?

Philipp Krohn

Nachhaltige Entwicklung: Leben in einer 2-Tonnen-CO2-Welt

April 2021

Das »Philosophie-Magazin« hat im Jahr 2020 eine Sonderausgabe zur »Klimakrise« herausgebracht. In einem Interview fragte es den schwedischen Humanökologen Andreas Malm, ob wir den Kapitalismus abschaffen müssten, um den Klimawandel zu bremsen. Malm begreift sich selbst als Marxisten, der den Kapitalismus überwinden will. Er antwortete vielleicht nicht im Sinne der Fragestellung, aber nannte eine klare Priorität: »Das Dringlichste ist, dass wir Emissionen einschränken und fossile Brennstoffe aufgeben. Demgegenüber ist die Frage nach dem Kapitalismus an und für sich für mich fast ein bisschen sekundär...«

Es gibt eine Reihe solcher vermeintlichen Gegensätze, die uns davon abhalten, einen unverstellten Blick auf eine nachhaltigere Entwicklung freizulegen: Müssen wir verzichten oder sollten wir auf technische Sprünge hoffen? Gibt es ein nachhaltiges Wachstum oder liegt der Ausweg in einer Postwachstumsökonomie? Wird es der (gelenkte) Markt mit Instrumenten wie dem Emissionshandel richten oder brauchen wir harte ordnungspolitische Eingriffe, Verbote und Enteignungen?

Emissionen müssen runter

Im Grunde hat Andreas Malm darauf die passende Antwort gegeben: Das Dringlichste ist es, die Treibhausgasemissionen in Landwirtschaft, Verkehr, beim Heizen, im Konsum und bei der Energieerzeugung drastisch zu reduzieren. Die anderen ökologischen Herausforderungen des Industriezeitalters hat er dabei noch gar nicht angesprochen: den Erhalt der Artenvielfalt, den Schutz der Meere und der Wasserqualität, die Ausbreitung von Wüsten etwa.

Man will es kaum glauben, aber in einem der besten und frühesten wissenschaftlichen Artikel der Ökologischen Ökonomik hat der britische Volkswirt Kenneth E. Boulding diese Programmatik schon 1966 präzise ausformuliert. Bis dato habe der Mensch immer eine Grenze überschreiten können, sobald ihn ein Umweltproblem an der freien Entfaltung seiner Wünsche hinderte. »Das Bild der Grenze ist wahrscheinlich eines der ältesten der Menschheit, und es überrascht nicht, dass wir uns so schwertun, es loszuwerden«, schrieb er in »The Economics of the Coming Spaceship Earth«.

Sein Anliegen ist es, vom Einsatz fossiler Brennstoffe zum Einsatz der Solarenergie zu kommen und so der Umwandlung von nutzbarer Energie und Materie zu umweltschädlichem Abfall zu entkommen. Die Vorstellung einer erfolgreichen Wirtschaft verharre allerdings weiterhin in dem, was er als Gegenmodell zur vernetzten und begrenzten Raumschiff-Wirtschaft skizziert: die Cowboy-Ökonomie, in der man wie oben beschrieben einfach weiterziehen konnte, wenn Probleme auftauchten. »Die wichtigste Maßeinheit des Erfolgs einer Ökonomie ist nicht die Produktion und der Konsum, sondern Natur, Ausmaß, Qualität und Komplexität des gesamten Kapitalstocks, was den Zustand der Menschen in diesem System und ihren Geist einbezieht.«

Ökologische Ökonomik

Das »Spaceship Earth« war in den sechziger Jahren eine gängige Metapher für eine Welt, die an ihre Grenzen stößt. Bei Boulding ist damit auch gemeint, dass Umweltprobleme des einen schnell zu Umweltproblemen seines Nachbarn werden können. Sein Text ist ein Gründungsdokument der Ökologischen Ökonomik, einer wissenschaftlichen Fachdisziplin, die vereinfacht gesagt die Natur nicht als ein Subsystem der Wirtschaft versteht wie die Umwelt- und Ressourcenökonomik, sondern die Wirtschaft als Teil des globalen Ökosystems. Bekannteste Vertreter sind Herman Daly, Robert Costanza, Joan Martinez Alier und die Heidelberger Schule um Malte Faber. Die Probleme des Raumschiffs Erde seien nicht nur zukünftig, sondern gegenwärtig, schrieb Boulding weiter. »Es gibt überzeugende Gründe, ihnen in der Gegenwart mehr Aufmerksamkeit zu schenken als wir es aktuell tun.« Ziemlich genau ein halbes Jahrhundert später hat der amerikanische Wissenschaftsjournalist Peter Brannen, der unter anderem für »The Atlantic«, die »Washington Post« und die »New York Times« schreibt, ein bahnbrechendes Buch veröffentlicht. Für »The Ends of the World« hat er vor 2017 die führenden US-amerikanischen Paläontologen besucht, um sich erklären zu lassen, wie es zu den fünf großen Massensterben auf der Erde kommen konnte. Ist der Glaube weit verbreitet, Meteoriteneinschläge hätten die Arten ausgelöscht, zeigten neuere Funde und Analysen, dass in jedem Fall der Stoffkreislauf von Sauerstoff und Kohlendioxid aus dem Gleichgewicht geraten war. In seinen Recherchen wird deutlich, dass das Leben biologischer Arten über Jahrmillionen nur in einem schmalen Temperaturband komfortabel war und außerhalb dessen die Erde ein sehr ungemütlicher Ort sein kann. »Das ungewöhnlich freundliche Klimafenster der vergangenen 10000 Jahre zählt zu den gleichmäßigsten und stabilen in den vergangenen Millionen Jahren«, schreibt Brannen. »Innerhalb dieses unüblichen Intervalls geschah die gesamte aufgezeichnete Menschheitsgeschichte.«

Seine Gesprächspartner erklären dem Autor, auf welche weitere Entwicklung die Übersäuerung der Meere und das Sterben der Korallen hindeuten könnten, sofern sich vergangene Zeiten wiederholten. Dies sei einer der Gründe, warum Wissenschaftler schockiert reagierten, als die Konzentration des Kohlendioxids auf der Erde vor acht Jahren erstmals 400 parts per million überschritt. Erderwärmung, Übersäuerung und verkleinerte Lebensräume schüfen einen »perfekten Sturm«, zitiert er David Jablonski von der Universität Chicago. »Wir erwärmen nicht nur, wir sind nicht nur Verschmutzung, wir sind nicht nur Raubbau – wir üben mit allem gleichzeitig Druck aus. Deshalb ist es so ungenau zu sagen, früher war es auch wärmer und deshalb zählt es jetzt nicht, weil das Teil des perfekten Sturms ist«, sagt der Wissenschaftler in Brannens Buch.

Politisch handeln. Aber wie?

Politisch haben sich die Staaten Ende 2015 auf das Pariser Abkommen geeinigt, das zum Ziel hat, die Erderwärmung auf 1,5 Grad im Vergleich zur vorindustriellen Zeit zu begrenzen. Daraus ergibt sich Handlungsdruck, ohne dass die Ziele eine rechtliche Verbindlichkeit hätten. Die Protestbewegung »Fridays for Future« hat vor Ausbruch der Coronapandemie viel öffentlichen Druck auf politische Verantwortungsträger ausgeübt, diese politische Verpflichtung einzuhalten. Das hat den vorherigen Fokus von individuellem Wohlverhalten wieder auf die politische Ebene verlagert. Leider ist dadurch ein weiteres der problematischen Begriffspaare entstanden: Müssen Individuen ihr Handeln verändern oder muss der Staat handeln?

So richtig die Forderung nach politischer Verantwortung ist, so wenig lassen sich diese beiden Ebenen trennen. Politisches Handeln muss es den Menschen erleichtern, ein nachhaltiges Leben zu führen, das im Einklang mit den Klimazielen steht. Ein CO2-Preis trifft die stärker, die noch nicht nachhaltig leben, als schon jetzt klimaneutral lebende Menschen. Das Intergovernmental Panel on Climate Change, die wichtigste Beratungsorganisation zum Klimawandel, hat das 1,5-Grad-Ziel auf einen individuellen ökologischen Footprint heruntergebrochen, der gerade eben noch zulässig wäre. Das führt zum Schlagwort der 2-Tonnen-CO_2-Welt, die nach dieser Rechnung das Ziel sein sollte. Sicherlich stellen sich Fragen der intragenerationellen Gerechtigkeit, wenn dieses genauso für Menschen in den warmen Tropen wie in skandinavischen Ländern mit kalten Wintern gelten sollte, aber als Richtwert taugt diese 2-Tonnen-CO_2-Welt sicherlich.

Die statistischen Daten variieren: Das Statistische Bundesamt gibt den CO_2-Ausstoß in Deutschland für das Jahr 2019 mit 7,9 Tonnen pro Kopf an, das Umweltbundesamt rechnet anders und veröffentlicht die Zahl von 10,4 Tonnen CO_2-Äquivalenten. Nach diesen Zahlen müssten die Emissionen auf ein Viertel oder ein Fünftel sinken. Was das für ein (auch sozialer) Kraftakt ist, haben die beiden Journalisten Petra Pinzler und Günther Wessel in ihrem als Buch veröffentlichten Selbstversuch »Vier fürs Klima« eindrucksvoll beschrieben. Auf Online-Rechnern des Umweltbundesamts und des Wuppertal Instituts für Klima, Umwelt, Energie kann man seinen eigenen Footprint berechnen. Sehr große Hebel sind eingesparte Flugreisen, Wärmedämmung oder Solarthermie sowie Strom aus erneuerbaren Energien. Die im privaten Umfeld häufiger diskutierten Nachhaltigkeitsthemen wie biologische oder saisonale Ernährung sind vergleichsweise kleine Hebel. Veganismus ist vorteilhaft, aber ein zurückhaltender Fleischkonsum nicht viel schlechter. Die Nutzung von Plastiktüten hat so gut wie keinen Einfluss auf den CO_2-Footprint.

Doch was ist nun mit den großen Fragen vom Anfang dieses Textes? Wachstum oder Postwachstum? Verzicht oder Technik? Markt oder Verbote? Mit den bislang beschriebenen Fakten im Hintergrund lassen sie sich relativ einfach beantworten. In der Vergangenheit ging Wirtschaftswachstum jahrhundertelang einher mit einem steigenden Umweltverbrauch, dessen aktuell dringlichste Folge der anthropogene Klimawandel ist. Doch statistisch zeigen sich hier seit einigen Jahren hoffnungsvoll stimmende Entwicklungen: Eine Entkopplung findet statt. Sie ist noch nicht so stark, wie sie sein müsste, damit die Wirtschaft nachhaltig wird, aber immerhin. Die Entkopplung ist zu einer Menschheitsaufgabe geworden. Begrenzen die Staaten verbindlich die Treibhausgasemissionen und bewegt sich daraufhin die Wirtschaft in einem nachhaltigen Rahmen und erzeugt Wachstum, ist die Frage, ob das sinnvoll ist, müßig. Wie sagte Andreas Malm: Erste Priorität haben die Emissionen – und wie man nach Lektüre des Peter-Brannen-Buchs ergänzen möchte, auch die Übersäuerung, Verschmutzung und Einschränkung von Lebensräumen.

Verzicht oder Technik? Natürlich sollten alle darauf hoffen, dass grüner Wasserstoff bald in industriellem Ausmaß nutzbar sein wird (wobei man gern häufiger etwas über möglicherweise schädliche Kuppelprodukte der Herstellung lesen würde). Das äußerst komfortable Leben in einem Passivhaus kann in einigen Jahrzehnten viele Tonnen Sondermüll zur Folge haben, gleichzeitig fühlt es sich aber nicht wie Verzicht an, nie Heizöl ordern zu müssen und sich trotzdem bei Temperaturen über 20 Grad im Winter zu Hause aufzuhalten. Wenn Eltern mit ihren Kindern auf ein Auto verzichten, was in der Großstadt sehr einfach, auf dem Land nicht unmöglich ist, empfinden diese als größte Belastung die Straßenverhältnisse mit Autos, denen heute oft achtzig Prozent des Raums eingeräumt werden. Die Antwort auf die Frage muss also heißen: Verzicht und Technik, allein wird es keines der beiden Konzepte hinbekommen.

Markt oder Staat?

Bleibt das Thema Markt oder Staat. Das ist eine Diskussion, die wenig mit dem Klima zu tun hat und mehr mit dem Glauben an das überzeugendere Ordnungsprinzip. Eine Raumschiff-Ökonomie im Sinne Bouldings kann marktwirtschaftlich, korporatistisch oder sozialistisch aufgebaut sein. Aber es spricht einiges dafür, dass ein Wohlstand, der nicht im Widerspruch zur Nachhaltigkeit steht, besser und günstiger mit Hilfe von Innovationen unkoordiniert handelnder Akteure über den Markt erzeugt werden kann. Der Emissionshandel, den die Europäische Union für Industrie- und Energieanlagen eingeführt hat, ist entgegen seinem Ruf in der Öffentlichkeit unglaublich erfolgreich. Zahllose Kohlekraftwerke gehen seinetwegen vom Netz – so etwa das umstrittene in Hamburg-Moorburg. Der Betreiber des Proteste auslösenden Kohlekraftwerks Datteln 4 überlegt schon heute, welcher Brennstoff in einigen Jahren mal Kohle ersetzen wird. Hätte man das von US-amerikanischen Volkswirten ausgedachte Instrument ernst genommen und am Anfang schärfer gestellt, hätte man sich viele Verhandlungen zum Kohleausstieg und – wie das Beispiel Großbritannien zeigt – auch Teile der Förderung nach dem Erneuerbaren-Energien-Gesetz sparen können.

Genauso sieht es an den Finanzmärkten aus. Je verbindlicher die staatlichen Regeln für den Klimaschutz werden, desto mehr ziehen Konzerne mit, weil sie wissen, dass sie andernfalls in einigen Jahren Stranded Assets (wertlose Kapitalanlagen) im Portfolio anhäufen. Eine Taxonomie für nachhaltige Finanzprodukte (auch wenn das Verfahren reichlich dirigistisch ist) wird Rechtssicherheit für Anleger und Unternehmen bringen. Hier zeigt sich, wie wertvoll Vorarbeiten auf der Ebene der Vereinten Nationen seit vier Jahrzehnten waren und wie unmittelbar wirksam die UN Sustainability Development Goals (SDG) werden. Über die Geldanlage und Altersvorsorge dürften in den kommenden Jahren viele Milliarden in nachhaltigere, nicht-fossile Industrien fließen. Ein einheitlicher und einfacher Standard für die Berichterstattung über Klimarisiken wäre dabei sehr nützlich.

Und wie dringlich und wie umfassend sind der erforderliche Wandel hin zu einer Ökonomie, die der Begrenztheit des Raumschiffs Erde gerecht wird? Einer der Pioniere der Ökologischen Ökonomik hat in einem Diskussionspapier des Zentrums für Europäische Wirtschaftsforschung gerade zum zehnten Jahrestag seiner Veröffentlichung den ersten Bericht des Wissenschaftlichen Beirats Globale Umweltveränderung (WBGU) »Welt im Wandel – Gesellschaftsvertrag für eine Große Transformation« kommentiert. Der Begriff »Große Transformation« sei unangemessen, schreiben Malte Faber und seine Co-Autoren Andreas Kuhlmann (Geschäftsführer der Deutschen Energieagentur), Reiner Manstetten und Marc Frick, da er nicht berücksichtige, dass es verschiedene Veränderungen gebe, die zu unterschiedlichen Zeitpunkten einsetzen.

Sie schlagen stattdessen vor, von »sozial-ökologischen Transformationen« zu sprechen. »Für den WBGU gibt es nur eine homogene Zeit, die gleichermaßen für die Natur und für alle Gesellschaften gilt«, schreiben sie. Das zugrundeliegende Bild einer eng getakteten gleichförmigen Zeit passe aber nicht, weil sie eine Einheitlichkeit dieser erforderlichen Entwicklung zugrunde lege. Zudem werde so suggeriert, dass etwas verpasst werde, wenn es nicht rechtzeitig erfolge. »Es ist nicht falsch, die Menschheit zu warnen und sie darauf hinzuweisen, dass es einmal zu spät sein könnte«, heißt es in dem Papier. Warnungen sollten bewirken, dass nicht eintritt, was man in Aussicht stellt. Doch wir könnten nicht wissen, was passieren werde, wenn es »zu spät« ist, stellen die vier Autoren klar.

Die Auseinandersetzungen über Markt und Staat, über Wachstum oder Postwachstum, über Verzicht oder Technik, über fünf vor zwölf oder ausreichend Zeit, Kapitalismus und Sozialismus sind intellektuelle Übungen und beruhen auf alten Begriffspaaren, die auf dem Weg zur Nachhaltigkeit nicht immer zielführend sind. Eine Aufgabe der kommenden Jahre sollte es sein, das Schlagwort einer 2-Tonnen-CO2-Welt sinnvoll mit Leben zu füllen und dabei die Unterschiede zu berücksichtigen, die für unterschiedliche Generationen in unterschiedlichen Regionen der Welt gelten. Bewährten politischen Instrumenten sollte vertraut und die Zeit gegeben werden, die sie zur Entfaltung brauchen. Doch eines sollte man dabei nicht aus den Augen verlieren: Dass ein Leben in einer Welt mit Grenzen anders sein wird als die immer noch bestehende Cowboy-Ökonomie. Ein Ideenwettbewerb dazu, wie es gestaltet wird, könnte inspirierend sein.

Dr. Lukas Köhler

Klimawandel – Wirkungslose Strategie des Verzichts

Juni 2021

Die Debatte um Klimaschutz durch Verzicht ist so alt wie kontrovers. Doch es gibt drei handfeste Gründe, den Streit endlich beizulegen: die Impotenz des Verzichts, seine gefährlichen Nebenwirkungen und die Dringlichkeit des Klimawandels. Stattdessen sollten wir uns ab sofort auf die Chancen konzentrieren, die der Kampf gegen den Klimawandel eröffnet.

Wie wirkungslos die Strategie des Verzichts ist, zeigt das Beispiel der Flugscham. Wer nicht aufs Fliegen verzichte, so die ökomoralistische Interpretation, verweigere sich dem Klimaschutz, was ihn zum Klimasünder mache, wofür er sich zu schämen habe. Insbesondere Inlandsflieger sind so zur Projektionsfläche konservativer Ökologie geworden.

Ein Blick auf die Fakten jedoch entzaubert diese irrationale Argumentation sofort: Der Flugverkehr emittiert rund 2,5 Prozent aller Treibhausgase weltweit, deutsche Inlandsflüge stellen 0,3 Prozent der nationalen Treibhausgasemissionen dar. Nun könnte man sagen, jedes Bisschen zählt, aber das wäre eine katastrophale Priorisierung; wer die Dimensionen des Klimawandels kennt, muss »Kleinvieh« wie den Flugverkehr weit hinten anstellen und sich zuerst um die Großbaustellen kümmern, also die restliche Mobilität, Energieproduktion, Industrie, Gebäude und Landwirtschaft.

In Europa kommt noch etwas hinzu: Im Gegensatz zu seinem größten Konkurrenten, dem Auto, ist der Flugverkehr zur Teilnahme am Europäischen Emissionshandel verpflichtet, dem ETS. Mit jedem geflogenen Kilometer steigt also der Preis für Emissionen und damit die vielleicht wichtigste klimapolitische Währung der kommenden Jahrzehnte: der Innovationsdruck. Dieser ETS könnte innerhalb kurzer Zeit auf alle Verursacher von Treibhausgasen ausgeweitet werden, doch das scheitert in Deutschland an einer Großen Koalition, die sich in immer kleinteiligere Insellösungen verstrickt, statt einen starken Masterplan aufzusetzen – dazu später mehr.

Dass die Strategie des Verzichts aber insgesamt keine Umweltprobleme löst, hat nun die Coronapandemie offengelegt. Die Ergebnisse dieses unfreiwilligen Askese-Experiments sind auch in dieser Hinsicht ernüchternd bis niederschmetternd: Der Earth-Overshoot-Day, an dem die Menschheit alle Ressourcen verbraucht hat, die ihr in einem Jahr für einen nachhaltigen Lebensstil zur Verfügung stehen – inklusive CO_2 – wurde durch Lockdown-Maßnahmen um gerade mal 24 Tage nach hinten verschoben: vom 29. Juli in 2019 auf den 22. August in 2020.

Wie lange und hart wir die Weltwirtschaft herunterfahren müssten, um auf dem 31. Dezember zu landen, lässt sich grob vermuten. Was der Lockdown rein für den Klimaschutz bedeutet, hat der Gründer der deutschen Klimatagung in Hamburg auf den Punkt gebracht: Die Emissionen sind während der Lockdowns um knapp 8 Prozent zurückgegangen, was etwa einem Monat Reduktion entspricht. Um die Pariser Klimaschutzziele auf diesem Wege zu erreichen, müssten wir demnach »den Lockdown unbegrenzt fortsetzen und jedes Jahr eine weitere Maßnahme mit ähnlicher Wirkung installieren.« Verzicht ist also spätestens jetzt nachweislich unwirksam, doch es gibt noch einen weiteren Grund, diesen Irrweg endgültig zu verlassen: Verzicht hat katastrophale Folgen. Die religiös anmutende Verteufelung von Konsum und Wirtschaftswachstum und die Vergötterung von Verzicht mag jenen Menschen leichtfallen, deren Grundbedürfnisse aktuell gesichert sind. Doch für den absoluten Großteil der Menschheit ist Wirtschaftswachstum die einzig reelle Chance auf ein Leben außerhalb der Armut. Die von Askese-Aposteln geforderte Stagnation des Wirtschaftswachstums stellt für Milliarden Menschen eine ernsthafte Bedrohung dar, weil so der Ausbau ihrer Versorgung mit Nahrung, Trinkwasser, medizinischer Versorgung, Elektrizität, einem Dach überm Kopf und Bildung behindert wird. Wer also auch nur ein bisschen über den Tellerrand des Klimaschutzes hinausschaut, erkennt die Komplexität des Klimawandels, der in zahlreiche Zielkonflikte eingebunden ist.

Statt also weiterhin wertvolle Zeit und Energie mit der Debatte darüber zu verschwenden, wie wir ein bisschen weniger Fehler machen können, müssen wir uns endlich auf die Chancen der Transformation konzentrieren, zu der der Klimawandel uns zwingt. Denn erstmalig in unserer Geschichte stehen wir vor einem Problem, das die ganze Menschheit betrifft und nur in globaler Kooperation gelöst werden kann. Verzicht und Minuswachstum sind unwirksam bis kontraproduktiv, also müssen ökologische und ökonomische Ziele miteinander in Einklang gebracht werden.

Die Weltwirtschaft muss weiterwachsen, aber eben klimaneutral und perspektivisch sogar klimapositiv – weil wir die Pariser Klimaziele nicht ohne

Negativemissionen erreichen können. Um diese Mammutaufgabe zu bewältigen, bedarf es einer effektiven Aufgabenteilung unter allen Akteuren. Und weil die aktuelle Bundesregierung darin offenbar Defizite aufweist, hat das Bundesverfassungsgericht mit seinem jüngsten Urteil zum Klimaschutzgesetz nun nachgeholfen. Darin hat es eine fein austarierte Abwägung jener Ideale vorgenommen, die den Kern des Liberalismus darstellen: Freiheit und Verantwortung.

Glasklar ist damit der Auftrag an Gesetzgeber: Er muss das Erreichen von Klimazielen sicherzustellen, dabei aber stets so wenig wie möglich in die Handlungsfreiheit der Menschen eingreifen. Das mag schwierig klingen, ist aber mit dem ETS längst Realität: Die Emissionen der Energiewirtschaft sowie großer Teile der Industrie und der innereuropäischen Luftfahrt werden marktwirtschaftlich reduziert, und zwar mit Erfolg. Die Menschen können weiterhin Strom verbrauchen, Industriegüter nutzen und fliegen – und dennoch sinken die Emissionen.

Zum Schutze der Freiheit heutiger und folgender Generationen muss der Gesetzgeber also einen Plan dafür vorlegen, dass das Klima geschützt wird und in welchem Tempo das geschehen muss. Auf welchem Wege dies jedoch geschehen soll, mit welchen Technologien also und wer die restlichen Treibhausgase noch ausstoßen darf – das liegt außerhalb seiner Kompetenz, und zwar im doppelten Sinne: Der Gesetzgeber kann es nicht entscheiden, weil er über kein technologisches Know-how verfügt, und er darf es nicht entscheiden, weil er damit das Selbstbestimmungsrecht der heutigen Generationen verletzt. Verfassungsrechtlich ist das CO_2-Limit des Emissionshandels das einzig sinnvolle Verbot, das der Gesetzgeber aussprechen kann. Und weil der Klimawandel ein gigantisches Problem ist, sollten wir nicht vor großen Visionen zurückschrecken: Im Idealfall arbeiten wir auf einen globalen CO_2-Handel hin. Denn je mehr Staaten an einem gemeinsamen Emissionshandel teilnehmen, desto höher wird der Innovationsdruck – und desto kleiner die CO_2-Oasen, in die Emittenten vor diesem Wettbewerb flüchten können. Mit einem internationalen CO_2-Preis zwingen wir uns gegenseitig dazu, die Chancen auszunutzen, zu denen der Klimawandel uns zwingt: Regenerative Energien ausbauen, Speichertechnologien entwickeln, Wasserstoff nutzen, unvermeidbares CO_2 vor dem Ausstoß einfangen oder aktiv aus der Atmosphäre entziehen und dann speichern oder nutzen, synthetische Kraftstoffe herstellen, CO_2-Senken wie Wälder und Moore renaturieren oder anlegen, Häuser bauen, die mehr Energie produzieren als sie verbrauchen ...

All solche technologischen Innovationen bieten uns die Chance, uns als Menschheit weiterzuentwickeln. Wir waren schlau genug, den Widrigkeiten eines »Lebens im Einklang mit der Natur« zu entfliehen, indem wir fossile Brennstoffe zu unserem Vorteil genutzt haben – aber zum Nachteil des gesamten Planeten, inklusive uns selbst. Jetzt müssen wir uns gegenseitig dazu anspornen, unsere Intelligenz zum Vorteil des gesamten Ökosystems zu nutzen. Mit dem Ruf nach einer Rückkehr in eine romantisch-verklärte Vergangenheit kann das nicht gelingen. Nur die Kombination von Ökologie und Ökonomie kann uns in ein post-fossiles Zeitalter führen – zuverlässig, rechtzeitig und effektiv.

Dr. Christian Ossig

Klimaschutz und Banken: Eine fruchtbare Liaison

März 2022

Der russische Einmarsch in der Ukraine ist ein Paradigmenwechsel für die europäische und speziell für die deutsche Politik. Noch bis vor wenigen Wochen schienen alle politischen Aktivitäten in Brüssel und Berlin darauf ausgerichtet zu sein, Europa binnen kurzer Zeit zum klimaneutralen Kontinent zu machen und dessen technologische Wettbewerbsfähigkeit zu behaupten. Die ökologische Transformation sollte zum Markenkern der gerade neu ins Amt gewählten Ampelkoalition werden.

Mit Beginn des Krieges und spätestens seit der Regierungserklärung von Bundeskanzler Olaf Scholz am 27. Februar haben sich die Gewichte erst einmal verschoben: Deutschland wird seine Ausgaben für das Militär in den kommenden Jahren signifikant steigern und beträchtliche Investitionen in seine äußere Sicherheit tätigen. Zugleich wurden wirtschaftliche Sanktionen gegen den Aggressor verhängt, die in dieser Dimension beispiellos sind. Die Eindämmung Russlands dürfte zum Europa beherrschenden Thema mindestens der nächsten Monate werden.

Was heißt das für die Klimapolitik Deutschlands und Europas in den kommenden Jahren? Die Bundesregierung hat deutlich gemacht, dass sie an ihren klimapolitischen Ambitionen festhalten werde. Um diese Absicht zu untermauern, hat sie gerade erst beschlossen, dem Energie- und Klimafonds bis 2026 200 Milliarden Euro zur Verfügung zu stellen. Auch wenn ein größerer Teil dieses Betrages ohnehin schon eingeplant war, veranschaulicht diese Summe doch, dass die Dringlichkeit der Energiewende noch einmal größer geworden ist. Die Abhängigkeit von russischen Gas- und Ölimporten hat sich schließlich als Achillesferse Deutschlands und anderer Staaten erwiesen und muss so schnell wie möglich beendet werden. Flüssiggasterminals, neue Bezugsquellen, gegebenenfalls längere Laufzeiten von Kohlekraftwerken sind die eine Seite der Medaille, doch vor allem geht es der Bundesregierung darum, den Umstieg auf erneuerbare Energien noch einmal zu forcieren.

Investitionen in gewaltiger Höhe

Dass der Umbau unserer Wirtschaft in Richtung Klimaneutralität und Nachhaltigkeit viel Geld kosten wird, ist natürlich kein Geheimnis und wird nicht nur durch die Summen verdeutlicht, die in den Klimafonds fließen sollen. Die grüne Transformation, aber auch die Errichtung einer modernen digitalen Infrastruktur, die für eine erfolgreiche Klimapolitik unumgänglich ist, erfordert Investitionen in gewaltiger Höhe. Für die Europäische Union rechnet die Kommission mit jährlichen Beträgen von mindestens 350 Milliarden Euro. Andere Zahlen bewegen sich in ähnlichen Sphären.

Doch wer soll diese Investitionen stemmen? Obgleich staatliche Milliardenpakete gegenwärtig schnell geschnürt werden, ist die Frage der Finanzierung des Klimaschutzes damit noch längst nicht beantwortet. Selbstverständlich werden öffentliche Investitionen eine wichtige Rolle spielen. Der Bau einer leistungsfähigen Infrastruktur für den Energietransport oder für die klimaneutrale Mobilität muss vorangetrieben werden, und hier ist in erster Linie der Staat in der Verantwortung. Eine kluge Förderpolitik kann das Geld obendrein in die Entwicklung grüner Technologien lenken und so eine unverzichtbare Anschubfinanzierung leisten.

Aber der Fokus auf öffentliche Investitionen und Staatshilfen führt in die falsche Richtung. Die finanziellen Ressourcen des Staates sind zwar groß, aber sie sind alles andere als unerschöpflich. Ein Großteil der Ausgaben für neue Technologien und Produktionsverfahren muss und wird daher privat finanziert werden. Anders lässt sich die grüne Transformation nicht erfolgreich bewerkstelligen. Klar ist deshalb: Wir brauchen eine Finanzierungsarchitektur, die der Größe der Aufgabe gerecht wird und die es ermöglicht, Beträge in ungekannter Höhe zu mobilisieren.

Es kommt nun zunächst ganz erheblich auf die Wirtschaft an: Tausende Unternehmen werden in den kommenden Monaten und Jahren ihre CO_2-Bilanz gründlich analysieren und hierzu unzählige Daten erheben müssen – häufig haben sie damit schon begonnen. Tausende Unternehmen werden ihre Geschäftsmodelle anpassen und in neue klimafreundliche Technologien investieren. Und sehr viele von ihnen werden sich dabei an ihre Banken wenden, denn über die Kreditinstitute läuft ein Großteil der Finanzierung der deutschen und europäischen Wirtschaft.

Es ist deshalb nicht übertrieben zu sagen: Mehr Klimaschutz geht nur mit den Banken. Die Institute realisieren schon seit einiger Zeit, dass das Thema in den Gesprächen mit ihren Unternehmenskunden eine immer größere Rolle spielt. Der Druck auf die Wirtschaft, sich klimafreundlich aufzustellen, wächst: Steigende CO_2-Preise spielen hier ebenso eine Rolle wie die Erwartungen von Kunden, Öffentlichkeit sowie der Banken. Obendrein unterliegen immer mehr Unternehmen direkten und indirekten Berichterstattungspflichten im Bereich der Nachhaltigkeit. Doch auch die Banken verspüren diesen Druck, denn sie sind es, die die Risiken ihrer Kredite neu bewerten müssen: Sie prüfen sehr genau, wie es um die Nachhaltigkeit ihrer Unternehmenskunden bestellt ist und wie sich Unternehmen für künftige Herausforderungen rüsten. Neben Klima- und Umwelt spielen dabei auch soziale Aspekte und Fragen der guten Unternehmensführung eine Rolle. Um Risiken richtig zu beziffern, müssen sehr viele Daten von den Unternehmen eingeholt werden.

Daten werden immer wichtiger

Womit wir bei der Taxonomie wären, dem Aufregerthema der ersten Wochen des Jahres. Die grüne Taxonomie der EU ist das Herzstück des EU-Aktionsplans zur Finanzierung nachhaltigen Wachstums. Sie definiert, was grün im Sinne der Umwelt und des Klimaschutzes ist, und soll Anlegern so die Möglichkeit eröffnen, gezielt in nachhaltige Unternehmen und Branchen zu investieren. Der Fokus der EU-Taxonomie liegt zwar auf großen, kapitalmarktorientierten Unternehmen, aber auch mittelständische Unternehmen werden immer mehr in die Pflicht genommen: Sie müssen in ihrem Jahresabschluss zukünftig genauere Angaben zur Nachhaltigkeit machen.

Immer mehr Unternehmen wollen darüber hinaus wissen, welchen Einfluss die Taxonomie auf den Kreditprozess hat. Die Banken wiederum sind angehalten, künftig die sogenannte Green Asset Ratio (GAR) offenzulegen. Die GAR setzt die taxonomiekonformen Risikopositionen von Kreditinstituten ins Verhältnis zu ihren gesamten Risikopositionen. Die GAR könnte weitreichenden Einfluss auf die Berichterstattung von Kreditinstituten haben, da sie einen Vergleich von Nachhaltigkeitsquoten ermöglicht. Problem an der Sache: Viele der für die Berechnung der Green Asset Ratio notwendigen Daten werden bisher noch nicht systematisch erfasst. Zudem werden bestimmte Positionen im Zähler der GAR nicht berücksichtigt, wodurch Institute schlechter dastehen, als sie es eigentlich sind.

Ohne Zweifel: Die Taxonomie ist ein wertvolles Instrument, das für den Übergang zu einer kohlenstoffarmen und ressourceneffizienten Wirtschaft wegweisend ist, schließlich zeigen die definierten Kriterien und Leistungs-schwellen auf, welche Aktivitäten klima- bzw. umweltfreundlich sind und welche nicht. Wichtig bei alldem aber ist, dass das Regelwerk nicht zu klein-teilig wird. Dass Daten erhoben und ausgewertet und die detaillierten Be-wertungskriterien regelmäßig aktualisiert werden müssen, liegt in der Natur in der Sache. Der dabei entstehende Aufwand darf angesichts der Fülle an Daten aber nicht unterschätzt werden, teilweise steht er schon jetzt in kei-nem Verhältnis zu den gewonnenen Informationen. Hier müssen wir aufpas-sen, dass die Beteiligten bald den Wald vor lauter Bäumen nicht mehr sehen. Wichtig deshalb auch: Die relevanten Nachhaltigkeitsdaten müssen künftig zentral gesammelt und bereitgestellt werden. Dies sollte insbesondere auch für die Energieeffizenzausweise von Immobilien gelten, die bislang kaum zugänglich sind, obgleich die Banken sie für ihr Reporting benötigen.

Transformationsfinanzierung ermöglichen

Die aktuelle Ausgestaltung der Taxonomie zeigt deutlich, dass ihr Fokus zu eng gesteckt ist. Letztlich muss sich die gesamte Wirtschaft auf den Weg in Richtung Net-Zero machen. Der zügige Umbau der Wirtschaft darf nicht dadurch erschwert werden, dass Unternehmen und Banken viel Zeit mit komplizierten technischen Bewertungskriterien verbringen müssen und so am Eigentlichen gehindert werden: Transformationspfade beschreiten und Transformationspfade finanzieren. Denn gerade um diese Transformations-pfade geht es. Es ist daher wichtig, dass die *Green Taxonomy* zur *Greening Taxonomy* erweitert, also um Prinzipien zur Transformationsfinanzierung er-gänzt wird – das Geld muss schließlich gerade auch dorthin fließen, wo CO_2 eingespart wird und Unternehmen sich auf dem Weg zur Klimaneutralität machen. Und auch hier ist die Praktikabilität von immenser Wichtigkeit. Sofern bürokratische Belastungen den grünen Aufbruch der Wirtschaft nicht empfindlich beeinträchtigen, kann die Finanzwirtschaft eine enorme Hebel-wirkung erzeugen. Und genau diese Möglichkeiten sollten ausgeschöpft werden. Deswegen müssen die Banken einen genügend großen Kreditver-gabespielraum haben. Regulierung soll Impulse setzen, darf aber gerade die kleinen Banken und Unternehmen nicht überfordern. Und deswegen sollte *Sustainable Finance* zu einem integralen Bestandteil der Klimaschutzpoli-tik werden. In ihrem Koalitionsvertrag bekennt sich die Bundesregierung dazu, Deutschland zum führenden Standort nachhaltiger Finanzierung zu machen. Dazu gehört aber auch, die Bedeutung der Finanzbranche für den

Klimaschutz anzuerkennen. Aus unserer Sicht wäre es daher dringend angezeigt, dass Verbände wie der Bankenverband, die intensiv an den Themen arbeiten, vollwertige Mitglieder in einem künftigen Sustainable-Finance-Beirat der Bundesregierung werden.

Schnell sein, kreativ sein, konsequent sein, und das nicht auf Kosten der Sicherheit, sondern auf Kosten von Bürokratie und Überregulierung – so kann eine erfolgreiche Klimaschutzpolitik aussehen, die neue Chancen eröffnet. Und über den Tellerrand hinausschauen, denn die Finanzierungsarchitektur, die wir benötigen, muss eine europäische sein. Deswegen brauchen wir über eine funktionierende Bankenlandschaft hinaus eine europäische Kapitalmarktunion, die das riesige Potenzial an verfügbarem Kapital, das es in Europa gibt, effizient nutzt. Je mehr finanzielle Ressourcen wir mobilisieren können, desto besser für das Klima.

6.

Wende auf dem Wohnungsmarkt einleiten

Prof. Tom Krebs, PhD / Prof. Dr. Carsten Kühl

Wohnraumoffensive der neuen Bundesregierung – die Richtung stimmt

Februar 2022

Im Kapitel »Bauen und Wohnen« der Koalitionsvereinbarung der neuen Bundesregierung nehmen Maßnahmen zur Verbesserung der Wohnraumversorgung breiten Raum ein. Dazu zählt nicht nur das ehrgeizige Ziel, jährlich 400.000 neue Wohnungen zu schaffen. In der letzten Dekade bewegten sich die jährlich fertig gestellten Wohnungen lediglich zwischen 150.000 und 300.000. Es geht den Koalitionären explizit auch darum, dort, wo in den letzten Jahren die Mieten explodiert sind, die Mietkosten im Blick zu halten. Im Rahmen der jährlich 400.000 neu zu schaffenden Wohnungen sollen jeweils 100.000 öffentlich gefördert und damit sozialgebunden realisiert werden. Daneben werden aber auch mietrechtliche Lösungen und Verbesserungen beim Wohngeld angesprochen – nicht zuletzt, um den Zielkonflikt zwischen bezahlbarem Wohnraum und den klimapolitischen Zielen der Bundesregierung im Auge zu behalten.

Um diese ambitionierten Ziele zu erreichen, muss die neue Bundesregierung die vorhandenen Instrumente effizient ausgestalten und durch innovative Ansätze neu interpretieren. Dies erfordert Mut und Tatkraft von der Koalition, deren drei Partner den Wohnungsmarkt teilweise aus sehr unterschiedlichen Perspektiven betrachten. In diesem Beitrag skizzieren wir wesentliche Elemente einer mutigen Wohnungsbaupolitik.

Wohnraum muss bereits kurzfristig bezahlbar gemacht werden

Empirische Untersuchungen belegen, dass bereits heute ca. 40 Prozent der Haushalte mehr als 30 Prozent ihres Nettoeinkommens für die Miete aufbringen müssen. Die 30 Prozent-Marke gilt – versehen mit einem relativ breiten wissenschaftlichen Konsens – als die Grenze, die aus sozialpolitischen Gründen möglichst nicht überschritten werden sollte. Wenn die Diagnose richtig ist – und die Empirie belegt dies –, dass Mieten in den Ballungsgebieten und in deren Speckgürtel vor allem bei den Neuvermietungsmieten für kleine und mittlere Einkommen diese Grenze überschreiten, werden Neubaumaßnahmen allein nicht ausreichen, um sozialpolitische Missstände kurzfristig zu beheben.

Deshalb ist es richtig, dass die Koalition auch Verschärfungen beim Mietrecht und Verbesserungen beim Wohngeld vorsieht. Die mietrechtlichen Vorhaben setzen an den richtigen Stellen an, um Mietpreissteigerungen in angespannten Wohnungsmärkten einzudämmen: Steigerungen von Bestandsmieten werden weiter begrenzt, Neuvermietungen sollen bis 2029 der sogenannten Mietpreisbremse unterliegen und die Pflicht zur Erstellung von Mietspiegeln, die ein zentrales Instrument sind, um die Mietpreisbremse umzusetzen, soll erweitert werden. Die Richtung stimmt – ob nachjustiert werden muss, wird der Gesetzesvollzug zeigen.

Ein Dilemma bleibt: Mietrecht kann überhöhte Mietsteigerungen unterbinden, aber nicht dafür sorgen, dass bereits heute sozialpolitisch inakzeptable Mieten gezahlt werden müssen. Angebotssteigernde Maßnahmen (siehe unten) sind deshalb notwendig, aber nicht in der Lage, kurzfristig bezahlbaren Wohnraum zu schaffen.

Aus diesem Dilemma erwächst eine wichtige Funktion des Wohngeldes. Wohngeld wirkt kurzfristig entlastend. Es ist eine klassische sozialpolitische Maßnahme, die als Subjektförderung ausgestaltet ist. Sie verändert nicht die Marktergebnisse, sondern macht sie für Bezieher niedriger Einkommen erträglicher. Spätestens seit dem Gutachten des Wissenschaftlichen Beirats beim Bundeswirtschaftsministerium aus dem Jahr 2018 mit dem Titel »Sozialer Wohnungsbau« wird das Wohngeld als »Wunderwaffe« marktliberaler Ökonomen von progressiven Wissenschaftlern skeptisch beäugt. Der Grund ist klar und nachvollziehbar: Wenn man Wohngeld dauerhaft so ausgestaltet, dass bedürftige Mieter nicht mehr als 30 Prozent ihres Einkommens für Wohnkosten aufbringen müssen und man alle anderen regulierenden Maßnahmen (Mietrecht, Baurecht) und staatliche Eingriffe (soziale Wohnraumförderung) zurückschraubt, subventioniert der Staat den Eigentümern Mietsteigerungen, indem er bei den Mietern für den entsprechenden sozialen Ausgleich sorgt.

Wohngeld darf nicht zur Entschädigung für unregulierte und überhöhte Marktergebnisse werden. Es muss perspektivisch eine Sozialleistung für einkommensschwache Haushalte bleiben. Wenn die Mieten in bestimmten Ballungsräumen aber so hoch sind, dass selbst Bezieher mittlerer Einkommen in angemessenen Wohnverhältnissen die 30 Prozent-Marke deutlich übersteigen, muss darüber nachgedacht werden, temporär die Parameter des Wohngeldgesetzes zu verändern. Der Koalitionsvertrag sieht strukturelle Verbesserungen beim Wohngeld nur im Kontext möglicher Verteuerungen infolge von Klimaschutzmaßnahmen vor. Mietenstufen, Einkommensgrenzen und das Ausgleichsmaß sind geeignete Parameter im Wohngeldgesetz, die temporär so verändert werden könnten, dass stark mit Mietzahlungen belastete Haushalte nicht einige Jahre darauf warten müssen, bis neu gebaute Wohnungen zu einer Entspannung des Wohnungsmarktes führen.

Mittelfristig muss neuer bezahlbarer Wohnraum geschaffen werden

Mietrecht und Wohngeld sind wichtige Instrumente, aber sie kurieren hauptsächlich die Symptome des Wohnungsmarktes. Eine ursachenadäquate Politik muss das Angebot bezahlbaren Wohnraums in den angespannten Märkten fördern.

Die Ampelkoalition will, dass jährlich 400.000 neue Wohnungen erstellt werden, davon 100.000 geförderte Wohnungen. Dabei soll neben der traditionellen sozialen Wohnraumförderung die Gemeinnützigkeit in der Wohnungswirtschaft wiederbelebt werden. Eine neue Gemeinnützigkeit kann ein interessanter Baustein für bezahlbares Wohnen werden, aber ohne eine massive Ausweitung des öffentlichen Wohnungsbaus wird das gesteckte Ziel von jährlich 100.000 neuer, geförderter Wohnungen nicht erreicht werden. Die Ampelkoalition sollte daher den öffentlichen Wohnungsbau stärken, indem sie auf drei bewährte Instrumente des Bundes zurückgreift und diese den zukünftigen Herausforderungen entsprechend anpasst.

Das erste Instrument ist die Bundesanstalt für Immobilienaufgaben (BImA), die durch einen eigenen Bodenfonds die Länder und Kommunen dabei unterstützen sollte, einen angemessenen Bestand an öffentlichen Bodeneigentum aufzubauen. Denn eine effektive Liegenschaftspolitik ist häufig nur möglich, wenn Grund und Boden im Eigentum der öffentlichen Hand verbleibt. Dies haben die meisten Städte und Gemeinden mittlerweile erkannt, aber vielen Kommunen fehlen die finanziellen und personellen Ressourcen. Hier kann ein Bodenfonds der BImA helfen, der durch finanzielle Beiträge, Sacheinlagen (Bundesliegenschaften) und organisatorisches Know-how die Gründung kommunaler und landeseigener Boden- und Infrastrukturfonds unterstützt. Das zweite Instrument ist die KfW, die mittels eines eigenen Beteiligungsfonds die kommunalen Wohnungsbaugesellschaften bei der Aufstockung der Eigenkapitalbasis finanziell stärken sollte. Darüber hinaus kann ein solcher Beteiligungsfonds die Kommunen und Länder bei der Gründung öffentlicher Wohnungsbaugesellschaften unterstützen. Denn viele kommunale Wohnungsbaugesellschaften haben zwar ihre Bautätigkeit zuletzt ausgeweitet, aber halten sich immer noch mit dem Neubau zurück, um nicht ihre Eigenkapitalquote zu sehr abzusenken. Dadurch entsteht ein gefährlicher Engpass im öffentlichen Wohnungsbau, den ein Beteiligungsfonds verringern kann.

Das dritte Instrument ist die Beratungsgesellschaft des Bundes »Partnerschaft Deutschland« (PD), welche ihre Beratungtätigkeit im Bereich des kommunalen Wohnungsbaus ausweiten sollte. Die PD kann die kommunalen Verwaltungen bei der Planung und Entwicklung von Wohnbau- und Stadtteilprojekten unterstützen. Solche Projekte sind häufig hochkomplex und erfordern die Bündelung verschiedener Aufgabenbereiche und fachlicher Kompetenzen. Zudem sollte die PD noch stärker als bisher den Kommunen helfen, Förderprogramme des Bundes oder der EU abzurufen (»Lotsenfunktion«).

Die genannten Instrumente sind wichtige Bausteine zur Stärkung des öffentlichen Wohnungsbaus, aber das gesteckte Ziel von jährlich 100.000 neuer, geförderter Wohnungen kann ohne eine Kapazitätsausweitung in der Bauwirtschaft nicht erreicht werden. Deshalb ist es richtig, dass im Koalitionsvertrag dem seriellen Bauen eine besondere Rolle zugeschrieben wird. Denn nur das serielle Bauen kann – im Zusammenspiel mit einer Digitalisierung und Entbürokratisierung – zu den Produktivitätsgewinnen führen, ohne die eine Senkung der Baukosten nicht möglich ist. Serielles Bauen wird in Zukunft durch innovative Technologien noch mehr als bereits heute schon auch in puncto baulicher und gestalterischer Qualität überzeugen. Darüber hinaus sollte die neue Bundesregierung zusätzliche Anstrengungen unternehmen, die Bauwirtschaft bei der Ausbildung und Einstellungen von Fachkräften zu unterstützen. Kurz gesagt: Es braucht ein »Bündnis bezahlbarer Wohnraum«, das alle wichtigen Akteure und Ansätze zusammenbringt.

Dr. Andreas Dressel

Für Kooperation statt Konfrontation in der Wohnungspolitik!

Juni 2021

Während man anderswo glaubt, mit Kampf und Krawall Erfolge in der Wohnungspolitik zu erzielen, setzt Hamburg seit 2011 auf einen kooperativen Weg.

Gerade wurde das gemeinsame Bündnis für das Wohnen von Senat und Wohnungswirtschaft in der dritten Legislaturperiode verlängert. Die seit ihrer Einführung 2016 immer erreichte Zielmarke von jährlich insgesamt 10.000 neu genehmigten Wohnungen hat dabei auch künftig Bestand. Neue, höhere Ziele gibt sich das Bündnis unter anderem bei den öffentlich geförderten Wohnungen: Statt wie bisher 30 Prozent sind nun 35 Prozent der neue Regelfall.

Insgesamt soll die Zahl der jährlich entstehenden geförderten Wohnungen und sogenannten Hamburg-Wohnungen (freifinanziert günstig ohne öffentliche Förderung) mit kostengünstigen Anfangsmieten schrittweise auf zusammen 4.000 steigen. Alle Vorgaben und Verabredungen verbinden die Bündnispartner mit einem klaren Bekenntnis zum flächeneffizienten und ökologischen Bauen. Um städtischen Grund und Boden auch in der Zukunft im Interesse des Allgemeinwohls und der Ziele der Stadtentwicklung nutzen zu können, soll die Vergabe städtischer Flächen zudem künftig wesentlich stärker im Erbbaurecht erfolgen.

Bundesweit findet dieses Modell viel Beachtung: Seit 2011 wurde der Bau von über 100.000 neuen Wohnungen genehmigt, davon sind bisher 77.000 fertiggestellt. Der Mietanstieg wurde nachweislich gedämpft, die Förderung neuer Wohnungen pro 100.000 Einwohner liegt in Hamburg im deutschlandweiten Vergleich auf einem Spitzenplatz.

Unser Erster Bürgermeister liegt richtig, wenn er sagt: »Der Wohnungsbau ist der beste Mietendeckel.« Das Ergebnis des Berliner Mietendeckels ist verheerend: Klatsche aus Karlsruhe, rückläufige Neubautätigkeit, rückläufiges Angebot für Neuvermietungen, Verunsicherung bei vielen Mietern, Eiszeit mit der Wohnungswirtschaft. Solche Wege sind nicht zur Nachahmung empfohlen, der Hamburger Weg dagegen schon.

Keiner anderen Metropole in Deutschland gelingt es so gut wie Hamburg, das Angebot an Wohnraum zu vergrößern, viele günstige Wohnungen zu bauen und dadurch den starken Anstieg der Mieten zu stoppen, so das Fazit von Peter Tschentscher. Und die Zeiten werden schwieriger: Flächenknappheit, Baupreissteigerungen, neue Anforderungen insbesondere beim Klimaschutz, immer mehr NIMBY-Haltung vor Ort. Dass trotzdem dieses Bündnis zu Stande kommt, ist auch der Tatsache zu verdanken, dass man sich in den vergangenen 10 Jahren stets aufeinander verlassen konnte – im Land Berlin leider undenkbar.

Die Neuauflage des Bündnisses für das Wohnen greift auch Aspekte einer (überall immer stärker Form annehmender) sozialen Bodenpolitik auf – denn Boden ist eine endliche Ressource. Wir haben auch dazu – mit meiner Mitwirkung als Finanzsenator – trotz unterschiedlicher Perspektiven z. B. zum wesentlich stärker zu nutzenden Erbbaurecht (statt Verkauf) gute Kompromisse erzielt. Mit Laufzeiten bis zu 99 Jahren und einer Verlängerungsoption machen wir das in Hamburg schon jetzt sehr günstige Erbbaurecht gerade für langfristig bestandshaltende Wohnungsunternehmen und Genossenschaften noch attraktiver. Gerade in Zeiten eines angespannten Immobilienmarktes kommt einer aktiven Bodenpolitik und dem Erbbaurecht eine stärkere Bedeutung zu.

Wie sagte Andreas Breitner, Verbandsdirektor des Verbands der Norddeutschen Wohnungsunternehmen (VNW) so schön: »Wenn es das Bündnis für das Wohnen nicht gäbe, müsste man es erfinden. [...] Künftig kommt es darauf an, gemeinsam die Zielkonflikte zwischen Klimaschutz, Sozialverträglichkeit, Wirtschaftlichkeit und weiteren zu versöhnen. Dabei muss Pragmatismus Vorfahrt vor Ideologie und unrealistischen Forderungen haben.« Das kann man nur unterstreichen! Es bleibt zu wünschen, dass diese Haltung sich auf Bundes-, Landes- und kommunaler Ebene weiter durchsetzt. Die Hamburger Erfolge zeigen: Es ist der richtige Weg!

Daniel Born

Für ein Land der Nachbar*innen

August 2021

Die Mieten in Baden-Württemberg galoppieren. Die Wohnungssuche ist für viele von Verzweiflung und Niederlagen geprägt. Menschen wohnen sich förmlich arm – und Städte und Viertel verlieren ihre durchmischten Wohnstrukturen. Baden-Württemberg braucht deshalb eine ehrgeizige und nachhaltige Wohnraumoffensive. Wohnen muss bezahlbar, barrierefrei und durchmischt sein. Und wir als Gemeinschaft müssen dafür sorgen, dass moderne Mobilität, Klimaneutralität, innovative Wohnkonzepte und die Verwendung nachwachsender Baustoffe ihren Beitrag dazu leisten.

Wohnen ist ein Menschenrecht, bezahlbares Wohnen muss als Teil der Daseinsvorsorge verstanden werden und elementar für das Familienland Baden-Württemberg und den Wirtschaftsstandort Baden-Württemberg sein. Es überrascht mich manchmal sehr, mit welchem ehrlichen oder gespielten Erstaunen in den letzten Jahren ein Marktversagen beklagt wurde. Verantwortungsvolle Wohnungspolitik hat immer einen handlungsfähigen, aktiven Staat gebraucht.

Ich plädiere deshalb für ein umfangreiches Maßnahmenpaket, um das Wohnen in Baden-Württemberg bezahlbarer zu machen.

Das Problem an einer ehrgeizigen Wohnungspolitik ist oft, dass sie konkret in ihren Instrumenten werden muss – und dann entgegnet werden kann, dass dieses eine Instrument sicher nicht die Wohnraumnot beendet. Ich begleite und unterstütze intensiv den Einsatz von Initiativen für bspw. *Tiny Houses*, Miethäusersyndikate oder Mehrgenerationenhäuser mit einem hohen Anteil an *Shared Spaces*.

An den Konzepten wird häufig keine Kritik geübt, sondern an der Erwähnung schlechthin mit dem Verweis darauf, dass damit allein die Wohnungsnot nicht beendet werden könne. Hierfür gibt es auch ein sehr spezielles Beispiel im Südwesten: Nicht mehr genutzte Ställe in Gemeinden und Städten bspw. könnten entfernt werden, wenn diese den Wohnungsbau behindern. Als SPD-Fraktion im Landtag von Baden-Württemberg haben wir vorgeschlagen, dass es schon nach zwei Jahren der Nichtnutzung möglich sein soll, leerstehende Ställe zu beseitigen. Die grün-schwarze Landesregierung hat leider entschieden, dass Ställe bis zu zehn Jahren ungenutzt bleiben können. War beim Lesen dieser Zeilen der Reflex: »Aber nur mit leerstehenden Stellen kann man die Wohnungsnot auch nicht besiegen, Herr Born!« Und das stimmt.

Wohnungspolitik braucht einen gemeinsamen Rahmen, der das, was man tut – aber auch das, was man nicht tut – zusammenfasst. Mein Vorschlag: »Wir wollen Nachbar*innen sein.« Das Modell »einsame Insel« taugt weder als Siedlungs- noch als Gesellschaftsmodell für unser Land. Es kostet uns zu viel Fläche und schafft gleichzeitig zu wenig Wohnraum. Das »Land der Nachbar*innen« würde bisherige vermeintliche Idealkonzepte durch neue ersetzen. Wir haben Lust auf Kompromisse, auf Kontakte und auf Nähe. Wir wollen unsere Städte, Gemeinden und Quartiere wieder als das zurückgewinnen, wie sie gedacht sind: Als europäische Polis, in der man schläft und kocht, arbeitet und einkauft, seine Gesundheitsversorgung und Kulturangebot findet. Das Nachbar*innen-Modell verlangt einiges von uns – aber auch von der Politik. Denn nur wenn bereits bei der Planung auf Durchmischung, Bezahlbarkeit, Barrierefreiheit und Anbindung geachtet wird, kann es gelingen.

In 24 von 41 Kreisen von Baden-Württemberg ist der Wohnungsmarkt »angespannt« oder »sehr angespannt«. Der Flächenfraß in Baden-Württemberg mit durchschnittlich 8 Fußballfeldern am Tag hat dieses Problem nicht lösen können. Der Wohnungsmangel in Baden-Württemberg ist also in der Fläche des Landes und in der Breite der Bevölkerung angekommen. Uwe Hardt von der Caritas lässt sich wie folgt zitieren: »Normalverdiener aus der Mittelschicht können ihre Familien aufgrund der hohen Wohnungskosten nicht mehr richtig versorgen.«

Ich halte diese Tatsache für einen Skandal. Und ich bin der festen Überzeugung, dass wir als Gesellschaft in der Verantwortung dafür sind, dass unsere Städte und Gemeinden mit Wohnraum versorgt werden. Dazu müssen wir auch liebgewonnene Traditionen über Bord werfen. Und da wird das Nachbar*innen-Modell konkret: Innen- vor Außenentwicklung, die Erlaubnis zum Bauen in die Höhe, zur Verdichtung, zum urbanen Gebiet, zur Überprüfung und Entschlackung von Bauvorschriften.

Aber Politik muss noch mehr machen als die Wohnraumschaffung zu unterstützen. Sie muss selbst mit in die Wohnraumschaffung einsteigen. Immer mehr Kommunen machen dies vor, indem sie ihre kommunalen Wohnbaugesellschaften stärken oder sogar neue gründen. In Baden-Württemberg gibt es keine Landesentwicklungsgesellschaft für mehr sozialen Wohnraum, leider. Aber diese Gesellschaft wäre dringend notwendig, denn nur dann, wenn der Staat sozialen Wohnraum baut, ist es möglich, zusätzlich Druck aus dem Kessel zu nehmen. Die grün-schwarze Landesregierung will von einer Landesentwicklungsgesellschaft aber weiterhin nichts wissen.

In Baden-Württemberg müssten 500.000 Wohnungen gebaut werden, um die Wohnungsnot zu lindern. Bis zum Jahr 2025, wohlgemerkt. Die Zahlen sind keine Erfindung von mir, sondern aus einer Studie, die die grün-schwarze Landesregierung selbst in Auftrag gegeben hat. Von diesen 500.000 Wohnungen sind wir in Baden-Württemberg weit entfernt, ebenso von den bis zu 6.000 geförderten mietpreisgebundenen Wohnungen, die pro Jahr neu entstehen müssten.

Die grün-schwarze Landesregierung hat einen Fokus auf das Thema Mitarbeiter*innenwohnen gelegt. Ich habe nichts dagegen, wirklich nicht. Nur wenn man genauer hinschaut, ist es reinste PR – die einschlägigen Unterlagen sprechen von 40 Anträgen pro Jahr, die Mitarbeiter*innenwohnungen ermöglichen wollen. Wenn man 500.000 Wohnungen bis 2025 benötigt und von einem zentralen Baustein 40 Anträge pro Jahr zugeliefert werden, dann ist das faktisch nichts. Den Instrumentenkasten zu erweitern, müsste folgerichtig bedeuten, alle Instrumente mit den notwendigen Fördermitteln zu hinterlegen, damit sie ihren maximalen Beitrag zu den 500.000 Wohnungen leisten können. Das gelingt der Landesregierung weder beim sozialen Wohnungsbau noch beim Mitarbeiter*innenwohnen, es gelingt ihr ebenfalls nicht beim innovativen Wohnen und auch nicht bei der Nachverdichtung.

Das Land der höchsten Mieten, des fehlenden barrierefreien Wohnraums und des für viele Familien nicht mehr realistisch erreichbaren Traum von der eigenen Immobilie hat ein ernsthaftes Problem. Aber eine Problembeschreibung kann nur der erste Schritt einer Lösung sein. Es braucht einen gemeinsamen Kraftakt in Baden-Württemberg – nennen wir es Wohnraumoffensive. Diese Wohnraumoffensive muss finanziert sein. Aber sie braucht auch einen Rahmen, wohin wir wollen. Für mich muss das ein Land sein, in dem Wohnen bezahlbar und barrierefrei ist, ökologisch nachhaltiger und durchmischt. Eben ein Land der Nachbar*innen.

7.

Gesundheits-
wirtschaft als
Innovationstreiber

Prof. Dr. Hagen Pfundner

Die industrielle Gesundheitswirtschaft im 21. Jahrhundert: Inkubator für nachhaltiges Wachstum?!

August 2021

Die Coronapandemie wirft Fragen auf: In welcher Gesellschaft möchten wir künftig leben und was wollen wir unseren Kindern und Enkelkindern überlassen? Wie wichtig ist uns Gesundheit? Wie stellen wir uns unser Privatleben, unser Arbeitsleben, sowie unser gesellschaftliches Zusammenleben in Zukunft vor?

Bei der Suche nach Antworten gewinnen Themen wie Nachhaltigkeit und Resilienz für die Gesellschaft zunehmend an Bedeutung. Als Unternehmer:innen stehen wir aber auch in der Verantwortung, mutig voranzugehen und »neue Arbeitsweisen und Arbeitswelten« zu ermöglichen, um Kollaborationen zwischen Wissenschaft, Wirtschaft, Verwaltung und Politik zu stärken. Es geht darum, »Wissen in Produkte« zu überführen. Die Pandemie hat uns gezeigt: Wirtschaftlicher und gesundheitlicher Fortschritt bedingen einander und sind auch essenziell für den Zusammenhalt in unserer Gesellschaft.

Aus meiner Sicht sollte sich die Bedeutung beziehungsweise der Erfolg jeder unternehmerischen Aktivität an dem Zusammenspiel von Ökonomie, Ökologie und Sozialem messen lassen. So messen wir neben dem unternehmerischen Erfolg (z. B. Umsatz, Profit, Investitionen, Unternehmenswert) auch, wie wir mit den eingesetzten Ressourcen umgehen (z. B. CO_2 Reduktion durch Nutzung erneuerbarer Energien), sowie den Beitrag für die Gesellschaft (z. B. Beschäftigungsgrad, Ausbildungsintensität, Altersvorsorge, Sozialleistungen, Steuerzahlungen, Gesundheitsleistungen...). Wenn alle drei Dimensionen »ineinandergreifen« ist das Label »nachhaltiges Unternehmen« auch verdient (siehe Dow Jones Sustainability Index).[134]

Der globale Innovationswettbewerb »tobt«. Deutschland und Europa müssen sich positionieren, wie wir uns im Wettbewerb zwischen USA und Asien (China) verhalten wollen. Aber eines ist unabdingbar, um sich neu zu erfinden bedarf es eines überdurchschnittlichen Beitrags unserer Unternehmen in Forschung und Entwicklung (F&E) sowie der Bundesregierung in entsprechende Förderinstrumente und Rahmenbedingungen.

Im Folgenden möchte ich auf die Bedeutung der industriellen Gesundheitswirtschaft (Unternehmen der Medizintechnik, Diagnostik, Arzneimittelherstellung, aber auch Elektrotechnik, IT oder Logistik) auf die Gesundheit der Menschen sowie die Nachhaltigkeit der deutschen Volkswirtschaft in den drei Säulen Ökonomie, Ökologie und Soziales eingehen. Damit es uns gelingt, die enormen Wachstumspotentiale der wissenschaftsbasierten Medizin – als zentrales Produkt der industriellen Gesundheitswirtschaft – in Deutschland und Europa zu entfalten, gilt es den Fokus auf die hierfür erforderlichen Rahmenbedingungen zu legen. Diese Herausforderung lässt sich dabei nur über das intelligente Zusammenwirken aller beteiligten Akteure lösen.

Die Bedeutung von Roche als Teil der industriellen Gesundheitswirtschaft

Im Zuge der Pandemie konnte die industrielle Gesundheitswirtschaft mit mehr als einer Million Beschäftigten und einer Bruttowertschöpfung von 81,2 Milliarden Euro (2019) ihre stabilisierende Wirkung auf die deutsche Volkswirtschaft sowie ihre Rolle als neue Leitindustrie unter Beweis stellen. Der Anteil von Roche an dieser Bruttowertschöpfung betrug 2019 6,1 Milliarden Euro, davon wurden 3,8 Milliarden Euro direkt im Unternehmen geschaffen. Durch diesen wirtschaftlichen Erfolg sowie die Ausstrahlwirkung auf andere Vorleistungsindustrien und Zulieferern sichern wir in Summe 55.000 Arbeitsplätze in Deutschland. Knapp die Hälfte unserer Belegschaft (48 Prozent) ist weiblich. Durch den hohen Anteil (80 Prozent) an deutschen Vorleistungen und der Vermeidung von langen Transportwegen trägt Roche gleich doppelt zur Nachhaltigkeit der deutschen Wirtschaft bei. Zudem bekennen wir uns in unseren Unternehmenszielen zum Pariser Klimaabkommen. Neben weiteren Projekten zur Reduktion unseres ökologischen Fußabdrucks investieren wir überproportional in neue Gebäude und Produktionsanlagen (>3 Milliarden Euro in den vergangenen 10 Jahren) und liegen so mit unseren Treibhausgasreduktionen bereits deutlich unterhalb der Emissionen zur Erfüllung des 1,5-Grad-Ziels.

Forschung und Entwicklung als Rohstoffe für künftiges Wachstum

Unser Geschäftsmodell sind *Innovationen*. Treiber dieser Innovation – insbesondere bei Pharmaunternehmen – ist die *Forschung und Entwicklung*. Roche investiert 17 Prozent ihres Umsatzes in F&E, fast 6-mal so viel wie der 3,5-Prozent-Zielwert für die europäischen Länder vorsieht. Die industrielle Gesundheitswirtschaft konnte in intensiver Zusammenarbeit mit der Wissenschaft, der Politik, den Behörden und vielen Unternehmen innerhalb kürzester Zeit die ersten Impfstoffe, diagnostische Tests, bildgebende Verfahren, Schutzgüter, Beatmungsgeräte etc. zur Bekämpfung der Pandemie auf den Markt bringen. Auch die ersten Medikamente für den Einsatz bei einem schweren Verlauf einer Covid-Erkrankung sind innerhalb kürzester Zeit zugelassen worden. Alle diese beschleunigten Verfahren haben das Ziel, Patienten schneller als bisher zu helfen, unsere Wirtschaft zu stabilisieren und den gesellschaftlichen Zusammenhalt zu stärken. Die Pandemie zeigt uns: Gesundheit ist *alles*. Doch wie gelingt es uns, diese Erfahrungen zu verstetigen?

Zunehmender Wettbewerb durch die USA und Asien

Die Entwicklung der ersten Covid-19-Impfstoffe und -Tests durch deutsche Unternehmen unterstreicht das immer noch vorhandene Potential von Deutschland als »Apotheke der Welt«. Diese Position wird allerdings durch die USA und Asien immer stärker relativiert. Deutschland ist in der weltweiten Rangfolge bei klinischen Studien in kurzer Zeit vom 2. auf den 5. Platz abgerutscht. Zudem ist die Zahl der Biotech-Neugründungen in Deutschland rückläufig und ihre Finanzierung mit Venture Capital ist weit unterdurchschnittlich. Neuinvestitionen insbesondere in Gen- und Zelltherapie sowie digitale Gesundheitslösungen finden fast ausschließlich in den USA und Asien statt. Es wäre fatal, wenn in einem rohstoffarmen Land wie Deutschland diese Tendenz anhielt.

Blick in die Zukunft

Wie gelingt es, eine innovationsstarke Zukunft in Deutschland und Europa mithilfe der industriellen Gesundheitswirtschaft zu sichern und auszubauen? Wichtig erscheint mir hier, dass die Politik in Europa und Deutschland die Stärke der industriellen Gesundheitswirtschaft auch nach der Pandemie industriepolitisch nutzen sollte. Ziel ist, Stärkung und Ausbau unserer »Standortkompetenzen« im Wettbewerb mit den USA und Asien, damit die Wertschöpfung dieser Industrien wieder verstärkt in Europa und Deutschland erfolgt. Nur dann können weitere Herausforderungen – denken wir nur an die Bekämpfung von Krebs oder Alzheimer – gemeistert werden.

Was ist zu tun?

Um Deutschlands Innovationsfähigkeit für die Zukunft zu sichern, sind international wettbewerbsfähige Rahmenbedingungen für ein innovationsoffeneres Gesundheitssystem notwendig.

Insbesondere die Medizin entwickelt sich mithilfe der Digitalisierung sprunghaft weiter. So kann man bereits heute große Datenmengen (Big Data) von kranken und gesunden Menschen anonymisieren und für Forschungszwecke auswerten. Die neuen Erkenntnisse verändern das Wissen um Gesundheit und Krankheit und sind für Innovationen im Gesundheitsbereich nutzbar. Hierdurch können auch Forschungsvorhaben verkürzt und Innovationen schneller in die Regelversorgung integriert werden. Ein besonders großes Potential liegt auch in den »Versorgungsdaten«. Erkenntnisse aus der Regelversorgung z. B. »was hat wann, wem, wie geholfen« gehen regelhaft verloren. Durch gezielte Analysen könnte hier Wissen generiert werden, welches die Versorgung besser, effektiver und effizienter macht.

Deutschland hat noch das Potenzial, Vorreiter bei datengetriebenen Gesundheitslösungen zu werden. Die gesetzlichen Voraussetzungen sind teilweise schon geschaffen. Aber, um das volle Potenzial zu heben, braucht es eine nationale Kraftanstrengung – ein Großprojekt – zum Aufbau einer umfassenden Dateninfrastruktur in der Medizin. Alle am Gesundheitswesen Beteiligten, also Ärzte, Krankenhäuser, Krankenkassen, öffentliche Forschung und Industrie, müssen daran beteiligt werden. Gleichzeitig setzen wir uns damit unter Zugzwang, die Fragen zu Interoperabilität, Datenschutz und Patienteneinwilligung zu lösen und in die Aus-, Weiter- und Fortbildung der im Gesundheitswesen Beschäftigten zu investieren.

Wenn wir das gemeinsam angehen, werden wir die Chancen innovativer Gesundheitsversorgung und gleichzeitig die Wachstumspotenziale der industriellen Gesundheitswirtschaft in und für Deutschland entfalten. Darüber hinaus sind wir auch vor unerwarteten Herausforderungen im Public Health Sektor besser geschützt.

Prof. Dr. Susanne Knorre

Big Data für nachhaltigen Fortschritt nutzen: Jetzt!

April 2022

Selten zuvor waren die Defizite der Digitalisierung in Deutschland so offensichtlich wie in der Coronapandemie. Die mangelnde Digitalisierung des Gesundheitssektors, eine schwache Datenlage bei der Erfassung der Infektionszahlen und unzureichende Evaluation beispielsweise zur Wirksamkeit von Schutzmaßnahmen trafen und treffen bei nahezu allen Beteiligten auf Unverständnis – allerdings, ohne dass sich daraus inzwischen ein fundamentales Handlungskonzept entwickelt hätte, wie unsere Gesellschaft zukünftig die Fortschrittspotenziale von Big Data nicht zuletzt im Gesundheitssektor nutzen will.

Dabei ist unbestritten, dass die Flut an Daten, die in unser aller Alltag gesammelt werden, zu besseren und genaueren Analysen führen und – insbesondere im Zusammenhang mit Künstlicher Intelligenz – für wichtige gesellschaftliche Ziele genutzt werden können. Datengestützte Diagnosemöglichkeiten und Präventionsprogramme, Diagnose- und Therapieunterstützung sind hier als Mehrwert von Big Data ebenso zu nennen wie der Einsatz von Ambient Assisted Living-Technologien im Bereich der Pflege. Damit können nicht nur die Effizienz und der Komfort medizinischer Produkte und Leistungen gesteigert werden, sondern vor allem auch deren Qualität.

Dennoch bleibt der Umgang mit dem Thema schwierig. Bei Gesundheitsdaten handelt es sich um personenbezogene Daten, die nach Art. 4 Nr. 15 der Europäischen Datenschutzgrundverordnung (EU-DSGVO) besonders schutzbedürftig sind. Gerade die sensiblen Personendaten sind aber in einem hohen Detaillierungsgrad notwendig, um die Bürger in der Gesundheit unterstützen zu können und ihnen Mehrwerte zu bieten. Das ist das Spannungsfeld, in dem sich die widerstreitenden Kräfte bislang weitgehend neutralisiert haben.

Zugleich verhalten sich die Nutzer von digitalen Geräten und Services nicht zuletzt in puncto ihrer Gesundheitsdaten paradox: In neueren Studien zeigt sich, dass Einstellungen und Verhalten der Nutzer stark auseinanderklaffen.[135] Selbst die schlimmsten, vom Big Brother-Narrativ gespeisten Befürchtungen halten kaum davon ab, datengetriebene Dienste in Anspruch zu nehmen, wenn sie denn als nützlich empfunden werden. Interessanterweise gilt das ziemlich unabhängig vom digitalen Wissen und von der Einstellung zum Datenschutz. Der Nutzer als Bürger ist skeptisch, schutzsuchend und kulturpessimistisch, als Verbraucher ist er sorglos, bequem und pragmatisch. Das lässt sich beispielsweise auch an der ›Quantified Self‹-Bewegung zeigen, die sich nahezu altersunabhängig durch breite Bevölkerungsgruppen zieht. Dieser Trend, zu dem neben der Selbstvermessung auch die Selbstoptimierung gehört, hat bedeutende Auswirkungen auf den Umgang mit Daten im Kontext der eigenen Gesundheit. Vielfältige Alltagshelfer und Tracking- und Selbstoptimierungssysteme, die beim Aufzeichnen des eigenen Lebensstils helfen, sorgen für einen unaufhörlichen Strom an Gesundheitsdaten. Umso drängender stellt sich die Frage, wo und unter welchen Bedingungen diese Daten gespeichert werden und wer sie nutzen kann. Denn diese Massendaten nur für den individuellen gesundheitlichen Nutzen einzusetzen, wäre zu kurz gesprungen. Es geht darum, Big Data und Künstliche Intelligenz für gesundheitspolitische Ziele und den medizinischen Fortschritt insgesamt zu nutzen.

Das sehen im Übrigen auch die Nutzer so. Die Zustimmung zu Big Data und die Bereitschaft, eigene Daten zu übermitteln bzw. zu spenden, überwiegt, wenn sich damit ein konkreter Nutzen für das Gemeinwohl verbindet. Das erstreckt sich vom erwähnten medizinischen Fortschritt bis hin zu Sicherheitsfragen, einschließlich Kriminalitätsbekämpfung und Verkehrsüberwachung. Im Bereich der Gesundheit fällt die Zustimmung insgesamt sogar noch etwas höher aus. Das zeigt, dass die Chancen von Big Data sehr wohl gesehen werden, und zwar weit über die persönliche Nutzenperspektive hinaus.

Allerdings wird diese Zustimmung immer von Transparenz und Nachvollziehbarkeit abhängig gemacht, zumindest aber von Plausibilitäten, mit denen der Nutzen jeweils erklärt wird.[136] Die Zukunft liegt deshalb in einem Denkansatz, der davon ausgeht, den Nutzer weniger als hilfsbedürftiges Schutzobjekt zu betrachten, sondern als Datensouverän, der seine Daten einer sicheren, vielleicht sogar öffentlichen Dateninfrastruktur zur Verfügung stellt.

Die Ideen der Open-Data-Bewegung dazu sind ebenso faszinierend wie praktisch umsetzbar, wie dies beispielsweise offene Datenbestände aus öffentlichen Verwaltungen oder Forschungseinrichtungen aller Art zeigen.

Eine Infrastruktur, mit der öffentliche Massendaten nach definierten Regeln geteilt werden oder sogar geteilt werden müssen und für deren Sicherheit und Qualität dann sogar ein öffentlicher Auftrag bestehen kann, ist dank gesetzlicher Grundlage ein in diesem Zusammenhang konkretes Zielbild, an dessen Fertigstellung allerdings noch massiv gearbeitet werden muss.

Erste Projekte außerhalb der öffentlichen Daten wie zum Beispiel der Mobilitätsdatenraum (Mobility Data Space MDS) mit seiner dezentralen Architektur des Datenteilens zeigen, dass es vernünftige technische und rechtliche Lösungen für solche Datenräume gibt, von denen letztlich auch alle Marktteilnehmer profitieren. Der MDS zeigt aber ebenso wie das europäische Gaia-X-Projekt zugleich, dass es ohne anhaltende politische Unterstützung insbesondere durch Regierungshandeln nicht geht. Das gilt sicher auch für das Projekt einer dezentralen Forschungsdateninfrastruktur im Gesundheitswesen, wie sie der aktuelle Koalitionsvertrag vorsieht. Hierfür wird man die bisherigen Erfahrungen mit dem Aufbau von Dateninfrastrukturen sorgfältig auswerten, was vielleicht sogar der Vorteil einer späten Projektierung ist.

Für viele Unternehmen ändern sich in diesem Zusammenhang die Erwartungen, die ihre Stakeholder an sie richten. Compliance mit den Datenschutzgesetzen gilt zunehmend als klassischer Hygienefaktor, der nur bemerkt wird, wenn er fehlt. Zustimmung und Vertrauen schafft dagegen nur eine Geschäftsstrategie, die die Chancen von Big Data bzw. Künstlicher Intelligenz proaktiv im wohlverstandenen Eigeninteresse nutzt. Schon jetzt lässt sich dabei sagen, dass Unternehmen, deren Umgang mit Daten auf klaren ethischen Handlungsgrundsätzen beruht, die Gewinner der Big Data-Debatte sein werden. Corporate Digital Responsibility ist eine unverzichtbare Dimension der verantwortungsvollen Unternehmensführung. So ist das Vertrauen der Stakeholder die eigentliche Währung der digitalen Gesundheitswirtschaft.

Um diese marktwirtschaftliche Dynamik zu entfalten, braucht es wiederum regulatorische Rahmenbedingungen, mit denen die Chancen und Risiken von Big Data wirkungsvoll ausbalanciert werden. Als solche sind zum einen spezifische Datennutzungsgesetze zu nennen, wie das ebenfalls im Koalitionsvertrag geplante Gesundheitsdatennutzungsgesetz. Zum anderen geht es um allgemeine gesetzliche Experimentierklauseln, die den Weg für so genannte Reallabore beispielsweise auf kommunaler Ebene eröffnen. Ein allgemeines Reallaborgesetz bzw. eine generelle gesetzliche Experimentierklausel in allen Fachgesetzen, die für datenbasierte Lösungen relevant sind, sind lang diskutierte Optionen, die rasch umgesetzt werden können.

Big Data sowohl aus öffentlicher als auch privater Hand bieten ungeahnte Chancen, die gravierendsten Probleme der Welt nachhaltig, das heißt vor allem auf globaler Reichweite, zu lösen. Das beginnt bei Klimaschutz, geht über Gesundheit und Ernährung bis hin zu Bildung. Unter welchen Rahmenbedingungen Big Data wie genutzt wird, ist jedoch Ergebnis eines Aushandlungsprozesses zwischen den Stakeholdern, die dabei jeweils ihren eigenen Logiken folgen. Politik im Allgemeinen und des Gesetzgebers im Besonderen hat hier die Aufgabe, die Rolle des Treibers einzunehmen, weil sich ansonsten andere Stakeholder gegenseitig blockieren.

Das gelingt umso besser, wie der Nutzen von Big Data genauso populär wird wie bislang das Thema des Datenschutzes. In diesem Sinne kann und muss neben Politik und Wirtschaft die Wissenschaft ihre Rolle als Erklärer technischer, sozialer und ökonomischer Zusammenhänge zu Big Data und KI noch stärker als bisher ausfüllen. Dabei kommt angesichts der Komplexität des Themenfeldes dem interdisziplinären Austausch eine wichtige Rolle bei der Entwicklung akzeptanzfähiger, nachhaltiger datengestützter Lösungen zu. Immerhin hat uns die Pandemie ja einige Impulse für wirkungsvolle Wissenschaftskommunikation gegeben. Ob Big Data seine Potenziale für einen nachhaltigen Fortschritt entfalten kann, ist nicht zuletzt eine Frage gelingender Kommunikation.

Big Data sowohl aus öffentlicher als auch privater Hand bieten ungeahnte Chancen, die gravierendsten Probleme der Welt nachhaltig, das heißt vor allem auf globaler Reichweite, zu lösen. Das beginnt bei Klimaschutz, geht über Gesundheit und Ernährung bis hin zu Bildung. Unter welchen Rahmenbedingungen Big Data wie genutzt wird, ist jedoch Ergebnis eines Aushandlungsprozesses zwischen den Stakeholdern, die dabei jeweils ihren eigenen Logiken folgen. Politik im Allgemeinen und des Gesetzgebers im Besonderen hat hier die Aufgabe, die Rolle des Treibers einzunehmen, weil sich ansonsten andere Stakeholder gegenseitig blockieren.

Das gelingt umso besser, wie der Nutzen von Big Data genauso populär wird wie bislang das Thema des Datenschutzes. In diesem Sinne kann und muss neben Politik und Wirtschaft die Wissenschaft ihre Rolle als Erklärer technischer, sozialer und ökonomischer Zusammenhänge zu Big Data und KI noch stärker als bisher ausfüllen. Dabei kommt angesichts der Komplexität des Themenfeldes dem interdisziplinären Austausch eine wichtige Rolle bei der Entwicklung akzeptanzfähiger, nachhaltiger datengestützter Lösungen zu. Immerhin hat uns die Pandemie ja einige Impulse für wirkungsvolle Wissenschaftskommunikation gegeben. Ob Big Data seine Potenziale für einen nachhaltigen Fortschritt entfalten kann, ist nicht zuletzt eine Frage gelingender Kommunikation.

Dr. Hans-Georg Feldmeier

Sichere Arzneimittelversorgung für Europa

Juni 2021

Die Coronakrise hat gezeigt, wie wichtig eine europäische pharmazeutische Industrie zur Versorgung der Bevölkerung mit lebenswichtigen Arzneimitteln und Impfstoffen ist. Europäische Hersteller sind das Rückgrat einer guten und sicheren Arzneimittelversorgung.

Die Gesundheitsindustrie in Deutschland und Europa hat bewiesen, wie leistungsfähig sie ist. Sieben Tatsachen seien hier exemplarisch genannt:
Erstens: Unmittelbar nach Ausbruch der Pandemie wurden Testsysteme entwickelt und geliefert.
Zweitens: In Rekordzeit wurden neue, sichere Impfstoffe entwickelt.
Drittens: Die Produktion der Impfstoffe wird zum großen Teil in europäischen Werken durchgeführt.
Viertens: Die Zulieferindustrie hat ihre Kapazitäten hochgefahren.
Fünftens: Die Produktion von Hilfsmitteln und intensivmedizinischen Produkten wird hochgefahren.
Sechstens: Bestandsmarktarzneimittel sind unerwartet wichtige Therapeutika bei COVID-19.
Siebtens: Trotz größter logistischer Herausforderungen wurde die Produktion aufrechterhalten.
Zum Glück sind derzeit in Europa noch Kapazitäten vorhanden, um den Herausforderungen einer Pandemie gerecht zu werden. Die Frage ist jedoch, wie lange wir diese Situation noch aufrechterhalten können. Einer der Gründe liegt in der Ausgestaltung der Gesundheitspolitik: Im Bestandsmarkt wurde ein so hoher Preisdruck bei gleichzeitiger Überregulierung auf die Hersteller erzeugt, dass es zu einer Abwanderung von Herstellungskapazitäten für Arzneimittel und Wirkstoffe in Drittstaaten gekommen ist. Dadurch entstand eine riskante Marktkonzentration nicht nur bei den Wirkstoffherstellern. Dieser Sachverhalt gefährdet die Liefer- und Versorgungssicherheit, weil es dadurch nicht nur zu einer Deindustrialisierung im Bereich der Arzneimit-

telproduktion kommt, sondern dies auch Auswirkungen auf die europäische Zulieferindustrie hat. Durch die einhergehende Konzentration auf wenige Hersteller in manchen Bereichen werden wir zunehmend anfällig für Versorgungsengpässe. Angesichts der (anhaltenden) Krisensituation muss die Politik endlich erkennen, dass das Kaputtsparen des Bestandsmarktes, der mehr als 75 Prozent der verschreibungspflichtigen Arzneimittel beinhaltet, ein Ende haben muss.

Es muss möglich sein, hierzulande eine solide Preisbasis und die richtigen Rahmenbedingungen für eine sichere Arzneimittelversorgung zu schaffen. Dafür ist es notwendig, dass wir in die Ressourcensicherung investieren und die Abwanderung stoppen. Die deutschen und europäischen Pharmaunternehmen sind bereit, ihren Beitrag zu leisten. Sie brauchen dafür aber verlässliche Rahmenbedingungen, faire und vor allem auskömmliche Preise und Planungssicherheit. Tagestherapiekosten von 6 Cent im Bestandsmarkt bei Ausschreibungen sind kein nachhaltiges Konzept zur Sicherung unserer Gesundheitsversorgung. Das hat mittlerweile auch die Bundesregierung erkannt, allerdings wird die Lösung des Problems nicht konsequent angegangen. Eine Fokussierung auf sogenannte »versorgungskritischen Arzneimitteln« und die damit verbundene Wirkstoffproduktion ist nicht ausreichend und wird bei Beibehaltung der Rahmenbedingungen (Rabattverträge) als Fehlinvestition verpuffen.

Gleichzeitig sagen wir klar und deutlich: Die Globalisierung lässt sich nicht zurückdrehen. Das wäre auch nicht zielführend. Wir kämpfen als BPI deshalb aktiv dafür, die vorhandene Produktion in Europa zu halten und zu stärken. Um das zu erreichen, braucht es einen klaren politischen Willen und Realitätssinn und ein Ende der ruinösen Ausschreibungspraxis gerade bei patentfreien Arzneimitteln.

Die Coronapandemie hat die Verletzlichkeit der Arzneimittelversorgung der EU verdeutlicht: Gestörte Lieferketten und Exportverbote bedrohen die Versorgung und haben die strategische Abhängigkeit Europas bei unverzichtbaren Gesundheitsgütern, insbesondere Arzneimitteln und Medizinprodukten, offengelegt. Durch die Pandemie ist das Problem der Sicherstellung der Versorgung jedoch nicht entstanden, sondern nur besonders deutlich geworden. Neben stabilen, globalen Lieferketten braucht es zur Gewährleistung einer zuverlässigen Versorgung auch Produktion in Europa.

Wir haben deshalb entsprechende Konzepte erarbeitet, um insbesondere bei Ausschreibungen den europäischen Produktionsanteil und damit unsere Versorgung zu sichern.

Punkte für die Produktion in Europa

Wenn bei Arzneimitteln über ein Stärken der Produktion »in Europa« diskutiert wird, gilt es zunächst zu definieren, was angesichts global verteilter Lieferketten unter der Formulierung Produktion »in Europa« im Zweifelsfall genau gemeint ist. Denn in einer globalisierten Welt ist die vollständige Produktion (im Sinne der Herstellung aller Rohstoffe, Wirk- und Hilfsstoffe, der Bulkproduktion, Verpackung und der Endfreigabe in Europa) die Ausnahme – oft werden nur Teilschritte in Europa durchgeführt. Zwar lässt sich die Globalisierung kaum zurückdrehen, was zudem wenig sinnvoll wäre, doch müssen wir mittel- und langfristig wieder eine stärkere Unabhängigkeit von außereuropäischen Standorten erreichen.

Wenn die deutsche Politik sicher sein will, dass die Lieferkette reibungslos funktioniert, braucht es eine Produktion auch in Deutschland. Um den europäischen Produktionsanteil mit einem einfachen, bürokratiearmen System zugänglich zu machen, schlagen wir daher vor, ein klares Punktesystem zu schaffen. Dafür werden zunächst vier Kategorien für Produktionsabschnitte definiert. Diesen werden dann als Zahlenwert einzelne Punkte zugeordnet:

	Herstellung Hilfsstoffe	Herstellung Wirkstoff	Blut-produktion	Ver-packung
Nicht aus der EU	o	o	o	o
Teilweise aus der EU	1	–	–	–
Vollständig aus der EU	2	2	2	1

Im Ergebnis kann jedes Fertigarzneimittel zwischen null (sofern nur die Freigabe in der EU erfolgt, alle anderen Produktionsschritte aber außerhalb der EU) und sieben Punkten (alle Fertigungsanteile in der EU) erreichen. Um die Bedeutung der Hilfs- und Wirkstoffproduktion in Europa zu verdeutlichen sowie die Versorgung der Bevölkerung zu sichern, werden die entsprechenden Faktoren mit jeweils zwei Punkten doppelt gewichtet. Die einzelnen Punkte werden nach den vorgenannten Kategorien von den Zulassungsbehörden auf Basis von Zulassungsunterlagen zugeordnet. Dadurch ist gewährleistet, dass die Hersteller keine Offenlegung von Betriebs- und Geschäftsgeheimnissen für einzelne Herstellungsschritte und zu einer amtlichen Zuordnung befürchten müssen. Streitigkeiten durch Selbsteinstufungen werden somit vermieden.

Die Politik ist nun gefragt, diese Konzepte auch umzusetzen.

Standortfaktor EU: Nachhaltig und wirtschaftlich attraktiv

Ziel aller Akteure muss es sein, den Produktionsstandort Deutschland und Europa durch geeignete Rahmenbedingungen für Unternehmen jeder Größe wirtschaftlich attraktiv und nachhaltig zu gestalten. Um das zu erreichen, gilt es, Abhängigkeiten von bestimmten Weltregionen und Produktbereichen zu verringern. Die Produktion von versorgungsrelevanten Gesundheitsprodukten in Europa ist mehr ein Qualitäts- als ein Kostenfaktor. Die Industrie stellt dies täglich unter Beweis und sollte entsprechend wahrgenommen, gestärkt und vor allem angemessen honoriert werden.

Eine nachhaltige und versorgungsorientierte Gesundheitspolitik in Deutschland und der EU muss ihren Fokus auf die zuverlässige Verfügbarkeit von Arzneimitteln sowie bessere Präventions- und Therapieoptionen mit neuen und bewährten Wirkstoffen richten.

Um das zu gewährleisten, müssen alle beteiligten Akteure über die Pandemie hinaus ihre jetzige Dialogbereitschaft fortführen, verknüpft mit dem politischen Willen, Gesundheitsversorgung mit bewährten Wirkstoffen und neuen Therapiemöglichkeiten grundsätzlich und nicht nur in Ausnahmesituationen als essenziell zu betrachten.

Es braucht legislative und wirtschaftliche Rahmenbedingungen, die Planungssicherheit und Verlässlichkeit für die pharmazeutische Industrie schaffen. Nur so lässt sich das Wachstumspotential dieser Branche als Beitrag zur Volkswirtschaft freisetzen. Gleichzeitig wirkt dies einer weiteren Abwanderung entgegen. Diese Rahmenbedingungen müssen sich positiv auf alle Marktteilnehmer der Pharmabranche, unabhängig von ihrer Größe (Start-ups, MidCaps oder Groß-Unternehmen), auswirken.

Um das zu erreichen, bedarf es einiger konkreten Änderungen: Unternehmen müssen beispielsweise in der Lage sein, auf Kostensteigerungen reagieren zu können. Die Preise sind eingefroren, doch die Produktionskosten, wie Energie- und Lohnkosten sowie Wirkstoffpreise steigen. Eine Anpassung ist durch das Preismoratorium seit über zehn Jahren nicht möglich.

Ein gut gestaltetes wirtschaftliches Ökosystem muss sowohl Forschung als auch Entwicklung (von Sprunginnovationen bis hin zu Innovationen auf Basis bewährter Wirkstoffe) im Fokus haben, denn Innovationen schaffen Mehrwert und sichern so langfristig die Produktion in Europa. Insbesondere eine Produktion mit nachhaltigen Rahmenbedingungen am Standort Europa trägt zu einem attraktiven Umfeld bei und erhält Expertise in Europa: Ist die Produktion gesichert, besteht gleichzeitig Potenzial für Forschung und Entwicklung.

Letztlich muss die Politik den volkswirtschaftlichen Nutzen der Erforschung, Entwicklung und Herstellung therapeutischer Produkte anerkennen, honorieren sowie die gesamte Wertschöpfungskette konsequent fördern. Pharmazeutische Erzeugnisse müssen gesamtgesellschaftlich wieder als das gelten, was sie sind: Investitionen in die Gesundheit der Menschen und krisenerprobter Garant zur Sicherung und Stärkung des Standortes Deutschland in Europa.

Prof. Dr. Jochen Maas

Wir schaufeln unser eigenes Grab

August 2021

Die Aussetzung der Impfstoffpatente bringt den ärmeren Ländern keine Vorteile und schadet nachhaltig der Innovationskraft zur Erforschung lebensrettender Arzneimittel – nicht nur in Deutschland.

Die Diskussion über die Aussetzung von Patenten in Pandemiezeiten geht derzeit durch alle Parteien, Gesellschaftsschichten, Berufsgruppen und Verbände, zum Teil auch mit sehr provokativen Aussagen gegenüber den Verteidigern des Patentschutzes. Nicht zuletzt deswegen fiel die Wahl der Überschrift dieses Beitrages ähnlich drastisch aus, denn der Patentschutz ist eine Lebensversicherung für künftige Generationen – nicht nur in den industrialisierten, vielmehr in allen Ländern dieser Welt.

Warum ist das so? Man muss hier zum einen auf die spezifische Situation der aktuellen Pandemie eingehen, zum anderen aber auch auf die Rolle des Patentschutzes per se. Der Wunsch vieler Länder nach raschem Zugang zu den Impfstoffen ist völlig berechtigt und nachvollziehbar, aber es gibt weit bessere und nachhaltigere Möglichkeiten dieses wichtige Ziel zu erreichen als die Aussetzung des Patentschutzes.

Zunächst ein paar Details zur aktuellen Pandemie:

Ein Aussetzen der Patente zum jetzigen Zeitpunkt bringt keine einzige Dosis Vakzine schneller zu den Menschen der südlichen Hemisphäre. Das liegt zum einen an der dort (noch) nicht vorhandenen pharmazeutischen Infrastruktur (hier gibt es allerdings Ausnahmen), v.a. aber an den nicht verfügbaren Fachkräften bzw. an deren mangelnder Expertise. Die in diesen Ländern durchgeführte Herstellung von Generika oder von Grundstoffen der pharmazeutischen Industrie erfordert einfachere Prozesse als die weit kompliziertere Herstellung von Impfstoffen. So hat selbst die Umstellung einer bereits existierenden (!) Impfstoffproduktionsanlage im hessischen Marburg auf den neuen mRNA-Impfstoff von BioNTech mehrere Monate gedauert. Mehrere der Impfstoffhersteller bieten bereits kostenlose

Lizenzen an, die allerdings noch nicht genutzt werden – nicht zuletzt, weil die entsprechende lokale Infrastruktur und Expertise fehlen. Die Etablierung entsprechender Lieferketten auch in klimatisch schwierigen Ländern ist kaum realisierbar: Neben dem ungelösten Problem einer gesicherten Kühlkette benötigt der angesprochene BioNTech-Impfstoff 280 Ingredienzien von 86 Zulieferern aus 19 Ländern...

Freiwilligkeit, kein Zwang: Die Pandemie hat zweifelsfrei gezeigt, dass sich die Impfstoffhersteller ihrer gesellschaftspolitischen Verantwortung bewusst sind: Bereits in den ersten Wellen der Pandemie gab es freiwillige Kooperationen mit dem eindeutigen Ziel, Impfstoffe so schnell wie möglich zur Verfügung zu stellen, völlig losgelöst von dem alten Konkurrenzdenken zwischen den Firmen: Sanofi füllt ab für BioNTech, für Johnson und Johnson und für Moderna, Bayer kooperiert mit CureVac, Novartis mit BioNTech/Pfizer. All das sind Kooperationen, die vor einigen Jahren undenkbar gewesen wären. Es gilt jetzt, in kürzester Zeit die Produktion so hochzufahren, dass Milliarden weiterer Dosen verfügbar werden – aber unter Einhaltung unverzichtbarer Qualitäts- und Sicherheitsstandards.

Gerade neue Wirkprinzipien wie die der mRNA-Impfstoffe sind eine besondere Herausforderung für die Ausweitung der Produktion im großen Maßstab. Die Forderung nach Zwangslizenzen suggeriert zum einen, dass durch die Freigabe von Patenten an vermeintlich in den Startlöchern stehende Lizenznehmer eine rasche globale Versorgung mit COVID-Impfstoffen möglich sei. Zum anderen seien Originalhersteller zur Kooperation nicht bereit, müssten dazu gezwungen werden. Beides ist falsch! Die Originalhersteller haben selbst größtes Interesse daran, so viel wie möglich von ihren Covid-19-Impfstoffen liefern zu können. Sie haben seit Monaten nicht nur ihre eigenen Produktionskapazitäten qualiätsgesichert ausgeweitet, sondern wie beschrieben auch immer mehr Kooperationen mit anderen Firmen etabliert.

Diese können nach Umrüstung ihrer Anlagen und Schulung des Personals beispielsweise Komponenten für den Impfstoff zuliefern oder parallel zum Originalhersteller bestimmte Herstellungsschritte übernehmen oder den Impfstoff in Lizenz komplett eigenständig herstellen und vertreiben. Wenn die Originalhersteller weitere Partner für solche Kooperationen identifizieren, werden diese Partnerschaften weiter ausgebaut – auf freiwilliger Basis. Das Teilen von Wissen über die detaillierten Prozesse ist hier absolut notwendig und die Freiwilligkeit garantiert diesen Wissenstransfer. Ausgeübter

Zwang ist kontraproduktiv führt hier eher zu einer Verweigerungshaltung – und die hilft niemandem.

Der Schutz des geistigen Eigentums ist kein Hindernis für die globale Versorgung: Es gibt aktuell keine Evidenz, dass der Schutz geistigen Eigentums die globale Versorgung mit COVID-Impfstoffen behindert. Im Gegenteil, nur der Patentschutz ermöglichte und ermöglicht die Erforschung, Entwicklung, klinische Prüfung und Produktion potenzieller COVID-19-Impfstoffe – auch gegen neue Virusvarianten – sowie die sichere partnerschaftliche Zusammenarbeit zwischen Unternehmen und Institutionen weltweit.

Um gerade Länder unabhängig von ihrer Kaufkraft zügigen Zugang zu Impfstoffen gegen COVID-19 zu ermöglichen, hat die Weltgesundheitsorganisation WHO die COVAX Facility ins Leben gerufen. Die Facility soll vor allem Impfstoffdosen bei Herstellern kaufen und über 2 Milliarden Dosen werden noch in diesem Jahr zur Verfügung stehen, zum Selbstkostenpreis. Hier machen alle Impfstoffproduzenten mit und dieser Weg ist ein deutlich besserer und erfolgversprechender als jede intendierte Zwangsmaßnahme. Außerdem kann es auch misstrauisch machen, dass ausgerechnet autoritär geführte Länder stark hinter der Initiative zur Freigabe der Patente stehen, was auch geopolitische Interessen inklusive einer verstärkten Einflussnahme auf die entsprechenden Länder erkennen lässt.

Der Patentschutz ist ein Treiber der Impfstoffforschung und garantiert weitere erfolgreiche Impfstoffentwicklungen gegen zukünftige Pandemien: Wir werden zukünftig neue Impfstoffe nur dann erhalten, wenn die Investitionsbereitschaft in Forschungsprojekte erhalten bleibt – und die erfordert dringend den Erhalt des Patentschutzes. Ansonsten droht die Gefahr, dass niemand mehr in die Impfstoffentwicklung investiert, was die Verfügbarkeit neuer Impfstoffe entweder gegen Varianten von SARS-COV-2 oder auch gegen andere Viren (es wird auch in Zukunft von Viren hervorgerufene Epidemien und Pandemien geben!) drastisch reduzieren wird.

Ein solches Szenario schadet dann nicht nur den Industrieländern, sondern auch den weniger industrialisierten Ländern, die aufgrund ihrer wirtschaftlichen und klimatischen Situation erst recht auf innovative Impfstoffe angewiesen sind. Die Forschung und Entwicklung nur akademischen Einrichtungen oder gar staatlichen Einrichtungen komplett zu überlassen wäre geradezu naiv und verantwortungslos. Zwischen Januar 2020 und August 2021 sind mindestens 248 Impfstoffprojekte gegen COVID-19 angelaufen, einige wurden bereits eingestellt. Global erfolgreich sind bisher zehn Impfstoffe mit einer Zulassung. In der aktuellen Pandemie befördert der Patentschutz sogar die wichtigen und notwendigen Kooperationen im Innovationsprozess. Denn dem Kooperationspartner wird die sichere Nutzung des Patents erlaubt ohne das exklusive Eigentumsrechte des Originalherstellers daran verloren gehen. Und Patente sind entscheidende Informationsquellen für die medizinische Innovation. Denn als Gegenleistung für den Patentschutz und die exklusive kommerzielle Nutzung ist die Innovation der Allgemeinheit offen zu legen. Sie steht damit als Grundlage für Weiterentwicklungen zur Verfügung und dient letztendlich dem Wissenszuwachs. Wer also medizinischen Fortschritt auch in der Zukunft haben will, darf den Patentschutz nicht in Frage stellen.

Und warum graben wir uns durch die Freigabe des Patentschutzes unser eigenes Grab? Hierzu ist es wichtig, folgende Fakten zu kennen:

Patentschutz ist keine Geheimniskrämerei: Das Wissen der Patentinhaber ist offen einsehbar und steht der weiteren Erforschung neuer Therapieoptionen von Beginn an zur Verfügung. Patente unterstützen die frühzeitige Offenlegung von wissenschaftlichen Erkenntnissen und Erfindungen. Denn erst wenn geistiges Eigentum geschützt ist, besteht ein Anreiz, Informationen mit Dritten zu teilen. Dies ist umso relevanter bei einer zunehmend kooperativ ausgestalteten Forschungslandschaft: Durch die Öffnung des Innovationsprozesses und die Einbeziehung externen Wissens kann das Innovationspotenzial wesentlich gesteigert werden. Diese wachsende Verzahnung ist gerade auch jungen dynamischen Forschungsbereichen wie der Biotechnologie oder der Digitalisierung eigen. Hier sorgen Grundlagenforscher und Start-ups für einen kontinuierlichen Fluss neuer Erkenntnisse und Ansätze und suchen übergreifend nach etablierten Kooperationspartnern aus Mittelstand, Großindustrie und Academia. Patente treiben den Fortschritt, sie verhindern ihn nicht.

Sinken der Innovationsbereitschaft bis hin zum Stillstand: Ein Aussetzen des Patentschutzes für Covid-19-Impfstoffe würde einen Dammbruch darstellen. Man kann damit rechnen – und wir erleben diese Forderungen ja bereits heute -, dass innerhalb kürzester Zeit Forderungen aufkommen werden, den Patenschutz auch in anderen Indikationen aufzuheben. Beispiele für die Bereitschaft einzelner Länder, den Patentschutz zu verletzen, gab es in der Vergangenheit bereits. Und das wäre der Anfang vom Ende medizinischer Innovationen. Wie bei den Impfstoffen werden diese niemals von rein akademischer oder staatlicher Forschung und Entwicklung zur Marktreife gebracht werden können, was für Patienten letztendlich bedeuten würde, keine neuen und innovativen Medikamente mehr zu erhalten. Das schadet den Menschen in *allen* Ländern, denn nicht nur Pandemien, sondern nahezu alle Krankheiten treten global auf.

Vorteile für das Innovationsökosystem: Investitionsentscheidungen forschender Pharmaunternehmen jedweder Größe hängen unmittelbar vom Patentschutz ab. Wertschöpfungsketten von 12-15 Jahren mit Kosten von ca. 2 Milliarden Euro und Ausfallquoten von 90 Prozent und mehr verlangen einen Schutz von zumindest einigen Jahren, um wenigstens die Möglichkeit zu haben, die in die Forschung investierten Mittel wieder zurückzugewinnen. Und das natürlich mit einem Gewinn. Von Investitionsentscheidungen forschender Pharmaunternehmen profitiert ein Innovations-Ökosystem, das weit über den eigentlichen Patentinhaber hinausreicht. Hierzu gehört die Wissenschafts- und Universitätslandschaft ebenso wie aufstrebende Start-ups und hoch spezialisierte Zuliefer- und Dienstleistungsbetriebe

Bedeutung für Deutschland: Ein rohstoffarmes Land wie Deutschland ist auf eine starke Innovationskultur angewiesen, um immer neu zukunftsfähige und nachhaltige Wertschöpfung am Standort zu ermöglichen. In der weltweiten Standortkonkurrenz ist es für Deutschland und Europa von entscheidender strategischer Bedeutung, als führender Innovationsstandort bei zukünftiger Wertschöpfung auch im medizinischen Bereich immer vorne mit dabei zu sein. Die positiven Effekte eines entsprechenden Regelungsrahmens sind vielfach belegt: Industrien, die intensiven Gebrauch von Rechten des geistigen Eigentums wie beispielsweise von Patenten, Marken, Geschmacksmustern und Urheberrechten machen, erwirtschaften jährlich 45 Prozent des Bruttoinlandprodukts (6,6 Billionen Euro) der EU und stehen für rund 63 Millionen Arbeitsplätze, das entspricht 29 Prozent der Gesamtbeschäftigung in der EU.

Weitere 21 Millionen Menschen sind in Branchen tätig, die diese Industrien mit Gütern und Dienstleistungen versorgen. Dazu gehören auch Vertrauen und langfristige Rahmenbedingungen als wichtige Voraussetzung für Investitionen. Mit Investitionen in Anlagen, Personal und konkreten Projekten zur Forschung, Entwicklung und Produktion werden Entscheidungen getroffen, die ein Unternehmen für die folgenden Jahre bis Jahrzehnte binden. Unsicherheit über die künftigen Rahmenbedingungen ist Gift für solche Investitionsentscheidungen.

Fazit: Wir brauchen den Schutz des geistigen Eigentums, um weiterhin Innovationen zu ermöglichen, die der ganzen Welt zugutekommen. Das gilt aktuell für die Impfstoffe, in Zukunft aber auch für alle medizinischen Indikationen. Eine Aufhebung des Patentschutzes hilft niemandem. Die Forderung nach Aufhebung des Patentschutzes steht insbesondere dann unter Glaubwürdigkeitsvorbehalt, wenn er von Ländern erhoben wird, in denen die Solidarität mit der Weltgemeinschaft in den letzten Jahren eine eher untergeordnete Rolle spielte (»America first«).

8.

Arbeit und Qualifizierung – Ein wichtiger Schlüssel für die Transformation

Dr. Ariane Reinhart

Qualifizierung in der Transformation – Wir brauchen einen Masterplan

März 2022

Wir sind mittendrin in einer gesellschaftlichen und wirtschaftlichen Transformation, die uns vor ungekannte Herausforderungen stellt: Der demografische Wandel, die Digitalisierung und die Regulierung infolge des Klimawandels sorgen auf dem deutschen Arbeitsmarkt für eine tektonische Verschiebung drastischen Ausmaßes. Eine Unwucht, die sich mittel- bis langfristig verstärken wird und erhebliches gesellschaftliches Spaltungspotential birgt.

Während sich der Fachkräftemangel branchenübergreifend zuspitzt, droht zugleich vielen Beschäftigten mit vornehmlich geringer Qualifikation der Jobverlust, weil immer mehr Prozesse automatisiert werden. Ohne gezieltes Gegensteuern werden Angebot und Nachfrage auf dem Arbeitsmarkt immer weiter auseinanderdriften. Gleichzeitig – und das ist die gute Nachricht – bringen die notwendigen Veränderungen auch Chancen für neue Geschäftsfelder mit riesigen Wertschöpfungsmöglichkeiten mit sich. Um diese Chancen bestmöglich zu nutzen, müssen wir jetzt die richtigen Weichen stellen. Hier stehen wir vor einer gewaltigen gesellschaftlichen Aufgabe, die ohne eine starke Allianz aus Wirtschaft, Politik, Verbänden und Sozialpartnern nicht gelingen wird.

Automobilindustrie: Technologiewende mit Auswirkungen auf 1 Million Jobs in Deutschland

Die Automobilindustrie, zu der auch Continental gehört, beschäftigt hierzulande über 800.000 Menschen. Gemessen am Umsatz ist sie der mit Abstand bedeutendste Industriezweig und bildet eine wichtige Säule der deutschen Wirtschaft. Entsprechend hoch ist ihre Bedeutung für Wohlstand und Beschäftigung in Deutschland. Wie fundamental die Auswirkungen der

Transformation für diese Branche sind, zeigt eine Studie der Boston Consulting Group aus 2021: Zwar errechnet BCG für die Technologiewende vom Verbrenner- zum Elektromotor bis 2030 einen Netto-Verlust von lediglich 36.000 Arbeitsplätzen in der Europäischen Union, erwartet jedoch für den gleichen Zeitraum Brutto-Auswirkungen auf über 1 Million Jobs. Vor allem bei der Fertigung von Motoren und damit verbundenen Komponenten gehen Arbeitsplätze verloren. Neue Jobs entstehen bspw. im Bereich digitaler Technologien, aber auch in Aufbau und Wartung der Ladeinfrastruktur. Heißt konkret: Als Folge dieser Technologiewende müssen allein in Europa 1 Million Menschen für neue Tätigkeitsfelder und -profile qualifiziert und eventuell sogar an einen neuen Arbeitgeber vermittelt werden.

Als Vorständin für Personal und Nachhaltigkeit bei Continental erlebe ich dies hautnah. Das Gelingen der Transformation und die Qualifizierung unserer Beschäftigten für die Arbeitswelt von Morgen sind aktuelle Herausforderungen, denen wir mit verschiedenen Ansätzen begegnen:

- Mit dem Continental Institut für Technologie und Transformation (CITT) als Kompetenzzentrum für Transformation haben wir seit 2019 bereits über 3.500 Beschäftigte durch maßgeschneiderte Programme in Bereichen wie Industrie 4.0, neue Antriebskonzepte und Digitale Kompetenzen qualifiziert. Allein in diesem Jahr werden voraussichtlich weitere 5.000 Teilnehmerinnen und Teilnehmer die CITT-Schulungen durchlaufen.

- Um den Bedarf an Digital-Experten für die Zukunft zu decken, haben wir mit der Continental Software Academy eine eigene Aus- und Weiterbildungs-Plattform etabliert, die von über 25.000 Continentälern aus aller Welt genutzt wird.

- Mit dem Aufbau eines konzerninternen Arbeitsmarkts haben Unternehmen und Konzernbetriebsrat einen einheitlichen und transparenten Prozess geschaffen, um von der Transformation betroffene Kolleginnen und Kollegen auf freie oder freiwerdende Stellen zu vermitteln und auf dem Weg in eine neue Anstellung zu begleiten. Bis Ende 2021 haben wir so bereits 200 Menschen unterstützen können.

Dies sind nur einige Beispiele, die zeigen, dass wir uns als Konzern unserer Verantwortung bewusst sind und diese in besonderem Maße annehmen. Mir ist es jedoch wichtig, den Blick zu weiten: Denn der Strukturwandel betrifft Geschäftsmodelle, Produkte, Prozesse und Dienstleistungen aller Wirtschaftszweige. Das Gelingen der Transformation darf daher nicht in der

Verantwortung einzelner Unternehmen und Industrien liegen, sondern ist die gemeinsame Aufgabe aller Beteiligten. Lasst uns groß denken!

»Allianz der Chancen«: Initiative für eine neue Arbeitswelt

Ein Beispiel für einen gemeinsamen, übergreifenden Ansatzes ist die »Allianz der Chancen«[137], in der sich neben Continental 384 weitere Unternehmen und Institutionen engagieren – Tendenz steigend. Gemeinsam repräsentieren sie bereits mehr als 21,23 Millionen Beschäftigte in Deutschland. Ziel des Zusammenschlusses ist es, Menschen von Arbeit in Arbeit zu entwickeln und ihnen neue Beschäftigungsperspektiven aufzuzeigen. Dafür gehen die Mitgliedsunternehmen neue Wege, indem sie den Strukturwandel und seine Herausforderungen erstmals branchenübergreifend, überregional und kooperativ denken und so innovative Ansätze für eine neue Arbeitswelt schaffen. So entstehen, wo immer möglich, neue Beschäftigungsperspektiven für Menschen, die im eigenen Unternehmen von Transformation betroffen sind. Ein solcher Verbund der Verantwortung ist in Deutschland einmalig.

Um die Idee der Verantwortungsgemeinschaft auszuweiten und alle Akteure des Arbeitsmarkts in den Dialog einzubinden, organisiert die Allianz der Chancen einen »Transformations-Summit« und hat dafür Ende März die wichtigsten Stakeholder nach Berlin geladen. Es ist der nächste Schritt, um die Zusammenarbeit mit allen Beteiligten auf ein neues Niveau zu heben: Unternehmen, Sozialpartner, die Bundesagentur für Arbeit, Bildungsträger, Politik, Kammern, Verbände, Wissenschaft und auch die Beschäftigten selbst. Geeint durch das gemeinsame Ziel »von Arbeit in Arbeit« sind wir nur so in der Lage, den Herausforderungen unserer Zeit gestärkt zu begegnen und den Industriestandort Deutschland langfristig zu sichern.

Ein Masterplan für die Transformation

Die Allianz der Chancen zeigt, wie es gehen kann! Was wir nun benötigen ist ein Masterplan, der dem Fachkräftemangel mit einem ganzen Bündel an Maßnahmen und Initiativen entgegentritt. Die Basis bildet dabei eine nationale strategische Personalplanung, um zu erfassen, welche Mitarbeiterinnen und Mitarbeiter mit welchen Kompetenzen die deutsche Wirtschaft in einigen Jahren benötigt. Auf dieser Basis ist es dann möglich, einen nationalen Qualifizierungsprozess zu erstellen und umzusetzen. Folgende Handlungsfelder stehen dabei im Fokus:

1. Ein verbindlicher Rahmen für die Qualifizierung von Arbeit in Arbeit – so wie es die Allianz der Chancen bereits vormacht. Dafür sind deutschlandweit zielgerichtete Qualifizierungsangebote für Zukunftsberufe erforderlich – sowohl auf betrieblicher Ebene als auch überbetrieblich in Bildungseinrichtungen. Die Politik ist gefordert, den Unternehmen Anreize zu bieten, ihre Beschäftigten zu qualifizieren. Ebenso braucht es attraktive Angebote für Beschäftigte, um den Wandel aktiv anzunehmen und mitzugestalten. Solche Maßnahmen sind kostenintensiv, aber deutlich günstiger als Arbeitslosigkeit, die gesamtfiskalische Kosten von rund 62,8 Milliarden Euro pro Jahr verursacht (Stand 2020, Quelle IAB).

2. Eine gestärkte und gesellschaftlich aufgewertete Ausbildung. Ausbildungsberufe müssen grundlegend modernisiert werden – indem wir die Berufsbilder entschlacken und sie flexibler und modularer gestalten. Um der Überakademisierung entgegen zu wirken, muss zusätzlich der Deutsche Qualifikationsrahmen (DQR) konsequent angewandt werden. Stellenausschreibungen sollten kompetenzbasiert ausgestaltet werden und sich von formellen Abschlüssen lösen. Dies ermöglicht jungen Menschen ohne Studienabschluss den Zugang zu höherwertigen Berufen. Wenn gezielte Weiterbildungsangebote vergleichbare Karrierechancen schaffen, erreichen wir dadurch auch gesellschaftlich eine höhere Anerkennung der Ausbildung.

3. Eine konsequente Nutzung von Digitalisierung im Sinne einer Arbeitsmarkteffizienz. Wenn das Potential an Arbeitskräften zunehmend knapp wird, ist es ein Gebot der ökonomischen Vernunft, menschliche Arbeit durch digitale Prozesse zu ersetzen. Nicht um aus Profitstreben Arbeitsplätze abzubauen, sondern um Arbeitskräfte für Tätigkeiten zu gewinnen, die sich nicht oder nur zu unverhältnismäßig hohen Kosten automatisieren lassen.

4. Eine von Politik und Wirtschaft systematisch gesteuerte Zuwanderung von Fachkräften – für die Engpassberufe und -tätigkeiten, für die wir hier in Deutschland dauerhaft nicht genügend Fachkräfte haben werden.

All das sind Stellschrauben, um den Wandel am Arbeitsmarkt aktiv, nachhaltig und vor allem sozialverträglich zu gestalten. Es geht dabei um die Zukunft des Wirtschaftsstandorts Deutschland – und um den sozialen Frieden in unserem Land. Ich habe drei Jahre in Brasilien gelebt, einem Land mit großem wirtschaftlichem Ungleichgewicht. Daher weiß ich aus eigener Erfahrung, welch toxische Wirkung soziale Verteilungskämpfe auf das gesellschaftliche Klima und die Wohlfahrtsentwicklung einer Volkswirtschaft haben.

Gesellschaftliche Transformation gelingen nur, wenn sie keine Verlierer produzieren. Dafür sind wir alle verantwortlich. Wir müssen daher in Deutschland mit aller Kraft dafür sorgen, eine dauerhaft hohe Arbeitslosigkeit erst gar nicht entstehen zu lassen. Nur so können wir gesellschaftlichen Wohlstand und sozialen Frieden wahren.

Prof. Dr. Enzo Weber / Dr. Christian Hutter / Dr. Hermann Gartner

Große Rezession und Coronakrise: Wie der Arbeitsmarkt zwei sehr unterschiedliche Krisen bewältigt

Januar 2022

In den vergangenen 15 Jahren hat Deutschland zwei schwere Rezessionen erlebt: Zuerst die Große Rezession infolge der Finanzkrise 2008 und nun die Rezession infolge der Coronapandemie. Wie hat der deutsche Arbeitsmarkt die beiden Krisen bisher bewältigt?

Der wirtschaftliche Einbruch war in beiden Rezessionen kräftig. So ist das zwischen dem 4. Quartal 2008 und dem 3. Quartal 2009 erwirtschaftete Bruttoinlandsprodukt (BIP) gegenüber dem gleichen Vorjahreszeitraum um 5,3 Prozent eingebrochen. In der aktuellen Rezession war das BIP in den zwölf Monaten ab April 2020 um 5,2 Prozent gegenüber dem Vorjahreszeitraum gesunken.

Trotz ähnlich starkem Einbruch des BIP unterscheidet sich die Reaktion auf dem Arbeitsmarkt deutlich: Das Arbeitsvolumen ist in der Großen Rezession (zwischen dem 4. Quartal 2008 und dem 3. Quartal 2009) gegenüber dem Vorjahreszeitraum um 2,2 Prozent gesunken, in der Coronakrise (2. Quartal 2020 bis 1. Quartal 2021) hingegen um 5,8 Prozent. Auch die Zahl der gemeldeten offenen Stellen und die der Arbeitslosen haben sich in der Coronakrise deutlich stärker verändert als in der Großen Rezession. Während der Großen Rezession hat die Arbeitslosigkeit nach sieben Monaten einen Höhepunkt erreicht und ist auch ein Jahr nach Krisenbeginn nicht wieder gesunken. Dagegen ist die Arbeitslosigkeit in der Coronakrise zunächst kräftiger gestiegen und begann bereits vier Monate nach Krisenbeginn wieder, sich zu erholen.

Zwei Krisen mit unterschiedlicher Ausgangslage

Der Arbeitsmarkt hat in den beiden Rezessionen unterschiedlich reagiert, weil die jeweiligen Ursachen der Rezession durch eine eigene Dynamik geprägt waren, aber auch weil die Ausgangslage vor der Rezession jeweils eine andere war: In den Jahren vor der Großen Rezession befand sich der Arbeitsmarkt in einem Aufschwung, der nicht nur durch konjunkturelle Faktoren zu erklären war, sondern auch durch struktureller Veränderungen: So profitierte der Arbeitsmarkt in den Nullerjahren davon, dass Deutschland mit einem günstigen Wechselkurs in die Europäische Währungsunion eintrat und viel exportieren konnte. Auch die Löhne stiegen in den Jahren vor 2008 vergleichsweise moderat.[138] So sanken die Lohnstückkosten zwischen 2003 und 2007 um 3,47 Prozent. Außerdem haben die Hartz-Reformen dazu beigetragen, dass sich die Matchingeffizienz am Arbeitsmarkt verbessert hat.[139] Das heißt, Arbeitslose und offene Stellen kamen schneller zueinander. Die Voraussetzungen für den Arbeitsmarkt, ohne Schrammen aus der Rezession herauszukommen, waren also denkbar gut. Der Trend steigender Beschäftigung wurde zwar in der Großen Rezession deutlich gebremst, aber nicht gestoppt.[140]

In der aktuellen Krise waren die Ausgangsbedingungen weniger günstig: Der strukturelle Trend steigender Beschäftigung schwächte sich schon 2019 ab. Auch die zusätzlichen Effekte der Hartz-Reformen sind ausgelaufen. Darüber hinaus kündigte sich bereits ein konjktureller Abschwung an. Die Coronakrise traf also auf eine bereits geschwächte Konjunktur.

Corona belastet Selbstständige doppelt

Bei einem genaueren Blick auf die Erwerbsformen zeigt sich die unterschiedliche Natur beider Krisen. Vor der Großen Rezession erreichte die sozialversicherungspflichtige Beschäftigung einen Höhepunkt bei 27,89 Millionen Personen. Danach sank sie um insgesamt 222.000 Personen und erholte sich erst ab dem letzten Quartal 2009. Demgegenüber sank in der Coronakrise die Zahl der sozialversicherungspflichtig Beschäftigten schneller und stärker: Ausgehend von einem Vorkrisenhoch bei 33,78 Millionen Personen nahm die sozialversicherungspflichtige Beschäftigung in kurzer Zeit um 331.000 Personen ab, erholte sich dann aber auch wieder schneller und stärker als nach der Großen Rezession. Allerdings ist die sozialversicherungspflichtige Beschäftigung gemessen am positiven Vorkrisentrend noch deutlich von dem Wachstumspfad entfernt, dem ohne Krise gefolgt worden wäre.

Im Kontext der Erwerbsformen rückt auch die unterschiedliche Absicherung in Krisenzeiten in den Fokus. Diesmal wurden geringfügig Beschäftigte und Selbstständige schwer getroffen. Beides sind Gruppen, für die Sicherungsmaßnahmen (z. B. Kurzarbeit) nicht zur Verfügung stehen und auch Arbeitslosengeld nur in geringem Umfang oder gar nicht gezahlt wird. Während im Jahresverlauf 2009 die Zahl der ausschließlich geringfügig Beschäftigten sogar zugelegt hatte (+63.000), brach sie in der aktuellen Coronakrise ein. Insgesamt lag die Zahl der Minijobber im 1. Quartal 2021 um 413.000 Personen unter der des 1. Quartals 2020. Beachtet werden muss, dass schon vor der Pandemie ein – wenngleich schwächerer – rückläufiger Trend zu verzeichnen war (2019: –93.000).

Auch die Zahl der Selbstständigen hat sich in den beiden Krisen unterschiedlich entwickelt: Während sie 2009 nahezu unverändert blieb (+14.000), sank sie in der Coronakrise um insgesamt 179.000 Personen. Auch hier hat Corona einen bestehenden negativen Trend (2019: –73.000) verstärkt. Die Selbstständigkeit hat mittlerweile mit nur noch 3,90 Millionen Personen den niedrigsten Stand seit Anfang 1997 erreicht. Außerdem hat die Coronakrise bei vielen Selbstständigen zu erheblichen Einkommenseinbußen geführt, da diese ihr Einkommen nur eingeschränkt oder gar nicht erzielen konnten; sie waren oft auf kurzfristige Sondermaßnahmen angewiesen.

Corona trifft Dienstleistungsbranchen besonders hart

Während der großen Rezession war die am stärksten betroffene Branche das Produzierende Gewerbe ohne Baugewerbe. Hier sank die Erwerbstätigkeit um 239.000 Personen. Demgegenüber konnte der Bereich Öffentliche Dienstleister, Erziehung, Gesundheit um 157.000 Erwerbstätige zulegen. In allen übrigen Branchen gab es während der Großen Rezession nur vergleichsweise geringe absolute Änderungen. Der markanteste Unterschied zwischen den beiden Krisen zeigt sich in weiten Teilen des Dienstleistungssektors: Mit Abstand am stärksten betroffen war während der aktuellen Krise die Branche Handel, Verkehr, Gastgewerbe, der die Coronapandemie in den ersten zwölf Monaten knapp 400.000 Erwerbstätige kostete. Unternehmensdienstleister (–164.000) und Sonstige Dienstleister (–94.000) mussten ebenfalls deutliche Einbußen hinnehmen.

Kurzarbeit hat sich erneut bewährt

Ein wichtiger Grund, weshalb der Anstieg der Arbeitslosigkeit in beiden Krisen vergleichsweise begrenzt blieb, ist die Kurzarbeit. Dabei erreichte die Kurzarbeit in der Coronakrise ein wesentlich höheres Niveau als in der Großen Rezession. Während der Großen Rezession konzentrierte sich die Kurz-arbeit vor allem auf das exportabhängige Verarbeitende Gewerbe und er-reichte ihren Höchststand von 1,44 Millionen Personen im Mai 2009. Lange Zeit schien es undenkbar, dass derart hohe Zahlen wieder erreicht würden. Im April 2020 zu Beginn der Coronakrise allerdings schnellte die Zahl der Personen in Kurzarbeit hoch auf 6,00 Millionen. Somit hat die Coronakrise durch die nahezu flächendeckende Betroffenheit der Wirtschaft zu einem historischen Höchststand bei der Kurzarbeit geführt.

Dass sich die Zahl der Personen in Kurzarbeit ähnlich wie nach der Großen Rezession wieder dem Vorkrisenniveau annähert, kann erwartet werden – auch wenn sie bei neuerlichen Corona-Einschränkungen noch einmal stei-gen wird. In beiden Krisen sind die Ausfälle in der Wirtschaft als weitgehend vorübergehend einzustufen. Während 2009 in Deutschland aber eine Nach-fragekrise vorlag, ist die Coronakrise eine transformative Rezession[141], in der technologischer und struktureller Wandel noch verstärkt werden. In der Realwirtschaft wie auf dem Arbeitsmarkt kann es somit zu Anpassungs-problemen kommen. Die globalen Lieferengpässe deuten in diese Richtung. Wie schon 2009 wurde die Zeit der Kurzarbeit 2020 aber nur selten für Fortbildungen genutzt.[142]

Corona hat sich insbesondere bei den Einstellungen niedergeschlagen

Wie sich die Arbeitslosigkeit und Beschäftigung entwickeln, hängt nicht nur von den Entlassungen – und etwa durch Kurzarbeit vermiedenen Entlassun-gen ab, sondern auch davon, wie viele Arbeitslose eine Beschäftigung be-ginnen: Während der Großen Rezession 2008 und 2009 sank der Anteil der Arbeitslosen, die einen Job begonnen haben, nur moderat. Vor der Großen Rezession begannen pro Monat zwischen 6 und 7 Prozent der Arbeitslosen eine Beschäftigung. Der Anteil sank bis zum 6. Krisenmonat auf gut 5 Pro-zent der Arbeitslosen und stieg danach wieder an.

Während der Coronakrise ging die Zahl der Arbeitslosen, die in Beschäfti-gung kamen, deutlicher zurück: Im März 2020 nahmen über 7 Prozent der Arbeitslosen eine Beschäftigung auf. Im April und Mai waren es monatlich nur noch 4 Prozent. Dieser Anteil hat danach zwar wieder zugenommen, die fehlenden Neueinstellungen wurden aber nicht mehr aufgeholt – anders als 2010, als die Beschäftigungsaufnahmen über Vorkrisenniveau stiegen.

Wenn weniger Arbeitslose in Beschäftigung wechseln, bleiben sie im Durch-schnitt länger arbeitslos und damit steigt die Zahl der Langzeitarbeitslosen

– also der Personen, die länger als ein Jahr arbeitslos sind. Langzeitarbeitslosigkeit ist auch ein Zeichen dafür, dass sich Arbeitslosigkeit verfestigt. Je länger eine Person arbeitslos ist, desto schwerer wird es, wieder in Beschäftigung zu kommen. Dieses Phänomen[143] hat in der Bundesrepublik die Entwicklung der Arbeitslosigkeit seit den 70er Jahren bis zu Beginn der Nullerjahre geprägt: In einer Rezession stieg die Arbeitslosigkeit an, im darauffolgenden Boom ging sie aber nicht auf das vorhergehende Niveau zurück, was zu hohen Kosten der Arbeitslosigkeit beigetragen hat.

Die Entwicklung der Übergänge aus Arbeitslosigkeit in Beschäftigung hat also auch den Bestand an Langzeitarbeitslosen beeinflusst. In den Jahren vor der Großen Rezession ging die Langzeitarbeitslosigkeit zurück. Die Entwicklung konnte sich dank der relativ stabilen Zahl von Neueinstellungen fortsetzen, wenn auch schwächer als vor der Krise. Im Verlauf eines Jahres nach Beginn der Großen Rezession gab es 117.000 Langzeitarbeitslose weniger. Anders in der Coronakrise: Im Verlauf eines Jahres gab es 325.000 mehr Langzeitarbeitslose als zu Beginn der Krise, womit aktuell auch die Gefahr einer Verfestigung von Arbeitslosigkeit besteht.

Politik gegen die Coronakrise am Arbeitsmarkt

Obwohl die Ausgangslage zu Beginn der jüngsten Rezession schwieriger war als zu Beginn der Großen Rezession, ist der Arbeitsmarkt auch durch die aktuelle Krise bislang vergleichsweise robust gekommen. Aufgrund des Charakters der Coronakrise und im Lichte der Erfahrungen aus früheren Rezessionen stellen sich aber weitere Herausforderungen vor allem bezüglich Verfestigung von Arbeitslosigkeit, wirtschaftlicher Transformation, sozialer Sicherung und Finanzen.

Aufgrund der gestiegenen Langzeitarbeitslosigkeit besteht aktuell – anders als in der Rezession 2009 – das Risiko einer Verfestigung. Dieses wird verschärft dadurch, dass die Omikron-Welle die Krise weiter in die Länge zieht. Verfestigung ist vermeidbar, wenn die Jobchancen schnell und stark steigen.[144] Nach Einführung der »Restart-Prämie« und der Ausbildungsprämie als breitere Förderung könnten dafür in kritischen Fällen die Möglichkeiten von individuellen Lohnkostenzuschüssen vorübergehend ausgeweitet werden.[145] Dabei wären nicht nur Personen mit Vermittlungshemmnissen zu berücksichtigen, sondern auch solche, die wegen Kriseneffekten von Verfestigung bedroht sind.

Der spezielle transformative Charakter der Coronakrise – die zu strukturellen Verschiebungen führt und Wandelprozesse beschleunigt – ändert Anforderungen an Fachkräfte und verleiht Weiterbildung eine besondere Bedeutung. Richtige Maßnahmen liegen beispielsweise in zusätzlichen Weiterbildungsanreizen für Arbeitslose und einer Förderung von Zweitausbildungen, welche die berufliche Umorientierung auch für Menschen in der Mitte des Berufslebens finanziell absichert. Und gerade Kurzarbeit ist die beste Zeit für Weiterbildung. Um Kurzarbeit und Qualifizierung künftig effektiver zu verknüpfen, brauchen wir ein Konzept mit möglichst flexiblen Weiterbildungsformaten, Beratungsangeboten und finanziellen Anreizen.[146]

Anders als die große Rezession 2009 hat die Coronakrise Erwerbstätige außerhalb von sozialversicherungspflichtigen Beschäftigungsverhältnissen massiv getroffen. Die ausschließlich geringfügige Beschäftigung ist mit Abstand am stärksten zurückgegangen, Selbstständige erlitten gravierende Einkommensausfälle und waren auf kurzfristige Sondermaßnahmen angewiesen. Deshalb stellt sich einerseits die Herausforderung, die soziale Absicherung Selbstständiger für Krisenfälle zu stärken.[147] Andererseits ist es angesichts des langanhaltenden rückläufigen Trends wichtig, die Bedingungen für Selbstständige grundsätzlich zu verbessern. Dazu beitragen kann eine verstärkte und flexiblere Gründungsförderung, vermehrte und einfachere Bereitstellung von Wagniskapital und in Krisen eine Option auf eine sofortige Verlustverrechnung mit Gewinnen vergangener oder künftiger Jahre. Angesichts der gravierenden Kriseneffekte bei Minijobs sollte die Chance genutzt werden, sozialversicherungspflichtige Beschäftigung zu stärken. Dies wäre möglich durch einen Sozialversicherungsbonus[148], der diejenigen Betriebe unterstützt, die statt in Minijobs den Wiederaufbau der Beschäftigung in Richtung sozialversicherungspflichtiger Jobs lenken. Das würde gerade auch der krisengebeutelten Gastronomie, die mit Abwanderung von Arbeitskräften konfrontiert ist, helfen, ihre Stundenkapazität wieder zu erhöhen.[149]

Die Ausgaben der BA wirkten in beiden Krisen als automatischer Stabilisator. Das Defizit aus Einnahmen versus Ausgaben belief sich allein im Jahr 2020 auf 27,3 Milliarden Euro. Die Stabilisierungswirkung war im Jahr 2009 mit 13,8 Milliarden etwa halb so stark (Hausner/Weber 2017). Die Rücklage der BA wurde 2020 vollständig aufgebraucht. Das war auch 2009 der Fall. Sie wurde anschließend wieder langsam aufgebaut, aber das hat zehn Jahre gedauert, trotz einer sehr günstigen Arbeitsmarktentwicklung. Wie beide

Krisen gezeigt haben, ist in der Arbeitslosenversicherung eine hinreichende Rücklage wichtig, um als automatischer Stabilisator Rezessionen abfedern zu können. Als Orientierungswert für die Höhe der Rücklage dient ein Wert von 0,65 Prozent des BIP dienen.[150] Wenn dies innerhalb einer Zeit von fünf Jahren erreicht werden soll, müsste der Beitragssatz zur Arbeitslosenversicherung auch bei einer relativ günstigen Arbeitsmarktentwicklung zunächst um einige Zehntel steigen. Grundsätzlich wäre eine regelgeleitete Beitragssetzung denkbar, nach der bei vollständigem Aufbau der Rücklage die Beitragsbelastung wieder reduziert würde.

Dieser Beitrag fasst die Kernaussagen des IAB-Kurzberichts »Wie der Arbeitsmarkt zwei sehr unterschiedliche Krisen bewältigt« zusammen.[151]

Dr. Holger Schmieding

Mehr Beitragszahler braucht das Land

Dezember 2021

Die Ampel hat sich viel vorgenommen. Sie will das Klima schützen, das Land modernisieren, mehr investieren und zudem den sozialen Ausgleich fördern. Gleichzeitig möchte sie ab 2023 wieder die strikten Vorgaben der Schuldenbremse einhalten. Auch wenn die Koalitionäre dieses Fiskalkorsett durch einige interessante Verfahren etwas dehnbarer machen möchten, bleibt dies vorsichtig formuliert eine Herausforderung. Kann es tatsächlich gelingen, das konjunkturbereinigte Haushaltsdefizit des Bundes auf nur 0,35 Prozent der Wirtschaftsleistung zu begrenzen?

Unmöglich ist dies nicht. Ob es gelingt, hängt weniger vom Finanzminister ab als von den Weichen, die zuvörderst der Arbeits- und Sozialminister stellt. Anders gesagt: die SPD hat es selbst in der Hand. Ebenso wie alle wirtschaftlich und sozial relevanten Vorhaben der Ampel darauf geprüft werden sollen, was sie für den Klimaschutz bedeuten und ob sie finanzierbar sind, müssen sie auch auf einen dritten Prüfstand: sind sie geeignet, die Beschäftigungsquote zu erhöhen? Denn damit die Ampel ihre Pläne finanzieren kann, muss sie den Jobmotor am Laufen halten. Sie darf den Mittelstand nicht überfordern und muss vor allem in der Arbeitsmarkt- und Sozialpolitik die richtigen Anreize setzen. Mehr Beitragszahler braucht das Land.

In den letzten zehn Jahren Deutschland bereits gezeigt, wie es geht. Vor Corona konnte Deutschland zunächst einen ausgeglichenen Staatshaushalt in der Maastricht-Definition vorweisen (2012–2013) und danach bis 2019 sogar einen Überschuss aufweisen. Dieser Überschuss hatte nichts mit einer angeblichen Sparpolitik zu tun. So ist der Anteil des Staatsverbrauchs am Bruttoinlandsprodukt in dieser Zeit von 19,1 Prozent auf 22,5 Prozent gestiegen. Auch die staatliche Investitionsquote hat von 2,1 Prozent in 2014 auf 2,4 Prozent in 2019 (und 2,7 Prozent im Corona-Jahr 2020) zugelegt. Bereits die GroKo hat nahezu rundum erheblich mehr Geld ausgegeben. Das erfreulich solide Ergebnis für den Staatshaushalt spiegelt vor allem sprudelnde Einnahmen wider, nicht mangelnde Ausgaben.

Um dies einordnen zu können, lohnt sich ein Blick zurück. Anfang der 1990er Jahre hatte Deutschland es versäumt, sich mit Reformen auch im Westen auf die Lasten der Wiedervereinigung einzustellen. Mangelnde Flexibilität und überhöhte Lohnnebenkosten trieben viele Unternehmen in die Standortflucht. Angesichts eines Verlustes von Millionen sozialversicherungspflichtiger Arbeitsplätze musste ich Deutschland bereits 1998 die Diagnose »kranker Mann Europas« stellen. Wenn immer weniger Menschen Arbeit haben, ruiniert das auf Dauer den Staatshaushalt. Peinlicherweise konnte Deutschland, das den Stabilitäts- und Wachstumspakt für die Eurozone durchgesetzt hatte, um vermeintlich disziplinlosen Südländern Grenzen zu setzen, die Vorgaben selbst nicht mehr erfüllen. Es musste sein politisches Kapital dafür einsetzen, die Regeln zu lockern.

Erst mit der »Agenda 2010« überwand Deutschland in den Jahren nach 2003 den lähmenden Reformstau. »Fördern und fordern« wurde zum Erfolgsrezept. Neben der eigentlichen Erfolgsagenda trugen andere Schritte zur Wende bei, beispielsweise die Bereitschaft auch der Gewerkschaften, den größeren Spielraum für »Bündnisse für Arbeit« zu nutzen und tarifpolitisch Maß zu halten. Am Rande mag auch das Auslaufen der Vermögensteuer und ein den Mittelstand weniger belastender Spitzensatz der Einkommensteuer eine Rolle gespielt haben.

Die Ergebnisse sind spektakulär. Seit dem Tiefpunkt Anfang 2006 ist die Zahl der sozialversicherungspflichtig Beschäftigten um 30 Prozent gestiegen. Knapp acht Millionen zusätzliche Beitragszahler spülen mehr Geld in die Staats- und Sozialkassen. Selbst Corona hat dem Beschäftigungswunder nur wenig anhaben können. Nach einem kurzen Rückgang erreichte die sozialversicherungspflichtige Beschäftigung bereits im Juni 2021 wieder einen neuen Rekord.

Für sich genommen könnten einige Vorhaben der Ampelkoalition das Beschäftigungswachstum künftig eher bremsen. Um zwei der wichtigsten Beispiele zu nennen:

- Die Vorgabe, das Renteneintrittsalter nicht zu erhöhen und an der 48-Prozent-Haltelinie für die Rente relativ zum Nettolohn festzuhalten, kann den Beschäftigungszuwachs begrenzen und die Staatskassen angesichts der demographischen Entwicklung auf Dauer teuer zu stehen kommen.
- Sollte das neue Bürgergeld großzügiger ausfallen als die bisherige Grundsicherung, könnte auch das den Anreiz für die Empfänger schwächen,

stattdessen eine Arbeit anzunehmen. Eine sich verfestigende Kultur der Abhängigkeit von Sozialleistungen gehört zu den größten Gefahren, denen sich unser Gemeinwesen stellen muss.

Aber das heißt nicht unbedingt, dass die Ampel damit am Holzweg blinkt. Wenn die Anreize richtig gesetzt werden, kann das Land sich diesen zusätzlichen sozialen Ausgleich leisten.

Beim Bürgergeld kommt es weniger auf die genaue Höhe an. Stattdessen muss es sich mehr als bisher lohnen, eine Arbeit anzunehmen und im Job aufzusteigen. Abschläge für mehrfache Jobverweigerer, wie sie auch in ansonsten großzügigen Sozialsystemen Skandinaviens üblich sind, gehören dazu ebenso wie höhere Zuverdienstgrenzen, bei denen auch die Sozialleistung mit höheren Erwerbseinkommen nur langsam abgeschmolzen wird. Hier weist der Koalitionsvertrag in die richtige Richtung.

Die Rente ist bei zunehmender Lebenserwartung auf Dauer nur dann sicher, wenn die Menschen, die dies können, länger arbeiten. Zuschläge zur Rente für einen späteren Renteneintritt könnten sogar ein kleines bisschen über das hinausgehen, was rein arithmetisch für den Einzelfall sinnvoll wäre. Es gibt nicht nur den direkten Effekt längeren Arbeitens auf den eigenen Saldo zwischen Beitragszahlungen und zu erwartender Rente. Zudem gewinnen ja auch die Staatskassen, wenn tatkräftige Menschen jenseits des Alters, das der neue Bundeskanzler bereits zur Hälfte seiner (ersten?) Amtszeit erreichen wird, noch in Lohn und Brot stehen und entsprechend mehr Steuern zahlen.

Angelehnt an einen Vorschlag von Bert Rürup könnte die Ampel sich auch an Österreich ein Beispiel nehmen. Eine etwas höhere Leistung zu Rentenbeginn könnte kombiniert werden mit einem Anstieg der jeweiligen Rente, der danach etwas hinter der Entwicklung der Nettolöhne zurückbleibt. Für Menschen mit kürzerer Lebenserwartung, zu denen viele sozial Schwache gehören, wäre das netto ein Gewinn, für andere auf Dauer ein Verlust. Richtig eingestellt könnte dies dazu führen, dass auf Kosten derjenigen, die ansonsten besonders lange besonders hohe Renten beziehen würden, de facto wieder eine Art Nachhaltigkeitsfaktor eingeführt wird.

Auch auf anderen Politikfeldern kann und sollte die Ampel den Vorrang für Beschäftigung berücksichtigen. Es gehört fast schon zu den Gemeinplätzen, bei der Einwanderung stärker darauf zu achten, dass vor allem entsprechend qualifizierte Menschen zu uns kommen. Auch im Bereich der Bildung gibt es viel zu tun, im unteren Bereich mehr als an den Universitäten. Denn Anteil der jungen Leute, die nach Ende ihrer Schulzeit nicht hinreichend für eine sinnvolle Beschäftigung qualifiziert sind, sondern eher für Unruhe und Kosten sorgen, sollte möglichst klein gehalten werden.

Anreize für mehr Beschäftigung sind nicht nur ein Gewinn für die betroffenen Menschen und die Staatsfinanzen. Sie können auch etwas die Knappheit an Arbeitskräften lindern, die sich künftig Jahr für Jahr stärker bemerkbar machen dürfte. So kann Deutschland die großen Herausforderungen meistern, denen sich die Ampel jetzt mit Elan stellen möchte.

Daniel Friedrich

Perspektiven für die junge Generation: gebt Jugendlichen eine Garantie auf einen Ausbildungsplatz

August 2021

Mit einem guten Ausbildungsplatz in ein neues, selbst bestimmteres Leben aufbrechen: So sieht der Start in das Ausbildungsjahr 2021 für viele Jugendliche aus. Aber leider längst nicht für alle. Tausende Ausbildungsplätze fehlen und anstelle einer gewünschten beruflichen Ausbildung setzen junge Menschen unfreiwillig die Schule fort oder befinden sich in anderen Warteschleifen.

Die Coronakrise führt – noch schlimmer als schon in 2020 – zu einem Einbruch bei den Angeboten an Ausbildungsplätzen. Laut Bundesagentur für Arbeit streichen die Betriebe weitere 14.000 Ausbildungsstellen gegenüber dem Vorjahr und unterbieten den Minusrekord aus dem Jahr 2020 mit unter 500.000 Stellen. Unsere Jugendlichen verlieren damit weitere Zukunftschancen. Das duale Ausbildungssystem kommt noch stärker unter Druck. Der Fachkräftemangel – eines der größten Probleme der deutschen Wirtschaft – verschärft sich. Den Unternehmen fehlen die Mitarbeiter von morgen.

Und die Jugendlichen selbst? Die Auszubildenden, Dual Studierenden und jungen Beschäftigten berichten, dass sich während der Krise ihre die psychische Gesundheit verschlechtert hat. Sie empfinden einen Kontrollverlust über das eigene Leben und sie befürchten, dass sich durch diese Zeit ihre Chancen auf dem Arbeitsmarkt verschlechtert haben. Zu diesen dramatischen Ergebnissen kommt eine aktuelle Studie der IG Metall. Es ist deshalb höchste Zeit für einen radikalen Reformschritt: Staat und Unternehmen müssen allen Jugendlichen eine Ausbildungsgarantie geben. Diese muss solidarisch finanziert sein, die Grundlage für ein lebenslanges Lernen ermöglichen und die Betriebe bei der Durchführung und Qualität der Ausbildung unterstützen.

Allen Jugendlichen bis 27 Jahren muss eine Garantie – und damit ein verbindlicher, gesetzlicher Anspruch – für eine betriebliche Ausbildung gegeben werden. Nur wenn es nicht mit einer Stelle in einem Unternehmen klappt, muss eine Alternative nah am Betrieb geschaffen werden. Ausbildungsbetriebe können im Rahmen von Kooperationen oder Verbundausbildungen andere Betriebe unterstützen und zum Beispiel Ausbildungspersonal oder – Werkstatt gemeinsam nutzen. Bei Bedarf kommen außerbetriebliche Ausbildungsstätten, die allerdings mit der betrieblichen Wirklichkeit über Praktika etc. enger verzahnt werden müssen, hinzu. Auszubildenden mit Defiziten erhalten durch internen Werksunterricht Unterstützung und schaffen die Ausbildung. Ein externes Ausbildungsmanagement übernimmt in kleinen und mittleren Betrieben die Rolle einer Ausbildungsleitung und hilft von der Auswahl der Bewerber*innen bis hin zu persönlichen Problemen.

Mit allein einer Ausbildung durch das Arbeitsleben zu kommen, wird gerade wegen der Transformation der Wirtschaft immer seltener. Deshalb müssen wir die Berufsschulen zu Kompetenzzentren für ein lebenslanges Lernen weiter entwickeln und näher an die Betriebe bringen. Mit einer neuen Durchlässigkeit zwischen Berufsabschluss und Studium kann auch die Attraktivität der betrieblichen Ausbildung gestärkt werden.

Die Finanzierung der Ausbildungsgarantie übernimmt ein neuer »Zukunftsfonds Ausbildung«. Alle Firmen – die nicht oder zu wenig ausbilden – zahlen ein. Alle Betriebe, die über den eigenen Bedarf ausbilden, erhalten finanzielle Mittel. Auch die anderen Maßnahmen können aus dem Fonds finanziert werden. Angesichts der Tatsache, dass gerade mal jeder vierte Betrieb ausbildet, ist eine solche solidarische Finanzierung mehr als gerechtfertigt. Corona darf nicht dazu führen, dass eine ganze Generation ihre Perspektiven verliert. Gemeinsam müssen wir gegensteuern. Mit der solidarisch finanzierten Ausbildungsgarantie liegt ein Konzept dafür auf dem Tisch.

Christiane Benner

Mehr Mitbestimmung wagen

Dezember 2021

Mit dem ambitionierten Motto »Mehr Fortschritt wagen!« hat die neue Dreier-Koalition aus SPD, Grünen und der FDP den Koalitionsvertrag vorgestellt. Die Analogie zu Willy Brandts Devise »Mehr Demokratie wagen« aus dem Jahr 1969 liegt auf der Hand. Während in Folge der Aufbruchsstimmung vor über fünfzig Jahren das Betriebsverfassungsgesetz 1972 und das Mitbestimmungsgesetz 1976 verabschiedet wurden, will die »Fortschritts-Ampel« bei der notwendigen Reform der betrieblichen Mitbestimmung leider nur kleine Schritte gehen.

Das ist nicht nur politisch unklug, sondern im Bezug zu vielen anderen guten Vorhaben des Koalitionsvertrags unlogisch. Insgesamt gesehen schlägt die neue Koalition die richtige Richtung ein. Es wurde höchste Zeit, dass die lange unterschätzte Bedeutung der Industrie in Politik und Öffentlichkeit wieder wahrgenommen wird. So langsam dämmert es allen: Wertschöpfung kommt nicht aus dem Geldautomaten. Nein, sie wird mittels Hand- und Kopfarbeit durch abhängig Beschäftigte geschaffen. Doch diese Wertschöpfung wird im Postkarbon- und Digitalisierungszeitalter teilweise grundlegend anders generiert als bisher. Die neue Bundesregierung will diese sozial-ökologische Transformation erfreulich beherzt anpacken. Die Maßnahmen im Koalitionsvertrag reichen von einer Million Ladepunkten für E-Autos über Fördermittel für klimaneutrale Autoproduktion und »grünen« Stahl bis hin zur gezielten Neuansiedlung wichtiger Zukunftsfelder wie die Halbleiterindustrie, Batteriezellproduktion, Batterierecycling oder Wasserstoffwirtschaft. Und auch Kreislaufwirtschaft soll endlich realisiert werden. Richtig so! Die große, noch offene Frage lautet dabei: Wie viele zusätzliche öffentliche Investitionen sind notwendig und wie sieht ihre Finanzierung aus? Die Transformation wird teuer, in dieser Einschätzung sind sich Arbeitgeber und Gewerkschaften mit allen Expert*innen einig. Der DGB hatte mit seinem Steuerkonzept Vorschläge unterbreitet, wie finanzielle Mittel hätten freigespielt werden können. Leider bleibt auch das Thema Umverteilung durch eine andere Steuerpolitik eine Leerstelle im Koalitionsvertrag.

Also braucht es andere Wege, um Gesellschaft und Wirtschaft nachhaltig umzubauen. Wir als IG Metall orientieren bei der Umsetzung darauf, dass Nachhaltigkeit immer ökologisch und sozial sein muss! Allein der Umstieg vom Verbrennungs- auf den Elektromotor betrifft hunderttausende Beschäftigte. Andere Megatrends wie die fortschreitende Digitalisierung werden allein in Deutschland die Arbeitsinhalte von Millionen Menschen verändern. Unternehmen stehen in der Verantwortung gegenüber den Beschäftigten. Die Politik will diese Veränderungen durch regionale Strukturpolitik und mit Qualifizierungsoffensiven flankieren. Beschäftigte brauchen auch Weiterbildung für neuartige Anforderungen an ihren Arbeitsplätzen. Und sie brauchen erst recht Weiterbildung, wenn ihr Arbeitsplatz entfällt und sie einen neuen finden sollen. Dafür bietet der Koalitionsvertrag zahlreiche konkrete Maßnahmen.

Die Parteien der Ampelkoalition haben ein ganzes Maßnahmenbündel geschnürt, um die Voraussetzungen für eine erfolgreiche, klimagerechte Zukunft der deutschen Industrie zu schaffen. Eine wichtige Voraussetzung dafür wird im neuen Koalitionsvertrag wörtlich formuliert: »Die sozial-ökologische Transformation und die Digitalisierung kann nur mit den Arbeitnehmerinnen und Arbeitnehmern wirksam gestaltet werden.« Ja! Dafür müssen die gesetzlichen Rahmenbedingungen für die Mitbestimmung verändert werden, weil sie nicht mehr zeitgemäß sind. Die letzte große Reform des Betriebsverfassungsgesetzes stammt aus dem Jahr 1972. Beamen wir uns mal in diese Zeit: Damals waren leistungsstarke Computer so groß wie ein Einfamilienhaus. Es gab kein Internet. Zu Globalisierung hieß es: »Ja, aber nicht bei uns«. Seitdem hat sich die Welt fundamental geändert. Heute sind Betriebsrät*innen bei der Gestaltung des umfassenden ökologischen Umbaus ihrer global agierenden Unternehmen, agiler Arbeit, Künstlicher Intelligenz, Industrie 4.0 oder Homeoffice gefragt, haben dafür aber nur unzureichende Mitbestimmungsrechte. Bei einer so großen Veränderungsdynamik bedeutet Stillstand der Mitbestimmung Rückschritt.

Die IG Metall und der DGB haben deshalb Reformvorschläge gemacht. Unsere wichtigsten Forderungen für eine zeitgemäße Weiterentwicklung des Betriebsverfassungsgesetzes und der Unternehmensmitbestimmung zielen darauf, dass Beschäftigte und ihre Interessenvertretungen die strategische Ausrichtung der Unternehmen und Betriebe mitgestalten können. Dazu gehört auch ein generelles Mitbestimmungs- und Initiativrecht bei Ein- und Durchführung der betrieblichen Aus- und Weiterbildung. Ein solches Recht wäre die logische Mitbestimmungsantwort auf die Koalitionspläne zur Transformation. Aber genau diese und viele andere Reformen des Betriebsverfassungsgesetzes finden sich im Koalitionsvertrag nicht. Es bleibt also beim grundsätzlichen Lob und kleinen Reformen. Das ist ein Konstruktionsfehler mit Folgen! Es fehlt nämlich das Bindeglied zwischen den vielfältigen neuen Förder- und Qualifizierungsmaßnahmen und den Beschäftigten im Betrieb. Das ist angesichts der umfangreichen Veränderungen in der Arbeitswelt eine vergebene Chance. In einer solch historischen wirtschaftliche Umbruchphase müssen wir proaktiv handeln, etwa wenn es um Investitionen in den Standort und zukunftsfähige Produkte geht. Und nicht erst, wenn der Betrieb bereits Krise und Abbau verkündet. Dann ist es zu spät.

Deshalb wollen wir Mitbestimmungsrechte in wirtschaftlichen Angelegenheiten, und wir wissen, dass es damit ans berühmte Eingemachte geht. Es geht bildlich gesprochen darum, vor die Welle zu kommen. Wie notwendig weitreichende Mitbestimmungsmöglichkeiten sind, zeigt ein Ergebnis der letzten großen Beschäftigtenbefragung der IG Metall aus dem Jahr 2020. Über die Hälfte der über 250.000 Befragten beklagt darin, dass ihr Betrieb keine konkrete Strategie hat, um sich für Zukunftsthemen aufzustellen. Die möglichen Folgen sind bekannt. Was weg ist, ist weg. Industriebetriebe und Arbeitsplätze, die gestrichen oder in Niedriglohnländer verlagert werden, verschwinden ein- für allemal aus Deutschland. Ein aktuelles Beispiel ist die Auseinandersetzung um die strategische Ausrichtung des Airbus-Konzerns. Es geht um die Zukunft vieler Menschen. Deshalb wird die IG Metall hier nicht lockerlassen. Der Koalitionsvertrag bietet einen vielversprechenden Möglichkeitsraum, um den Wandel sozial und ökologisch zu gestalten. In Sachen betriebliche Mitbestimmung ist er aber unzureichend. Vielleicht deshalb, weil auch in der neuen Zusammensetzung im Bundestag nur wenige abhängig Beschäftigte aus Industriebetrieben vertreten sind. Unsere Idee ist ein verstärkter Austausch zwischen den gewählten Bundestagsabgeordneten und ihren Amtsgeschwistern aus den »Parlamenten der Arbeit« in ihren Wahlkreisen: Jugend- und Auszubildendenvertreter*innen und Betriebsrät*innen, die die betriebliche Wirklichkeit gut kennen. Allein in den von der IG Metall vertretenen Branchen sind es knapp 90.000. Sie engagieren sich nicht nur für faire und gute Arbeit, sondern auch für die Demokratie insgesamt. Es ist in der so genannten »Leipziger Autoritarismus-Studie« und anderen Untersuchungen wissenschaftlich belegt worden, dass die positive Erfahrung von Demokratie am Arbeitsplatz auch die grundsätzliche Unterstützung eines demokratischen Systems insgesamt stärkt.

Damit Mitbestimmung erfolgreich wirkt, muss ihr gesetzlicher Rahmen auf der Höhe der Zeit sein. Im Koalitionsvertrag ist angekündigt, das gerade einige Monate alte Betriebsrätemodernisierungsgesetz zu evaluieren und gegebenenfalls zu verbessern. Wir schlagen vor, dieses Vorhaben auf das gesamte Betriebsverfassungsgesetz auszudehnen. Das sollte der neuen Regierung eine faire Arbeitswelt und eine stabile Demokratie wert sein. Auf geht's zu einem sozialen, ökologischen und demokratischen Wandel!

Prof. Bernd Fitzenberger, PhD

Coronakrise, Demographie und Transformation: Wie lässt sich die Erwerbstätigkeit steigern?

Februar 2022

Bis in die 2000er Jahre krankte der deutsche Arbeitsmarkt an einer zu geringen Dynamik mit stagnierender Beschäftigung und hoher Sockelarbeitslosigkeit. Ab 2005 kam es zu einem bemerkenswerten Beschäftigungswunder, das sich – nur kurz durch die Wirtschafts- und Finanzkrise 2008/2009 unterbrochen – bis zur Coronakrise fortsetzte. Die Erwerbstätigkeit sowie das Arbeitsvolumen nahmen deutlich zu. Diese Zuwächse wurden durch den Abbau der Arbeitslosigkeit, die zunehmende Erwerbsbeteiligung von Frauen und älteren Beschäftigten sowie durch eine starke Zuwanderung von Arbeitskräften gespeist.

Rückgang der Erwerbstätigkeit in der Coronakrise

Die positive Entwicklung wurde jäh durch die Coronakrise unterbrochen. Innerhalb weniger Monate ging im Jahr 2020 die Erwerbstätigkeit stark zurück und die Arbeitslosigkeit stieg sprunghaft an (Abbildung 1). Während im ersten Quartal 2020 die Erwerbstätigkeit noch 45,1 Millionen betrug, ging diese im zweiten Quartal 2020 auf 44,6 Millionen zurück und erreichte erst im dritten Quartal 2021 wieder den Vorkrisenwert von 45,1 Millionen. Im gleichen Zeitraum stieg die Zahl der Arbeitslosen von 2,4 Millionen im ersten Quartal 2020 auf 2,9 Millionen im dritten Quartal 2020. Ein Jahr später, im dritten Quartal 2021, betrug sie noch 2,5 Millionen. Die sozialversicherungspflichtige Beschäftigung übertraf 2021 wieder das Vorkrisenniveau. Sie erreichte damit ein neues Rekordniveau, allerdings ist sie noch weit von dem Wert entfernt, der sich bei Fortschreibung des Aufwärtstrends vor der Krise ergeben hätte.

Besonders ausgeprägt waren die Rückgänge der Erwerbstätigkeit bei Minijobbern im Hauptverdienst, also bei ausschließlich geringfügig entlohnten Beschäftigten, sowie bei Selbstständigen (und Mithelfenden). Die Zahl der

Minijobber im Hauptverdienst ging von 4,4 Millionen im ersten Quartal 2020 auf 4,0 Millionen im ersten Quartal 2021 zurück und ist seitdem wieder auf 4,2 Millionen im dritten Quartal 2021 angestiegen. Die Zahl der Selbstständigen ging von 4,1 Millionen im ersten Quartal 2020 kontinuierlich auf etwas über 3,9 Millionen im dritten Quartal 2021 zurück. Die Krise hat den Abwärtstrend für beide Arten der Erwerbstätigkeit verstärkt.

Der nie dagewesene Einsatz des Instruments Kurzarbeit – fast 6 Millionen Beschäftigte waren in der Spitze im April 2020 in konjunktureller Kurzarbeit, gegenüber etwas mehr als 1,4 Millionen während der Krise 2008/2009 – hat einen stärkeren Rückgang der sozialversicherungspflichtigen Beschäftigung im Frühjahr 2020 oder Winter 2020/21 verhindert. Damit hat Kurzarbeit entscheidend dazu beigetragen, dass die Coronakrise nicht zu einer tiefen und nachhaltigen Wirtschaftskrise wurde. Minijobber und Selbstständige sind jedoch nicht durch Kurzarbeit abgesichert.

Stärker als für die Beschäftigung in Personen war den Einbruch des Arbeitsvolumens, das im zweiten Quartal 2020 um 10,1 Prozent gegenüber dem entsprechenden Vorjahresquartal zurückging. Bei der Erwerbstätigkeit betrug das Minus im gleichen Zeitraum nur 1,1 Prozent. Das Arbeitsvolumen lag auch im dritten Quartal 2021 noch 1,5 Prozent unter dem Vorkrisenniveau im dritten Quartal 2019. Bei der Erwerbstätigkeit fiel das Minus im gleichen Zeitraum mit 0,7 Prozent nur halb so hoch aus.

Die hohe Robustheit des deutschen Arbeitsmarktes in der Krise zeigt sich an der schnellen Erholung von Erwerbstätigkeit und Arbeitsvolumen, sobald die pandemiebedingten Eindämmungsmaßnahmen im dritten Quartal 2020 und im dritten Quartal 2021 gelockert werden konnten.

In der Coronakrise ging die Zuwanderung nach Deutschland zurück, insbesondere aus Nicht-EU-Staaten. Allerdings war die Nettozuwanderung mit 220.000 Personen im Jahr 2020 und mit vom IAB errechneten 240.000 Personen im Jahr 2021 durchaus beachtlich. Die Nettozuwanderung führt zu einem Zuwachs von 140.000 Arbeitskräften im Jahr 2020 und von 150.000 Arbeitskräften im Jahr 2021.

Abbildung 1: Zeitliche Entwicklung von Erwerbstätigkeit und Arbeitslosigkeit (in Tausend Personen) und des Arbeitsvolumens (in Millionen Arbeitsstunden), Quartalswerte, 2017 bis 2021

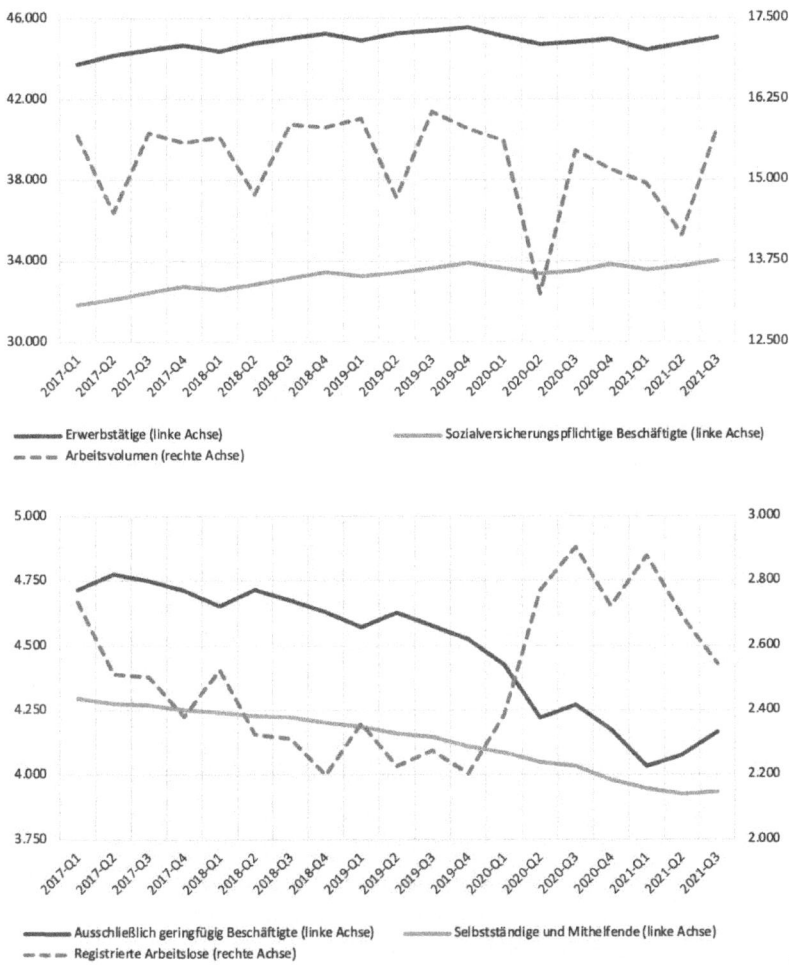

Quelle: Statistisches Bundesamt und Statistik der Bundesagentur für Arbeit, Berechnungen Christof Röttger, IAB, eigene Darstellung; Datenstand: 25.11.2021.

Demographie treibt den Rückgang des Erwerbspersonenpotenzials

Demographiebedingt verlassen 2020 und 2021 jeweils über 350.000 mehr ältere Erwerbspersonen den Arbeitsmarkt als jüngere hinzukommen. Diese Entwicklung setzt sich durch das Ausscheiden der Babyboomer im nächsten Jahrzehnt weiter fort und führt voraussichtlich zu einer Verknappung von Erwerbstätigen, was wiederum die Finanzierung der sozialen Sicherungssysteme erschwert. Es ist davon auszugehen, dass es zu keinem vergleichbaren Rückgang des Arbeitskräftebedarfs kommt, auch wenn es möglicherweise dämpfende Nachfrageeffekte gibt.

Trotz steigender inländischer Erwerbsbeteiligung und positiver Nettozuwanderung führt der demographische Effekt dazu, dass das Erwerbspersonenpotenzial, das heißt die Summe aller dem Arbeitsmarkt zur Verfügung stehenden Personen, 2021 um 120.000 Personen zurückgegangen ist. Der Rückgang war der zweite in Folge, allerdings ist er 2020 mit rund 20.000 Personen noch geringer ausgefallen. Nachholeffekte bei der Nettozuwanderung im Jahr 2022 dürften den demographisch bedingten Rückgang in 2022 auffangen, aber längerfristig wäre eine nur schwer zu erreichende Nettozuwanderung von 400.000 Personen notwendig, um das Erwerbspersonenpotenzial konstant zu halten. Die Zuwächse in der inländischen Erwerbsbeteiligung reichen für sich genommen auch im besten Fall nicht aus, um das Erwerbspersonenpotenzial zu stabilisieren. Hierfür bedarf es einer Doppelstrategie, die sowohl auf eine weitere Erhöhung der inländischen Erwerbsbeteiligung als auch auf eine hohe Zuwanderung setzt.

Transformationsprozesse erhöhen das Risiko von Mismatch-Arbeitslosigkeit, wenn eine Requalifizierung nicht gelingt

Die Coronakrise beschleunigt die sich schon zuvor im Gang befindlichen Transformationsprozesse – als Stichwort sei hier Digitalisierung genannt – und löst einen weiteren wirtschaftlichen Strukturwandel aus. Diese Veränderungen verstärken den Fachkräftebedarf sowie die Notwendigkeit einer passenden Qualifizierung. Durch die Transformationsprozesse werden viele der existierenden Arbeitsplätze verloren gehen. Darunter werden auch Arbeitsplätze sein, die in der Krise durch Kurzarbeit erst einmal gerettet werden konnten – die Stabilisierung durch die Kurzarbeit während der Coronakrise ist dennoch wichtig und richtig.

Gleichzeitig entstehen viele neue Arbeitsplätze, und die Qualifikationsanforderungen für die Beschäftigten steigen an. Um die Transformationsprozesse angesichts eines alternden Erwerbspersonenpotenzials erfolgreich zu gestalten, bedarf es einer erfolgreichen Weiterbildungsstrategie und einer hohen beruflichen Mobilität der Arbeitskräfte. Falls es nicht gelingt, die Beschäftigungsfähigkeit der Arbeitskräfte, deren Arbeitsplätze verloren gehen werden, zu stärken, droht trotz eines drohenden Arbeitskräftemangels im nächsten Jahrzehnt ein Anstieg der Mismatch-Arbeitslosigkeit.

Die Bundesregierung hat schon bisher enorme Anstrengungen zur Stärkung der beruflichen und betrieblichen Weiterbildung unternommen. Bisher wurden die Möglichkeiten von Betrieben und Beschäftigten jedoch noch nicht in dem Umfang genutzt, wie es wünschenswert gewesen wäre. Auch die Zeiten der Kurzarbeit während der Coronakrise wurden bislang wenig für Weiterbildung genutzt.

Politische Maßnahmen zur Steigerung der Erwerbstätigkeit im Koalitionsvertrag

Die hier skizzierten Herausforderungen zeigen sich schon aktuell in den trotz des coronabedingten Anstiegs der Arbeitslosigkeit weit verbreiteten Fachkräfteengpässen – und dem in vielen Bereichen hohen Arbeitskräftemangel. Vor diesem Hintergrund sind umfangreiche politische Maßnahmen zur quantitativen und qualifikatorischen Stärkung des Erwerbspersonenpotenzials notwendig. Das erfordert beispielsweise Maßnahmen zur Verbesserung der Kinderbetreuung, effiziente Regelungen des Homeoffice sowie eine Erhöhung der Anreize, die Arbeitszeit auszudehnen – insbesondere über die Minijob-Grenze hinaus.

Hierzu finden sich zahlreiche sinnvolle Ansätze im Koalitionsvertrag der neuen Regierung. Eine Erhöhung des Mindestlohns ist sinnvoll, um die Arbeitsanreize zu stärken – allerdings könnte eine Erhöhung im Jahr 2022 in einem Schritt auf 12 Euro mit Risiken verbunden sein. Deshalb würde ich für eine etwas langsamere Erhöhung in zwei Schritten mit wissenschaftlicher Überprüfung der Wirkungen plädieren. Sinnvoll ist auch die im Koalitionsvertrag geplante Stärkung der Weiterbildungsmöglichkeiten und die mit großzügigeren Hinzuverdienstregelungen verbundenen Arbeitsanreize für Grundsicherungsbeziehende. Die Beratungs- und Moderationsrolle der Bundesagentur für Arbeit im Feld der Weiterbildung und der Unterstützung der beruflichen Mobilität ist weiter zu stärken. Wichtig ist es, die Beschäftigungsfähigkeit von Langzeitarbeitslosen und Beschäftigten, deren Arbeitsplatz im Rahmen der Transformationsprozesse verloren geht, möglichst nachhaltig zu erhöhen.

Als kontraproduktiv erachte ich die im Koalitionsvertrag avisierte Erhöhung der Minijobgrenze. Sinnvoller wäre es, Minijobs in der jetzigen Form auf Schülerinnen, Schüler, Studierende und Personen im Ruhestand zu beschränken. Für alle anderen Personen sollte die Minijobgrenze auf eine Bagatellgrenze von 200 Euro im Monat reduziert werden. Des Weiteren sollte das Ehegattensplitting mit Übergangsfristen dahingehend reformiert werden, dass die Arbeitsanreize für Zweitverdienende im Hinblick auf Beschäftigung in Vollzeit oder Teilzeit mit hoher Stundenzahl deutlich gestärkt werden. Die Steuerfreiheit von Minijobverdiensten im Zweitverdienst sollte abgeschafft werden, da sie die Anreize einer Arbeitszeiterhöhung in der Haupttätigkeit reduziert. Die beiden letzteren Punkte werden nicht im Koalitionsvertrag adressiert.

Positiv dagegen ist: Für mehr Zuwanderung von qualifizieren Arbeitskräften liefert der Koalitionsvertrag wichtige Impulse.

Der coronabedingte Rückgang der abgeschlossenen Ausbildungsverträge wird die Verknappung an Fachkräften in den nächsten Jahren verschärfen. Es ist von großer Bedeutung, dass die betriebliche Ausbildung in den nächsten Jahren stabilisiert wird und mehr Menschen für eine betriebliche Ausbildung gewonnen werden. Zur Stärkung der beruflichen Ausbildung werden im Koalitionsvertrag zielführende Punkte genannt. Der Ausbau der Berufsorientierung und der Jugendberufsagenturen ist sehr sinnvoll, gerade vor dem Hintergrund, dass es in der Coronakrise zu einem starken Bewerberrückgang gekommen ist. Sinnvoll ist ebenfalls der geplante Ausbau der Einstiegsqualifizierung, der assistierten Ausbildung, der ausbildungsbegleitenden Hilfen und der Verbundausbildungen. Die geplante Ausbildungsgarantie sollte möglichst betriebsnah ausgestaltet werden und Berufe mit einem Fachkräftemangel besonders in den Blick nehmen – hierzu wird der Koalitionsvertrag noch nicht konkret. Sowohl die Jugendlichen als auch die Betriebe müssen für die Maßnahmen gewonnen werden, um eine nachhaltige Erosion der dualen Ausbildung zu verhindern.

Dr. Karamba Diaby

MINT-Bildung als Chance für die Wirtschaft

Juni 2021

Die demographische Entwicklung Deutschlands ist eine der größten Herausforderungen für die Wirtschaft und nicht zuletzt einer der zentralen Gründe für einen zunehmenden Fachkräftemangel in vielen Branchen.

Das betrifft nicht nur, aber dort ganz besonders, die sog. MINT-Fachkräfte. Hier gibt es einen eklatanten Mangel an qualifizierten Frauen und Männern in den entsprechenden Wirtschaftszweigen, der schon jetzt gravierende ökonomische Konsequenzen mit sich bringt. Und die Prognosen, die im Juni auf dem Nationalen MINT-Gipfel immer wieder zu hören waren, müssen aufrütteln. Denn kurz zuvor wurde der »MINT-Frühjahrsreport« des Instituts der deutschen Wirtschaft (IW)[152] veröffentlicht, der belegt, dass im April 2021 rund 145.000 Arbeitskräfte in den MINT-Berufen fehlten. Es handelt sich um Stellen, die nicht ohne weiteres besetzt werden können. Denn es fehlt neben Fachkräften aus dem Ausland vor allem der Nachwuchs. Zu wenig junge Menschen entscheiden sich nach der Schule für eine Ausbildung in einem MINT-Beruf oder für ein naturwissenschaftliches bzw. technisches Studienfach. Viele kennen nicht einmal den Begriff: MINT.

MINT ist die Abkürzung oder Bezeichnung für die Fächer Mathematik, Informatik, Naturwissenschaft und Technik. Die Begeisterung für diese Fächer kann gar nicht zu früh geweckt werden. Als Sozialdemokratinnen und Sozialdemokraten glauben wir: Eine gute naturwissenschaftlich-technische Bildung muss entlang der gesamten Bildungskette flächendeckend in allen Bundesländern angeboten werden.

Bereits in der Kita und in der Grundschule können hierfür die Weichen gestellt werden, um junge Menschen später für naturwissenschaftliche und technische Ausbildungen, Studiengänge und Berufszweige zu begeistern.

Deshalb haben wir bereits im aktuellen Koalitionsvertrag festgelegt, dass Institutionen wie die Stiftung »Das Haus der Kleinen Forscher« gefördert werden müssen. Die Stiftung engagiert sich bundesweit – und seit Kurzem sogar mit institutioneller Förderung des Bundes – für gute und vor allem frühe Bildung in den MINT-Disziplinen. Sie wollen schon früh das Interesse für naturwissenschaftliche Zusammenhänge wecken; Mädchen und Jungen sollen spielerisch lernen und für die Zukunft zu nachhaltigem Handeln befähigt werden. Zusammen mit vielen MINT-Akteurinnen und -Akteuren, mit rund 200 Netzwerkpartner:innen, stellt die Stiftung ein Bildungsprogramm zur Verfügung, das pädagogische Fach- und Lehrkräfte durch MINT-Expertise unterstützt und für sie außerdem Fortbildungen anbietet.

Die Förderung der Jüngsten im MINT-Bereich ist ein wichtiger Baustein. Daneben müssen aber viele weitere Stränge ineinandergreifen. Der MINT-Aktionsplan, der 2019 ins Leben gerufen wurde, stellt für neue Maßnahmen im MINT-Bereich 55 Millionen Euro bereit. Neben kommunikativen Maßnahmen und gezielter Forschung zu erfolgreicher und qualitativer MINT-Bildung sind zwischen November 2020 und Januar 2021 »regionale MINT-Cluster« gestartet. In der ersten Förderungsrunde wurden 22 Cluster aus 14 Bundesländern mit jeweils mindestens einer halben Million Euro gefördert. Die Gesamtfördersumme für die MINT-Cluster beträgt sogar 32 Millionen Euro.

Die MINT-Cluster vernetzen sich mit den Schulen und ergänzen als außerschulische Lernorte den MINT-Unterricht für die Zielgruppe der 10- bis 16-jährigen Schülerinnen und Schüler. Anfang 2021 hat das Bundesministerium für Bildung und Forschung (BMBF) dann die zweite Wettbewerbsrunde zur Förderung von rund zwanzig weiteren MINT-Clustern ausgeschrieben. Diese Maßnahmen sollen gemeinsam die MINT-Bildung an Schulen bekannter machen und für ein abwechslungsreiches und interessantes Angebot sorgen.

Die Expertise für gute MINT-Bildung gibt es aber natürlich nicht nur in der Kita, an der Schule oder an der Hochschule. In Deutschland gibt es zahlreiche Vereine, Organisationen und Verbände, die sich für MINT-Bildung engagieren. Um diese verschiedenen Akteure erfolgreich zu vernetzen, wurde gemäß einer weiteren Säule des MINT-Aktionsplans eine MINT-Vernetzungsstelle ins Leben gerufen.[153]

Die Vernetzungsstelle, kurz »MINTvernetzt«, ist eine Anlaufstelle für die MINT-Community in Deutschland mit verschiedenen Angeboten und Vernetzungsformaten und hat im Mai 2021 ihre Arbeit aufgenommen. Sie wird mit 12 Millionen Euro gefördert. Durch sie soll Transparenz geschaffen und

Expertise in den MINT-Fächern ausgetauscht, gebündelt und erhöht werden. Eine MINT-E-Plattform wird aufgebaut und das Angebot ergänzen.

Als Berichterstatter für MINT-Bildung in der SPD-Bundestagsfraktion und als Chemiker kann ich nur immer wieder betonen, wie wichtig es ist, dass wir diese Ansätze mit Nachdruck weiterverfolgen. Denn: Wir sind *minteinander* auf einem guten Weg, der aber noch lange nicht zu Ende ist. Bezüglich MINT und Digitalisierung ist noch viel zu tun. Neben den Maßnahmen im MINT-Aktionsplan müssen wir die naturwissenschaftlich-technische Bildung auch künftig verstärkt in den Fokus rücken, um Kindern und Jugendlichen berufliche Perspektiven zu bieten, die MINT-Fachkräfelücke perspektivisch zu schließen und Deutschland als Wissenschafts- und Wirtschaftsstandort zu stärken.

Verzeichnis der Autorinnen und Autoren

Kerstin Andreae
Vorsitzende der Hauptgeschäftsführung des Bundesverbandes der Energie- und Wasserstoffwirtschaft e. V.

Thorben Albrecht
Staatssekretär a. D. und Funktionsbereichsleiter Grundsatzfragen und Gesellschaftspolitik der IG Metall.

Jörg Asmussen
Mitglied des Präsidiums und Hauptgeschäftsführer des Gesamtverbandes der deutschen Versicherungswirtschaft e. V. (GDV).

Sven Becker
Sprecher der Geschäftsführung der Trianel GmbH.

Prof. Dr. Hans-Peter Benedikt
Professor für Betriebswirtschaftslehre, insbesondere Entrepreneurship an der Hochschule für nachhaltige Entwicklung Eberswalde.

Christiane Benner
Zweite Vorsitzende der IG Metall.

Prof. Dr. Florian Bieberbach
Vorsitzender der Geschäftsführung der Stadtwerke München GmbH.

Daniel Born
Vizepräsident des Landtags von Baden-Württemberg und wohnungspolitischer Sprecher der SPD-Landtagsfraktion Baden-Württemberg.

Dr. Marius Clemens
Seit November 2021: Ökonom im Bundesministerium der Finanzen. Zuvor: Wissenschaftlicher Mitarbeiter am Deutschen Institut für Wirtschaftsforschung e. V.

Dr. Karamba Diaby
Bundestagsabgeordneter der SPD.

Dr. Andreas Dressel
Finanzsenator in Hamburg.

Dr. Rainer Dulger
Präsident der Bundesvereinigung der Deutschen Arbeitgeberverbände e. V.

Dr. Hans-Georg Feldmeier
Vorsitzender des Bundesverbands der pharmazeutischen Industrie e. V. (BPI).

Prof. Bernd Fitzenberger, PhD
Direktor des Instituts für Arbeitsmarkt- und Berufsforschung (IAB).

Daniel Friedrich
Bezirksleiter der IG Metall Küste.

Sigmar Gabriel
Bundesminister für Umwelt, Naturschutz und Reaktorsicherheit a. D., Bundesminister für Wirtschaft und Energie a. D., Bundesminister des Auswärtigen a. D., ehem. Bundesvorsitzender der SPD, Vorsitzender der Atlantik-Brücke e. V.

Dr. Hermann Gartner
Wissenschaftlicher Mitarbeiter am Institut für Arbeitsmarkt- und Berufsforschung der Bundesagentur für Arbeit.

Dr. Oliver Geden
Senior Fellow bei der Stiftung Wissenschaft und Politik.

Prof. Dr. Sebastian Gechert
Seit September 2021: Universitätsprofessor für Volkswirtschaftslehre – Makroökonomie, TU Chemnitz. Zuvor: Referatsleiter am Institut für Makroökonomie und Konjunkturforschung (IMK) der Hans-Böckler-Stiftung.

Dr. Patrick Graichen
Beamteter Staatssekretär im Bundesministerium für Wirtschaft und Klimaschutz.

Sebastian Hartmann
Bundestagsabgeordneter der SPD.

Dr.- Ing. Stefan Hartung
Vorsitzender der Geschäftsführung der Robert Bosch GmbH.

Dr. Nils Heisterhagen
Referent beim Wirtschaftsforum der SPD.

Dr. Dierk Hirschel
Chefökonom der Dienstleistungsgewerkschaft ver.di.

Jörg Hofmann
Erster Vorsitzender der IG Metall.

Prof. Dr. Gustav Horn
Außerplanmäßiger Professor für Sozioökonomie an der Universität Duisburg-Essen. Mitglied im SPD-Parteivorstand.

Prof. Dr. Michael Hüther
Direktor des Instituts der Deutschen Wirtschaft Köln.

Dr. Christian Hutter
Wissenschaftlicher Mitarbeiter am Institut für Arbeitsmarkt- und Berufsforschung der Bundesagentur für Arbeit.

Petra Justenhoven
Senior Partnerin und Sprecherin der Geschäftsführung der PricewaterhouseCoopers GmbH.

Joe Kaeser
Aufsichtsratsvorsitzender der Siemens Energy AG.

Prof. Dr. Henning Kagermann
Vorsitzender des Kuratoriums von acatech – Deutsche Akademie der Technikwissenschaften und Co-Gastgeber des acatech HR-Kreises.

Dr. Gunther Kegel
Präsident des ZVEI e. V.

Prof. Dr. Claudia Kemfert
Leiterin der Abteilung Energie, Verkehr und Umwelt am DIW Berlin und Professorin für Energiewirtschaft und Energiepolitik an der Leuphana Universität Lüneburg.

Dr. Christian Kellermann
Lehrbeauftragter an der Hochschule für Wirtschaft und Recht sowie der Hochschule für Technik und Wirtschaft in Berlin.

Lars Klingbeil
Bundesvorsitzender der SPD.

Dr. Brigitte Knopf

Generalsekretärin des Mercator Research Institute on Global Commons and Climate Change.

Prof. Dr. Susanne Knorre

Vizepräsidentin des Wirtschaftsforums der SPD e. V. und Professorin für Unternehmenskommunikation.

Dr. Lukas Köhler

Stellvertretender Vorsitzender der FDP-Fraktion, Generalsekretär der Freien Demokraten in Bayern und Mitglied im Bundesvorstand.

Prof. Tom Krebs, PhD

Professor für Makroökonomik an der Universität Mannheim und akademischer Direktor am Forum New Economy.

Heiko Kretschmer

Schatzmeister des Wirtschaftsforums der SPD e. V., Geschäftsführer der Johanssen + Kretschmer Strategische Kommunikation GmbH

Philipp Krohn

Journalist bei der Frankfurter Allgemeinen Zeitung.

Prof. Dr. Carsten Kühl

Wissenschaftlicher Direktor und Geschäftsführer des Deutschen Instituts für Urbanistik.

Andreas Kuhlmann

Vorsitzender der Geschäftsführung der Deutschen Energie-Agentur (dena).

Thomas Kutschaty

Vorsitzender der nordrhein-westfälischen SPD sowie stellvertretender Bundesvorsitzender der SPD.

Holger Lösch

Stellvertretender Hauptgeschäftsführer des Bundesverbandes der Deutschen Industrie e. V. (BDI).

Oliver Luksic

FDP-Bundestagsabgeordneter und Landesvorsitzender der FDP-Saar.

Prof. Dr. Jochen Maas
Geschäftsführer Forschung & Entwicklung der Sanofi-Aventis Deutschland GmbH.

Matthias Machnig
Vizepräsident des Wirtschaftsforums der SPD e. V., Staatssekretär und Minister a. D.

Dr. Stefan Mair
Direktor des Deutschen Instituts für Internationale Politik und Sicherheit und geschäftsführender Vorsitzender der Stiftung Wissenschaft und Politik (SWP).

Dr. Christoph Maurer
Geschäftsführer der Consentec GmbH.

Dr. Claus Michelsen
Seit Juli 2021: Leiter des Geschäftsbereichs Wirtschaftspolitik beim Verband forschender Arzneimittelhersteller.
Zuvor: Abteilungsleiter Konjunkturpolitik am DIW Berlin.

Dr. Stormy-Annika Mildner
Direktorin des Aspen Institute Deutschland e. V.

Christoph P. Mohr
Regionaldirektor der Friedrich-Ebert-Stiftung in Kasachstan und Usbekistan.

Hildegard Müller
Präsidentin des Verbandes der Automobilindustrie.

Ralph Müller-Beck
Leiter für das kommunale Vertriebsmanagement und den Bereich Public Affairs bei der REMONDIS GmbH & Co. KG.

Prof. (em.) Dr. Herfried Münkler
Emeritierter Professor für Theorie der Politik an der Humboldt-Universität zu Berlin.

Lennart Nübel
Public Affairs Referent bei REMONDIS Assets & Services GmbH & Co. KG.

Dr. Christian Ossig
Hauptgeschäftsführer des Bundesverbandes Deutscher Banken.

Dr. Ana Helena Palermo Kuss
Referentin des Präsidenten des ZEW, Leibniz-Zentrum für Europäische Wirtschaftsforschung.

Dr. Thieß Petersen
Senior Advisor bei der Bertelsmann Stiftung in Gütersloh im Projekt »Global Economics Dynamics« und zudem Lehrbeauftragter an der Europa-Universität Viadrina in Frankfurt (Oder).

Prof. Dr. Hagen Pfundner
Vorstand der Roche Pharma AG und Geschäftsführer der Roche Deutschland Holding GmbH.

Sarah Philipp
Parlamentarische Geschäftsführerin der SPD-Fraktion in Nordrhein-Westfalen.

Iris Plöger
Mitglied der Hauptgeschäftsführung des Bundesverbandes der Deutschen Industrie e. V. (BDI).

Achim Post
Bundestagsabgeordneter der SPD und stellvertretender Fraktionsvorsitzender.

Dr. Ariane Reinhart
Personalvorständin und Arbeitsdirektorin der Continental AG.

Dr. Katja Rietzler
Referatsleiterin beim Institut für Makroökonomie und Konjunkturforschung (IMK).

Ralf Rukwid
Politischer Sekretär im Ressort Grundsatzfragen der IG Metall.

Marc Saxer
Leiter des Asien-Referats der Friedrich-Ebert-Stiftung.

Dr. Gerhard Schick
Vorstand der Bürgerbewegung Finanzwende e. V.

Philipp Schlüter
Vorsitzender des Vorstandes der Trimet Aluminium SE.

Dr. Holger Schmieding
Chefvolkswirt der Berenberg Bank.

Dr. Joachim von Schorlemer
Stellvertretender Vorstandsvorsitzender der ING Deutschland.

Michael Schrodi
Bundestagsabgeordneter der SPD.

Prof. Dr. Daniela Schwarzer
Executive Director, Europe and Eurasia der Open Society Foundation.

Prof. Dr. Sebastian Siegloch
Leiter des Forschungsbereichs »Soziale Sicherung und Verteilung« am Leipzig Centre for European Economic Research in Mannheim.

Carsten Spohr
Vorstandsvorsitzender der Lufthansa AG.

Dr. Markus Steilemann
Vorstandsvorsitzender der Covestro AG.

Prof. Dr. Jens Südekum
Universitätsprofessor für internationale Volkswirtschaftslehre des Düsseldorfer Instituts für Wettbewerbsökonomie an der Heinrich-Heine-Universität Düsseldorf.

Dr. Silke Tober
Referatsleiterin beim Institut für Makroökonomie und Konjunkturforschung (IMK).

Markus Töns
Bundestagsabgeordneter der SPD.

Dr. Thomas Treiber
General Manager der Treiber Trays GmbH.

Dr. Volker Treier
Außenwirtschaftschef und Mitglied der Hauptgeschäftsführung des Deutschen Industrie- und Handelskammertags e. V.

Michael Vassiliadis

Vorsitzender der Gewerkschaft IG Bergbau, Chemie, Energie (IG BCE) und Präsident des europäischen Verbunds der Industriegewerkschaften IndustriAll Europe.

Prof. Achim Wambach, PhD

Präsident des ZEW, Leibniz-Zentrum für Europäische Wirtschaftsforschung.

Prof. Dr. Enzo Weber

Leiter des Forschungsbereichs »Prognosen und gesamtwirtschaftliche Analysen« am Institut für Arbeitsmarkt- und Berufsforschung der Bundesagentur für Arbeit und Inhaber des Lehrstuhls für Empirische Wirtschaftsforschung an der Universität Regensburg.

Prof. Dr. Friederike Welter

Präsidentin des Instituts für Mittelstandsforschung (IGM) Bonn und Professorin an der Universität Siegen.

Thomas Wessel

Personalvorstand und Arbeitsdirektor der Evonik Industries AG.

Michael Wiener

Vorstandsvorsitzender der DSD – Duales System Holding GmbH & Co. KG.

Dr. Frank Wilhelmy

Geschäftsführer des Wirtschaftsforums der SPD e. V.

Hans Peter Wollseifer

Präsident des Zentralverbandes des Deutschen Handwerks (ZDH) e. V.

Dr. Ingo Wortmann

Präsident des Verbandes Deutscher Verkehrsunternehmen e. V. (VDV).

Prof. Dr. Ines Zenke

Präsidentin des Wirtschaftsforums der SPD e. V., Rechtsanwältin, Fachanwältin für Verwaltungsrecht, Partnerin bei Becker Büttner Held, Honorarprofessorin an der Hochschule für nachhaltige Entwicklung Eberswalde (HNEE).

Dr. Jörg Zeuner

Chefvolkswirt von Union Investment.

Literatur und Anmerkungen

1 Dr. Robert Philipps und Max Ostermayer, »Zeitenwende in der Energiepolitik?«, https://www.fes.de/themenportal-wirtschaft-finanzen-oekologie-soziales/artikelseite/zeitenwende-in-der-energiepolitik.

2 Sabine Gusbeth, »Corona-Lockdown in Schanghai: Sorgen um Chinas Wirtschaft und weltweite Lieferketten«, https://www.handelsblatt.com/politik/international/pandemie-corona-lockdown-in-schanghai-sorgen-um-chinas-wirtschaft-und-weltweite-lieferketten/28208784.html.

3 AHK China, »Business Confidence Survey 2021/22«, https://china.ahk.de/marketinfo/economic-data-surveys/business-confidence-survey.

4 Martin Kölling, »Ministerium für geopolitische Risiken – Was die Welt von Japan lernen kann«, https://www.handelsblatt.com/politik/international/globale-lieferketten-ministerium-fuer-geopolitische-risiken-was-die-welt-von-japan-lernen-kann/28225078.html.

5 Dina Smeltz and Craig Kafura, »For First Time, Half of Americans Favor Defending Taiwan If China Invades«, https://www.thechicagocouncil.org/research/public-opinion-survey/first-time-half-americans-favor-defending-taiwan-if-china-invades.

6 https://indianexpress.com/article/opinion/columns/why-de-dollarisation-is-imminent-us-dollar-russia-7823308/.

7 Sachchidanand Shukla, »Why de-dollarisation is imminent«, https://asiatimes.com/2022/03/from-russia-will-us-expand-economic-war-to-china/.

8 Carol Bertaut, Bastian von Beschwitz, Stephanie Curcuru, »The International Role oft he U.S. Dollar«, https://www.federalreserve.gov/econres/notes/feds-notes/the-international-role-of-the-u-s-dollar-20211006.htm.

9 Evgeny Morozon und Adam Tooze, »On Macrofinance and Fully Political Money«, https://the-crypto-syllabus.com/adam-tooze-on-macrofinance/.

10 Sebastian Mallaby, »Ignore the naysayers. Dollar dominance is here to stay«, https://www.washingtonpost.com/opinions/2022/03/20/dollar-dominance-currency-markets-here-to-stay-as-global-reserve-currency/.

11 Niall Ferguson, »Putin Misunderstands History. So, Unfortunately, Does the U.S.«, https://www.bloomberg.com/opinion/articles/2022-03-22/niall-ferguson-putin-and-biden-misunderstand-history-in-ukraine-war.

12 Huiyao Wang, »Die Welt ist kein Dreieck«, https://www.ipg-journal.de/regionen/asien/artikel/so-blickt-china-auf-den-ukraine-krieg-teil-2-5837/.

13 Wie Hu, »In einem Boot«, https://www.ipg-journal.de/regionen/asien/artikel/so-blickt-china-auf-den-ukraine-krieg-teil-1-5840/.

14 EZB, Keynote Speech by Christine Lagarde, President of the ECB, at the Peterson Institute for International Economics, 22. April 2022, https://www.ecb.europa.eu/press/key/date/2022/html/ecb.sp220422~c43af3db20.en.html (abgerufen am 03.05.2022).

15 Alfred Kammer, Jihad Azour, Abebe Aemro Selassie, IIan Goldfajn und Changyong Rhee, How War in Ukraine is Reverberating Across the World's Regions, IMF Blog, 15. März 2022, https://blogs.imf.org/2022/03/15/how-war-in-ukraine-is-reverberating-across-worlds-regions/ (abgerufen am 03.05.2022).

16 Sarah Repucci, Amy Slipowitz, Freedom in the World 2022, The Global Expansion of Authoritarian Rule, Freedom House, https://freedomhouse.org/sites/default/files/2022-02/FIW_2022_PDF_Booklet_Digital_Final_Web.pdf (abgerufen am 07.06.2022).

17 Freedom House, New Report: The Global Decline in Democracy has Accelerated, press release of 24 February 2022, https://freedomhouse.org/article/new-report-authoritarian-rule-challenging-democracy-dominant-global-model (abgerufen am 30.05.2022).

18 Ebd.

19 World Bank, Food and Energy Price Shocks from Ukraine War Could Last for Years, Press Release of 26 April 2022, https://www.worldbank.org/en/news/press-release/2022/04/26/food-and-energy-price-shocks-from-ukraine-war (abgerufen am 07.06.2022).

20 John Baffeswee, Chian Koh, Fertilizer Prices Expected to Remain Higher for Longer, World Bank Blogs, https://blogs.worldbank.org/opendata/fertilizer-prices-expected-remain-higher-longer (abgerufen am 25.05.2022).

21 Euractiv, How Russia's War in Ukraine Rocked the Global Economy, 23. März 2022, https://www.euractiv.com/section/global-europe/news/how-russias-war-in-ukraine-rocked-the-global-economy/ (abgerufen am 07.06.2022).

22 Ebd.

23 IMF, Rising Caseloads, A Disrupted Recovery, and Higher Inflation, World Economic Outlook, Januar 2022, https://www.imf.org/en/Publications/WEO/Issues/2022/01/25/world-economic-outlook-update-january-2022 (abgerufen am 25.05.2022).

24 IMF, War Sets Back the Global Recovery, World Economic Outlook, April 2022, https://www.imf.org/en/Publications/WEO/Issues/2022/04/19/world-economic-outlook-april-2022 (abgerufen am 03.06.2022).

25　Bundesregierung, Kriegsfolgen dämpfen wirtschaftliche Entwicklung, https://www.bundesregierung.de/breg-de/bundesregierung/bundesministerien/ bundesministerium-fuer-wirtschaft-und-klimaschutz/fruehjahrsprojektion-2022- 2028350 (abgerufen am 25.05.2022).

26　Ebd.

27　WTO, Russia-Ukraine Conflict Puts Fragile Global Trade Recovery at Risk, Press Release of 12 April 2022, https://www.wto.org/english/news_e/pres22_e/pr902_e.pdf (abgerufen am 03.06.2022)

28　Joseph Glauber, David Laborde and Abdullah Mamun, From Bad to Worse: How Russia-Ukraine War-related Export Restrictions Exacerbate Global Food Insecurity, International Food Policy Research Institute, 13 April 2022. https://www.ifpri.org/ blog/bad-worse-how-export-restrictions-exacerbate-global-food-security (abgerufen am 20.05.2022)

29　Ebd.

30　Ebd.

31　WTO, Overview of the Development in the International Trading Environment, Jahresbericht des Generaldirektors, 22. November 2021, S. 18-19 (abgerufen am 20.03.2022).

32　Tobias Korn, Henry Stemmler, Russia's War against Ukraine Might Persil Shift Global Supply Chains, VoxEU, March 31, 2022, https://voxeu.org/article/russias- war-against-ukraine-might-persistently-shift-global-supply-chains (abgerufen am 01.04.2022).

33　David Simchi-Levi und Pierre Haren, »How the War in Ukraine is Further Disrupting Global Supply Chains«, 17. März 2022, Harvard Business Review, https:// hbr.org/2022/03/how-the-war-in-ukraine-is-further-disrupting-global-supply-chains (abgerufen am 20.03.2022).

34　Statistisches Bundesamt, Globalisierungsindikatoren, Außenwirtschaft, https://www.destatis.de/DE/Themen/Wirtschaft/Globalisierungsindikatoren/ aussenwirtschaft.html (abgerufen am 03.06.2022); BMWi, Facts about German Foreign Trade, September 2019, https://www.bmwk.de/Redaktion/EN/Publikationen/ facts-about-german-foreign-trade.pdf (abgerufen am 03.06.2022).

35　BMWK, Fakten zum deutschen Außenhandel, https://www.bmwk.de/Redaktion/ DE/Publikationen/Aussenwirtschaft/fakten-zum-deuschen-aussenhandel.pdf (abgerufen am 07.06.2022).

36　Statistisches Bundesamt, Globalisierungsindikatoren, Außenwirtschaft, https://www.destatis.de/DE/Themen/Wirtschaft/Globalisierungsindikatoren/ aussenwirtschaft.html (abgerufen am 03.06.2022).

37 Bundesbank, Deutscher Leistungsbilanzüberschuss 2021 auf 265½ Milliarden Euro gestiegen, 21.3.2022, https://www.bundesbank.de/blueprint/servlet/de/aufgaben/themen/deutscher-leistungsbilanzueberschuss-2021-auf-265%C2%BD-milliarden-euro-gestiegen-887504 (abgerufen am 07.06.2022).

38 BMWK (2019), Facts about German Foreign Trade, https://www.bmwk.de/Redaktion/EN/Publikationen/facts-about-german-foreign-trade.pdf (abgerufen am 03.06.2022).

39 Statistisches Bundesamt, Die Volksrepublik China ist erneut Deutschlands wichtigster Handelspartner, https://www.destatis.de/DE/Themen/Wirtschaft/Aussenhandel/handelspartner-jahr.html (abgerufen am 07.06.2022).

40 Ebd.

41 Ebd.

42 Statistisches Bundesamt, Globalisierungsindikatoren, Außenwirtschaft, https://www.destatis.de/DE/Themen/Wirtschaft/Globalisierungsindikatoren/aussenwirtschaft.html (abgerufen am 03.06.2022).

43 Der Paritätische Wohlfahrtsverband, »Armut in der Pandemie. Der Paritätische Armutsbericht 2021«, https://www.der-paritaetische.de/fileadmin/user_upload/Schwerpunkte/Armutsbericht/doc/broschuere_armutsbericht-2021_web.pdf.

44 Oxfam Media Briefing: https://www.oxfam.de/system/files/documents/oxfam_media_brief_-_en-_profiting_from_pain_davos_2022_part_2_1.pdf

45 Carsten Schröder, Charlotte Bartels, Konstantin Göbler, Markus M. Grabka und Johannes König (2020), »MillionärInnen unter dem Mikroskop: Datenlücke bei sehr hohen Vermögen geschlossen – Konzentratin höher als bisher ausgewiesen«, https://www.econstor.eu/bitstream/10419/229426/1/20-29-1.pdf.

46 OECD.Stat (2021), Tax database.

47 International Monetary Fund: World Economic Outlook, April 2022: War Sets Back The Global Recovery.

48 Siehe BMWK (2022), »Fortschrittsbericht Energiesicherheit«, https://www.bmwi.de/Redaktion/DE/Downloads/Energie/0325_fortschrittsbericht_energiesicherheit.pdf.

49 Offen ist danach nur noch der Umgang mit der Ölraffinerie in Schwedt, die sich im Besitz des russischen Rosneft-Konzerns befindet und direkt über der Druzhba-Pipeline beliefert wird. Das Ministerium arbeite an einer alternativen Versorgung über die Häfen von Rostock und Danzig. Danach sei auch die letzte verbliebene Abhängigkeit von russischem Öl hinfällig.

50 Siehe Clemens Fuest (2022), »Der Ukrainekrieg und die Folgen für unser Wirtschaftsmodell«, https://www.wirtschaftsdienst.eu/inhalt/jahr/2022/heft/4/beitrag/der-ukrainekrieg-und-die-folgen-fuer-unser-wirtschaftsmodell.html.

51 Siehe Samuel Charap (2022), »The Perilous Long Game in Ukraine: Compromising With Putin May Be America's Best Option«, https://www.foreignaffairs.com/articles/ukraine/2022-03-30/perilous-long-game-ukraine.

52 BDEW (2022), »Kurzfristige Substitutions- und Einsparpotenziale Erdgas in Deutschland«, https://www.bdew.de/media/documents/Kuzfristige_Gassubstitution_Deutschland_final_17.03.2022_korr1.pdf.

53 Rupprecht, M. (2021). »Strafzölle, Handelskriege und die (ungeahnten) Folgen für die Welt«. Rupprecht, M. (Hrsg.). Wirtschaft am Scheideweg – Corona, Brexit, Handelskriege und mehr. Stuttgart. 49–73.

54 Hilpert, H. G. (2020). »Handel, Wirtschaft, Finanzen: Rivalitäten, Konflikte, Eskalationsrisiken«. Lippert, B., und V. Perthes (Hrsg.). Strategische Rivalität zwischen USA und China. Berlin. 27–31.

55 Draper, P. (2020). Globale Handelskooperation nach COVID-19 und die Zukunft der WTO. Hrsg. von der Stiftung Entwicklung und Frieden. Bonn.

56 Rudolf, P. (2020). »Der sino-amerikanische Weltkonflikt«. Lippert, B., und V. Perthes (Hrsg.). Strategische Rivalität zwischen USA und China. Berlin. 10–12.

57 Görg, H., und K. Kamin (2021). »Globalisierung trifft Geoökonomie«. Wirtschaftsdienst (101) 11/2021. 854–857.

58 Thieß Petersen (2020a). »Globale Lieferketten zwischen Effizienz und Resilienz«. ifo Schnell-dienst (73) Nr. 05/2020. 7–10.

59 Thieß Petersen (2020b). »Optimale internationale Arbeitsteilung«. Wirtschaftsdienst (100) 4/2020. 291–293.

60 Christian Hauenstein, et. al. (2022): Stromversorgung auch ohne russische Energielieferungen und trotz Atomausstiegs sicher – Kohleausstieg 2030 bleibt machbar, DIW Aktuell 84 /22: Sonderausgaben zum Krieg in der Ukraine, 9 S.

61 Franziska Holz et. al. (2022): Energieversorgung in Deutschland auch ohne Erdgas aus Russland gesichert, DIW Aktuell; 83 /22: Sonderausgaben zum Krieg in der Ukraine, 9 S. https://www.diw.de/de/diw_01.c.838843.de/publikationen/diw_aktuell/2022_0083/energieversorgung_in_deutschland_auch_ohne_erdgas_aus_russland_gesichert.html.

62 Franziska Holz, Claudia Kemfert, Hella Engerer, Robin Sogalla (2022): Europa kann die Abhängigkeit von Russlands Gaslieferungen durch Diversifikation und Energiesparen senken, DIW aktuell ; 81 : Sonderausgaben zum Krieg in der Ukraine, 8 S. https://www.diw.de/de/diw_01.c.838366.de/publikationen/diw_

aktuell/2022_0081/europa_kann_die_abhaengigkeit_von_russlands_gaslieferungen_durch_diversifikation_und_energiesparen_senken.html.

63 Lukas Menkhoff, Malte Rieth (2022): Kriegsbedingter Ölpreisanstieg erhöht Verbraucherpreise in Deutschland merklich und anhaltend, DIW aktuell ; 82/22 : Sonderausgaben zum Krieg in der Ukraine, 7 S.

64 Claudia Kemfert (2022) Russland führt einen Energie- Krieg mitten in Europa, RNB Beitrag 24.02.2022.

65 Christian Hauenstein et. al. (2022): Stromversorgung auch ohne russische Energielieferungen und trotz Atomausstiegs sicher – Kohleausstieg 2030 bleibt machbar, DIW Aktuell 84 /22: Sonderausgaben zum Krieg in der Ukraine, 9 S. https://www.diw.de/documents/publikationen/73/diw_01.c.839634.de/diw_aktuell_84.pdf.

66 Stefan Bach, Jakob Knautz (2022): Hohe Energiepreise: Ärmere Haushalte werden trotz Entlastungspaketen stärker belastet als reichere Haushalte, DIW Wochenbericht 17 / 2022, S. 243-251.

67 Karsten Neuhoff, Maximilian Longmuir, Mats Kröger, Franziska Schütze (2022): Gaspreisschock macht kurzfristige Unterstützung und langfristige Effizienzverbesserung erforderlich, DIW aktuell ; 78 /22 , 8 S.

68 Claudia Kemfert (2017): Umsteuern erforderlich: Klimaschutz im Verkehrssektor DIW aktuell ; 4 /17, 7 S. https://www.diw.de/documents/publikationen/73/diw_01.c.571523.de/diw_aktuell_4.pdf.

69 IPCC (2022) Climate Change 2022: Mitigation of Climate Change.

70 Christian Bayer, Alexander Kriwoluzky, Fabian Seyrich (2022): Stopp russischer Energieeinfuhren würde deutsche Wirtschaft spürbar treffen, Fiskalpolitik wäre in der Verantwortung, DIW aktuell ; 80 : Sonderausgaben zum Krieg in der Ukraine, 6 S.

71 Marc Saxer: Die Rückkehr der Geoökonomie. https://www.blog-bpoe.com/2022/04/11/saxergeoooekonomie/.

72 Tobias Fella: Deutsch-russisches Verhältnis: »Feind« zu sagen, hat auch Vorteile. https://www.nzz.ch/meinung/deutsch-russisches-verhaeltnis-feind-zu-sagen-hat-vorteile-ld.1680392.

73 Georgi Gotev (2022), »Kazakh official: We will not risk being placed in the same basket as Russia«, https://www.euractiv.com/section/central-asia/interview/kazakh-official-we-will-not-risk-being-placed-in-the-same-basket-as-russia/.

74 Christoph, P. Mohr: Zwischen den Stühlen. https://www.ipg-journal.dc/regionen/asien/artikel/zwischen-den-stuehlen-5806/.

75 SVR (2019) »Aufbruch zu einer neuen Klimapolitik«. Sondergutachten des Sachverständigenrats zur Begutachtung der gesamtwirtschaftlichen Entwicklung.

76 Lilliestam, J., Patt, A., Bersalli, G. (2021): »The effect of carbon pricing on technological change for full energy decarbonization: A review of empirical ex-post evidence.« *Wiley Interdisciplinary Reviews – Climate Change*, 12(1): e681.

77 Tom Krebs (2021) »Klimaschutz und der moderne Staat: Ein Wasserstoffpaket für Deutschland« Studie im Auftrag von Forum New Economy.

78 Agora (2021) »Klimaneutrales Deutschland 2045« Studie der Agora-Energiewende, Agora-Verkehrswende und Stiftung Klimaneutralität in Zusammenarbeit mit Prognos AG, Öko-Institut e.V. und Wuppertal Institut für Klima, Umwelt, Energie gGmbH.

79 BDI (2019), »BDI und DGB verlanden ambitionierte Investitionsoffensive der öffentlichen Hand«, https://bdi.eu/artikel/news/bdi-und-dgb-verlangen-ambitionierte-investitionsoffensive-der-oeffentlichen-hand/.

80 Martin Hellwig (2021), »Deutschland braucht ein Investitionskompetenzprogramm«, https://www.wirtschaftsdienst.eu/inhalt/jahr/2021/heft/3/beitrag/deutschland-braucht-ein-investitionskompetenzprogramm.html.

81 Marius Clemens, Marcel Fratzscher und Claus Michelsen (2021), »Ein Investitionsprogramm zur Krisenbewältigung«, https://www.wirtschaftsdienst.eu/inhalt/jahr/2021/heft/3/beitrag/ein-investitionsprogramm-zur-krisenbewaeltigung.html.

82 Veronika Grimm, Lukas Nöh und Milena Schwarz (2021), »Investitionen für nachhaltiges Wachstum in Deutschland: Status quo und Perspektiven«, https://www.wirtschaftsdienst.eu/inhalt/jahr/2021/heft/3/beitrag/investitionen-fuer-nachhaltiges-wachstum-in-deutschland-status-quo-und-perspektiven.html.

83 Heike Belitz, Marius Clemens, Stefan Gebauer und Claus Michelsen (2020), https://www.diw.de/documents/publikationen/73/diw_01.c.808559.de/diwkompakt_2020-158.pdf.

84 Heike Belitz, Marius Clemens und Claus Michelsen (2021), »Öffentliche Investitionen als Vorausetzung für Produktivitätswachstum«, https://inclusive-productivity.de/oeffentliche-investitionen-als-voraussetzung-fuer-produktivitaetswachstum/.

85 Gemeinschaftsdiagnose 2021, »Pandemie verzögert Aufschwung – Demografie bremst Wachstum«, https://gemeinschaftsdiagnose.de/wp-content/uploads/2021/04/GD_F21_Langfassung_online.pdf.

86 Bach et. al. (2020), »Fiskalische Wirkungen eines weiteren Ausbaus ganztägiger Betreuungsangebote für Kinder im Grundschulalter: Gutachten für das Bundesministerium für Familie, Senioren, Frauen und Jugend«, https://www.diw.de/documents/publikationen/73/diw_01.c.702895.de/diwkompakt_2020-146.pdf.

87 Sebastian Dullien, Katja Rietzler und Silke Tober (2021), »Ein Transformations-fonds für Deutschland«, https://www.imk-boeckler.de/fpdf/HBS-007936/p_imk_study_71_2021.pdf.

88 IPCC Special Report, »Global Warming of 1.5 °C«, https://www.ipcc.ch/sr15/.

89 Lenton et. al. (2019), »Climate tipping points – too risky tob et against«, https://www.nature.com/articles/d41586-019-03595-0.

90 Europäische Kommission, »Langfristige Strategie – Zeithorizont 2050«, https://ec.europa.eu/clima/sites/clima/files/long_term_strategy_brochure_en.pdf.

91 Thorsten Lenck und Fabian Joas (2019), »Klimaneutrale Industire (Hauptstu-die)«, https://www.agora-energiewende.de/veroeffentlichungen/klimaneutrale-industrie-hauptstudie/.

92 The EIB Group (2021), »Operational Plan 2021«, https://www.eib.org/attachments/strategies/eib_group_operational_plan_2021_en.pdf.

93 EU Parlament (2020), »Mehrjähriger Finanzrahmen und Wiederaufbaufonds – kurz erklärt«, https://www.eu2020.de/eu2020-de/aktuelles/artikel/faq-mehrjaehri-ger-finanzrahmen/2415992.

94 Vertrag über die Arbeitsweise der Europäischen Union, https://dejure.org/gesetze/AEUV/107.html.

95 Marten von Werder und Ralf Rukwid (2021), »Strukturwandel: Zukunftsangst in der Industrie«, https://www.wirtschaftsdienst.eu/inhalt/jahr/2021/heft/9/beitrag/strukturwandel-zukunftsangst-in-der-industrie.html.

96 Hans Peter Wollseifer (2021), »Plädoyer für einen Fortschrittspakt«, https://www.handelsblatt.com/meinung/gastbeitraege/gastkommentar-plaedoyer-fuer-ei-nen-fortschrittspakt/27866498.html.

97 Sebastian Matthes (2022), »Das Problem der Zukunft heißt Arbeiterlosigkeit«, https://www.handelsblatt.com/meinung/kommentare/kommentar-das-problem-der-zukunft-heisst-arbeiterlosigkeit/28025642.html.

98 Das Handwerk, »Umdenken für mehr Handwerk«, https://www.handwerk.de/ueber-das-handwerk/umdenken-fuer-mehr-handwerk.

99 Birgit Knopf und Oliver Geden (2022), »Ist Deutschland auf dem 1,5-Grad-Pfad?«, https://www.mcc-berlin.net/fileadmin/data/C18_MCC_Publications/2022_MCC_Ist_Deutschland_auf_dem_1_5_Grad_Pfad.pdf.

100 BVMW (2021), »Für eine mittelstandsorientierte Post-Corona- Agenda – 10 Punkte für die Zukunft des Mittelstandes in Deutschland«, https://www.bvmw.de/fileadmin/01-Presse_und_News/Pressekonferenzen/2021/Post-Corona-Agenda.pdf.

101 Andreas Lichter et. al. (2021), »Profit Taxation, R&D Spending, and Innovation«, https://ftp.zew.de/pub/zew-docs/dp/dp21080.pdf.

102 En2x Studien, https://en2x.de/service/studien/.

103 ADAC (2021), »Pro & Contra: Fakten zur Elektromobilitäthttps://www.adac.de/rund-ums-fahrzeug/elektromobilitaet/info/elektroauto-pro-und-contra/.

104 Wissenschaftlicher Dienst des Bundestags (2020), »C.A.R.E. Diesel – Einzelfragen zu alternativen Dieselkraftstoffen«, https://www.bundestag.de/resource/blob/816808/2bc0afbe043f3da08b19b0ded9143019/WD-8-078-20-pdf-data.pdf.

105 Besserweiter (2021), »Studien und Experten: Kein erhöhtes Infektionsrisiko im ÖPNV«, https://www.besserweiter.de/wissenschaftsticker-bus-und-bahn.html.

106 VDV (2021), »Bundeskabinett beschließt ÖPNV-Rettungsschirm 2021«, https://www.vdv.de/210512-pm-bundeskabinett-beschliesst-oepnv-rettungsschirm-2021.pdfx.

107 VDV (2021), »Mobilitätsanbieter unterstützen multimodale Budgets« https://www.vdv.de/210512-pm-mobilitaetsbudgets.pdfx.

108 VDV, »Jetzt mehr bewegen: Mobilitätswende forcieren«, https://www.vdv.de/jetzt-mehr-bewegen-mobilitaetswende-forcieren.aspx.

109 McKinsey Global Institute 2019: Digital identification. A key to inclusive growth, S. vi-vii.

110 Schweizer Bundesrat: https://www.admin.ch/gov/de/start/dokumentation/medienmitteilungen.msg-id-86465.html.

111 Bachmann et. Al. (2022), »What if? The Economic Effects for Germany of a Stop of Energy Imports from Russia «, https://www.econtribute.de/RePEc/ajk/ajkpbs/ECONtribute_PB_028_2022.pdf.

112 Leopoldina (2022), »Ad-hoc-Stellungnahme zur sicheren Energieversorgung veröffentlicht«, https://www.leopoldina.org/presse-1/nachrichten/wie-sich-russisches-erdgas-in-der-deutschen-und-europaeischen-energieversorgung-ersetzen-laesst/.

113 Franziska Holz et. Al. (2022), »1 Nr. 83 — 08. April 2022 Energieversorgung in Deutschland auch ohne Erdgas aus Russland gesichert «, https://www.diw.de/documents/publikationen/73/diw_01.c.838841.de/diw_aktuell_83.pdf

114 Tom Krebs (2022), »Wie man die Auswirkungen eines Gasembargos nicht berechnen sollte«, https://makronom.de/ukraine-krieg-russland-wie-man-die-auswirkungen-eines-gasembargos-nicht-berechnen-sollte-41590.

115 Ben Moll (2022), https://twitter.com/ben_moll/status/1511351172363390976

116 Christian Bayer, Alexander Kriwoluzky, Fabian Seyrich (2022), »Stopp russischer Energieeinfuhren würde deutsche Wirtschaft spürbar treffen, Fiskalpolitik wäre in der Verantwortung«, https://www.diw.de/documents/publikationen/73/diw_01.c.837950.de/diw_aktuell_80.pdf.

117 IMK Podcast (2022), »Was kostet uns das Energieembargo«, https://www.imk-boeckler.de/de/podcasts-34757-was-kostet-uns-das-energieembargo-40020.htm.

118 vgl. Georg Zachmann, Giovanni Sgaravatti, Ben McWilliams (2022), »European natural gas imports«, https://www.bruegel.org/publications/datasets/european-natural-gas-imports/.

119 Europäische Kommission (2022), »REPowerEU: Joint European action for more affordable, secure and sustainable energy«, https://ec.europa.eu/commission/presscorner/detail/en/ip_22_1511.

120 Europäische Kommission (2022), »Commission outlines options to mitigate high energy prices with common gas purchases and minimum gas storage obligations«, https://ec.europa.eu/commission/presscorner/detail/en/ip_22_1936.

121 Die Schlussfolgerungen des Europäischen Rats sind hier abrufbar: https://www.consilium.europa.eu/media/55082/2022-03-2425-euco-conclusions-en.pdf.

122 vgl. SVR Wirtschaft, Auswirkungen eines möglichen Wegfalls russischer Rohstofflieferungen auf Energiesicherheit und Wirtschaftsleistung, Auszug aus der aktualisierten Konjunkturprognose 2022 und 2023, https://www.sachverstaendigenrat-wirtschaft.de/fileadmin/dateiablage/Konjunkturprognosen/2022/KJ2022_Kasten3.pdf.

123 Der Autor hat die Effekte dieser Brennstoffpreissubvention im Detail hier diskutiert: https://background.tagesspiegel.de/energie-klima/preiseingriffe-koennten-die-europaeische-energiekrise-verstaerken.

124 vgl. dazu Pototschnig, A. et al.- (2022), »Consumer protection mechanisms during the current and future periods of high and volatile energy prices«, http://hdl.handle.net/1814/74376.

125 Bundesverfassungsgericht (2021), »Verfassungsbeschwerden gegen das Klimaschutzgesetz teilweise erfolgreich«, https://www.bundesverfassungsgericht.de/SharedDocs/Pressemitteilungen/DE/2021/bvg21-031.html.

126 BMUV (2019), »Schulze: CO2-Preis kann sozial gerecht gestaltet werden «, https://www.bmuv.de/pressemitteilung/schulze-CO2-preis-kann-sozial-gerecht-gestaltet-werden/.

127 Manager Magazin (2020), »Superreiche tragen besonders stark zum Klimawandel bei«, https://www.manager-magazin.de/politik/klimawandel-superreiche-tragen-besonders-stark-bei-a-72b147e5-0909-448e-9ca5-26939ccc32d1.

128 Nora Marie Zaremba (2019), »Was noch alles im Klimapaket enthalten ist«, https://www.tagesspiegel.de/wirtschaft/von-windenergie-bis-wasserstoff-was-noch-alles-im-klimapaket-enthalten-ist/25040400.html.

129 Dullien et. al. (2020), »Wirtschaftspolitische Herausforderungen 2020«, https://www.imk-boeckler.de/fpdf/HBS-007582/p_imk_report_155_2020.pdf.

130 Christian Herold (2019), »Warum die Mobilitätsprämie ins Leere laufen wird«, https://www.nwb-experten-blog.de/warum-die-mobilitaetspraemie-ins-leere-laufen-wird/.

131 Jan Behringer, Sebastian Dullien und Sebastian Gechert (2021), »Wirkung des Konjunkturpakets 2020: Spürbarer Impuls vom Kinderbonus, wenig Wumms durch Mehrwertsteuersenkung«, https://www.imk-boeckler.de/fpdf/HBS-007944/p_imk_pb_101_2021.pdf.

132 Martin Beznoska, Judith Niehues und Maximilian Stockhausen (2020), »Etwa die Hälfte des Kinderbonus soll ausgegeben warden«, https://www.iwkoeln.de/studien/iw-kurzberichte/beitrag/martin-beznoska-judith-niehues-maximilian-stockhausen-etwa-die-haelfte-des-kinderbonus-soll-ausgegeben-werden-482436.html.

133 Michael Hüther und Jens Südekum (2019), Die Schuldenbremse – eine falsche Fiskalregel am falschen Platz«, https://www.dice.hhu.de/fileadmin/redaktion/Fakultaeten/Wirtschaftswissenschaftliche_Fakultaet/DICE/Ordnungspolitische_Perspektiven/103_OP_Huether_Suedekum.pdf

134 Roche (2020), »Roche zum elften Mal als nachhaltigstes Gesundheitsunternehmen im Dow Jones Sustainability Index ausgezeichnet«, https://www.roche.com/de/media/releases/med-cor-2020-11-16.

135 Knorre S, Müller-Peters H, Wagner, F (2020) Die Big-Data-Debatte. Chancen und Risiken der digital vernetzten Gesellschaft. Springer, Wiesbaden.

136 Gatzert N, Knorre S, Müller-Peters H, Wagner F (2022) Big Data in der Mobilität. Das Grünbuch. Datenspuren der Verkehrsteilnehmer und Ansprüche der Stakeholder. Zum Download unter https://raum-mobiler-daten.de/studie.html.

137 Arbeitswelt von morgen – Allianz der Chancen: https://allianz-der-chancen.de/.

138 Michael Feil und Hermann Gartner (2011): Standpunkt: Löhne und Beschäftigung – Auf das richtige Maß kommt es an«, https://doku.iab.de/forum/2011/Forum1-2011_Feil_Gartner.pdf.

139 Sabine Klinger, Thomas Rothe und enzo Weber (2013), »Makroökonomische Perspektive auf die Hartz-Reformen: Die Vorteile überwiegen«, https://www.iab.de/194/section.aspx/Publikation/k130617301.

140 Hermann Gartner und Sabine Klinger (2010), »Verbesserte Institutionen für den Arbeitsmarkt in der Wirtschaftskrise«, https://link.springer.com/article/10.1007/s10273-010-1143-0.

141 Christian Hutter und Enzo Weber (2020), »Corona-Krise: die transformative Rezession«, https://link.springer.com/content/pdf/10.1007%2Fs10273-020-2676-5.pdf.

142 Thomas Kruppe und Christopher Osiander (2020), »Kurzarbeit im Juni 2020: Rückgang auf sehr hohem Niveau, https://www.iab-forum.de/kurzarbeit-im-juni-2020-rueckgang-auf-sehr-hohem-niveau/.

143 Sabine Klinger und Enzo Weber (2016), »Entsteht strukturelle Arbeitslosigkeit durch Hysterese?«, https://www.oekonomenstimme.org/artikel/2016/07/entsteht-strukturelle-arbeitslosigkeit-durch-hysterese/.

144 Hermann Gartner und Enzo Weber (2021), »Ohne Einstellungsschub wird sich die Arbeitslosigkeit verfestigt«, https://makronom.de/corona-krise-arbeitsmarkt-langzeitarbeitslosigkeit-ohne-einstellungsschub-wird-sich-die-arbeitslosigkeit-verfestigen-38992.

145 Christian Hutter, Elke J. Jahn, Michael Oberfichtner, Enzo Weber (2021), »Der deutsche Arbeitsmarkt in der Covid-19-Pandemie«, https://doku.iab.de/stellungnahme/2021/sn0821.pdf.

146 Christian Hutter und Enzo Weber (2021), »Weiterbildungskonzept für Krisen«, https://link.springer.com/article/10.1007/s10273-021-2862-0.

147 Paul Schoukens und Enzo Weber (2020), »Unemployment insurance for self-employed: a way forward post-corona«, https://doku.iab.de/discussionpapers/2020/dp3220.pdf.

148 Enzo Weber (2021), »Ein Sozialversicherungsbonus für den Neustart aus der Minijobkrise«, https://link.springer.com/article/10.1007/s10273-021-3030-2.

149 Christof Röttger und Enzo Weber (2021), »Wo sind die Kellner:innen geblieben? Reallokationen am Arbeitsmarkt in der Coronakrise«, https://www.oekonomenstimme.org/artikel/2021/11/wo-sind-die-kellnerinnen-geblieben-reallokationen-am-arbeitsmarkt-in-der-coronakrise/.

150 Karl Heinz Hausner und Enzo Weber (2017), »Einnahmen und Ausgaben der Arbeitslosenversicherung: BA-Haushalt stabilisiert die Konjunktur«, https://www.iab.de/194/section.aspx/Publikation/k170119j01.

151 Hermann Gartner, Christian Hutter und Enzo Weber (2021), »Wie der Arbeitsmarkt sehr unterschiedliche Krisen bewältigt«; https://doku.iab.de/kurzber/2021/kb2021-27.pdf.

152 https://www.iwkoeln.de/fileadmin/user_upload/Studien/Gutachten/PDF/2021/MINT-Fr%C3%BChjahrsreport_2021.pdf.

153 https://koerber-stiftung.de/projekte/mint-vernetzt/.

Michael Frenzel /
Matthias Machnig /
Ines Zenke (Hg.)

Postcoronomics

Neue Ideen für Markt, Staat
und Unternehmen

360 Seiten, Broschur
26,00 Euro
erschienen im Mai 2021
ISBN 978-3-8012-0613-0

Schon vor der Pandemie hat die deutsche Wirtschaft eine fundamentale Transformation durch-lebt. Doch durch Corona wurden die langfristigen Trends, aber auch die Folgen alter Versäumnisse noch einmal auf dramatische Weise deutlich. Die wirtschaftliche Zukunftsfähigkeit Deutschlands muss durch eine wissensbasierte Ökonomie, ökologische Transformation, mehr Verteilungsge-rechtigkeit, Klimaschutz und Digitalisierung sowie eine kluge Arbeitsmarkt- und Beschäftigungs-politik gesichert werden. Was aber ist ökonomisch derzeit möglich und welche Antworten gibt es?

Mit Beiträgen unter anderem von Sebastian Dullien, Franziska Giffey, Hubertus Heil, Reiner Hoff-mann, Sigmar Gabriel, Gustav Horn, Michael Hüther, Christian Lindner, Hildegard Müller, Olaf Scholz, Gerhard Schröder, Svenja Schulze, Jens Südekum, Michael Vassiliadis, Norbert Walter-Borjans, Stephan Weil, Frank Werneke und Brigitte Zypries.

www.dietz-verlag.de